国家出版基金项目
“十三五”国家重点出版物出版规划项目
安徽省文化强省建设专项资金项目

野茫茫

Приволье

［苏联］巴巴耶夫斯基◎著
力　冈◎译

安徽师范大学出版社
·芜湖·

图书在版编目(CIP)数据

野茫茫 / (苏) 巴巴耶夫斯基著; 力冈译. — 芜湖: 安徽师范大学出版社, 2018.1

(力冈译文全集;4)

ISBN 978-7-5676-3270-7

Ⅰ. ①野… Ⅱ. ①巴… ②力… Ⅲ. ①长篇小说 - 苏联 - 现代 Ⅳ. ①I512.45

中国版本图书馆CIP数据核字(2017)第258942号

野茫茫 [苏联]巴巴耶夫斯基◎著 力 冈◎译

YEMANGMANG

责任编辑: 孙新文 蒋 璐

装帧设计: 刘 畅 桑国磊

出版发行: 安徽师范大学出版社

芜湖市九华南路189号安徽师范大学花津校区

网 址: http://www.ahnupress.com/

发 行 部: 0553-3883578 5910327 5910310(传真)

印 刷: 浙江新华数码印务有限公司

版 次: 2018年1月第1版

印 次: 2018年1月第1次印刷

规 格: 880 mm×1230 mm 1/32

印 张: 17.625

字 数: 415千字

书 号: ISBN 978-7-5676-3270-7

定 价: 115.00元

力冈先生文学翻译的历史意义
——序《力冈译文全集》

刘文飞
中国俄罗斯文学研究会会长

在力冈先生诞辰91周年的今天,在力冈先生去世20年后的当下,在洋洋19卷23册的《力冈译文全集》面世的此刻,我们终于可以试着归纳一下他的文学翻译所具有的历史意义了。

一

力冈先生的文学翻译苦行僧形象是具有典型意义和感召力量的,这是中国老一辈俄苏文学翻译家留下的一个苍凉背影,也是他们为自己建起的一座“非人工的纪念碑”。翻译是一项苦差事,是需要坐冷板凳的,是一项付出和回报往往不成正比的工作,是一种注定要与孤独和寂寞为伴的工作。文学翻译至少需要出色地掌握两种语言,而好的外语或许能让人找到另外一种更为轻松、更有利可图的工作,好的翻译家若用其母语来进行创作,大约自己也能写出像样的文学作品来。可是,文学翻译似乎像电子游戏、像吸食鸦片一样是一种能让人上瘾的事情,一旦上手,一旦品味到其中的甘苦,往往便欲罢不能。始自玄奘的翻译姿态和翻译精神，似乎成了中国一代又一代译者的宿命，即专注和吃苦，苦修和执着。

力冈先生1926年生于山东乡间，自幼失去母亲，生活贫苦，到他上中学时，家乡被日寇占领，他流亡河南、甘肃、陕西等地。1950年，他考入哈尔滨外国语专门学校俄语专业，毕业后志愿来到安徽师范大学任教，不久就开始了文学翻译工作，陆续在报刊上发表一些短篇译作，至1956年，他的单行本译作《里雅希柯小说集》已由上海新文艺出版社推出。然而次年，他便在反右运动中蒙冤，被开除公职，押往新生耐火材料厂劳教。1960年7月，他因“劳动表现突出”被摘掉右派帽子，重返学校，他在教学之余立即重拾译笔，在短短数月间便译出苏联作家艾特马托夫的中篇小说《查密莉雅》，这篇译作在《世界文学》杂志1961年第10期刊出，引起轰动，“力冈”这一译家大名从此进入人们的视野。就在力冈先生准备大展宏图、施展拳脚的时候，“文化大革命”却突如其来，1968年，他再度被逐出校园，下放至宣城地区新田公社劳动改造，直到“文革”结束后的1978年方得以重返讲台，此时他已过天命之年，用他自己的话说就是：“噩梦醒来，已是人生的黄昏。”文学翻译需要天赋，但也是一种力气活，在对于一位翻译家而言的黄金时期，即30—50岁，力冈先生却两度蒙冤，两度再拾译笔，重新开始，这需要何等的勇气和坚韧！他两落三起的翻译经历，几乎就是20世纪五六十年代中国的俄苏文学翻译家们跌宕起伏的人生经历的缩影，就是那一时代中国知识分子命运的象征。令人惊讶的是，重返译坛的力冈先生以超乎常人的工作激情和翻译速度，在1978年后的20年间陆续出版20余部译著，平均每年一部，总字数达700余万。在20世纪80年代，最初几部译著的出版使力冈先生挣到了以当时标准看相当不菲的稿酬，甚至成为所谓“万元户”，但他似乎无暇也无意去享受自己的劳动成果，依然粗茶淡饭，素衣裹身，与此同时却以更大的热情继续译事，终日伏案，不懈地爬格子。1997年2月，力冈先生因肝癌病在芜湖弋矶山医院逝世，据家人说，他在生命的最后时刻仍在念叨着未译完的最后一部译作《罪与罚》。我们或许可以说，他是被文学翻译累死的；我们肯定可以说，文学翻译是他最为看重的毕生事业。

力冈先生少年时四处漂泊，中年时命运多舛，老年时病魔缠身，他的一生似乎都不是给最需要安宁和平静的翻译家所准备的；力冈先生的职业是教师，他偏居小城，又不善交际，这些似乎都不构成他迅速成长为一位全国著名翻译家的前提条件。但是，正如吴笛教授在他纪念力冈先生的文章中所言：“他的一生就是用出人意料的成就表现了悲怆的境界。面对种种意想不到的遭遇和不公，他并没有沉沦，也没有片面地记恨，而是在艰难的岁月中怀着对人性的憧憬，将厄运升华为创作的动力，在逆境中不忘呼唤人性和仁爱，将种种遭遇视为生命中的财富，在悲怆的境界中抒写诗意人生，毫不气馁地追求生命的意义，在自己所献身的俄罗斯文学翻译事业中，做出了杰出的贡献。”

普希金说过：“译者是文明的驿马。”笔者曾对此说法加以引申：“如果说广义的译者是文明的驿马，那么专事文学翻译的人士便是‘文学的驿马’了。凑巧的是，在汉语中，译者的‘译’和驿马的‘驿’不仅同音，而且在词源、词形和词义上也很相近，区别似乎仅在于后者为‘马儿’而前者是‘文人’（言者）。……用在驿站间往复奔波的马儿来形容译者，每个有过译事经验的人大约都能在这个比喻中品味出某种艰苦和辛酸，甚至是束缚和无奈。……既要有出众的能力还要有忍辱负重的秉性，日复一日的奔波只能换得微薄的粮草，还得时刻提防路途中遍布的坑洼和沼泽，能善此业者非驿马莫属也。”力冈先生就是这样一匹忍辱负重、砥砺前行的“文学的驿马”。力冈先生以他的作为告诉我们，文学翻译是一项可以托付终生的事业，是一种富有意义的存在方式；力冈先生及其文学翻译活动是一种燃烧生命的举动，一个与命运抗争的典范，同时是他的翻译意志奏出的一曲凯歌。

二

力冈先生是在中国改革开放的热潮中展开他最积极的翻译活动的，他的大部分译作出版于20世纪80年代。浏览一下力冈先生的译作书目，可以发现出版于80年代的译著有十余部之多，计有格鲁兹杰夫的《高尔基传》（与济凯合译，江西人民出版社1980年版）、冈察尔的《爱的归宿》（安徽人民出版社1983年版）、巴巴耶夫斯基的《野茫茫》（浙江文艺出版社1983年版）、艾特马托夫的《白轮船》（外国文学出版社1984年版）、阿列克谢耶夫的《儿时伙伴》（山东文艺出版社1984年版）、波利亚科夫的《别林斯基传》（黑龙江人民出版社1985年版）、普希金的《暴风雪》（春风文艺出版社1985年版）、肖洛霍夫的《静静的顿河》（漓江出版社1986年版）、帕斯捷尔纳克的《日瓦戈医生》（与冀刚合译，漓江出版社1986年版）、帕斯捷尔纳克的《含泪的圆舞曲——帕斯捷尔纳克诗选》(与吴笛合译,浙江文艺出版社1988年版)、卡里姆的《悠悠儿时情》(安徽文艺出版社1989年版)和格罗斯曼的《风雨人生》(漓江出版社1991年版)等。从这个目录还可以看出,力冈这一时期的译作总体上以苏联当代文学作品为主要翻译对象。

20世纪80年代是中国当代史上的一个特殊时期,那是一个文化转型期,甚至可以说是中国现当代的一场文艺复兴,是一个文化觉醒的黄金时期。在那场汹涌壮阔的思想解放运动中,在整个改革开放后中国当代文化的建构过程中,对外国文学和外国文化的翻译和介绍起到了无可替代的重要作用,中国当今的现代化,从某种意义上说就是一种"被翻译过来的现代化"。那是一个文学的时代,也是一个翻译文学的时代;那是一个开放的时代,更是一个对外国优秀文学和文化开放的时代,在精神上饥寒交迫的国人首度面对外国文学的盛宴,饕餮之余,最应该感谢的就是那一时代的翻译家。在中国改革开放后出现的外国文学翻译热潮中,俄苏文学也是重要的译介对象之一,力冈先生的译著也和其他众多翻译作品一样,是对改革事业的添砖加瓦,是为思想解放运动注入的燃料,对当时中国社会的文化重建、国民文化性格的重塑起到了重要作用。

中国的俄国文学翻译始自19世纪末,在五四时期出现第一个高潮,如今人们在探讨五四运动的起因时,常将俄国的文学与德国的马克思主义和法国的启蒙思想并列为三大思想资源,由此不难看出俄国文学在当时中国社会所发挥的强大思想作用。后来,在抗日战争时期,在新中国成立之后的50—60年代,俄苏文学再度发挥“军火”和“样板”功能，而在改革开放时期，包括俄苏文学在内的外国文学，又一次成为国人解放思想、放眼世界的意识形态工具和思想武器。如果说，鲁迅那一代翻译家是“给起义的奴隶偷运军火”的人，那么，改革开放时期的这一代中国翻译家同样是为国人“盗火”的普罗米修斯，功莫大焉，没有包括力冈先生在内的这一代翻译家的辛勤工作，国人的思想解放就是难以想象的。如果我们把出生在19、20世纪之交的翻译家如鲁迅、瞿秋白、蒋光慈、茅盾、巴金、耿济之等视为中国第一代俄国文学翻译家，那么20世纪第一个十年前后出生的姜椿芳、曹靖华、戈宝权、查良铮、汝龙、满涛、叶水夫等就是第二代，而力冈以及去年去世的草婴和刚刚去世的高莽等人则构成中国的俄国文学翻译家的第三代方阵，这一代翻译家同样以自己的辛勤努力为中国的思想启蒙和文化构建做出了历史性的贡献。

中国第三代俄国文学翻译家的工作也对当代中国文学的发展进程产生了深远影响。在20世纪80年代初起，俄苏文学在中国的译介出现一个“井喷”现象，十余年间，全国近百家出版社先后出版的俄苏文学作品多达近万种，在译作的种类和印数上，可能要高出此前所有同类出版物的总和。在这样一种铺天盖地的外国文学译介热潮中，受益的不仅仅是中国的读者，自然也包括中国的作家。王蒙在他的《青春祭》（作家出版社2006年版）一书中写道：“我们这一代中国作家中的许多人，特别是我自己，从不讳言苏联文学的影响。是爱伦堡的《谈谈作家的工作》在50年代初期诱引我走上写作之途。是安东诺夫的《第一个职务》与纳吉宾的《冬天的橡树》照耀着我的短篇小说创作。是法捷耶夫的《青年近卫军》帮助我去挖掘新生活带来的新的精神世界之美。在张洁、蒋子龙、李国文、从维熙、茹志鹃、张贤亮、杜鹏程、王汶石直到铁凝和张承志的作品中，都不难看到苏联文学的影响。张贤亮的《肖尔布拉克》、张承志的《黑骏马》以及蒋子龙的某些小说都曾被人具体地指认出苏联的某部对应的文学作品；这里，与其说是作者一定受到了某部作品的直接启发，不如说是整个苏联文学的思路与情调、氛围的强大影响力在我们的身上屡屡开花结果。”这里提到的张承志，就对力冈先生的译作赞不绝口，曾感慨：“我恨不得倒背如流！”由此不难窥见力冈先生的译作对改革开放时期中国作家产生的影响。

三

1984年，漓江出版社推出力冈先生重译的《静静的顿河》，这是新时期名著重译的第一部，而自90年代起，力冈先生更将名著重译当成首要任务，相继重译了多部俄国文学经典，如托尔斯泰的《复活》（译林出版社1992年版）和《安娜·卡列尼娜》（浙江文艺出版社1992年版）、屠格涅夫的《猎人笔记》（河北教育出版社1994年版）、莱蒙托夫的《当代英雄》（河北教育出版社1994年版）等，他作为翻译家的最后一项工作，就是重译陀思妥耶夫斯基的《罪与罚》。力冈先生是俄国文学经典著作重译的倡导者和先行者之一，他几乎将他翻译艺术炉火纯青的最后十年都用在了名著重译上。

文学名著重译始终是译界的一个有趣话题。中外文学史上的名作原著,无论出现在什么时代,一代又一代读者捧读的均为同一个文本,而文学名著的译本,即便是著名的译本,却常常会随着时间的推移而“衰老”,会被所谓“新译”所取代。日本著名斯拉夫学者、契诃夫的日译者沼野充义有一次曾对笔者说,被译成日语的契诃夫作品每20—25年便要新译一次,以适应新一代的读者。他的话让笔者大吃一惊,可转而一想,外国文学作品的汉译其实也有着大致相同的命运,尽管其存活期未必一定就是20—25年。汉语文学中的原创名著,如唐诗宋词元曲,如《三国演义》《水浒》《西游记》《红楼梦》,自然在任何时代都不需要也不允许做任何文字加工,可汉语文学中的翻译名著,即便是近现代翻译大家们的著名译作,如严复译的《天演论》、林纾和魏易译的《黑奴吁天录》、鲁迅译的《死魂灵》等,如今也会让人觉得不无“过时”之感,至少会让当下的读者阅读不畅。也就是说,文学名著是永恒的,不朽的,它们的译作却是相对短命的。笔者曾在一篇文章中对名著重译现象作过一番思考:首先,从读者方面看,读者为什么会在面对原作和译著时持有不同的阅读态度呢?他们对于原作和译作这种不同的阅读取舍究竟源自何种阅读心理呢?这种厚此薄彼的取向究竟是先天的还是后天的,是产生在翻译活动出现之后还是之前,这种倾向与文学名著重译这两者之间究竟存在着什么样的互动关系呢?其次,从译者的角度看,在进行重译和新译时究竟该如何面对已有的译作,尤其是已有的优秀译作,是刻意回避,还是尽量汲取原有译作的经验和精髓呢?如果对原有译作尤其是名译作的经验和精髓有所汲取,又该如何避免抄袭的嫌疑和版权的纠纷呢？如果对前辈翻译家宝贵的翻译经验视而不见，每位新译者均另起炉灶，真的能做到青出于蓝吗？如果新译在翻译质量上无法与旧译比肩，甚至不如旧译，那么重译的意义和价值又何在呢？最后，从翻译实践活动自身来看，用16、17世纪的汉语去翻译莎士比亚当然是可笑的，但是，用21世纪的汉语网络语言去翻译莎士比亚就一定具有历史的必然性和合理性吗？不断地重译、新译，会在多大程度上减少或抹去原作的时代感和历史感，把每一部新译作都作为当下的作品来读，是不是一种最大程度的误读呢？

力冈先生在进行文学名著的重译时，不知是否也曾遭遇此类问题，但他在晚年义无反顾地执着于重译，一定是一种有意识的抉择。我们猜度，他在他翻译事业的黄金时段做出这一重大转向，可能有如下几种原因：首先，他觉得在他之前的译本还有继续加工的余地，还有再度提升的空间。力冈先生重译的这几部俄国文学名著在他之前早已有过出自名家的名译，它们是不止一代中国读者捧读的对象，但力冈先生却不畏权威，另辟蹊径，公开与多位前辈翻译大家打擂台，这或许是力冈先生个人性格的一种显现，但他敢于“叫板”，无疑因为他自信他可以比之前的译著译得更好，或至少能译出他自己与众不同的特色。其次，在译出十多本书后，作为一名富有经验的翻译家，力冈先生大约也会产生出如何超越自己的问题，重译名著，既可以与前辈译家一较高低，同时也能时刻与俄国文学史上的名著及其作者进行跨越时空的深度交流，这无疑是一种更富有挑战也更富有趣味的工作。最后，名著之所以成为名著,就因为它们往往具有更为完满的艺术价值和更为恒久的艺术生命,翻译这样的作品,无疑更能呼应社会的阅读需求,赢得更大的社会意义。

力冈先生晚年重译的多部名著如今仍在一次又一次地再版,这说明力冈重译的俄国文学经典具有长久的生命力,也说明他当年重译名著的抉择是正确的。一位翻译家,只要他的译作还能出版,还能被人阅读,这位翻译家就还活着,好的译作就是译者的生命之延续。从更为广泛的意义上说,力冈先生是我国改革开放之后名著重译之风的倡导者之一,而名著重译,对于深化我们对外国文学经典的理解和认识、对于发展我们的翻译实践和理论而言,都是极具历史意义的。

四

力冈先生是一位翻译家,也是一位大学老师,教书育人是他的本业。作为恢复高考后步入安徽师大外语系俄语专业的20名学生之一,笔者有幸受教于王老师(力冈本名王桂荣,我们当时都称他"王老师")。记得先生1978年从插队的宣城乡村回到安徽师大后,不久就开始给我们授课,他教的是"文学选读课"。先生是一个颇为"另类"的老师:他上课不用现成的教材,没有固定的教案,就以他当时正在进行的翻译工作为授课内容;他在教室里不来回走动,几乎不做板书,仅端坐讲台,摊开那本他正在翻译的原著,一旁摆着一摞他最新出炉的译稿,按部就班、一句一句对照着讲下去。对文学没有兴趣、对文学翻译没有兴趣的学生,听这样的课或许会感到无味，当时王老师课的课堂气氛也的确有些沉闷单调，但王老师并不在意，只管自顾自地讲下去，他会讲他为什么要这样译，讲到兴奋处，他会突然提高嗓门，用带有山东腔的口音高声朗读他最得意的译文段落，读完后，他会抬起眼睛，久久地盯着天花板，似在掩饰眼里涌出的泪水。记得是在讲解《当代英雄》时，他时时指出其他译者，甚至是非常著名的翻译家的错误，并向我们分析这些错误之所以出现的可能的原因，他也时常让我们在他的译文中“挑错”或为他的译文“润色”，如果我们偶有所得，他往往显得比我们还要高兴。与王老师的文学选读课构成呼应的，是我们在大三时学的翻译课，翻译课教师张本桂先生常常给我们一些原文片段，让我们动手翻译，并在下一次翻译课上让译文出色的同学朗诵其译文，并对他认为好的译文再逐字推敲。正是在力冈先生以及张本桂先生和其他老师的精心培养下，安徽师大俄语专业涌现出一大批俄罗斯语言文学专业的人才，其中多位如今已成为国内知名的翻译家，有译著面世的人更多达十余位，如吴笛、张杰、周启超、吴嘉佑、冯华英、朱少华、陈建硕和刘文飞等。名不见经传的安徽师大俄语专业，在短短二三十年间居然成为中国的俄语文学翻译家的摇篮，王老师在天之灵也会因此而深感欣慰！

我们这个俄国文学译者群体的崛起，在很大程度上要归功于力冈先生及其同事们的言传身教。首先，他在课堂上逐字逐句的中俄文对照讲解，他关于译者甘苦的诉说，对于有志于文学翻译的学生而言弥足珍贵，这其实就是一个文学翻译的工作坊和实验室，让我们当年在初步掌握俄语后不久便接触到了俄语翻译的真谛，亲眼目睹了一位翻译家的工作过程和工作方式。其次，他既与我们分享他的翻译过程，也与我们分享他的翻译收获，记得我们在校时，他和济凯先生合译的《高尔基传》已经出版（江西人民出版社1980年版），他送给全班同学每人一本译著，并用规整的笔迹在扉页上题字签名，不难想象，我们接到这样的馈赠时会多么激动，同时也会觉得译书和出书不再是一件遥不可及的事情。最后，他以他的翻译行为和翻译意志告诉我们大家，庙小并不妨碍念经，更不妨碍修身。他在翻译课上不畏权威，真诚地点出翻译名家们的长处和短处，让我们较早地感受到某种翻译民主精神，并从而确立自己的翻译人格。在他之前的大翻译家往往都生活和工作在大城市，而他在成名后却安居小城，潜心译事，他的存在方式构成一种垂范和激励，使我们很早就意识到，一位翻译家原本可以在任何环境里成长和工作。力冈先生作为一位翻译家的作为和风骨，为他的学生们树立起一个光辉的榜样。

五

力冈的文学翻译有着其鲜明独特的文字风格。译者作为一部作品中的“被动创作者”，究竟应不应该体现其风格，这也是翻译学中一个争论已久的问题，一个见仁见智的问题，有人认为，译者的责任就在于原封不动地传导原作的风格，而不能擅自发挥，喧宾夺主。但是，译作毕竟是由译者用另一种语言进行的文学再创作，译者个人的修辞习惯和语言风格不可避免地会在其译作中得到体现，也就是说，所谓“译者风格”实际上是难以避免的。在这种情况下，如何让译者的风格与作者的风格相互接近、相互吻合，往往就成了决定译作成败的关键因素之一。译者无法在作品的风格范畴里肆意妄为，但译者毕竟有权利选择与自己相近的原著，或者说，选择自己较容易处理的翻译对象，或者说，在一部作品的翻译过程中更注重在自己的风格较易发挥的地方施展拳脚。原作风格和译者风格的吻合虽是一个可遇不可求的事情，但一旦相遇，便是译者的幸事，也是原作者的幸事，更是读者的幸事。

在力冈先生的译著中，较之于人物对话和心理描写，大段落的抒情和大场面的写景似乎得到了译者更为精心的处置，他往往能借助这些段落营造出一种悲凉壮阔、哀婉抒情的氛围，更确切地说，他往往能细腻精准地传导出原作中的此种氛围。力冈先生钟情于这样的段落，钟情于这种文学氛围的营造和传导，无疑与他饱经沧桑的生活经历相关，也是他既刚正不阿又侠骨柔情的性格使然，更是他的审美趣味和文字风格的要求。他的几部译著在书名翻译上的处理，就在一定程度上体现了他的这一追求。巴巴耶夫斯基的小说原名*Приволье*，这是一个很“地道”的俄语单词，意为“广阔的地方”“无拘无束”等，力冈成功地将其译成《野茫茫》，这个译名既契合小说描写苏联斯塔夫罗波尔草原地区生活的主题，也暗含着我国著名的北朝民歌《敕勒歌》所具有的苍茫壮阔的抒情力量。卡里姆的小说原题*Долгое-долгое детство*，力冈先生最初发表在《世界文学》上的译文题为《漫长漫长的童年》，后来出版单行本时，他将书名改为《悠悠儿时情》，

“漫长漫长的”和“悠悠”这两种均使用了叠词的译法都是对原文题目中的修辞手法和诗意情绪的准确再现，但“悠悠”较之“漫长漫长的”似乎更符合中文习惯，再加上之后的“儿时情”，无疑更有抒情味。冈察尔的小说*Берег любви*通常被译为《爱的彼岸》或《爱之岸》，力冈先生却译为《爱的归宿》，译者似乎也是在有意地“拓展”作为小说描写对象的爱情的辐射范围。力冈最重要的译作之一《生活与命运》最初的译名是《风雨人生》，力冈是在20世纪80年代末结束此书的翻译的，想必他在译完这部作品时，回顾自己和社会遭遇的种种磨难，不禁百感交集，故将格罗斯曼的原书名*Жизни и судьба*译成《风雨人生》。需要说明的是，在广西师范大学出版社不久前再版力冈先生的这部译著时，笔者建议将译著的书名改为《生活与命运》，因为这部小说如今已与托尔斯泰的《战争与和平》并列，而作者格罗斯曼在为这部小说取名时也的确是对托尔斯泰那部史诗的有意模仿，“生活与命运”和“战争与和平”，都是对人类生活最高程度的归纳和概括。

我们或许可以将力冈先生的文学翻译风格概括为“大气的诗意”或“壮阔的悲凉”，即一种融悲剧与抒情于一炉、广阔的画面感与内在的节奏感相互呼应、一气呵成的连贯调性和力透纸背的史诗感相映成趣的译文风格。在他精心翻译的《静静的顿河》和《日瓦戈医生》等巨著中，他的译笔很好地传达出了原著中原本就饱含的由抒情性、悲剧性和史诗性抱合而成的小说整体氛围，而在《生活与命运》的翻译中，他的这一风格又得到了更为充分的彰显。请读一读这部史诗长篇的结尾：“在这种宁静中，会想起去年的树叶，想起过去的一场又一场风雨，筑起又抛弃的窠巢，想起童年，想起蚂蚁辛辛苦苦的劳动，想起狐狸的狡诈和鹰的强横，想起世间万物的互相残杀，想起产生于同一心中又跟着这颗心死去的善与恶，想起曾经使兔子的心和树干都发抖的暴风雨和雷电。在幽暗的凉荫里，在雪下，沉睡着逝去的生命——因为爱情而聚会时的欢乐，四月里鸟儿的悄声低语，初见觉得奇怪、后来逐渐习惯了的邻居，都已成为过去。强者和弱者、勇敢的和怯弱的、幸福的和不幸的都已沉睡。就好比在一座不再有人住的空了的房子里，在和死去的、永远离开这座房子的人诀别。但是在寒冷的树林中比阳光明丽的平原上春意更浓。在这宁静的树林里的悲伤，也比宁静的秋日里的悲伤更沉重。在这无言的静默中，可以听到哀悼死者的号哭和迎接新生的狂欢……”这一史诗性的小说结尾写得好，译得也好，善于再现悲剧抒情风格的翻译家力冈先生的功力和风格在这里体现得淋漓尽致，炉火纯青！

俄国诗人叶夫图申科在1986年访问中国之后，深为中国俄苏文学翻译家们忍辱负重、坚持不懈的精神所感动，写下一首题为《中国翻译家》的诗作，在由笔者译成中文的这首诗的最后，诗人写道：“知识分子的良心，/就是一家出版社，/它仍能工作，/即便没有印刷机，/无论监狱、疢迹还是侮辱，/它仍能用诗句的春燕/把各个民族连系。/翻译家们在做什么？/他们让各国人民相互走近，/越过国境，/越过谎言的沼泽地。/总有一天，要用他们的姓氏/为巨轮命名，/稻穗和麦穗，/会向他们鞠躬致敬。/伟大的译文，/就像神的预言。/翻译过来的细语，/会成为震耳的呼喊。/但愿能有一座纪念碑，/献给无名的翻译家，/那最为可敬的基座，/就由无数的译著垒成！”我们相信，力冈先生的译著，应该也被垒入这座纪念碑的基座；力冈先生的名字，应该也被刻上这座纪念碑的碑身！

二〇一七年初秋于京西

目　录

第一部

一

辽阔的大平原,纵情地铺展开去,四面都无遮无拦。过去这里是有名的割草场、牧场和羊群畅游之地。那时候,每到春天和夏天,这里青草萋萋,百花怒放,如有刈草机开过,仿佛留在后面的不是青草,而是铺开了一张鲜花编成的地毯。后来,这地方既不见了青草,又不见了鲜花,铁犁到处畅游了起来;如今,放眼望去,那密密匝匝的麦穗望也望不到边。只是在有些地方,如铁犁耕不到的地角,或者小土包上,难得有一株野罂粟花在六月的早晨绽开花苞,血红血红的,像失落在小麦海洋中的孤零零的一点火星;或者在哪里的坟头上,有那么几株羽茅草,迎风摆动着它们那白色的长发。挣扎得最顽强的是野蒿,它们丝毫不气馁,在大路旁边,在村头镇尾,像灰色的烟团似的一蓬一蓬地生长着。这些多花科的蓬生植物,有着浓烈的香气和苦涩的味道,熟悉野蒿的草原人将野蒿叫得可亲热哩:有的叫“我那白头发的少花蒿”,有的叫“我那灰眼睛的茵陈蒿”,有的叫“香艾”,有的叫“草艾”,——草艾是一切野草的邻居好友。牧羊人凭气味、凭外表很容易识别野蒿的品种。草原上的人拿眼睛一瞧,拿鼻子一闻,就能准确无误地说出:这是常见的一种蒿,气味是清淡的;这一种是不常见的,气味平和、清新;长在土包子上的那一蓬,是驱虫艾,能治一切疾病;那一种叫神木;旁边的那一种叫黑艾。斯塔夫罗波尔地方的牧羊人还将野蒿叫“银蒿”,叫“草原灰马”,在野蒿开花的时候,则唤做“蒿菸”。有不少民间谚语是提到野蒿的:“野蒿不是人栽的,是自己长的”,“蜜渍的蒿比原来的蒿更苦”,“别人的老婆是天鹅,自己的老婆比苦蒿还苦”。

我的奶奶普拉斯科维娅·阿尼西莫芙娜是斯塔夫罗波尔地方第一个女羊倌,她同野蒿早就结下深厚的情谊。“米沙,我的好孙儿,村头上长得一蓬一蓬的那种东西,对人的用处可大着哩,”她说。“野蒿是老天爷赐的东西,不论用到什么地方,都有益处。野蒿能治跳蚤,跳蚤一闻到野蒿气味就死;也能治蚊虫,蚊虫飞到野蒿上面,飞着飞着,就落下来死掉。不论什么疾病,野蒿都能治。”奶奶常常在自己房里,在用黏土和泥抹过的地上铺一层野蒿,好像铺了一张绿色的香地毯。走在这地毯上,脚下不住地发出毕剥声,还散发出一股香气。奶奶生了六个孩子,我的父亲是其中之一;六个孩子都是在草原上,在游牧车棚里鲜蒿铺成的床铺上出生,也是在这里长大的。要是有哪个孩子生了病,比如说,肚子疼啦,伤风感冒啦,牧羊的妈妈就将野蒿的花用水煎一煎,拿煎出来的水给生病的孩子喝，孩子的病情马上就会好转。我上五年级的时候，喉咙发炎，于是我第一次尝到了野蒿花熬的水的滋味，那种苦，我过去从来还没有领教过哩，可是，喉咙当真不疼了。“喉咙洗干净了。”奶奶说，“米沙，好孩子，你再把这带花的蒿枝儿放到鼻子上，好好地闻一闻。”我接过一把正在开花的野蒿，贴到脸上，闻了起来。从那时起，已经有不少年过去了，如今，特别每当我想起奶奶和故乡，我总是十分真切地想起那种无比熟悉、而且我觉得也是无比甜蜜的野蒿气味。每到春天，这气味仿佛成了一种无形的磁石，吸引着我奔赴养育了我的辽阔大地。

二

我在报社工作，我的编辑室主任是巴维尔·彼特洛维奇·扎采平；我对他十分友好，十分尊敬。他确实是值得尊敬的。他身材魁梧，仪表堂堂，前边顶发已经谢光，鬓发全白了，白得像搽了粉似的。此人天性善良，文雅，谦恭待人。我同巴维尔·彼特洛维奇的结识似乎十分简单、十分平常。我是去年在莫斯科大学文学系毕业的；虽然我总想显得老成些，留起了微微卷曲的棕红色胡子，可是论年龄我只配做扎采平的儿子。我在上大学的时候，就常常到编辑部来，还发表过一些农村生活题材的短篇小说。其中有一篇题为《野蒿》的，巴维尔·彼特洛维奇一拿到手就大加称赞。很明显，我和我的“农村小记”得到了巴维尔·彼特洛维奇的分外赏识，所以他才请我来他的编辑室工作。我看出：巴维尔·彼特洛维奇原是十分高兴的，因为他的编辑室增添了一个能够独当一面的文学编辑，可是如今他伤心了，因为我突然写了一张离开报社的申请书，如巴维尔·彼特洛维奇说的，“这么一张奇怪的和完全令人不解的申请书”。

“哎呀，恰佐夫，恰佐夫，你真是叫我伤脑筋，”他说，“有什么办法，年轻人嘛！坐下，坐下，干什么直挺挺地站着？”

“站一会儿，没关系。您打算怎样批复呢？……”

“什么？批复？恰佐夫，先得弄清楚你是怎么一回事儿。我想来想去，就是弄不清，弄不清你，弄不清你这个奇怪的想法是怎么一回事儿。说真心话，我很想弄清，可就是弄不清！……”

“巴维尔·彼特洛维奇，什么地方您不清楚？”

“亲爱的米哈伊尔·阿纳托利耶维奇，我弄不懂的是，你不该无缘无故地扔下工作，离开莫斯科。到哪里去？去农村。对不起，你这样异想天开有什么意思？一点意思也没有！国家培养了你，文学系毕了业，可是你……”

“我的理由，在申请书中详细地讲了。”

“我看到的，看到的。这算什么样的理由？不过是心血来潮罢了。”

“我离开不会太久的，至多不过一年。”

“你要请这么长时间的假出公差？”

“我得在农村住一段时候。”

“有意思！谁能批准你请一年的假？报销的时候不论哪一个会计都会顶回来的。再说，问题的实质也不在请假。”

“那就请您给我保留工资，维持生活。”

“要想拿工资，必须每天来上班，”他严厉地说。“这个道理，大家都清楚。”

“我要给报社写特写、随笔的。”

“米哈伊尔，你要知道，哪一家像样的报纸会天天刊登有关一个村子的特写？这样的特写谁又喜欢读？这一点你想过没有？”

“巴维尔·彼特洛维奇，您要是不能帮我的忙，请您代我报告总编辑，将我的申请书转交给他。”

“算了吧，恰佐夫，别给我找麻烦了！要是不死心的话，你就自己送去。不过，说句贴心话，我不希望你去找总编辑，因为他的答复肯定同我的答复完全一样，只不过话要说得更难听些。米沙，不要自讨没趣吧。你本是一个很不错的小伙子。干什么打起了怪主意？”

“没打什么怪主意，您的话说远了，”我垂下眼睛说，“说实话，有一种力量吸引我回农村，回家乡。再就是，我很想去好好地闻一闻野蒿的气味。您该记得，我对您说过，我时常想起野蒿的气味。不知为什么，也许，我像一只欧椋鸟，每到春天，就巴不得立刻飞回故土。我也弄不清自己是怎么一回事儿。反正我不回去就是不行，真的，不回去不行。”

“可是，应该不应该回去呢？干什么这样着急呢？先得好好地、耐心地想一想，衡量一下全部的‘得’和‘失’，然后再作决定。如果你像欧椋鸟那样，想在春天回故乡，那可以给你假期，比如说，给你十天假期。”

“您十分明白，我要的不是十天假期。”

“我明白，而且我还可以替你回答：要给乡亲们写一本书，需要相当的时间。我回答得对不对？”

“也许对……不过,这话还说早了一点。”

“米哈伊尔,你还想瞒住我哩！我对你清楚透了。你想成为作家,这种想法我赞成,这你是清楚的。是的,你是有才华的,你的‘农村小记’就说明了这一点。可是,我的亲爱的米哈伊尔,成为作家的许多有利条件不是在农村,是在首都。首都有作家协会,有作家基金会和许多杂志,可以说,方便极了,而且还可以在作家之家里同许多有名的作家打打交道。可是你却要去偏僻的农村。有什么意思？我看不出有什么必要。”

“反正我要走,谁也拦不住我。巴维尔·彼特洛维奇,我还是请您把我的事情同总编辑谈一谈,尽量向他讲清原委。”

“我事先可以告诉你:我去谈也不会有什么结果。”

“还是请您去试试看。”

“好吧,恰佐夫,我帮你去讲讲看,不过表示表示我对你的一番心意罢了,”巴维尔·彼特洛维奇沉默了半天才说。“我去讲讲。不过,不是找总编辑,是找副总编。你是知道的,伊凡·叶菲莫维奇这个人心肠软,好讲话,肯关心人。有一次他对我说:这个恰佐夫很会描写大自然,有两下子。也许,伊凡·叶菲莫维奇会给你出个什么主意的。不过,米哈伊尔,有一点要注意,同他谈话,欧椋鸟啦,野蒿气味啦,都不能讲。他不喜欢这些玩意儿。你就说,奶奶生病啦,或者编一点别的什么理由。我同他谈,并不专门谈你的事,要找适当机会插进去谈一谈。争取在下个星期谈。你得等一个星期。听清楚了吗？”

“清楚啦。谢谢您了,巴维尔·彼特洛维奇。”我说完,就走出办公室。

那一个星期过得好慢啊，第二个星期似乎还要慢些……很明显，巴维尔·彼特洛维奇没有找到适当机会同伊凡·叶菲莫维奇谈，我真不知如何是好。等下去？谁知要等到哪一天？是不是可以不顾一切，只同我那玛尔塔讲一声，坐上飞机就走？

我实在拿不定主意，这些天我一直闷闷不乐，很少讲话，工作起来也没有过去那股劲儿，吃饭不香，睡觉也睡不好：总是在深夜回到玛尔塔跟前，她问我，到什么地方去过，有什么不痛快的事，为什么情绪这么坏，我一概不回答，只是摸摸卷曲的小胡子，将嘴一撇，苦笑一下。我的心已经远远地飞到了草原路上，一会儿觉得自己来到宽广的、坐落在高地上的斯塔夫罗波尔机场上，一会儿觉得自己坐在奔驰在田野上的顺路汽车上，一会儿觉得已经来到熟悉的故乡街道上。

三

终于等到了这一天。早晨，我刚刚上班，突然，——这种情况往往令人感到很突然——电话铃响了，送来清脆的女音：

“是恰佐夫同志吗？马上到伊凡·叶菲莫维奇这里来。”

我当下不等电梯，顺着楼梯跑上四楼，气喘吁吁地不是走进、而是跑进了副总编室。伊凡·叶菲莫维奇正站在小桌边打电话。他穿着样式十分讲究的藏青色上装，系着漂亮的花领带，那白衬衣衣领，将他那结实的深棕色脖子衬托得格外显眼。我感觉到，他是欢迎我来的，因为他马上放下话筒，朝我走来，并且亲切地、像欢迎一个朋友似的微笑着将我拥抱了一下，就像一张大翅膀扑在我身上，接着问道：

“干什么这样气喘吁吁的？跑来的？快坐下，歇一会儿再说。”

伊凡·叶菲莫维奇让我坐在沙发上，从写字台上拿过一个很像油烟熏黑了的深碟子似的烟灰缸，就在我身边坐了下来；掏出一包香烟和一包火柴放到膝盖上，说：

“请抽烟！”

“谢谢，我不会抽烟。”我不好意思地说。

“怎么，不会抽？”

“抽不出味道……没有学会。”

“好样的，好样的。”伊凡·叶菲莫维奇擦着火柴，点着了香烟。“可是我，没有香烟就不能过日子，习惯啦……呐，老弟，我们从什么地方谈起？”

“我在申请书里全写了，所以请您……”

“再三考虑过了吗，恰佐夫，嗯？”伊凡·叶菲莫维奇打断我的话，抽了两口烟，很亲热地笑了笑，好像是要用这种亲热的笑来宽慰我似的。“可是，说实话，我却有点惊讶和困惑不解。为什么？就因为，恕我直言，你这是胡思乱想。你告诉我，一定要告诉我，你这年轻人的头脑里发生了什么事情？”

“我请求……我希望回家乡农村里住住。我家里还有一个老祖母。就是这么回事儿。”

“果真就是这么一回事儿？”

“是的，就是这样。”

“这又何必呢？”伊凡·叶菲莫维奇将强壮的两手一摊。“这有什么意思？现在的年轻人，可以说，概不例外，一心要往城里跑，巴不得在文化中心，特别是在莫斯科安家落户。可是你呢？朝草原上跑，要在牧羊人的村子里过过日子。为什么？我一点也不懂。请你给我解释解释。”

“有什么解释的？我想去就是了……大地那么辽阔，令人心旷神怡。而且我们的村子就叫‘辽阔村’。虽然是牧羊人住的一个草原村落，可是实在美，周围十分开阔一眼望不到边。”

“你怎么，是在‘辽阔村’出生的？”

“我出生在巴黎。”

“在巴黎？”伊凡·叶菲莫维奇当真感到吃惊了。“这怎么理解？为什么在巴黎？”

“我爸爸和妈妈在大学毕业后被派到法国工作，当年就生了我。”

“这么说，你是巴黎人了？”伊凡·叶菲莫维奇那和善的脸上又出现了亲热的笑容。“你一点不想念巴黎？”

“不想，一点不想念。我还不满三岁，就离开巴黎了。巴黎只给我留下一个模糊的印象，就好像在梦里看到过。”我不知道还该怎么讲，沉默了一会儿，又说：“随后爸爸妈妈到新西兰工作。我们在新西兰住了四年，后来，我到了上学的年龄，爸爸便将我送到家乡农村奶奶身边。我在辽阔村长大，读完了十年制学校，便到莫斯科来上大学。这就是我的全部历史……伊凡·叶菲莫维奇，您要理解我的心情，我一定要回村里住住。特别每到春天，就像有一块磁石吸引我回去。而且，我有一些个人计划，不瞒您说，也同辽阔村分不开。”

“是一些什么样的个人计划，能不能告诉我？”伊凡·叶菲莫维奇脸上那愉快的笑容仿佛在说：计划归计划，可是我希望你也要像我这样愉快。“我知道啦，知道啦，你不必讲啦。是不是打算写一部有关牧羊人的长篇或中篇小说？我猜到了吧？好的，这是好事情。”伊凡·叶菲莫维奇意味深长地伸出一个手指。“说起来，历史上是有过一个十分了不起的例子，有那么一个年轻人，凑巧也叫米哈伊尔[①]，和你同名的，突然离开首都，到一个镇上去住。”说到这里，伊凡·叶菲莫维奇吧嗒了一下他那厚厚的嘴唇，又一次十分动人地笑了笑。“不过，第一，那种事情，就是说，世界上出那么一个伟大的天才，是极为难得的，像大家说的，是千载难逢；第二，据我所知，那个米哈伊尔既没有要旅费，又没有要工资。”

“这件历史事实值得我借鉴。”我向后撩了撩垂在额上的头发，猛地站了起来。“好吧，您放心，我也可以什么都不要，明天就走。”

“别动火，恰佐夫，这件事我不过随便讲讲。”伊凡·叶菲莫维奇敛住笑容，也站了起来。“我的好同志呀，不幸的是，大家都想成为作家，于是，各种各样的作者多得像牛毛。可是伟大的作品在哪里？有没有新的《静静的顿河》？有没有新的《毁灭》？没有。不过，你用不着皱眉头，我完全不是责怪你。你要走，我们不阻拦，你要走就走吧。”他那刮得很干净的胖脸上又出现了温和的、暖人心意的笑容。“不瞒你说，我很愿意帮你的忙，可是无能为力。我专门询问过会计处，还征询过法律顾问的意见。非常遗憾，法律从未规定可以给一年的假期，或者给事实上不在工作的

①系指大作家米哈伊尔·亚力山大洛维奇·肖洛霍夫。——译者

人保留工资。没有这样的法律,懂吗?"

"我懂,"我回答说,"没关系,没有就没有。"

"不过,还是可以帮你一点忙的。"这时他的唇边和眼角又出现了笑意。"可以给你出一个证明,说米哈伊尔·恰佐夫是我们的社外记者,不仅可以在辽阔村采访,还可以在全区采访。你带了这个证件,就可以到任何单位去取得你所需要的材料。你给我们写东西,当然最好是涉及重大问题的,不要那种草原抒情诗。当前农村出现并且在解决着哪些重大的和十分迫切的问题。比如说,可以写一写综合养畜问题,或者写一写区与区合作问题、大农田灌溉问题。可以按最高标准付给稿酬,这样来解决你的困难。怎么样?就这样好不好?不要绷着脸嘛,对生活要乐观些。"

"我回到辽阔村,保证经常寄一些特写。"

"这一点,巴维尔·彼特洛维奇对我讲过,"伊凡·叶菲莫维奇回答说。他的脸上不觉露出甜蜜的笑容。"但是,干什么写新闻花絮?不需要花絮。要写当前的大问题,任何花絮都用不着写。"

"这么说,我可以回去?"

"可以,当然可以,"伊凡·叶菲莫维奇回答说,"你要写一个自愿离职申请书。批准后,你再领一个证明,就行了。好啦,我祝你一切顺利!"

伊凡·叶菲莫维奇同我握了握手,我三步两步便跨出了副总编室。

四

也许没有任何别的事情使我们像见到故乡这样高兴、这样激动了。看，面前是故乡的大地，大地四面舒展开去，一直到天边。望着这大地，尽情地望吧，高兴吧，越高兴越要望。汽车在原野上不停地奔驰，我目不转睛地望着这辽阔无垠的大地，可还是觉得望不够；一种奇怪的感情，一种慌乱和喜悦交织的感情，一路上萦绕在我心头。高高的蓝天笼罩下的故乡春天的原野，又有什么比你更美好？你永不衰老；风云变幻，时间推移，都丝毫不能损伤你。我多少次把你记忆，你一直就是这样的，你一直就是这样可亲可爱；那几条带形谷地依然在你身上穿插交错，把你映衬得这样美，这几条谷地不知从何处而来，到了这里便舒展开来，像一扇歪斜的翅膀。还记得有几条深沟，沟壁陡峭得像用军刀砍成一般，沟壁上黄色的黏土到处反射着阳光，沟沿上一丛丛的树棵子有点像小孩子的头发。公路两旁，到处是坟包子，一个个站在路旁，像是日夜守卫的卫士。那是我童年时代就看到的，多少岁月、多少时代从它们身旁悄然驰过，可是它们对一切全部不闻不问，一直是那样神态冷冷，一言不发，什么事也触动不了它们。一年四季，一个个坟包上上下下都长满了羽茅草，就像一个个骑士披上了白色的斗篷。坟头上往往长着一蓬野蒿，常常有那么一只苍鹰站在蒿丛里，爪子抓着一只野鼠，一面用锐利的眼眈视着汽车隆隆驶过的大路。

我记得：公路两边一个一个的古坟徐徐远去，等古坟看不见了，又是一条条浅浅的谷地，一条条的沟，错落起伏，像一阵一阵的波浪。一个大土包，长满灰色野蒿，微风吹动，送来浓浓的苦涩的气味，星星点点的野罂粟花，火红火红的，十分悦目。常有流动的蜃气扑面而来，映出十分迷人的景物，仿佛在村后，或者羊圈后面，不过五百步以内，一会儿出现芦苇荡，一会儿出现翻滚的波浪，或者浩瀚的大海，景象十分真切，令人难以相信，这一切全不过是幻景。一会儿从芦苇荡和波浪之中，突然像幽灵似的冒出一辆骆驼拉的篷车。高大的、瘦骨嶙峋的骆驼大步走着，晃动着高高的驼峰，车辕咯吱咯吱地响着，车毂磨得发出低沉的咿呀声，篷车下面懒洋洋地走着那么一条灰毛的小狗。每当坐汽车往草原深处行驶，那些波浪和芦苇荡的幻景越来越淡，会越来越多地看到羊圈，那一个个的羊圈很像矮矮的旧麦秸垛，羊圈的小门也都黑乎乎的，有长长的饮水槽，有水井，井口上有一些像木桶一样大小的辘轳罐。井边往往有那么一匹弯腿的长鬣毛老马拉着辘轳车往上提水，老马疲惫地绕着踏实的井台转圈子，两眼还是蒙了黑布，为的是不头晕。有时看到牧放的羊群，羊身上那样白，看上去还很不舒服，显然是刚刚剪过毛的；几乎每只羊身上都荡着一只欧椋鸟，欧椋鸟一面扇动着翅膀，在新剪过毛的羊身上找东西吃。羊群旁边往往有几只闷得发慌的防狼猎狗，这些狗一律是小耳朵，短尾巴，大脑袋，前胸宽宽的，毛一律呈褐色。猎狗盘起后腿坐着，懒洋洋地望着炎热的天空，打着甜蜜的呵欠，羊倌像一尊雕像似的站在一旁，披着斗篷，戴着高高的、一直拉到额头上的皮帽，用羊鞭支着身子，就像一个疲倦的旅人扶着手杖在休息。

这一切景象都是草原上过去能看到的，而且这只是不久以前的事。如今，麦草盖成的羊圈不见了，用铁皮和水泥建成的综合养羊场出现了，很少看到放牧的羊群和带着防狼猎狗的穿斗篷的羊倌；再也看不到牛或骆驼拉的篷车，看到的是像风一样迎面驰来的一辆一辆的汽车。只有这里的天空没有改变，依然是那样高，那样蓝，蓝幽幽的，那样诱人！这蓝天像草原一样，分外的辽阔，抹着一道道淡淡的云烟，望去这蓝天像用轻纱织成的，就像给辽阔的草原罩上一顶透明的帐幕。

五

汽车进了辽阔村，司机一扳闸，车子慢了下来，我不等车子停稳，便跳了下来，手里提了提箱朝前走去。迎接我的，依然是那些仿佛面带笑容、白得像草原上的鹅群一样的土坯房，还有家家门前那些挺拔的白杨树，这些白杨树长高了许多，树上刚刚长出的嫩叶更浓密了，也更苍翠了。过去我上学的学校，带着惊讶的神情望着我，好像在说："这个留胡子的人是哪一个？果真是米沙·恰佐夫？不是的，这不是他，才不相信是他哩……"每个角落我都十分熟悉的校园里，依然像当年一样，到处是嬉闹的孩子——看样子，正是课间休息时候，孩子们玩得正起劲儿，谁也没有理会这个当年也在校园里这样奔跑、如今提了提箱在大街上行走的人。

这街道也使我看着十分高兴，因为路面全铺上了柏油，是新铺的，还泛着黑色的油光；如果从空中往下望，这辽阔村便像伸出一根长矛，直插到平坦的斯塔夫罗波尔公路干线上。我还发现一件新鲜事：顺着两排白杨，还新铺了人行道，这么一来，家家户户那挂了花边窗帘的窗户，就像姑娘的眼睛躲在长长的睫毛后面，羞涩地望着村里过往的行人，望着我，也望着大路上不知何故总是来去匆匆的大小汽车。我看到那些十分亲切的台阶又是多么高兴啊！这可是辽阔村独具一格的台阶！什么地方还能看到这样的台阶？与别处不同的是，这里的台阶不是伸到院子里，而是直接伸到大街上，好像是有意摆出来给人看的。台阶漆得鲜艳夺目，中间漆成花地毯的形状，漆得惟妙惟肖，非常漂亮，使人很想在上面走一走，谁要是在大街上走过或者乘车经过，仿佛会听到这些台阶在说："朋友，不必客气，随便些，随便进哪一家，您一定会受到主人殷勤的接待……"不用说，这番话也对我讲了，因为这些台阶还没有认出我这个同乡，没有料到这个提手提箱的小伙子是本村人，没有料到这个小伙子老远就看准了他最心爱的一个台阶，快步踏上描在台阶上的地毯，高声喊道：

"您好，奶奶！祝您健康！"

"噢，米沙，我的好孩子！是你，真是你？"奶奶一下子把我搂到怀里。"哎呀，真是从天上掉下来的！啊唷，米沙，你咋地有胡子啦！妈妈见到你，一定认不出的。头发为啥也这么长，真像一个小牧师！瞧你这个怪模样，真不像我的孙子……好啦，谢天谢地，你回来啦，还没有忘记奶奶！"

"我才没有忘记呢，我恨不得飞回来。"

"米沙，我的心肝肉，我太高兴了……"

老人家用围裙捂住眼睛，哽咽起来。我却掩盖不住内心的高兴，望着她，听着她的乌克兰方言，而我觉得，如果这个瘦弱的、满头白发的老人家不说"咋地"，而说"怎么"，不说"为啥"，而说

“为什么”，那就不是我的奶奶了。我觉得，我的好奶奶在我的心中从来没有像今天这样可亲，有这样多的乡土气息。我看出，在她那四周布满皱纹的、慈祥的眼里，在她的整个外貌中，有一种东西代表着辽阔草原，代表着辽阔村周围开阔、坦荡的草原；还有一种东西代表着秋天成熟的灰色野蒿，代表着里海热风和顽强的羽茅草。奶奶身上穿的是老式的长襟褂子、束腰的裙子，裙子外面又系了围裙。自古以来村子里妇女都是这种装束。她的白发一齐拢到脑后，挽成一个鬏儿，说也奇怪，头发也散发着野蒿的气味！她搂抱了我，亲了我的脸，还说真不相信我会一下子回到她的身边，所以眼泪忍不住流了出来。流过了眼泪，这才连忙拿出面包，将火炉上烧开的一壶牛奶端到桌上。那放在涂了树脂的褐色座垫上的火炉，不知为什么冒出的并不是烟气，而仍然是野蒿的气味。从她招待我这个不速之客的动作，从她在一旁凳子上坐下来，将两只黑黝黝的、青筋嶙嶙的手放到膝盖上的一举一动，从她那闷闷不乐的样子，从她那哭红的眼睛盯住我瞧的那种神情，我又看出了我奶奶身上那种草原人的气质，那种不平常的、别处见不到的气质；这种气质是多年形成的，是她独有的，这种气质表现在她的一切方面。

“米沙，喝一点牛奶，牛奶煮得喷香的。我将奶壶往炉子上一放，心里就猜到你要回来啦。”

我喝下一杯温和的、喷着香气而且确实十分有味的牛奶，随口问道：

“这是自己的奶牛出的奶？”

“咋的？不是的，不是咱家的，是邻居给的牛奶。邻居家的奶牛虽然还很嫩，刚刚开始出奶，可是挺好的，奶很多，”奶奶将凳子移得离桌子近些。“米沙，你在奶奶这里多住些日子，行吗？”

“我一直盼着回来，所以回来就是要多住些时候的。”

“我的天！”奶奶高兴起来。“那我就不发愁了。要不然，我一个人呆在家里，就像野地里苦苦叫的杜鹃鸟。你的小房间还空在那里，等着你呢。”奶奶用围裙的边儿擦了擦干瘪的嘴唇，笑了起来。“不用说，谁都想自己的家。比如我的儿子托利亚，就是你的爸爸，他住在国外，孤零零的。他也很想家，日子过得没有味道。”她朝我探过身来，小声问道：“米沙，你在莫斯科娶亲了没有？”

“我还没有结婚。”

“咋的没有结婚？”

“新娘子不知道躲到哪里去了，”我想开个玩笑把话题岔开。“我到处找都找她不到。”

“不用发愁，在我们村里容易找，”奶奶笑得露出了几乎只剩牙龈的下牙。“我们这里可以说家家有漂亮姑娘。随你挑什么样儿的！……还有，你的堂妹妹也要出嫁了。”

“你说的是卡佳？”

“就是她。”

“她多大啦？”

“十九岁啦。出挑得才漂亮呢！”

“对象是哪一个？”

“不远，水牛村的，叫安得列·谢罗什坦。水牛村的主任，是个头头儿哩！你不认识他。他过去在斯塔夫罗波尔上学，后来才回家。他也许比你大两岁，可是，小伙子很能干，人也长得很体面。”

“什么时候结婚？”

“说到结婚，就麻烦了。”

“怎么一回事儿？”

奶奶将手一甩，说：

“算啦，这些事我们等会儿再谈。我要问问你：你爸爸和妈妈日子过得咋样？你妹妹奥莉雅咋样？刚果那地方咋样？”

“我不久前收到爸爸一封信。信里说他们生活、工作情形还好，但是太热了，总是过不惯。那地方一年四季都热得不得了，比起我们这里的夏天还要热得多。”

“我那好孙女奥莉雅究竟咋样？”

“她能怎样？她倒过得惯，不怕热。”

“我问的不是这个。她在上学吗？”

“当然上学。”

“她为啥不像你一样回到村里来上学？”

“那里有学校。”

“那是外国的学校，说的不是咱们的话。奥莉雅说外国话行吗？”

“学会啦。您不用担心她会不会说外国话，大概您这个孙女，我那个妹妹，倒是把俄国话给忘啦。她要是有一天像我这样回来看奶奶，您同她言语都不通了。”

“不会的，不会连话都不通。自己本国的话永远不会忘掉的。”奶奶从柜子里拿出一个手巾包，打开来，里面是折得好好的一封信。“我也收到你爸爸一封信。他要我到他那里去看看呢。你拿去念一念。他还说，妈妈，来吧，一定要来，出来到外面看看。不要憋在那么一个草原小村子里过一辈子。”

我将爸爸简短的来信念了一遍。他在信中说，已经发出邀请信，请奶奶去住些时候。

“奶奶，刚果可远着哩，”我说，“要坐飞机，一两个钟头是飞不到的。”

“米沙，你给我讲讲，用咱们的家常话讲，别文绉绉地，讲讲刚果是咋回事儿！”

“刚果是非洲南部的一个国家。在一条叫刚果河的大河边，那是最热的地方。”

“那里的人是啥样儿的？”

“同别处的人是一样的，不过黑一点儿。”

“兴许，是晒黑的？”

“不是的，生来就黑。”

“你猜，我每天夜里梦到刚果是咋样的？我觉得好像到了托利亚那里，我不管看到啥东西，都觉得和咱们这里不一样，古里古怪的，想不出是咋回事儿，”奶奶带点儿幻想意味地说。“刚果离咱们这地方是太远了，我这么大年纪，想挪一个地方住一住，实在也不容易。不过我真想到外面看看，看看黑皮肤的人是啥样儿。再说，儿子劝我去，请我去，还发了邀请信。我也很想看看托利亚、娜斯佳，看看奥莉雅。他们不像你这样回老家来看我，我只好到他们那里去。米沙，你看我去不去刚果？我该咋办？”

我不知怎样回答奶奶才好，在房里踱了起来，只觉得脚底下……呀，又是铺了鲜蒿！

“奶奶，我一直在想念这种软软和和的地毯，”我说，“不过，为什么气味这么淡？”

“因为这蒿儿还太嫩，所以气味不浓。你拿起一枝闻闻看。”

我拿起一枝娇嫩的蒿儿，上面的叶子还带点儿黏性，我将这一枝嫩蒿贴到脸上，继续踱着，好像在草地上散步，我来到窗前。奶奶没有得到我的回答，便将那封信重新包进手帕，放回柜里，自己坐到凳子上，又用围裙的一角擦了擦潮湿的眼睛，说：

“米沙，我真觉得稀奇：你咋那么像你爷爷伊凡？看到你，就像看到了真的伊凡。我送他去打仗的时候，他就是你这个样子。这样的个子，这样的肩膀，这样的头发。不过他没有留胡子。”

奶奶从刚才放信的柜子里拿出一张照片，照片已经变黄了，边儿也磨破了，她将照片递给我。

“这就是那时候的伊凡·恰佐夫！”奶奶高兴地说。

“多么神气的小伙子！模样儿多么像你！他在打仗的时候死了，没有看到自己的孙子。”

照片上是一个淡黄色头发的小伙子，头发向一边梳着，颇有点滑稽地眯着眼睛。穿着白衬衣，领口敞着，腰间束着窄窄的高加索皮带，脚登生牛皮做成的牧羊靴，手执羊鞭。奶奶望着相片，一会儿幸福地笑笑，一会儿又说：“模样儿多么像你！”她不仅希望我承认这个手执羊鞭的农村小伙子是我的爷爷伊凡，而且希望我看出这个小伙子同我的外貌有种种酷似之处。我却一点看不出来，我觉得稀奇、觉得好笑的是，这个爷爷竟比自己的孙子显得年轻。不过，为了不使奶奶失望，我还是毫不含糊地说，孙子必然要像爷爷,要不然就不是孙子了,眯眼睛的那种神情和头发的颜色尤其像极了。我将相片还给奶奶,便问起村里情况如何,有什么新闻,奶奶见我特意谈起村里情形,不高兴起来。

“有啥新闻?日子过得咋样?吃我们的饭,过我们的日子,”奶奶说,“今天的日子没有啥不满意的,我不满意的是我的亲生儿子,就是你的大伯阿尼西姆·伊凡诺维奇·恰佐夫。我再没有想到我的大儿子对自己的女儿这样狠心。真拿他没办法。”

“奶奶,是怎么一回事?”我关切地问。“您说给我听听。”

“说起来也很简单,阿尼西姆不愿意把卡佳嫁给谢罗什坦,就这么一回事儿。他说,他才不要这样的女婿呢,永远不认这门亲。他犟得和牛一样,就是不肯转弯儿。”

“为什么?总有一点儿原因吧?”

“闹别扭,说来说去都是闹别扭。在女儿头上出气,破坏亲生女儿的幸福。让全村子里的人看大笑话!”

“依我看,卡佳要是喜欢她的对象,对象也喜欢她,就该让他们结婚。”

“你这样看,我也这样看,可是你大伯却不愿这样看。”奶奶气愤地说,略停一会儿,又说:“谢罗什坦是水牛村的头头儿,你大伯也是咱们辽阔村的头头儿。他们在工作上意见不合,女儿就得受罪。这些天卡佳天天拿眼泪洗脸。安得列也愁得不得了。我看着他们,觉得心疼。爱是爱了,可是又不能结婚,两个人急得没了主意。这才来找奶奶想办法。我只好帮他们出主意,想点子。”奶奶说到这里,将我的头朝前扳了扳,将她那干瘪的嘴唇凑到我的耳朵上,很神秘地小声说:“他要抢她,用山里人的办法。”

“怎么回事，抢？”我着实感到惊奇。

“一点不麻烦，抱起来就带走，这就抢成了。”奶奶老谋深算地望了我一眼，那意思是说：你看吧，咱们是有办法的，“有啥法子？要是做父母的心肠太狠，不希望女儿好，新郎没有别的法子，只有把新娘抢走。安得列就是要用这种吉尔吉斯人的老办法。”

“不过，那是吉尔吉斯人，可我们是俄罗斯人啊。”我又在房里踱了起来，踩得散发着淡淡苦味的鲜蒿地毯沙沙地响。“不过这事有点儿特殊，有点儿新鲜。这倒真是辽阔村一件富有诗意的事！安得列·谢罗什坦真行！”

“行不行，还不知道呢，”奶奶接话说。“安得列有胆量，这是不用说的；他想得到，就做得到。他这个人是很果断的。”

“奶奶，抢亲定在哪一天？”

“你能不讲吗？”

“一定不讲。”

“凑巧就在今天，”奶奶仍然神秘地小声说。“咋个抢法，他们都知道，因为有这么个奶奶，一切事儿都给他们想到了。孩子们的事不能不管啊！”

“这个勇敢的谢罗什坦究竟怎样来把卡佳抢走？”我一定要问个清楚。“把卡佳抱上骏马，就跑进草原，可是这样？”

“才不是呢，”奶奶得意地说。“瞧你扯到啥地方去啦，还有啥的骏马？全辽阔村和全水牛村只有两匹干瘦的老马。能用这两匹老马抢亲？这些事也得靠技术。安得列自己有一辆‘日古里’小车子，跑得比啥样的骏马都快。”她用一个黑黑的、关节处伸不直的手指朝我点了点。“米沙，可不能讲啊，就权当啥事也没有听到。这种要紧的事情,嘴就要紧了又紧。要不然,你大伯说不定会看出马脚,那咱们这一桩好事就全完了。”

六

我早已查清了辽阔村最早的居民的某些来历。那是我们的祖先,是从塔夫利亚来的牧人,过去就叫塔夫利亚人。他们还是在19世纪中期乘了牛拉的四轮车到此地来的。这种四轮车,也就是大车,两边有高高的栏板,能装载许多家具什物。当时来到这里的有五家:三家姓恰佐夫的,两家姓谢罗什坦的。恰佐夫三兄弟中最小的一个叫安季普,便是我的高祖父。车上除了家具什物之外,还装载着许多小孩子,一个比一个小;装了十来只粗毛羊,是带来做种羊的;还赶来一群大大小小的牛。如今辽阔村所在的地方,谢罗什坦弟兄两个很快就住厌了。他们搬到附近,就是水牛村那地方,住了下来,那里有泉水,还有一个小小的、到热天就要干涸的咸水泊;于是此处就剩下恰佐夫三兄弟。

尼基塔、费奥多尔、安季普这三兄弟立即动手,挖了三个土窖;放眼四下望望,——当时正是早春时候,草原上不仅花红草绿,而且百鸟齐鸣,——便说:这地方真辽阔!再不想更好的地方了!于是从这一天起,这个有三个土窖的新村子,就起名为辽阔村。不久这个村名就正式进入了斯塔夫罗波尔省土地司的表册。如今,辽阔村已经有上百户人家,有一条铺了柏油的大街、一所十年制学校、一家商店,还有俱乐部,可是,不论你怎样瞧,不论你朝哪里望,不论村里、村外,这里的一切都会朝你露出欢快、得意的笑脸，好像是在自夸：我是辽阔的，我这里开阔，毫不局促，不论哪里，不论山里，不论森林里，都没有这样的特点，没有这样的长处。

而且事实上，辽阔村村里村外的一切确也很特别，不同一般。就说原野，这才是真正的原野，这原野向四面舒展开，非常辽阔，非常气派，不论怎么望，总也望不见何处是头，何处是尾。要说天空，这才是真正的天空，并不太高、也不太蓝，而是适可而止——像一顶蔚蓝色的帐幕，这就够了。就像是有人将它支了起来，又特意撑好了的：夏季里，天热的时候，躺在散发着热气的萋萋草丛中，头顶上蔚蓝蔚蓝的，不论怎么望，总也望不够。辽阔村的月夜又如何呢？这月夜真美，实在是无可比拟！可以保证：无论到哪里，都看不到这样的月夜。这里的月夜这样清澈，天边蒙着蓝幽幽的薄雾——这样的月夜尘世上没有，自古以来都没有！在月夜将尽、黎明方近的时候，青草上沾满了露珠儿，红红的，像新鲜的乳汁。这时候，野花的香味儿越来越浓，花香中还夹杂着浓烈的羊汗气味；这时还在沉睡的大地上空，飘荡着一缕缕异常美妙的绯红色轻纱，这种奇景只有在辽阔村的月夜才能看到。要是有人在草原上唱歌，那不像一个人在唱，而是像多重的大合唱，村子周围几里路之外都能听得到。要说辽阔村的人，那也是一种别具一格的人，可以毫不夸张地说，只有辽阔村才能出这样的人：这里的人什么劳动都不在乎，打起仗来十分勇敢，而且分外乐观，分外风趣。

我常常在斯塔夫罗波尔，如大商场等一些地方，遇到某一位眉开眼笑的大叔或者大婶。有时，还没有来得及先打招呼，就忍不住要问：

“请问，您可是辽阔村的？”

“是辽阔村的。咋的？”

“辽阔村的人，我一眼就能认出来。”

“你咋认出来的？”

“凭味道。凭味道就能认出来。辽阔村的人老远就能认出来，来到跟前，就更不用说了。”

同这样的大叔或大婶谈一谈，不由得会这样想：是的，毫无疑问，这些草原人的仪表和性格中是有一种与众不同的天然特点，那是无边无际的天地赐给他们的。这个羊倌村的名字，不仅反映出本村人性格和仪表方面开朗的特点，而且同样毫无疑问，也成为国营畜牧场命名的由来。在离辽阔村五俄里的高地上，有一个有几条大街的道地的斯塔夫罗波尔型的古老村镇，也叫求神镇。国内战争一结束，就在求神镇建立了国营畜牧场，辽阔村便成为这个畜牧场的一个分场。当时还穿着长襟的骑兵大衣、头戴布琼尼式军帽、腰里别着装在黄色木枪套里的毛瑟手枪的新任场长和支部书记，左思右想琢磨了很久，想给这个新成立的畜牧场取一个名字，可就是想不出来。通常国营农场、畜牧场都是以所在村镇的名字命名的。可是，比如说，叫“国营求神畜牧场”，这能行吗？这不像话，太不革命化了。而且，听起来也够滑稽的。于是那位场长和那位党的领导人便想到了辽阔村，当机立断给这个新成立的畜牧场取了一个简单而漂亮的名字：“国营辽阔畜牧场”。

总场仍然设在求神镇，而为畜牧场提供了名字的辽阔村便成为第二分场。从那时起，不少年过去了，许多村庄都有了很大的变化。辽阔村又扩展了很多,建立了十年制学校,我就在这学校上过学;还建成了俱乐部,俱乐部里每天晚上不是放电影,就是举办舞会,伴着手风琴跳舞。不用说,辽阔村也建起了自己的分场场部。这是一幢用铁皮盖顶的两层的楼房,铁皮漆成绿色,从远处看,就像一片草地;有宽大的窗子,有许多办公室,装了电话,甚至可以同斯塔夫罗波尔通话。

不过,有一种主要的东西,也就是通常用以区别我们这个牧人村和其他草原村庄的东西,如我的伯父阿尼西姆·伊凡诺维奇说的,“自古就有的、自己的、祖传的”东西,还一直没有变,而这是有原因的。我的伯父阿尼西姆·伊凡诺维奇天生是一个守旧的人,既不喜欢变革,又不喜欢创新。他当了分场主任以后,就说过这样一番给大家印象很深的话:

“咱们养羊不靠机器。自古以来养羊靠放牧,靠两只手,今后还是这样。咱们做羊倌的用不着机器,因为不能用机器使羊长出毛来,不能用机器当鞭子,羊跑了,用机器赶不回来。随他谢罗什坦在水牛村怎样搞,搞不出什么名堂的,闹闹笑话罢咧。让他谢罗什坦折腾去吧,我们还按我们的办法,按我们喜欢的老办法搞。”

所以为什么在辽阔村村边,依然同往年一样,到处是有着狭窄小门的、像旧麦秸垛一样的黑黑的羊圈,依然同古代一样,弯腿的马蒙了眼睛,绕着高高的井架转圈子,一个个巨大的辘轳罐依然像过去一样地上上下下,弄得水花四溅,隆隆作响。还同十年、二十年前一样,在辽阔村外可以看到放牧的羊群和头戴长毛皮帽、肩荷羊鞭的羊倌,甚至还可以看到骆驼拉的大车,因为伯父阿尼西姆·伊凡诺维奇是个有资格的老羊倌,所以要特意留一匹骆驼干活儿,以表示和谢罗什坦领导的水牛村不同。

“牧羊人的大车不用骆驼,像不像样子?”他这样问道,接着又自己回答说:“不像样子!我特意要留一位高脊梁大师傅给谢罗什坦看看,也好给我们的羊群壮壮声势。”

闷得发慌的防狼猎狗依然在羊群旁边溜达着,凹地里的篝火上依然炖着大块的羊肉,总而言之,辽阔村的羊群依然像羊群,羊倌依然像羊倌,我的伯父因此感到很荣耀。

我的伯父十分清楚,附近由安得列·阿维利扬诺维奇·谢罗什坦领导的水牛村,近几年来养羊业实行了革新、改造,整个面貌已经焕然一新。安得列·谢罗什坦是农学院养羊系毕业的,毕业后便回到水牛村,着手对养羊业实行改革。他得到了总场新场长的支持。新场长阿尔焦姆·伊凡诺维奇·苏霍德寥夫也是一个年轻、有朝气的人,也和谢罗什坦一样,热爱一切先进的新事物。不过几年时间,水牛村那些灰暗的麦秸盖顶的羊圈、那些用辘轳罐提水的水井、骆驼拉的大车、防狼的猎狗,全不见了。在离水牛村不远的一块平缓的坡地上,建起了综合养羊场。当时还没有人知道这种场该怎样建造,于是谢罗什坦画出了综合场的草图:两座砖瓦建筑,外加宽阔的活动场地。一座建筑物中养母畜,另一座建筑物中养幼畜。这种羊舍和活动场地四周围了高高的栅栏,有两万二千头羊日夜在这里生活着,这里面既看不到手执羊鞭的羊倌和副手,也看不到篷车和老牛。防狼猎狗也派不上用场了。不过退休的老羊倌西兰季·戈罗别茨还自己养着三只这样的狗,那些狗并不看羊,养着只是为了给人看的。

在这个综合养羊场里，究竟是怎样养羊的呢？那是按照严格的、十分合乎科学的程序进行的。在两块场地中间，有长长的两排喂料槽，喂料槽顶上是像薄薄的翅膀一样的石板瓦天棚，既能给羊遮太阳，又能挡雨。饮水槽像一个个铁制的小碟子：羊嘴朝碟子里一伸，就能冒出水来，清洁卫生的泉水，要喝多少有多少。安得列·谢罗什坦感到高兴的是，这些羊很快就忘掉了往年过惯了的草原生活，很快就习惯了综合场所安排的一些喂养程序，尤其还习惯了马达的响声。如今，只要拖拉机远远地送来嘟嘟的声音，这些羊马上就竖起耳朵，一齐向门口跑去，这种条件反射非常准确、非常灵敏。拖拉机拖着饲料来了，又自动地将铡碎的青草均匀地放进饲料桶里，等放好了，大门一开，羊群便一齐向饲料槽涌去。用形象的话来说，在水牛村执羊鞭的不再是羊倌，而是灵巧的机器了。所以，过去用四十个羊倌外加副手的工作，如今用四五个人就可以完成了，而且这些人也不再叫羊倌，而是叫养羊师。有些人觉得新奇，觉得高兴，但是也有些人，比如西兰季·戈罗别茨，却感到憋得慌，因为水牛村再也不需要羊倌出去放牧，不能像过去那样，将羊鞭放在肩头上，无忧无虑地跟在羊群后面游荡，跑到天涯海角，几个月不回家。今天的养羊人在家里过夜，尽情享受家庭的温暖，身旁有老婆偎依着，凄凉的秋风吹不坏他们的身子，苦雨打不湿他们的衣服。而且综合场也为他们准备了宿舍、食堂，还有报纸、收音机、电视机。

我很快地就弄清楚了，水牛村的这些变化，正是我的大伯阿尼西姆·伊凡诺维奇痛恨安得列·谢罗什坦的原因。我也很清楚，在水牛村，“综合场”这个词儿已成为最流行的一个词儿。不错，不是一下子就突然流行起来的。起初,当安得列·谢罗什坦向大家解释自己改革养羊业计划的时候,是他第一个说出这个词儿,村里人听起来很生疏、很别扭,说起来不顺嘴、不习惯。不过,很快也就习惯了。如今,你可以听到如下的对话:

“喂,大哥,这就是水牛村吗?”

“老兄,你今后记住:这不叫水牛村啦,这是综合养羊场。”

“稀奇!综合养羊场是啥玩意儿?咋个吃法?”

“别装糊涂。你没有看到坡地上那一大片?”

或者如下的对话:

“基拉,这么早到哪里去?”

“这还用问。到综合场去。再过一个钟头就要接班了。”

“去吧,去吧,综合场是不能迟到的。综合场一切都按时间表。比不得扛着羊鞭在草原上逛荡。”

到后来,我已经几次去水牛村,仔细参观了谢罗什坦的新设施,有一次我向一个年轻的养羊师问道:

“怎么样?综合场的活儿搞惯了吗?”

“嘿!当然搞惯了!这样搞好极啦!”

“有了综合场,羊鞭怎么办?保留着吗?还是交给博物馆了?”

“怎么能不要羊鞭?”这个年轻的养羊师说,“不交博物馆,自己用得着的。尽管我们好像一下子被缴了械,就是说,不拿鞭子了,用起了机器,再不必扛着这不行时的玩意儿在草原上游荡。但是,即使在综合场,没有这件重要的家伙也还是不行。比如说,你要逮哪一只羊羔或者母羊,怎么办?怎样去逮?拿鞭将脚一缠就逮住了，还是得用古老、简单的办法，一点用不着机械化。”

“有了综合养羊场，那些防狼猎狗又干什么？”我问道，“这里一只也看不到嘛。”

“防狼狗我们用不着了，”年轻的养羊师说，“猎狗不行时了，成了多余的了。”

“这些狗到哪里去了呢？”

“草原这么大，谁知道这些狗跑到哪里去了？谁去管它们？今天我们才不稀罕这些四条腿的警卫员呢。”这个年轻养羊师接着解释说：“第一，我们这地方早就没有狼啦；第二，综合场里的羊群有铁栅栏保护着，别说四条腿的野兽，连两条腿的贼也休想进来。你要是想看猎狗，可以到戈罗别茨老爹那里去。老人家在自己院子里养了三只猎狗，养着玩儿的，还经常同狗讲话呢，好像这些狗是通人性的，因为老人家同狗打了多年交道，交情太深啦。”

七

辽阔村最热闹的地方，是平平常常的一个供水点。村子中央竖着一根不高的铁管子，装有一个磨得发光的龙头，只要将龙头一按，水就会像喷泉一样涌出来。这玩意儿是不久前出现在大街上的，可以说，是和柏油路面一起出现的。过去辽阔村的饮水是靠牛运，这样运水既繁重又麻烦。要走三俄里，才到鸟泉，用桶将水装进大水箱，运回来挨家挨户分送。现在鸟泉的水可以顺着铁管子自己往辽阔村流了。

在供水龙头旁，正如在一般的农村水井边一样，常常可以遇到三三两两挑水的妇女，听到她们讲村里的新闻，比如哪家小子娶了哪家闺女啦，哪家夫妻离婚啦，费克拉老奶奶怎么说，科尔尼老爹又怎样讲。这地方总是断不了人，总是有人在这里说笑，总是很热闹，因为不仅村里人来这里担水，而且大路上来往的汽车都要到这里来凑凑热闹，一向寂静的辽阔村，如今一会儿响起马达的轰隆声，一会儿又是吱嘎的刹车声。每天十二时正，有一辆大客车开到供水点来。这辆客车像一个百岁老爷爷，挡泥板没有了，车子两边沾满了厚厚的棕黄色尘土。这是从斯塔夫罗波尔开往阿巴纳先科夫镇的班车，到下午六时正，再从阿巴纳先科夫镇开回斯塔夫罗波尔。司机和乘客们都知道这个供水点，很喜欢到这里松动松动，休息一会儿，喝口水，洗一把脸。

今天，这个人来人往的地方竟不由自主地成了辽阔村一桩颇不寻常的事件的见证者：我的堂妹卡佳就在这里失踪了。这是在光天化日之下发生的事。辽阔村里很多人都看到，一辆羽茅草颜色的“日古里”牌小汽车开到了供水龙头旁，一个急刹车，车轮吱的一声，车子在水泥路面上朝前滑去，后面留下两道黑印。凑巧这时供水点没有别人，只有卡佳一个人站在那里，一副水桶放在脚边。两边院子里的人都看到，打扮齐整的开车的小伙子推开车门，一下子又把车门关上了。羽茅草颜色的“日古里”牌小汽车马上就开走了，那样子就像马群中一匹受了惊的马；它不像在地上跑，而是像鸟飞，四个轮子仿佛不沾地似的。卡佳也似乎被一阵风卷走了，水龙头旁刚才她站的地方，只剩下一对水桶和架在水桶上的一根扁担。

爸爸和妈妈等啊，等啊，几个钟头过去，不见女儿挑水归来。天黑了下来，还是见不到卡佳的影子。不仅爸爸妈妈着慌了，村里人也都操起心来，纷纷在猜测，不知道发生了什么事情，因为辽阔村还从来没出过这一类的意外事。阿尼西姆·伊凡诺维奇气得火星直冒，大骂世风不古，驾起摩托车连夜赶到求神镇警察派出所去报案。当然，这位气愤已极和忧心忡忡的爸爸并不知道，就在他向警察报告女儿失踪的事、一再指控"不明身份的人"的时候，那辆羽茅草颜色的"日古里"牌小汽车闭了车灯又回到村里，来到离供水点不远处，悄悄地拐进一家院子，在漆了地毯花纹的台阶前停下来。卡佳轻盈地走下汽车，理了理衣服，便上前敲门，低声喊道：

"奶奶，开门……我们来啦……"

我在隔壁房里，只听得门闩响了一下，房门开了，奶奶用和悦的声音说：

"噢，好孙女，我的好孩子！我等你们半天了。安得列呢？"

"奶奶，我来啦。"一个低低的男子声音回答说。

"哎呀，你这江洋大盗，你把我孙女给抢跑了，"奶奶对走到眼前的安得列亲热地说，"你们为啥去了那么久？我还以为你们叫警察逮起来了呢。你们这两个逃犯，快给我进屋里去。"

"要逮我们不那么容易，"安得列说着，跨进门去。"我们会飞檐走壁。"

"我们还会驾风火轮呢。"卡佳笑着说。

"你爸爸也驾着风火轮到求神镇去了，找警察告状去了。"

"他究竟要怎么搞？让他告去吧。"安得列说。

“你们在哪里呆了这么长时间?”

“在酸枣沟,”卡佳快活地回答说,“一直等到天黑下来。”

“酸枣沟呀,酸枣沟,”奶奶深有感触地说。“我常常想起酸枣沟,想起酸枣沟,就要想起我年轻的时候。那还是老早以前,在战前很久。我们常去酸枣沟。那真是个好地方。”我听得出,她搂住卡佳和安得列,问道:“会飞檐走壁的大盗,这会儿你们有啥打算?”

“有啥打算?”安得列说,“还不是老办法?明天我同卡佳一起去政府登记,然后就到我们水牛村。我爸爸妈妈早就盼着我们了。”

“孩子,你们这样办,才不行呢,”奶奶声音严厉地说。“安得列,你咋的啦?发疯啦?不经卡佳父母答应,你咋能把卡佳带回自己家里?不行的,这可不行。你拿汽车将卡佳装走,事情并未了结。还是要得到卡佳父母祝福。”

“奶奶,您不是答应了吗?”卡佳着急地小声说。“您也可以为我们祝福。”

“我不行。我为自己的六个孩子祝过福,我该祝的都祝了,不能再给你们祝福了。”

“是您教安得列把我抢走的呀,”卡佳依然小声地说。“我们全照您教的做了。”

“好孩子,你们很听我的话……那好吧,左右还是我来教你们。明天早晨我们一块儿去找你爸爸。虽说我知道我儿子很拗,要是一下子发起脾气来也很凶,不过,还是要劝劝他。”

“还有妈妈呢?”卡佳问。

“你妈妈好讲话，她心肠软。”奶奶换了高兴的语调说：“你们听着，我向你们报告一个重要消息。你们可晓得，谁在我房里？”

“不知道，”卡佳回答说。“是哪一个？”

“反正你们猜不到。”

“奶奶，快告诉我们。”

“用不着我告诉，自己一认就能认出来。喂，米沙，出来！”

我走到门口，愣愣地笑着，卡佳一面叫着：“啊，米沙！有胡子啦？当真是你？！”一面扑上来抱住了我，亲我。

“卡佳！长这么高了！”我说，只觉妹妹火热的气息喷在我脸上。

“真认不出了！一个小丫头，一下子就……”

“你要是还不回来，当真要认不得我了，”卡佳眼里放着光，笑着回答说。“哎呀，瞧米沙的胡子！真像个牧师，像极了！”她收住笑，亲热地望着安得列。“米沙，来认识认识。这是安得列。”

“你的未婚夫？”

“呀，米沙，你已经全知道啦？”

“我知道，我为你高兴。”

我看到的是一个矮壮、筋肉结实的小伙子，浅色的头发挺柔和地卷曲着。脖子像红铜铸成的，脖子下面是白衬衣，衣领敞开着。我们握了握手，我感觉到他的手非常有劲儿，不由得问道：

“看样子，你会拳术？”

“什么，拳术？”安得列当真有些吃惊，“我会养羊。我有两万多头羊，这么一来，打拳的工夫就没有了。”

“米沙，你回来，好极了！”卡佳欢喜而兴奋地说，“正好可以参加我们的婚礼。你怎么知道我要结婚?"

"那还用说,是心灵感应,"我问答说,"当真,卡佳,这些天我特别想回来。我真弄不清是为什么。我甚至好像闻到了野蒿的气味。现在我才恍然大悟:我那么想回来,就因为我的好妹妹要结婚了。怎么能不回来呢?"

"好啦,孩子们,说闲话以后还有时间的,以后再聊吧,这会儿都该睡了,已经不早啦,"奶奶严肃地说,"安得列,你还开着你那车子回水牛村,回家好好睡一夜,明天早上再来。不过,要记住,来早一点儿,不要太迟了。"

"卡佳呢?"安得列问,"她不同我一块儿,那怎么行?"

"你的卡佳在我这里睡,"奶奶安详地回答说。"保险不会出事。"

"卡佳,你不同我一块儿,我哪里也不去。"安得列无可奈何地耸耸肩膀。"再说,油箱里已经没有汽油了。开不回水牛村啦。"

"安得列,听奶奶的话。"卡佳眼里带了恳求的神情望着安得列。"既然奶奶这么说了……"

"安得列,好孩子,去吧。"奶奶说。"不过要注意,别睡过了头。"

"米沙,你同我一块儿去,"安得列转身朝我说。"从这里到我们水牛村这段路很平整,我带你兜兜风。你也可以到我那里看看,认认门儿。我们一块儿走,怎么样?"

"你不是说,没有汽油了吗?"我问。

"你在这里等一会儿,辽阔村有我的一个朋友,是开车的,我去向他要一点儿汽油。”安得列说着，一面向门口走去。“我一会儿就来。”

卡佳将安得列送到汽车跟前，过了五六分钟，回到房里，不声不响，神情忧伤，扑到奶奶怀里，哭了起来。

“唉，小丫头，真爱哭，”奶奶用手抚摸着卡佳的头说。“有什么好哭的？”

“他坐上汽车，汽车一开走，我就有点儿怕，”卡佳流着眼泪说。

“没什么好怕的，这又不是一辈子不见面了。而且像这样的分别，以后还有的是呢。我记得，我也有过多次分别，我觉得好像离了我那伊凡一天也活不下去。”奶奶也伤起心来。“到后来，来了一次最可怕的分别——我送他上前方。希望你，孩子呀，不要再遇上我那样的送别……”

“奶奶，我离了他不行……当着米沙的面我要说，离了他不行。”

“那么爱呀？”我问，我也想起了我那玛尔塔。

“呜……呜……”

“卡佳，没什么，一切都会平安无事的，”奶奶说。“等米沙和安得列走了，我们就上床睡觉。明天早上去见你爸爸妈妈。你现在最要紧的就是好好睡一觉。”

“我才睡不着呢。”

“会这样？”奶奶真地感到惊讶。“当真会睡不着觉？”

“怎么也不会睡着的！”卡佳说。“怎么能睡着呢？！”

“傻孩子，能睡着的，当然能睡着。”奶奶扳起卡佳的头，给她擦了擦眼泪。“米沙也会这样讲的。咋样,米沙,卡佳能睡得着吗?”

“这可很难说,”我说。“不过,应该睡一睡。”

“你大概没吃饭吧?”

“奶奶,瞧您说的!”卡佳拿含泪的、幸福的眼睛望望奶奶,又望望我。“你可晓得,安得列这个人怎么样?”

“他怎么样?还不就是那样?!”

“瞧你说的!他才会体贴人呢。”卡佳朝我神秘地笑了笑,那意思好像是说:我的未婚夫才好呢,你和奶奶都不晓得安得列有多么好。“他在汽车里什么都储备齐了:面包、香肠、鲜黄瓜,还有甜汽水。我们在酸枣沟草地上美美地吃了一顿,玩得快活极了,不知不觉天就黑了。”

“好啦,咱们睡吧,”奶奶说,“已经不早啦。”

奶奶没等安得列回来,就在长沙发上铺好了被窝,卡佳换了短小的睡衣,头发像个小姑娘一样地披散着,转身钻进了被窝,奶奶靠她脚边坐下来,给她掖了掖肩头的被窝,说:

“好啦,睡吧。”

“决睡不着。”卡佳斩钉截铁地声明说。“我就这样,不合眼躺到天亮。”

“尽量睡一睡吧,”奶奶再一次劝她说。“明天是要花一些精神的。”

“奶奶,为什么爸爸不要我同安得列结婚?”卡佳一面自己掖被窝,一面问。“妈妈是答应的,可是爸爸怎么也肯……”

“他同安得列是对头,毛病就出在这里。”

“大伯究竟为什么有那么大的仇?”我问。“他同安得列有什么疙瘩?”

“谁知道他是怎么回事儿,”奶奶撇了一下干瘪的嘴唇。“看样子,是两个人的想法和做法不一样。”

“要是安得列爱我,我也爱他,那还有什么仇?”

“我也以为,不应该有啥仇的,可是,你看,事情就不是这样。”奶奶停了一会儿,又说:“另外,你爸爸还希望你上大学。”

“他又不是不知道,我去斯塔夫罗波尔考过大学,没有考取。”卡佳眼里又涌出了泪水。“奶奶,你就没上过大学,嫁给了羊倌,而且自己也当过羊倌。不也很好吗? ……”

“你不能拿我来比,”奶奶伤感地回答说。“我和你虽然是一家人,可是完全不一样。米沙,你说对吗? 再说,如今时代也不同了。我们那时候想不到学习,可是如今年轻人都想上大学或者干别的啥事。”

“奶奶,你怎么结婚的? 你讲一讲。也让米沙听听。”

“我同伊凡结婚,比你同安得列简单多了。伊凡,你们那去世的爷爷,那可是实在英俊。如今见不到那样的小伙子了。”

“安得列不英俊吗?”

“噢,噢,除非安得列,”奶奶表示同意。“伊凡和我是同村的,他爱上了我,我也爱上了他。他来找我妈妈求亲。因为我爸爸在国内战争中牺牲了。妈妈为我们祝福。我们结了婚,在我家里过了一个冬天,等春天一到,草原上的青草长了起来,各家的羊群出了羊圈,进了草原,我们也驾了篷车,跟着羊群到处跑。我结婚以后就这样过起了日子。我又给伊凡做妻子,又给他做帮手,比如说，要操持车棚里的事，还要照管我们的几个孩子。我们的孩子，差不多每年一个；我们在草原上的小日子，过得就像下山的大车一样。要不是可恨的战争，一切事情都会是很称心的。”奶奶重重地叹了一口气，停了下来，听到了轻轻的鼾声。“你瞧，睡不着的人倒先睡着了。还说咋也睡不着呢。有啥说的，年轻人嘛，从来就没有睡不着的时候。”奶奶拉拉被窝，盖好卡佳露在外面的肩膀。“像我这么大年纪，一下子是睡不着的，总要翻来覆去地回想许多事情，想想这，想想那，一辈子的事都要在头脑里转转圈儿……听，新郎官回来啦。”奶奶小声对我说：“别把卡佳吵醒，你到外面迎他去，你们走吧，明天早晨早点儿赶回来。”

八

出了辽阔村，车子一路上不慌不忙地前进，安得列并不着急，来到比较高的去处，更是放慢了速度，看样子是有意让客人从高处看看笼罩着银灰色夜幕的原野。原野上空，孤零零地高悬着一轮满月，一条公路被车灯照得亮闪闪的，像一条宽宽的带子似的不停地向前延伸。他闷闷不乐，沉默不语，对于我的问话，只是简短地、不相连贯地回答几声，后来我为了找话说，称赞起他的小汽车，并且问，这辆车子是不是已经买了很久，此处买“日古里”或者“莫斯科人”是不是很困难，安得列没有回答，就像没有听到似的。这时“日古里”离了公路，拐上一条土路，我的身子随着弹簧座垫不停地摇晃、颠簸着。在一处坡地上，在月光照耀之下，现出水牛村的轮廓。这个村子不比辽阔村大。再往前，在村外更高一些的地方，出现了谢罗什坦的综合养羊场，看得见两排矮矮的黑乎乎的房舍，周围应是活动场地，场地中间均匀地排列着亮闪闪的电灯。

“这部‘日古里’不是我买的，我还没有这么多的钱，”安得列终于回答了。“这是送给我的，说得确切一点儿，是奖给我的。”

“是谁给你的？”

“看到高地上那片灯火没有？”安得列且不回答，倒问起我来。“那就是我们的综合养羊场。我就是因为搞综合养羊场得奖的，说确切一点儿，就因为我带了个头。我在水牛村兴办的这种事，许多人都很感兴趣，周围几个区常常有人来参观学习，如今有不少地方办起了这一类养羊场，比我们的还要好得多。但我总是带头兴办的，所以我得了奖。”安得列回答完了，又沉默起来，一面聚精会神地望着被汽车辗得坑坑洼洼的沙土质大路。

“为什么辽阔村远远地落在水牛村后面？”我问道。“我的伯父离你们这样近，为什么竟不吸收邻村的经验？”

“你的伯父，也就是我未来的岳父，那是要另当别论的，”安得列冷冷地回答说，这时车子已经来到他的家门前停住。“好啦，我们到家了。”

安得列的家就在大街上。水牛村一座一座的土坯房同我在辽阔村看到的土坯房一模一样。他家的房子与别的房子不同的是，房基是用石头砌成的，比较高，窗户很大，窗外还有护窗板。这座房子有四个房间、一间厨房，还有装了玻璃的阳台——这在此地也算得上一项创举。房顶盖的是铁皮；若干年前，每到春天这房顶绿得像春雨之后的草地，凡是从公路走向水牛村的人，老远看到绿色的房顶,就知道这是谢罗什坦家的房子。近几年房顶的油漆已经失去了色彩,房顶变成了暗灰色,显得斑斑驳驳的。说实在话,当初盖这座房子,是准备住一大家人的。阿维利扬·萨莫伊洛维奇·谢罗什坦这个继承祖业、在草原上放了四十多年羊的老羊倌和他的老伴儿克拉芙季雅·费奥多谢芙娜,拿出他们攒了多年的钱,费尽心血,盖起了这座房子。那时候,他们的五个孩子都还没有长大,最大的儿子格里戈利也只有十四岁。老夫妻两个心里想:儿子、女儿们很快就要长大了,要让他们在家里都有地方住。谁知后来的事实和原来的设想大不一样:孩子们长大了,就像鸟儿出巢一样,一个个地飞走了。第一个离了窝儿的是格里戈利·谢罗什坦。他参了军,以后就一直在军队里。他在来信中说,他在军官学校毕业后,就当了边防军,如今同妻子安娜和儿子阿廖沙住在边防哨所里。“孩子他娘,看起来,这是没有办法的事,也只好这样了,用不着所有的孩子都去放羊,还得有人去守边防。”阿维利扬·萨莫伊洛维奇一面沉思一面说,不仅是安慰妻子,更是在安慰自己。

长女叶莲娜是在克拉斯诺达尔结婚的,那时候她还在克拉斯诺达尔医学院上学,如今她同丈夫和两个女儿住在伊尔库茨克,她在医院里工作。如今她连家信都很少写。“孩子他爹,依我看,”克拉芙季雅·费奥多谢芙娜一面用手帕擦眼泪,一面说,“怪就怪我们水牛村没有医院,所以我那叶莲娜不能回来,要是像伊尔库茨克那样,有一所医院就好了……”小女儿尼娜在卫生学校毕了业,也结了婚,连回水牛村看看都不肯了。她现在在索奇当护士,来信说她生了一个男孩子,取名叫彼得。“各人有各人的事情，各人有各人的孩子，他们哪里有工夫想咱们的水牛村？”谢罗什坦老汉总是一面沉思一面说，声音中也流露出同样苦闷的心情。“孩子他娘，别哭啦，哭也没有用。”

第二个儿子尼古拉到汽车厂建筑工地去工作，当了司机，娶了一个叫阿霞的姑娘，在给爸爸妈妈的信中说：“我在开自卸卡车，收入不错，不久前分到一套房子，两个房间带一间厨房，我们的儿子，也就是你们的孙子亚历山大·谢罗什坦，就是在新房里出生的。我不能回去探望双亲，实在抽不出时间，连节假日我们都是在工厂食堂里吃饭……”老两口也对着尼古拉的信难过了一阵，妈妈甚至还偷偷哭过。“这孩子也不愿放羊了。”老头子得出结论说。克拉芙季雅·费奥多谢芙娜却另有自己的心思，她不仅想儿子、女儿，还想孙子、外孙呢：“老头子，我们有多少孙子、外孙啦？”她问道，眼泪还在她那皱皱巴巴的腮上滚着。“我都数不上来了。最好拿张纸，把他们的名字一个个都记下来。他们还不认得爷爷奶奶呢，我们也没见过他们……”

两个老人家曾经担心小儿子安得列也不肯回水牛村，而且已经开始考虑如何处置这座谁也用不着的房子了。看来，这房子是谁也不肯来住了。一向主持家政的克拉芙季雅·费奥多谢芙娜，劝丈夫将全部房产卖掉，然后去依靠哪个儿子或者女婿，度过晚年。“我可以去给他们带带孩子，”她说。老头子却很生气地说：“谁要我们这些老家伙？我们要是去，只能给孩子们添麻烦。再说，别忘了我是放羊的，除了自己的村子，我哪儿也不去：在这里生，在这里放羊，还要死在这里。要是说这么大的房子没有人来住，我们两个老家伙住着太孤寂、太冷清的话，可以邀人来住，也显得热闹些。常有年轻的畜牧技术员到我们这里来,没有地方好住,我们可以邀他们来住。要是自己的孩子不肯回来,咱们只有这个办法。"

所以,安得列大学毕业后不仅回到了水牛村,而且在自己故乡的草原上扎了根,两位老人家甭提有多么高兴了。

"孩子他爹,我看,老天爷是长着眼的,"克拉芙季雅·费奥多谢芙娜一面画着十字,一面说。"是老天爷派安得列回来的,要他来照应咱们。可惜教堂太远了,要不然我得去做做祷告。"

"孩子他妈,你说错了,咱们的安得列回到村里,不是老天爷派的,是党派的。党是干什么的?党一发号召,一下命令,就行了,事情就办好了。要你干什么,就得干什么,没有二话好讲。"阿维利扬·萨莫伊洛维奇说,毛茸茸的胡子掩盖不住他的笑意。

自从安得列向爸爸妈妈说明他要娶恰佐夫家的姑娘卡佳以后,这些天来两位老人家天天巴望着快一点见到儿媳妇。他们以为,等安得列娶来媳妇,这座空荡荡的房子一旦有了年轻的主妇,那就热闹起来了。然后,你瞧,又是孙子,那可是同奶奶呆在一起的孙子,有了孙子,就有做不完的又麻烦、又叫人欢喜的事情。

安得列要我下车去打开大门。生锈的门扣在静悄悄的夜里叮当响了几声,"日古里"便悄悄地、不声不响地开进了宽敞而昏暗的院子。汽车不是停在汽车房里,因为院子里还没有汽车房,而是停在敞棚里,就像过去将刚刚卸了马鞍的大汗淋漓的坐骑拴到马棚里一样。我和安得列一起朝房里走去。

“我爸爸妈妈早睡啦,”安得列说,“咱们不惊动他们。我身边有钥匙。”

我们还没有来得及穿过阳台,在这样晚的时刻我们又一次看到这样的事实:老年人睡觉都和公鸡一样地警醒。谢罗什坦家老两口今晚睡得更是特别警醒,因为他们一直在等儿子,不光等儿子,还在等媳妇。所以,门扣一响,车子几乎无声地开进院子的时候,老妈妈首先听出了这熟悉的声响,高兴地说:

“孩子他爹,安得列和卡佳回来啦!”

两位老人家忙了起来。老妈妈穿起了小皮袄,爸爸为了迎接儿媳妇,穿起了熨得平平整整的上装,这件上装是过年过节或者在喜庆日子里穿的。妈妈将整座房子弄得灯火通明,好教年轻的主妇知道,这里已经久候了。她于是兴奋地、喜气洋洋地走下台阶来迎接儿子和媳妇。当她看到和安得列在一起的不是卡佳,竟是一个戴呢帽、长胡子的男子汉时,不由得将两手一摊,问道:

“孩子,卡佳今天咋的没和你一块儿回来?”

安得列还没有来得及开口,我们面前就出现了一个老汉,个子高高的,瘦骨嶙峋,毛扎扎的胡子被烟草熏成了深褐色。熨得平平整整的上衣,穿在身上显得有些肥大,蓬乱的白发不知抹了水还是花露水,总算梳得偏到了一边。

“孩子,咋回事儿?”他也跟着问道,“本来讲得好好的呀。是不是事情出了岔子?”

“爸,没出岔子,”安得列充满信心地说,“明天我们就去政府登记,登记以后就回家来。”安得列朝我转过身来。“这是米哈伊尔·恰佐夫,是卡佳的堂哥,刚从莫斯科回来的。”

“恰佐夫家的人倒是跑得更远，”谢罗什坦老汉说，“连莫斯科都到了。恰佐夫家里的人当中，我就熟识伊凡·季莫菲耶维奇。”

“那是我的爷爷。”我说。

“伊凡·恰佐夫是个漂亮小伙儿。”老人家拿手捻着胡子，眯缝起眼睛，朝我仔细瞅着，看样子，是在寻找孙子与爷爷的相似之处。“不过，伊凡那时候没留胡子……我同他在家里和在前方都常常在一块儿。他是在我们抢渡顿河的时候在罗斯托夫城外阵亡的，真是好样的。你爸爸是哪一个？”

“阿纳托利·伊凡诺维奇。”

“噢，是最小的一个。这会儿你爸爸在哪里？”

“在刚果。是非洲的一个国家，”我解释说。

“嘿，你家的人连刚果都到啦？！真有两下子。”老人家笑着对我说，“恰佐夫家的人都不含糊！谢天谢地，如今我们谢罗什坦家的人也都走南闯北的了，就我们的安得列是好样的，还肯回来照应照应家。”

“妈妈，给我和米沙弄点茶来，”安得列不听爸爸啰唆，朝妈妈说，“还要弄点什么吃的。”

“好的，孩子，一下子就好。”

老妈妈脱掉小皮袄，忙活起来，手脚十分利索，那样子真像一只老母鸡围着自己仅有的一只小鸡转，既要让小鸡吃吃食儿，又要提防老鹰把小鸡叼走。她在大房间里一张桌子上铺好了桌布。不仅端上了茶和樱桃酱，还端上了松脆的、还有点温热的奶渣饼和肉馅饼，总而言之，这位未来的婆婆准备拿来款待新媳妇的东西全给端上了桌。谢罗什坦老汉看到自己插不上手，站在那里不知如何是好，一股劲地用手在捻胡子，本想再向儿子问点什么的，可是终于什么也没说，走进自己房里去了。

“妈妈，您也去睡吧，”安得列一面倒茶，一面说，“我们自己行了……”

“我在旁边坐一会儿，看看你们，让我喜欢喜欢，”老妈妈说完，便将两只有力、然而肘部弯曲很不灵活的胳膊抱在胸前，在凳子上坐了下来。“安得列，你天天在外面跑，简直在家里呆不住。现在有了汽车，干脆把家给忘了。”

“我结了婚，就不出门啦，”安得列快活地说，“有了好老婆，我一步也不离开。”

“等到哪一天呢？”

“我对您说了嘛：明天。”

“孩子，我可不信。”老妈妈忧郁的眼睛望着安得列，露出责备的神色。“是不是还得像过去那样，让我同你爸爸带着彩礼到恰佐夫家去求亲？我们去求亲，事情会来得快些。”

“用不着，妈妈，用不着去求亲……您去吧，您去睡吧。”

“我想再坐一会儿。”

“有什么坐的？睡去吧。”

“请客人在厢房里睡，我等会儿给他铺床，”老妈妈说，但还是不准备走。“厢房里要安静些。”

“铺好床，您就去睡吧，”安得列还是要妈妈去睡。“天已经很晚啦。”

“你撵妈妈走？”

"不是撵您,我请您走。我要同米沙单独喝一会儿茶。"

妈妈眼里涌出了泪水。她没有揩眼泪,起身走了。

九

剩下我们两个。我们啜着茶,沉默起来。我希望缩短这拖得太长的间歇,便称赞起奶渣饼和肉馅饼来,并说,安得列的妈妈的心肠真好,真会体贴人。安得列仍不开腔,只用汤匙在杯子里搅得当当响,连望都不望我一眼,看样子,他心里正想着别的事情呢。

"你不该叫妈妈心里不快活,"我又说,"就让她同我们坐一会儿,有什么关系?你要她走,老人家都流泪了。这恐怕不太好。"

"你不了解我家这两位老人家,我可是十分了解;我也很清楚,为什么妈妈这么想在这里坐坐。"安得列站起身来,把头向后一仰,将耷拉在额上的长发甩到后头,便踱了起来,那敦实、强壮的身影在房里来回晃动着。"她要是不走,就问起来没完没了,问来问去,目的无非是催我快点儿结婚。这些问题和劝告让我烦透了。我又不是小孩子,不要别人提醒我,我也知道该怎么办。还算好,爸爸自己走开了,看样子,觉得有你在场,不好开口。爸爸也爱啰唆着哩。这其实是所有放过羊的老年人最普遍的特点。这些老人家以为,既然他们多年来跟在羊群后面逛荡,有足够的时间不慌不忙地、详尽地思考所有的事情,就有权开导别人,尤其是自己的孩子。比如说,爸爸认为我生活得不对头,就是说,不应当像我这样生活，而这种‘生活得不对头’，依他的高明见解，关键就在于：快到三十岁了，还没有结婚。不错，我承认，结婚是多少迟了一点儿，但这是有原因的。原因之一就是，前些年我没有遇到像你妹妹这样叫我喜欢的姑娘。这一点，我那爱唠叨的两位老人家能理解吗？他们认为越早越好。爸爸不止一次责备我说，凡是正经八百的男子汉，到了该做什么的时候就做什么；他认为我结婚这样迟是‘不近人情’，这也就是他认为的不对头、不正常。我等卡佳等了四年，他又能理解吗？”

“怎么回事儿，你等她的？”

“就那么回事儿，我等她的。她还在上中学的时候，我就爱上了她。”安得列低下头。用手拢了拢头发，在房里慢慢地踱着。我没有讲话，很想听听他的下文。“我等到了这一天，自己爱的人长大了，要不是你大伯父拗着不肯答应，本来一切都会顺顺当当办好的。再就是这种抢亲实在荒唐，这样一搞，事情反而麻烦了。我这是听从了奶奶好心的劝告。你想想看，在我们这个时代还抢亲——这纯粹是胡闹，是可笑的愚昧行为，毫无益处。奶奶劝我这样，可是我，也毫无头脑……”他没有再讲下去，便坐到桌旁，一面颇令人奇怪地笑着。“我们干什么要一股劲儿地谈我、谈我怎么结婚？米沙，你怎么样？回到辽阔村，有什么计划？”

“什么计划也没有。”

“这话我才不信呢。”

“我是回来看奶奶的。想在辽阔村自由自在地住一些时候，回味回味我的童年。”

“我不相信。我读过你的‘农村小记’。”

“读过又怎样？你喜欢吗？”

“写得好，不过最好眼界再开阔些，涉及范围最好再大些。”安得列不好意思起来，像个大姑娘一样地红了脸。“兴许你也知道，光是羽茅草和野蒿并不能包括全部的草原生活，而且野罂粟花往往也不是最重要的东西。”

“依你看，有什么比野罂粟花、比羽茅草和野蒿更重要的？”

“多着呢。”安得列顿了一下，才开口说：“就拿阿尼西姆·伊凡诺维奇·恰佐夫来说吧。你知道，他当年是一个出了名的羊倌，多次得奖，很有名望。后来又当了主任。结果，他不仅满足于自己的名望、自己的荣耀，而且满足于自古相传的许多做法和辽阔村的现状，根本不愿意考虑别的一切。水牛村的羊群由放牧改为圈养，他认为这简直是胡闹，认为这是我安得列·谢罗什坦在胡作非为。这么一来，他怎么会喜欢、会看得起这个未来的女婿呢？在全场党员大会上我还批评了他，讲到他那些麦秸盖顶的原始的羊圈，说他怎么也摔不掉、怎么也舍不得摔掉那些旧式的羊圈，又说他们的羊养得不科学……现在，又抢了卡佳。这样，你大伯不让女儿嫁给我，就有了足够的理由。”安得列将长发蓬乱的头垂到桌子上，沉默了很久。“依我看，真该把所有的老年人都换成有文化、有朝气的年轻人；就你大伯来说，尤其应该这样。要不然，会怎样呢？像你大伯这样的一些人，就好比一根一根的树桩，竖在前进的路上。所以，年轻的领导人要想成长就很难，非常之难。”

“安得列，你太夸张了，”我说。“你这样年轻，不是已经做了主任吗？”

“第一，我已经二十八岁，不年轻了；第二，我当上主任，带一点偶然性。”安得列说。“你也许知道，在我之前，这里的主任是西兰季·叶戈罗维奇·戈罗别茨。是个老羊倌，鼎鼎大名的人物。拍电影的、摄影记者，天天围着他转。他得过两次英雄称号。灰白色的大胡子，高个子，有点儿驼背。他是土生土长水牛村人，村里人因为他得过两枚金星勋章，不久前在俱乐部前面为他竖起了半身塑像。老头子过去有功劳，这是应该的。他是个道地的草原人，过惯了老一套的游牧生活。比如说，水牛村的人谁也没有他那样会炖羊肉。你可尝过真正的炖羊肉，尝过这种羊倌美味吗？”

“没有尝过。”

“连炖羊肉都没有尝过？！”安得列着实吃惊。他又站了起来，将两只有力的手臂倒背在身后，在房里踱了起来。“炖羊肉是一种别有风味的食品，可以说，是一种上等食品，要让你饱饱口福，就让戈罗别茨给你做一点尝尝。他放牧是一把好手，可是主持一个分场，就不能胜任了。炖羊肉很有两下子，可是办起事情来不怎么样，老一套。当时我在他手下做畜牧技术助理，看不惯他那一套做法。过去曾经要我到总局去工作。我没有去，回到了水牛村。后来，同这位鼎鼎大名的老爹爹弄僵了，便想离开这里，到总局去。说也凑巧，这时候，总场来了一个新场长，就是阿尔焦姆·伊凡诺维奇·苏霍德寥夫。他只比我大三岁，非常有魄力，有办法，有朝气。你还不认识苏霍德寥夫吧？这可是一个呱呱叫的场长。你一定要见见他，认识认识。就是阿尔焦姆·伊凡诺维奇，他任命我为水牛村分场主任的，说得确切一点儿，不是任命，而是巧妙地进行了更换：他主持进行了选举。提出我和戈罗别茨老爹做候选人，进行无记名投票。我们还向自己的选民发表了演说，各自说明，如果当选，准备怎样进行经营管理。村里差不多所有的人都投了我的票。选举后，就让戈罗别茨老爹退休，为他庆功，授奖，该做的，都做到了。但他还是很恼火，特别生我的气。经常示威性地带着三只防狼猎狗在村里到处转，还跪在自己的塑像前，口中念念有词，不知是在祈祷，还是在诅咒。你还不认识戈罗别茨老爹吧？别着急，你会认识的，他会自己出场的，带着猎狗、拼命咒骂安得列·谢罗什坦办的综合场的，那就是。”

“是的，这样的老羊倌，不认识认识，是说不过去的，”我说，“不过，我们离题太远了，还是谈谈你结婚的事吧。明天你还得取得卡佳父母的同意。”

“我要的是老婆，不是她的父母的同意，”安得列用激烈的语调气愤地说，“再说，取不取得同意，反正我同卡佳的关系不会改变，这是我同你讲心里话。”

“那你究竟什么时候举行婚礼？”我问。我不想同他争论。

“根本就没准备举行婚礼，”安得列回答说。看样子，他早就胸有成竹了。“没完没了的吃喝、玩闹，新郎新娘接吻，一点意思也没有。而且，说实话，举行婚礼，我既没有钱，又没有时间。综合场里的事情够我忙的。得好好安排一下，迎接牧羊人的忙季，迎接剪毛季节。米沙，你可见过，用现代化技术剪羊毛是什么样子？我敢说，你没有见过。那才好看呢，真值得一看。我们剪起羊毛来才气派呢。辽阔村简直无法相比！我们剪得又快又好。剪毛器握在手里，不用剪，好像揭下一条条的羊毛被，一片片的羊毛，从下面看是一抹白，还带一点儿红红的、油光光的颜色，从上面看，是一抹黑色。我们有一个剪毛姑娘特别出色，这姑娘有一双金手，她叫叶芙多基雅·涅奇普连科。你一定要看看叶芙多基雅剪羊毛。”安得列望了一下手表。“呀！我们谈起来就忘了时间，快天亮了。走，你去睡吧，我领你到厢房里去。米沙，你就在我家里住下去吧，我家有的是地方。”我们走进一个房间，这房间有一个窗子，窗外有护窗板，房里有一张桌子，桌上有一盏灯，灯罩是绿色的，有一张床，床上已经铺好了被窝。安得列突然很亲热地问我：“你就在我这里住下去，行吗？”

“我倒是很高兴住在这里，恐怕奶奶不高兴，”我回答说，“她已经说过，我上中学时住的那间房子，这些年来她一直给我留着，等我回来住呢。”

“那你就轮流住：在我这里住几天，在奶奶那里住几天。”

“那倒是可以。”我从上衣袋里掏出一个绿色的小本子，放在桌上。“安得列，你睡去吧，我还要坐一会儿，有些事情我得记一记。”

“好的，好的，我懂，那你就坐下记吧。”

安得列轻轻将房门掩上，走了出去。

十

书桌，摊开的笔记本，照在洁净的笔记本上的柔和的灯光。午夜，万籁无声。这样的静寂，只有在远离大路的草原村庄中才有。突然，在近处，好像就在身旁，在隔壁，响起了马达声。我走到堂屋里，朝窗外望了望，看到“日古里”出了院子。车子向右一拐，耀眼的车灯照得大街上雪亮，然后加快了速度，钻进夜的黑幕。“看样子，安得列睡不着，”我回到自己的房间，心中这样想。“他是往哪里去呢？去辽阔村找卡佳？也许，年轻人的心总是缺乏耐性……”

我拿起圆珠笔，想把我今天所听到的和看到的一些事记一记，可是感到无从下笔。说起来也真奇怪，不可理解。不知为什么脑子里空空如也，既没有什么要表达的思想，又没有什么要说的话。我左思右想了好久，还是找不出一个明确的答案。也许，原因就在于，我这第一天一下子得到的印象太多了？比如说，我同奶奶久别重逢，看到奶奶那样善良，那样心疼人；遇到这种抢亲，我觉得这种抢亲没有必要，毫无意义；我意想不到歇在安得列家里，又同他进行了一番谈话；听了他的话，我才知道：原来我对家乡牧羊人的生活了解得相当不足、非常肤浅。看起来，我今天看到的和听到的东西，安得列给我讲的许多东西，还不能一下子就上笔记本，先得在我脑子里停留、存放一个阶段，我得认真、仔细地将这一切思考、领会、分析、判断一番。而这是需要时间的。再比如说，要想记一记戈罗别茨和他那些防狼猎狗，还得见见这位古怪的老人家，看看他是怎样养猎狗的；要想写写畜牧场场长苏霍德寥夫，也得同他见见面，谈一谈。

另外，我意识到，还有一种因素使我不能立刻下笔，我认为这种因素很起作用，而且我觉得比上面说的原因更为复杂，更为重要，那就是安得列这个人本身。从他那音容笑貌，从他那宽肩膀、卷曲的淡黄色头发、讲话时那沉着的语调、刮得干干净净的脸上的笑容，从他对人对事的态度，我看出他身上有一种新鲜、有力的东西，那是我过去在家乡没有看到过的。大概正是因为这样，我不由得产生了这样的感觉：在水牛村这位主任面前，我自愧不如。我在心中将我同安得列放在一起，反复地掂量、比较，结果只好认输，觉得自己实在比不上他。他身上有的东西，使我钦佩、使我喜欢的地方，我却没有；我所缺乏的东西，在他身上绰绰有余。我还不知道他究竟是否善于经营管理，但我完全相信他是一个敢说敢做的人。是他首先将放牧改为圈养，不管他的冤家对头，其中包括我的伯父阿尼西姆·伊凡诺维奇在内，怎样说长道短，安得列领导水牛村建立的综合养羊场总归是养羊业发展中新的一页。所以，安得列的创举得到全州养羊工作者们的支持，他自己也得到了“日古里”这样的奖品。这是活生生的、可以触摸的事实。至于我，我也在幻想做点什么，可是究竟怎么回事，我自己还不知道呢。

这个夜晚，我那墨绿色的笔记本上，一个字也没有落下。

第二天，我回到奶奶处，奶奶告诉我，她天亮时醒来，开了房门，想看看卡佳睡醒了没有。她走到门口，不由得将两手一摊，愣住了：卡佳还在睡着，安得列却闷闷不乐地坐在她的身边。

“你咋回事儿，孩子，没有回家？”

“我刚从家里来。”

“你咋进来的？”

“爬窗子进来的。”

“嘿，小偷！米沙呢？”

“还在我家里睡着呢。他没什么着急的事。”

“你咋的不把他带来？也许能帮得上忙呢……”

“我们不去请求祝福了，”安得列既不让奶奶说完，又不正面回答她的问题。“反正请求也没有用。再说，祝福不祝福又有什么意思？”

“咋没有用？一定会答应的。”

“奶奶，您老人家一个人去吧，去同您的儿子谈谈，劝劝他，我和卡佳要坐上‘日古里’，快马加鞭，到区里去。到那里一登记，事情就了结了。”

“安得列，可不能乱来。没有父母的祝福，咋成？那可不行！还有，证婚人呢？”

“奶奶，您不用操心，证婚人最容易找。”

“安得列，让卡佳再躺一会儿，你到我房里来，我们来琢磨琢磨该咋办。不经过父母同意那可不行，以后不会有幸福。”

不论怎样劝，安得列都不听。吃过早饭，两个人就坐车走了。奶奶只好一个人去找儿子。老人家盛装打扮：穿起了带皱边的花裙和最体面的、挂满了勋章和奖章的那件上衣，头上系了一方红头巾。穿戴得整整齐齐，这才走出院子。

不巧的是，阿尼西姆这时不在家。夜里从派出所回来，闷闷不乐，心中懊恼，又到外面检查羊圈去了。卡佳的妈妈叶列娜正在绳子上晾衣服。一根绳子绷得紧紧的，像根弦一样，从院子的这一边扯到那一边。卡佳的妈妈已到中年，脸盘圆圆的，有着一双善良、和蔼的眼睛。她一看到婆婆，心里就明白：婆婆既然系了红头巾、穿了不轻易穿的挂满勋章的礼服光临，必然有重大的原因。她立刻脸色煞白，手里装衣服的脸盆都端不住了，便放到凳子上，有气无力地问道：

“妈妈，卡佳在哪里？也许，您知道……”

“我知道，”奶奶毫不含糊地说，“我就是为这件事来的。”

“她究竟在哪里？”

“在安得列那里，在她的未婚夫那里。她还能跑到哪里去？”

“太蛮了，他把姑娘拉走了！”

“不是拉走的，是用汽车装走的，”奶奶从容地说，“是卡佳自己愿意。”

“强盗！胆大包天！要让警察把他抓起来！”

“叶列娜，别骂安得列，”奶奶还是用果断的口吻说，“这小伙子不坏，应当高兴，不应该生气。现在就是要找这样的女婿！”

“咋能不生气呢？这是丢丑的事！姑娘跟人家跑，这种事村子里还没有过。再说，这又是跟谁跑？以后阿尼西姆才不准他们进门呢！”

“卡佳哪里也没有跑，是到她的爱人那里去了。叶列娜，卡佳要结婚，你能不能想得开？”

“想不开！还是想不开……”

“这可不好。我这老奶奶都想开了。”

“这么说，他们和您通了气的？”卡佳的妈妈脸色煞白煞白的，问道，“您帮他们的？”

“是的，我给他们出了一些主意。要是奶奶都不帮孩子们的忙，谁又能帮他们呢？就因为卡佳不是外人，是我的亲孙女儿。”奶奶轻捷地转过身来，她那些奖章在阳光下光闪闪地晃动起来。“你不能拿卡佳和安得列当外人，他们是你的孩子。他们相亲相爱,你咋忍心折腾他们?"

"我能咋的,我同意,"卡佳妈妈用鼻子倒吸了一口气,说,"阿尼西姆不答应,那可咋办?他很恼火……"

"我们一块儿来劝劝他。两个女的一起劝,什么样的男子汉也招架不住。我们俩一起来劝,会把他劝好的。他的心不是铁打的。"

"他对安得列、对卡佳恨透了。"

"没啥,气会消的。我的儿子我了解。他的火性子像老子,心肠也像老子:发一阵子火,一下子就过去了。"奶奶的勋章和奖章又在阳光里闪动起来,奶奶脸上也泛出光彩,笑了起来,露出了残缺不全的牙齿。"叶列娜,你把衣服晾好,到房里来,咱们商量商量该咋办。等咱们商量好,阿尼西姆也就该回来了。"

这一天黄昏时候,安得列带着新娘子回到家里,两位老人家那股高兴劲儿就甭提了。公公和婆婆对儿媳妇亲热极了,婆婆在卡佳的两腮上亲了又亲,又抽抽搭搭地哭了起来,公公也拿毛扎扎的胡子亲了亲卡佳的额头,又转过身去,生气地对老婆说:

"哭啥哩?该是高兴,你倒伤起心来了。"又对儿子说:"孩子,把你媳妇领过来,咱们来喝一杯,给你们贺贺喜,也算我们老两口给你们祝福。"

儿子坚决不举行婚礼,两个老人家并没有生儿子的气,而且,称心如意的儿媳妇已经坐在桌上,又怎能生儿子的气呢?他们待儿媳妇像亲闺女,早晨不喊她起床,总是婆婆一个人在厨房里忙活家务事。至于安得列，看样子他认为此生心愿已酬，他想了多年的姑娘已成为他的妻子，便一心一意扑在综合场的工作上，天一亮就离开家，起床时轻轻地，不把卡佳弄醒，到夜里很晚才回家。卡佳一个人留在暂时还没住惯的大房间里，没有人讲话，闷闷的，从房间的这一角走到那一角，或者靠在窗前坐坐，半天半天地望着空荡荡的大街，眼里常常汪着泪水。

十一

我去综合养羊场没有见到安得列。清早他就到区里去了。我只好怅然地回到辽阔村。我面前又是这缓缓倾斜的房顶，上面长着的冰草和山芥菜是那样多，要是拿起镰刀，一会儿就能割一大捆。我过去就有过体会：这座不怎么样的房子，也只是外表不太美观。房子里面宽敞，住起来舒适，家用设备齐全，而且冬暖夏凉。这座房子朝街的一面，是它那漆了地毯的台阶和一面被风雨侵蚀、冰雹冲打得斑斑点点的灰墙。有穿堂，有贮藏室，贮藏室里放着几只大木桶，墙上还挂着水桶和扁担。这座房子有三个房间，都相当不错，只不过顶棚矮了一点儿。在一个房间里有一张矮靠背的长沙发，这就是卡佳出嫁前那一夜睡的那一张；还有一张家用的长桌、碗橱、两个灶口的煤气炉。辽阔村和水牛村、求神镇一样，所用的煤气是用煤气罐装来的。另一个房间，就是我上学时睡过的，里面放着我十分熟悉的那张钢丝床，床的两头是两张高高的长椅，长椅上镶嵌着白色的搪瓷花饰。床上还是那厚厚的、总是鼓鼓囊囊的绒毛褥子，褥子上面蒙了花罩单；奶奶精心制作的那些羽绒枕头，像两座小山似的堆在那里，差点儿就要碰到顶棚；这两堆枕头，底下的很大，往上逐渐小些，顶上面两个很小很小，小得非常好玩儿，上面还镶了精致的花边。应当说，奶奶的房子有一个最大的优点，就是即使在七月间此地最炎热的中午时分，烈火一般的太阳晒得人在外面无处藏身的时候，这房子里依然凉丝丝的，这样的凉爽只有很深的地窖里才会有。

本来就不大透光的窗子，整个夏天都遮着厚厚的窗帘，因此，即使在正午时分，房间里也都有点儿幽暗，总有那么一两只无法逃脱的苍蝇在窗帘里面嗡嗡叫，拼命撞击玻璃。还得交代：房里的地面是用黏土加鲜牛粪泥了的，还有，就是诸位读者早就知道的，地上总是铺满野蒿和香薄荷。这绿色的地毯，就像刈草机刚刚开过的草地，散发着清新的气息。奶奶的房子还有一个了不起的优点，那就是宜于休息。记得过去夏天有时候从外面回来，又闷又热，汗流浃背，气喘吁吁，进得门来，往沙发上一躺，只觉得一股股清爽的凉气往身上直扑。只要头一挨到凉丝丝的枕头，听到那撞击玻璃窗的苍蝇单调的嗡嗡声，闻到那芬芳醉人的艾蒿和薄荷气味，便禁不住要沉沉入睡，进入香甜的梦乡，那样香甜的觉，以后我再也没有睡过。

“米沙，听见没有，苍蝇叫得好可怜？”奶奶一面问，一面侧耳听着窗帘里面一只苍蝇嗡嗡的哀叫声。“还没到夏天哩，苍蝇就出来受罪了。咋飞进来的呢？我真想不出。谁都知道，苍蝇是有害的东西，可我总是可怜它。我常常逮到苍蝇，拿到门外放掉。是应该弄死，可我总是下不得手。我心想，就叫它活下去吧。飞不出房子，不是苍蝇的过错，是它的灾难。也要帮它一把。”奶奶轻轻地将手按在窗帘上,逮住苍蝇,用手捏着,送出门外。“让它飞掉吧……邻居安菲萨·特维尔多赫列鲍娃,你是认识的,也有我这么大年纪了……”

“安菲萨大娘还结实吗?”

“结实,和我差不多……安菲萨和我说体己话,说飞到我房里的不是苍蝇,是你爷爷的魂,”奶奶说,隐隐露出悲戚的神情。“安菲萨说,当兵的人打仗死了,他的魂还会附在别的活物上活下来。我虽然不相信这些胡诌八扯,不过,我给你说真心话,我自己有时候也胡思乱想起来:也许,果真是你爷爷来了呢?……”

“奶奶,您身边没有小孩子,很不好过吧?”

“小孩子又咋样?”我看到她那慈祥的眼里又露出那种凄怆的神情。“小孩子早就成了爸爸和妈妈,可是我这一辈子,米沙,我给你说真心话,孩子们在身边没松过心,孩子们不在身边也没有松过心。孩子们大了,又生孙子、孙女。他们用不着在奶奶身边了。”奶奶牙齿不全,吐词不清,随手用头巾的角儿捂了捂嘴。“可是,就拿卡佳的事情来说,这你是知道的,没有奶奶咋行呢?那一天我为她的事去找她爸爸,我那阿尼西姆恼得差点儿要对我这个亲娘动拳头。可是,我才不怕呢。他嚷着要向区里告状,要到法院打官司。我对他说:你告去吧,告来告去,闺女还是要嫁人。你只有这么一个闺女,我可是有六个。六个我都养大了。五个都离妈妈不远,只有托利亚跑远了。”奶奶湿润的眼睛眨了几下。“你爷爷要是真能看看自己的孩子们,看看我这个受罪的老婆子,那就好了。不会的,他看不到,他也变不成苍蝇。”奶奶又用头巾捂了捂嘴,不好意思地说,怪只怪自己怎么也不肯到求神镇去装牙齿。“说话都漏气,连自己听着都别扭……”她用手帕擦了擦嘴唇,停了一会儿。“孩子们长起来才快呢,一个个就像春雨以后的野草,一股劲儿地往上窜。一眨眼工夫,儿子、女儿们就长大了。要给他们吃,给他们穿,那才难着呢。再说,那又是兵荒马乱的年头。什么样的事都遇得到,什么罪我都受过。我过的苦日子要写都没法写,因为没有人肯相信。你可知道,母狼是咋照看它那些狼崽子的?啥都不怕,拼命就是了……我也是拼了命的。我如今自己都觉得稀奇,六个孩子我咋能养大的。有一次,村里来了一位作家,是从斯塔夫罗波尔来的。要打听我的事,找到了我,问过来,又问过去。我给他讲了我受的苦,为了让孩子们长大成人,我咋样拼着命挣扎。只有一桩事我没有对作家讲……”

“给我讲讲吧,奶奶。”

“米沙,我也不给你讲。”

“为什么?”

“那是我的罪过,最好谁也别知道这件事。”

“奶奶,我求求您,把您的事情给我讲讲吧,我是您的孙子嘛。”

“你得发誓,对谁也不要讲。”

“奶奶,您放心,我不是小孩子啦,我知道该不该讲。”

“米沙,那是我的罪过,我杀了两个人,一个老的,一个年轻的。”

“您杀人?什么时候?怎么回事?”

“那是老早的事。那时候还在打仗。”

“怎样杀的?奶奶,快给我讲讲。”

“只有一个人知道实情,是我一五一十讲给他听的。我不给你讲,你也别问了。”

“那个人是谁?”

“侦查官,是他问我的……米沙,我还是给你讲讲我咋养活六个孩子的事吧。”奶奶改换了话题。“多亏国营畜牧场帮了我的忙。战后在求神镇开办了教养院,收容牧羊人的孩子和烈士子弟。里面有学校、宿舍、食堂。冬天我的六个孩子都住教养院。三个大些的男孩子学习都不咋热心,学得都不咋样。马马虎虎上完了五年级,就到草原上帮我放羊来了。阿尼西姆、安东、阿列克赛从小就喜欢放羊,跟着羊群到处跑。到夏天,我把两个姑娘也弄来,她们也能帮我一把。我们收入不算少,日子也过得去了。只有你爸爸托利亚不喜欢放羊,喜欢学习。在求神镇,在莫斯科,他都学得很好;他要学习同外国人打交道,会说很多外国话。听他叽里咕噜讲起来,你只有干瞪眼。他说的话和我们的话完全不一样,我一句都听不懂,简直就不像我的儿子。”奶奶用手捂着嘴笑了笑。“有一次,他一个人回来看妈妈。吃过饭后,他要给我讲几句外国话好玩儿。那才笑死人呢!我望着他那样子,都有点儿害怕:好像那不是我的托利亚,是一个外国佬……我那两个女儿也住过教养院,上过五年级;后来长大了,就嫁了人。你大姑妈娜斯佳就在求神镇上,婚后很不得意。如今只同大女儿苔西雅住在一起。两个小女儿,娜佳和维拉,上了技术学校,在外面嫁了人,不回求神镇了。你大姑妈早就同丈夫离婚了。你小姑妈嫁到水牛村,丈夫开汽车,夫妻和睦,收入也不错。孩子们也长大了,大儿子尼基塔不久前才结了婚……这就是我那六个孩子。那时候,他们冬天住教养院,夏天同我在一起,跟我放羊。这样一来,当副手的,车棚里做活的,都有了。有一年夏天,你爸爸也跟我放过羊呢,”奶奶忽然高兴起来,得意地说。她那眼角上细碎的、纵横交错的皱纹都明亮起来。“米沙,你给我出出主意吧,我去不去刚果?”

“这个主意很难出。路程太远啦。您不怕吗?”

“我可以对你说:是有点儿怕。对别人我可不这么说。不过,怕是有点儿怕,可我还是很想到小儿子那里去看看。要不然,说不定这一辈子见不到了。”

“见得到的,”我信心十足地说,“爸爸不会在刚果住一辈子。”

“米沙,奶奶身体不行啦,”奶奶凄然地说。“奶奶力气使尽了,日子快到头了……咱们村里出过这么一件事。不久前,杜尼娅大娘的儿子费佳从克拉斯诺达尔回来看她。你可记得杜尼娅大娘?鼻子翘翘的,一天到晚乐哈哈的。她当姑娘的时候,最喜欢跳舞,手风琴一响,跳得才欢呢!她喜欢光着脚丫子跳,那样更轻快。后来成为她丈夫的格里沙·普洛索洛夫,当时也是一个爱玩爱闹、调皮的小伙子,也是打仗死了的。有一次格里沙同她闹着玩儿,往她脚底下撒了许多干蒺藜,心想,这一下子你不跳了吧!才不呢!她好像没有这回事似的。她那脚掌结实得很,蒺藜被她踩得噼里啪啦直响……她那股泼辣劲儿,我哪里比得上?……那一次,儿子是坐汽车回来的,老婆和女儿也回来了。他们想把老人家带到克拉斯诺达尔,好在一起过。杜尼娅大娘比我还小一些,还是成天乐哈哈的,看那样子,谁要拉手风琴,她还会跳舞呢。好啦，要跟儿子去住了，坐上汽车，美滋滋的，才高兴哩。费佳的汽车还没有出村子，老妈妈往旁边一歪，完了。就那样死了。老人家快活死了，这种死法倒真是不错。所以，米沙，我也不能不想想，这么一来，我就有了心思：很想到你爸爸那里去住住。我还想和你商量一件事。我到你爸爸那里去，是带勋章好呢，还是不带勋章好些？"

"我看，还是带勋章好。"我不假思索，便回答说。

"我也是这样看。可是，我那几个儿子都说，到刚果去，用不着挂勋章，那里的人不知道勋章是咋回事儿。托利亚呢，妈妈不挂勋章，也知道妈妈是英雄的妈妈。"老人家眼睛垂了下来，沉思着，半天没有作声。"你大伯说：妈妈，去吧，别挂勋章；不挂勋章，托利亚照样欢迎你。我知道托利亚会欢迎我的，他生来心肠好，和你大伯不一样。可我还是想挂着勋章去。就算让我的孙女奥莉雅看看，让她看看奶奶的勋章。"

"勋章您得了不少吧？"我问。

"不算少，为了省得麻烦，我把勋章一起别在一件褂子上。免得每次出门，一个一个地往身上挂。如今，我要出去参加节日活动或者参加主席团，——常叫我去参加主席团，——我就马上穿起这件褂子，这就行了，我就金光闪闪的，像一尊圣母像。我们新来的场长，是个年轻人，这人满有意思的，他只要看到我穿起这件褂子，就要不停地画十字，画过了十字，就说：'老人家，您可真像一尊圣母像……'真有意思！"

奶奶打开衣橱，从挂钩上摘下那件褂子，拿到亮处。这件褂子沉甸甸、明晃晃，像一件黄金锁子甲。左边，靠近翻领处，是一颗带镰刀和锤头的金星勋章，下面，并排挂在各种颜色的绶带上的是三枚列宁勋章、一枚劳动红旗勋章、一枚荣誉勋章；右边，一个挨一个地挂着各种奖章，有大的，有小的，有在最高苏维埃上得的，有农展会和其他展览会奖给的，其中特别引人注目的是一枚"英勇杀敌"军功奖章。奶奶将褂子拿到窗子跟前，这些勋章、奖章一齐发出清脆的响声，好像在说："就这样，就这样，让我们离太阳近些，更亮些……"

"咋样，米沙？好看吧？"奶奶问我。她眼角上的皱纹更亮了。"我真不知道我那奥莉雅咋看待奶奶这些勋章和奖章，因为这孩子生长在外国，恐怕弄不清我们的事情。但是，对我来说，这些勋章和奖章都是珍贵的纪念，在我心里还是活灵活现的。每一枚都代表着一件大事，忘不掉的事。比如说，这枚'英勇杀敌'奖章，在你看，是个银牌牌儿，可是对我来说，这却是头一件最没法忘记、最惊心的事，那件事发生在多灾多难的战争年月，那时候你爷爷不在了，我只好一个人带着羊群、带着孩子们在草原上到处闯……就在那时候，米沙，我做了那件罪过事……再说这枚荣誉勋章，这名儿倒怪好听的。看这样子也平平常常，没啥了不起。可是在我来说，又是一件没法忘记的事，也是在那一年，紧接着那件事发生的。那时候我已经知道你爷爷阵亡了，不过，似信又不信。还有这三枚列宁勋章，看起来和别的一些列宁勋章一模一样，不过我觉得和别的不同，特别珍贵，特别叫人忘不了……不过，最珍贵、最叫人忘不掉的是带金星的这枚，别看这样子十分平常，我不论什么时候望到它，它总是满面春风地朝我笑着，好像在对我说：'巴莎，咋样，你还好吗？'……"

“这一枚您怎么得的?”

“因为活儿干得好。”奶奶拿头巾擦了擦眼里的泪水。“那一年,我剪羊毛和养羊羔都超过了男子汉。每一百头母羊产羔一百五十八只。这可是创纪录。而且羊羔只只成活。那时候,我是这一片地方唯一的女羊倌,我有时到区里去开会,那些男羊倌们就笑我,说:巴莎·恰佐娃当然有办法,她过去生孩子、养孩子是一把好手,所以她那些母羊有样子好学……讲得才缺德呢!我也就不客气地回他们几句:你们这些公羊,不中用,所以你家产不出羊羔。大伙儿一起笑笑,谁也不恼……就在那一年,我一辈子头一次去莫斯科。就在克里姆林宫,什维尔尼克亲自授给我这枚金星勋章。我还在斯大林那里吃过晚饭呢。”

“奶奶,当真有这么回事儿?”

“真的,米沙,奶奶去吃过饭。”她又用头巾擦起眼睛,沉默了一会儿。“有一天傍晚,太阳已经落了,我和两个男羊倌上了一辆汽车,说是要我们去见斯大林的。车子一股劲儿地往前跑,来到啥地方,我们可不晓得。我四面一望,密密麻麻的到处是电灯。我们走进一间屋子。不用说,乡下人没见过世面,当时我们觉得很不自在。斯大林同我们握手问好,很客气地请我们吃晚饭。他拉着我的手,问:‘咋样,普拉斯科维娅·阿尼西莫芙娜,莫斯科您喜欢吗?’我回答说:‘喜欢,不过,这地方和我们草原可不一样。’他又说:‘他们告诉我,好像您是个不得了的女人,牧羊的男子汉们全都怕您,我看,不是多么厉害嘛。’我说:‘就我这个样子,他们才怕呢。’‘好,好,就该让他们怕怕。’斯大林说着笑了起来。我记得当时一块儿吃饭的有苏斯洛夫、伏罗希洛夫、布琼尼,还有几个人,多数是穿军服的。斯大林先把我夸奖了一阵,说:让我们为女英雄普拉斯科维娅·阿尼西莫芙娜的健康和功劳干杯!他是这样说的:女英雄!他还说,像养羊这样的重活儿,斯塔夫罗波尔的妇女都能干,没有落在男子汉的后面,而且在有些方面还超过了男子汉,这太好了;苏斯洛夫同志很了解斯塔夫罗波尔的牧羊人,请他说说,我的话对不对。苏斯洛夫也把我夸奖了一阵,说我接受了在前方英勇牺牲的丈夫的经验……"

停了一会儿,奶奶又接着说下去:

"真的,米沙,我当时都害臊了,脸都红了。当时我还年轻,觉得很不好意思。苏斯洛夫和我坐在一块儿,多亏他一再鼓励我。他是我们斯塔夫罗波尔州人。他说,别不好意思,这话不假,斯塔夫罗波尔的妇女一点也不比男子汉差。他说他很了解斯洛夫罗波尔的妇女。他说的是真话。他在我们这地方工作的时候,就认识我和你爷爷了,我们也都认识他。他这人也很能干,很热心、勤快。很少在家里呆着,常常去看牧羊人。他就不止一次来看我们的羊群。他常常跑来聊聊,东问问,西问问。养羊的事,他很内行。有一次,他一看到放牧的羊群,就说:'羊想喝水啦。老半天没给水喝了吧?'你爷爷把头低下,一声不吭。说得一点不错,有什么好讲的呢?还是早晨让羊群喝的水。他很喜欢喝羊肉汤。说,巴莎,弄点羊肉汤给我喝。他就用大钵子喝,还要吃大蒜……你爷爷上前方以后,他也来看过我。问我,咋样,又是羊群,又是孩子,能行吗?我说,难是难点儿,可是,能对付过去……这些事,想起来都觉得有些稀奇,好像这都是一场梦。自己都不相信这是真的。可是,这都是真的。我给苏斯洛夫烧过羊肉汤,在斯大林那里吃过晚饭，这些事我永远也忘不了。米沙，我现在越来越清楚地想到我过去的许多事情。有时候，我一个人在屋子里，从衣橱里拿出这件褂子，望望这些勋章、奖章，就想起我这一辈子的事，想起你爷爷，想起我那多灾多难的寡妇日子，就要哭一场，哭个够，不叫别人听见就是了。哭过了，心里要松快些。”

十二

也许有人会振振有词地问：为什么我们的小说不像一条河那样，从发源处开头，比如说，从求神镇，或者从斯塔夫罗波尔写起，而是从这样一个牧羊人的村庄，从这样一个平平常常的土坯房写起呢？这个问题不很简单，三言两语解释不清楚，那我们还不如暂时将辽阔村放一放，别理会那些漆得花花绿绿的台阶和供水点，暂时也不写水牛村和那一对新婚夫妻，让他们安安生生地度蜜月去吧，我们还是回过头去，叙叙这座顶上长着茂密的绿色长发的旧房子的女主人——我的奶奶巴莎·恰佐娃的身世。

巴莎是个独女，父亲阿尼西姆·德罗诺夫在布琼尼手下当过骑兵，在国内战争中牺牲了。姑娘长大了，一天比一天好看，一根沉甸甸的、麦粒色的辫子垂在苗条的背上，一直垂到腰下，这样漂亮的姑娘，不仅在偏僻的草原村庄中难找，就是在斯塔夫罗波尔或者在人烟稠密的五峰城也不容易看到。还得交代一下：德罗诺夫家的土坯房当时在村边上，论户数当时是第十家；当时既没有公路，更谈不到供水点。巴莎就在这座土坯房里长成了一个漂亮的大姑娘，就像在一个阳光明媚的宁静的早晨，突然绽开了一朵艳丽的野罂粟花。姑娘长大了,爱上了年轻的羊倌伊凡·恰佐夫。伊凡是个顶呱呱的小伙子。因为伊凡也爱上了巴莎,没什么好说的,到秋天就结了婚。伊凡没有父母,整个冬天他就住在丈母家。等阳光有了暖意,南方送来了和风,他们就让老人家一个人留在家里,小两口带了羊群到外面去放牧:伊凡当领头的羊倌,巴莎当掌车的,就是说,主持车棚里的事。

八月里,巴莎生下了他们的头生子。当时正在迁移的路上,而且正在中午。巴莎躺在牛车上,老牛懒洋洋地在草地上走着,车子轧轧响着。巴莎呻吟起来,喊来伊凡,让他勒住老牛。伊凡立刻猜到是怎么一回事儿,不仅勒住了老牛,而且赶紧将小副手支开,让这个十四五岁的小男孩去照应羊群,不叫他看到生孩子。伊凡又高兴又害怕,不知道怎么办才好,不知道怎样才能帮得上忙。幸运的是,这第一次分娩格外顺利;新生的婴儿嗓门儿也格外大,那炎热的天空、辽阔的平原、停留在高阜上的羊群、站在羊群旁边的小副手,一下子全知道了这条好汉的降生。

他们给头生儿取名阿尼西姆,为的是纪念去世的外祖父。阿尼西姆的摇篮是清香的野草和蔚蓝的八月的天空,接生婆是爸爸本人:伊凡从巴莎的花绸头巾上抽下一根丝线,扎好了儿子的脐带,虽然扎得不合规格,但十分结实、牢靠。走运的是,不远处就有一个水井。伊凡烧起一堆火,烧了一铁桶热水。巴莎起得身来,浑身疲乏无力,好像害过一场重病似的,但是眼睛里闪着幸福、愉快的光芒,就像一个人完成了艰巨的任务,感到心满意足。她要给婴儿洗一洗身子。她在将婴儿放进白铁澡盆之前,先把哼哼唧唧的小东西在手上托了一会儿,好像是要掂一掂小东西的重量，也好让丈夫、让晚霞、让自己瞧瞧她生下的儿子。之后，她又左看，右瞧，从一个母亲的角度，将婴儿仔细地端详了一番，就像一个一丝不苟的老师傅细心检查自己做的活儿，想弄清楚是否已经无可挑剔；端详了一会儿，这才带着幸福的微笑抬眼望望丈夫。

“伊凡，你瞧！真是条壮汉子！可惜我们没带秤，要不然可以称称看，”她一面说，一面还在端详。“好结实，真像个大力士。瞧，和你一模一样！”

“没说的，挺棒的小厮！”伊凡满心欢喜地、兴奋地说，“巴莎，我再烧点热水，你也洗一洗。”

为了让妻子洗澡，他又一次把小副手支开：

“去，去，你照应羊群去。”

洗过澡以后，巴莎更有精神了。她梳好辫子，编好，盘在脑后，便用鼓膨膨的乳房喂起婴儿，婴儿贪婪地吮吸着。

“伊凡，瞧你儿子多能吃。能吃，长大了就能干，”她的眼睛舍不得离开吸奶的儿子。

等婴儿吸够了奶并在妈妈怀里呼呼睡去，巴莎将他放到车棚里，放到鲜蒿加车毯铺成的摇床上，她自己也紧挨着婴儿躺下来，想躺一会儿，休息休息，但不知不觉沉沉睡去，直到天亮才醒来。她本想再睡一会儿的，但身旁的婴儿已经哇哇哭了起来。

不觉一年过去。伊凡和巴莎又跟了羊群到处游荡，老牛懒洋洋地走着，车毂轮轧轧响着，篷车在前进。车子每停下来，他们就将儿子抱下来放在地上；阿尼西姆穿着短得遮不住肚脐眼的小褂，迈动两条小腿，快快活活地绕着车子转，两只小手一下子扶住车毂轮，一下子抓住车辕。伊凡满心欢喜地望着儿子学步，一面喊：

“好，好，别怕，走，走，小羊倌！快长，快长，长大了帮爸爸放羊！”

第二年夏天，也是在骄阳底下，巴莎又生了一个儿子，不过，如今对于这对年轻夫妻来说，生孩子已经不算稀奇事了。他们给第二个儿子取名安东。巴莎还是和去年一样，用一丝不苟的、挑剔的眼光将婴儿仔细端详了一番，心中不由得想，第二个儿子比头一个还好呢，而且就像端详阿尼西姆那时候一样，禁不住心花怒放：

“伊凡，你来瞧瞧这一个，真是一个模子里倒出来的！眼睛、鼻子、额头，全像你。和阿尼西姆一样，道道地地是恰佐夫家的孩子！”

“都是恰佐夫家的孩子，算你说对了！”伊凡说，“他们要是不像爸爸，还能像谁呢？”

一家人睡在车棚里，下面铺了干草，干草上面是车毯和羽绒褥子。干草不甘忍受车毯的压抑，不住地在身子底下窸窣作响。南方的夜晚，黑沉沉的。东边吹来凉飕飕的风，夹带着羊汗的气味。嵌满星星的苍穹好像是特意罩在草原上的一顶又大又黑的帐幕。两个孩子都睡在妈妈身边，小些的紧靠在妈妈胸前，大些的离得远些；巴莎醒来给安东喂奶，只见安东吃饱了奶之后，瞪大了小眼睛对着天空，一股劲儿地望着星星，像是在用脑筋呢。巴莎捅了捅还没有睡着的丈夫的肩膀，说：

“伊凡，咱们安东将来准会观星象。”

“你咋知道的？”伊凡问。

“你瞧瞧，小东西躺在这儿，一股劲儿地拿小眼睛瞅着星星，看样儿，是在琢磨呢。将来准是个大学问家。”

“我不像你这么想，巴莎，要他做学问家干啥？”伊凡一面沉思一面说，“长大了，还是让他跟我们放羊。数我们的日子自在。”

伊凡将妻子拉过来，亲热地将她抱住，吻了起来。

“伊凡，咱们别再生啦，好吗？”巴莎没有推开他的手臂，倒是贴到他的身上，羞涩地问道，“要不然，一年生一个，不是太着急了吗？”

“这才好呢！”伊凡回答说，“生吧，巴莎，能生多少就生多少，让咱们的孩子到处都是。你有本事，会生孩子。你生的小厮呱呱叫。”

“伊凡，我是说，能不能停几年再生？稍微歇一口气？”

“为啥要停几年？为啥要歇气？”伊凡乐呵呵地问，“你能连生三个小厮，那就太棒了！俗话说得好：一连仨，心里乐开花。没啥好停的，没啥好歇的。干啥都得抓抓紧。”

看来，南方的大自然、那空旷的夜的草原和辽阔的天空，对他们特别眷顾，使得巴莎每年都生一个孩子。不满八年，这辆游牧篷车便变成了一所恰佐夫家的幼儿园：最大的阿尼西姆不足七周岁，十分活泼、伶俐，会放羊，也会燃篝火，很能帮爸爸妈妈一些忙。最小的托利亚还睡在吊在车辕上的摇篮里。其余四个排在他们之间，仿佛一个高低不平的台阶：安东、娜斯佳、阿列克赛、安娜。

“伊凡，你可留意到，我家孩子们取的名字多有意思？”有一天，巴莎像老母鸡抱小鸡一样，将六个孩子一起搂到怀里。“六个孩子名字开头的字母全都一样[1]。我们不是有意挑选的，可谁知事情这样巧。”

“那就好极啦，”伊凡说。“这个字母又是啥样的字母？头一个！这就是说，咱们的孩子以后干啥事都不会落到别人后面。”

“但愿这样！”

在剪毛的时节，有一天，妇女们在闲聊，有的妇女问起这时已经有点儿发了福的巴莎，年纪轻轻的怎么有这样大的本事，一口气养活了六个，一个接一个，像排好了队似的。

“这有啥稀奇的？”巴莎笑着说，“你们都是女的，你们该懂，这算不了啥本事。再说，你们都知道，草原上夜里黑得很，钻到车棚里什么都看不到，黑咕隆咚的，就我和伊凡两个……”

“我们问的不是夜里黑不黑，稀奇的是，没有助产士，没有医生，孩子咋生的？”一个中年妇女说，“如今没有医生可不行。”

“我家男人比任何医生都顶用，”巴莎得意地说，“他接生才有本事呢，你只要生得及，他就接得及。”

“像茨冈人一样，在篷车里生孩子，个个孩子又长得那样结实，”一个没生过孩子的挺标致的媳妇羡慕地说，“巴莎，亏你能撑得下来，真了不起。”

“这倒是真话，”巴莎高兴地笑起来，露出两排整整齐齐的好看的白牙。“咱们当女人的，就是要吃得下苦，手脚勤快。再说，我和伊凡在草原上完全能过得惯。”她又一如往常那样谦虚地说：

① Анисим，Антон，Анастасия（Настя），Алексей，Анна，Анатолий（Толя）——开头的字母都是俄语字母表上第一个字母“А”。——译者

“不过，孩子们尽管生在大车上，可以说，上不见片瓦，也没见过医生，但一个个还是够淘气的。孩子总归是孩子嘛。不同的一点是，爸爸从小在草原上长大，妈妈吃得下草原的苦，他们在草原上一定也能过得惯。”

十三

不幸的命运降临到这群草原孩子的头上。父亲出征一去不回，他们从此失去了父爱。父亲阵亡之后，孩子们便离开学校，帮妈妈放羊。他们还清楚地记得父亲是怎样离开他们的。而且巴莎每讲起那些年月的事情，开头也总是先讲伊凡离家出征的情形。

伊凡向军事委员部请准了假回家告别。他穿了军服，戴了军帽，驾了摩托车回到家来，那样子威风凛凛，完全不像一个羊倌了。他搂住停止了喊叫的孩子们和止住了哭声的妻子，说：

“巴莎，把孩子们看好，照应好。我一定要回来的。你要让他们个个活得好好的。”他又单独拥抱着怔怔地望着爸爸的阿尼西姆说：“孩子，你已经这么大了，你要帮着妈妈把羊群看好。”

“爸爸，你放心，”阿尼西姆说，“我们都会帮助妈妈。”

“你们都是好孩子。那我到前方也就放心了。”

伊凡吻过妻子和孩子们，最后又一遍说：

“我一定要回来的，巴莎，把他们照应好，让他们个个活得好好的。”

他正了正头上的军帽，勒了勒皮带，跨上摩托车，开走了。摩托车奔驰着，越跑越远；老婆、孩子目不转睛地望着他的背影，一直到他和他的摩托车消失在海浪般游动着的蜃气中。巴莎倒在车上号啕大哭起来，哭声震动了整个草原；孩子们手挽手地站在大车旁边，还一股劲儿地朝空旷的草原望着，仿佛他们还看得见爸爸骑着摩托车在蜃气中飞奔。

打从那时候起，巴莎要照应的不仅是六个顽皮的孩子，还有羊群、篷车和老牛。丈夫拿起枪，而把羊鞭交给妻子，这种日子可是没有过。她的艰苦的一生，就是在这里，在草原上，伴随着羊群度过的。巴莎多年来，常常凝望着草原的远方，眼里饱含着泪水，她总觉得，在那缓缓游动的白茫茫的蜃气中，就会有一个戴军帽、穿军服的士兵出现，而且还要向她招手呢。她从来就不相信，至今也不相信，伊凡已经不在人世。瞧，苍蝇常常飞进房来嘛。咋回事儿？窗子、门，全都关着，苍蝇还是来到房里，叫唤起来。送给她的那份死亡通知书是不是送错了？很有可能。也许，伊凡被俘虏了，无法脱身，如今正在异国飘零呢。她天天都在想着他，等着他，时而好像听到马达的响声，仿佛他驾摩托车归来了；时而好像听到马蹄声：也许骑马回来呢。她心中已经准备好见面时对他要说的话：

“伊凡，瞧，这是我们的六个孩子，全都活得好好的，我算照应得不错，都给你养大了。”

村里人知道巴莎带着一堆孩子在草原上放羊很困难，多次对她说，放羊不是女人干的事情，劝她带着孩子回村里，不要再放羊了。

“我不能扔掉羊群，伊凡没叫我扔掉。”

“伊凡早就不在人世啦。”

“胡说！他活着呢，我最清楚。所以我不能离开羊群。过去伊凡带羊群在草原上到处跑，现在该我带带了……再带年把，伊凡说不定就能回来。”

“全斯塔夫罗波尔州就你一个穿裙子的羊倌！”

“咋的？我们妇女也不是纸扎的，”巴莎说。

“用不着你们开导我！”巴莎一面望着吃草的羊群，一面心里想。

“到村子里去，看不到这草原，见不到羊群，那我更受不了。在这里，在草原上，有孩子们、有羊群在一起，四面望望又能看那么远，心里总觉得松快些……”

采访札记

第四分场里，所有的仓库都不上锁，不用人看守，也从来没发生过偷窃事件。门上的锁全部取下来，挂到俱乐部里，让大家看看：如今这玩意儿派不到用场了。分场的食堂里既没有卖饭菜的，又没有跑堂的。吃饭的人自己付钱，自己找回零头，然后自己去取买得的饭菜，坐下来自己去安安生生地吃饭。这些事让区里人知道了，区里领导人说：

“这又是苏霍德寥夫异想天开。打个电话，叫他来。要同他认真谈谈。”

国营辽阔畜牧场场长苏霍德寥夫很快地应召来到区上。领导人要他用锁将门锁起，要他给食堂里安排卖饭菜的和跑堂的。

“不用上锁，已经很久不用锁了；也用不着卖饭菜的和跑堂的,"苏霍德寥夫回答说,"也不必派看门的。"

"你要搞冒险主义?想受处分?"

"我们是人,到哪一天人才能相信人呢?"苏霍德寥夫辩解说。"第四分场不用锁,不用看守,食堂里不用人卖饭菜,这是好事情,应该受表扬。我才不去改变呢。"

他还是坚持自己的意见。

第二部

一

那一年夏天的八月异常炎热。蓝湛湛的天上，没有一片云彩。每天从早到晚，热烘烘的风从里海上不停地吹来，就像一架巨大的鼓风机通过烧红的铁管在输送热气。野草蔫萎萎的，垂下了头，失去了翠绿的色彩；这里那里常常刮起一团团的灰尘，空气中到处散发着羊身上的汗腥味和腥臊的烟气。不论朝哪里望，到处可以看到球花风铃草连滚带跳地匆匆赶路，不知是要奔往何方；一丛丛的羽茅草显得更白了，那一绺绺白色的长发，不甘心偃伏到地上，徒自在风中时伏时起地挣扎着。就连野蒿，一向并无过高的要求，而且受惯了里海热风的欺凌，如今也竖起了硬扎扎的叶子，不等开花，就干瘪了。池塘和沼地早就干涸了，还有些潮湿的低洼处裂了许多大缝，勤奋的蜘蛛已经在缝里结了网，想为自己保留一点儿潮气。羊群只是在凉爽的时候，在夜里或者黎明时分，在洼地里放牧。白天，这些羊都把头藏起来，避开干热风，只将脊背露在外面，就这样攒成一个个的小堆儿，好像海洋般的辽阔草原上平添了一个个小岛。一只只羊将嘴插到土里，呼哧呼哧地喘着粗气，往往一动不动地站上半天。

干热风劲吹的时候，猎狗也是很不快活的。巴莎的羊群里有七条防狼猎狗：四条公狗，三条母狗。四条公狗都是灰色的，十分凶猛，全是纯种的猎狗。三条母狗中，一条是棕黄色的，颈上的毛是黑褐色，这条狗还很嫩，还没有生过小狗；另一条是花斑狗，这条狗带着两条小狗；还有一条是黑褐色的，已经老得不成样子，两眼已经无神，经常眼泪汪汪的，眼圈上总是叮着一些蓝灰色的小虫儿，奶头肌肉松弛，朝下耷拉着。这些猎狗热得难受，闲得发慌，也在这里走来走去，不知如何是好。有几条狗不愿守着攒成堆的羊群，或者跑到井边，到长长的饮水槽下去找阴凉的地方，或者钻到篷车底下，伸开四条腿舒舒服服地睡觉。

夜间放羊的是巴莎的两个大孩子——阿尼西姆和安东，一个十四岁，一个十三岁。同他们在一块的是雅柯夫爷爷，一个又高又瘦的老头子，嘴上那又稀又细的胡子被香烟熏成了黄褐色。太阳一落，他们便带着羊群和猎狗远远地离开驻宿地。羊群在洼地上散了开来，散成灰灰的一大片；猎狗站在土包上，离牧人不远，随时准备听从牧人的呼唤。

黑夜降临，那“里海鼓风机”照例会突然停止输送热气，好像是有一只强有力的手一下子关起了开关，于是，直到黎明前，这里就特别地静。这样一种寂静，只有在这草原上，在夜间，才能充分领略到。不过,遗憾的是,黑夜降临,并未带来凉爽。夜间还是十分闷热,孩子们都是光着屁股睡觉:娜斯佳和安娜睡在篷车上,阿列克赛和托利亚钻到车底下,睡在车毯上。巴莎先将头巾盖到两个女孩子身上,又探身望了望两个男孩子,看到几个孩子都已睡了,这才转身走开。她也不向老妈妈打招呼,便来到水槽边,用晒得温温和和的水洗起澡来。巴莎心里十分慌乱。她不知道前方的仗打到了哪里。原先带有一台手提式收音机,阿尼西姆会摆弄的,可是最近不响了,电池用乏了,因此他们这篷车就像大洋中迷航的孤舟,同全世界失去了一切联系。

又过了一个月,供销部主任瘸子涅斯捷连柯用卡车送来货物——面粉、面条、糖、饼干。他一瘸一拐地将巴莎拉到一旁,压低了嗓门儿说:

"巴莎,糟啦!"

"咋回事儿?"

"敌人来到斯塔夫罗波尔啦。"

"当真?谁告诉你的?你这消息是从哪里来的?"

"喜鹊尾巴上带来的,"涅斯捷连柯俏皮地说。"都说,这是真的。斯塔夫罗波尔我最近没有去过,究竟怎样,我没有亲眼看到。不过,村里的人都在这样传……"

"你别信,这全是谣言。"

"我希望这不是真的。最好这不是真的……不过,这话很难讲,往往会有些想不到的事情。"

涅斯捷连柯等卸完货,就坐卡车走了,巴莎站在那里,怔怔地,一动也不动。"咋回事儿?"她一面望着渐渐远去的供销部的汽车，心中想道。“这么说，敌人离得很近了，就在斯塔夫罗波尔打仗？说不定，这会儿快到我们那辽阔村了？也许，我那伊凡就在附近什么地方打仗？是等在这里听天由命呢，还是跑远些躲一躲？可是，又往哪里跑，往哪里躲呢？”

涅斯捷连柯走后，巴莎没有敢马上将听到的消息告诉一向寡言少语的老妈妈，也没有告诉两个大孩子和雅柯夫老爹。就这样过了一个多星期，有一天晚上，巴莎看到几个小孩子睡了，两个大孩子也跟着雅柯夫老爹放羊去了，她便走到老妈妈跟前，将妈妈拉到车棚外面。母女两人来到水槽跟前，巴莎撩起水将滚热的脸洗了一把，又用围裙擦干。老妈妈不知道女儿拉她出来干什么，便在水槽沿上坐下来，说：

“风不刮啦，该睡了。”

“妈妈，我睡不着。”

“为啥睡不着？”

“我要同您商量商量……想听听您的意见，我不知道……”

“有话就快说吧。”

“万一德国人来到我们这里，那咱们该咋办？”

“瞧你想到哪里去了？你咋知道德国人要到咱们这里来？”

“我是这么猜想。万一真的来了……我真不知道该咋办。”

“万一真的来了，那还有什么好犹豫的？”老妈妈回答说。“扔掉羊群，保住人最要紧。”老人家十分镇定，就像在谈萝卜白菜似的。“我们就把老牛往车上一套，带孩子们一起去逃难。找一个没有人去的地方躲一躲，准能躲过去的。这种多灾多难的年头，咱们能在一块儿，孩子呀，这是最要紧的。”

“妈妈,羊群不能扔掉,”巴莎小声地、但是十分果断地说。“我想,咱们得叫阿尼西姆回村里去看看。去打听打听那边是咋回事儿。”

“咋回去?”

“走回去,或者坐便车。”

“草原上看不到汽车。这年头兵荒马乱的,别叫小娃子出去。”

“咋的是小娃子?妈妈,瞧您说的!阿尼西姆早就是大小伙子了,简直比大人都机灵。就说安东,这孩子也是什么都不含糊,”巴莎一提到自己的两个大孩子,就露出得意的神情。“就叫他们俩一块儿去。您可看到他们俩放羊的?他们才能干哩!整夜整夜地守着羊群,雅柯夫老爹才喜欢他们呢。老爹爹说,这两个孩子长大了,准是呱呱叫的羊倌,就叫他们俩去跑一趟,打听打听吧。”

“孩子呀,放羊是一回事;跑这么远的路是另一回事,”老人家照样很沉着地说,“再说,这种年头,最好不出门……巴莎,你看!”老人家突然叫了起来。“那一闪一闪的,是汽车上的灯。说不定这汽车是到我们这里来的……”

二

漆黑的天际出现了一团亮光。这团亮光时而向上,照亮一大片天空,时而落到地面上,好像要在草地上寻找车辙。亮光越来越近,照到了水井和井上直插夜空的提水吊杆,照到了水槽和水槽里暖和和的水，照到了巴莎和巴莎的老妈妈，一辆卡车来到篷车眼前猛然一停，抖落一片灰尘，马达不响了，车灯熄了，又是一片黑暗。从驾驶室里匆匆忙忙地钻出一个男子，身穿军装，腰系皮带，皮带上挂着手枪。他特意大声地说：

“嗯，终于找到啦！”

巴莎一下子认出这是国营辽阔畜牧场场长尼古拉·谢苗诺维奇·波诺马寥夫，不禁像小孩子一样地高兴起来。波诺马寥夫迈着齐整的军人式的步子朝巴莎走来，一面走着，一面拉了拉系了皮带的上装，将手枪朝腰侧推了推，伸出了右手：

“你好，普拉斯科维娅·阿尼西莫芙娜！”他说得很快，像是特意要人知道，他的时间很宝贵，他正忙着呢。“好不容易找到你。本来天不黑就该来到的，司机摸错了路。”

“尼古拉·谢苗诺维奇，咋会在自己的家乡迷路？”巴莎亲热地问道。“这儿每个土包子、每个水洼儿您都清楚嘛。”

“看样子，准是叫鬼迷住了。”

“再说，我们这地方很容易找，”巴莎好像简直弄不懂为什么场长找了这么久。“出了辽阔村，走一条直路，就到湖边，这您是知道的；到了湖边，离这里就不远了。湖旁边有一条斜长的洼地，不走洼地，往右拐，就到我们这里了。”

“拐是拐了，看样子，拐的地方不对头。”波诺马寥夫将一只手按在手枪上，好像是特意要让巴莎看看，他已经武装起来了。“我们现在不谈这些了。让司机把东西卸下来。我又拨了一些东西给你……我们到旁边去，有话要同你谈。”

他们向黑暗处走去。从卡车旁边经过的时候，巴莎看到车上有不少男人、女人和小孩子。这些人挤得紧紧地坐在一些不知什么包上，一声不响，那样子叫人一看就知道，他们都不打算下车。"波诺马篸夫一定是逃难的，这些人都是同他一起的。"巴莎心想；一面加快脚步，跟上波诺马篸夫。他们走了很远才站住，在这里既看不到水井和巍然矗立的吊杆，也看不到汽车和篷车。

"巴莎，前方战事很不利，"波诺马篸夫的声音又低又快。"昨天德国人进了斯塔夫罗波尔，今天早晨，有人在佩特洛夫镇边看到了德国步兵。"他的鼻子气愤地哼了一声。"事情来得太突然了；这样紧迫，所以来不及组织撤退。只有听天由命了。关于羊群和牛马，区委有一个指示：赶进大草原，藏起来……巴莎……噢，普拉斯科维娅·阿尼西莫芙娜，你的战斗任务是：保住羊群。将羊群赶远些，赶到草深的地方，就呆在那里……我们很快就会回来的。"

"就是说，把羊赶进去，藏起来？"

"赶得离大路远些，赶到不容易发现的地方。"

"尼古拉·谢苗诺维奇，您这是到哪里去？"

"奉命去莫兹多克，"波诺马篸夫声音极低地回答说，"斯塔夫罗波尔游击队司令部在莫兹多克。"

"车上的都是啥人？"

"我的一家，还有两位教师和他们的家属。"

"那我咋办？"巴莎差点儿要叫起来。"想起来都有点儿怕。"

"我刚才说啦：区委有指示，你的战斗任务是——把羊赶进草原藏起来，呆上两三个月就行了。"波诺马篸夫停了停，哼了一声，喘了两口气。"我们很快就会回来的……"

“我问的不是这个，我操心的不是我自己，”巴莎说。“我是问，这些羊该咋办。草原很大，把羊藏起来是行的。没有水该咋办？没有水，羊活不下去。”

“能活下去，”场长很有把握地说。“羊会自己解决喝水问题，喝露水、吃嫩草就行了。有关羊的事，你可以多同雅柯夫老爹商量商量。他在这一带长大，他知道哪里有水井，哪里有池塘或湖泊。哪里有水，就往哪里去。雅柯夫老爹是放羊的老手，放羊可不是一年两年啦……再说，我们很快就会回来的，”他又很快地、不知为什么有些歉疚意味地重复了一遍很快就会回来的保证。“你用什么牲口拉车？”

“两头公牛，还有一匹马。”

“公牛是很靠得住的。”

“还有一头奶牛。”

“奶牛，那好极了，孩子们可以吃上牛奶了。孩子们在这里怎么样？”波诺马寥夫关心地问。“没生病吧？”

“咋会生病？结实着哩……两个大的在放羊呢。”

“反正我们很快就会回来的，”波诺马寥夫又一次说；又恢复了低沉的、谈公事的语调。“这么说，孩子们有牛奶吃，我又给你带了一些吃的东西，够吃三个月的。我还可以准许你杀羊吃。当然，母羊不要杀，阉过的羊可以大胆地杀……只要不违犯规定就行。还有：我给你带武器来了……”

“啥武器？”

“一支自动步枪、三盘子弹。”

“给我这东西干啥？”

“以防万一,也许有用处的。”

“您这是咋回事儿？用不着……我不会打枪。”

“可以学会。这玩意儿不难学。”

“我要学打枪干啥?”

“因为战争已经来到跟前。难保不出事……”

“我们是放羊的,是和平的老百姓。”

“你这样想,没有用呀。今天我们是全民皆兵啊。”波诺马寥夫将手按在手枪上,差点儿要叹起气来。“所以,普拉斯科维娅·阿尼西莫芙娜,这枪你还是接下吧。会有用处的。你就放心地将羊赶远些,不要惊慌,赶到不容易被发现的地方……我们很快就会回来的,”他这句话又说了一遍,这时巴莎才发觉,好像他很喜欢讲这句话。“我们很快就会回来的……好啦,我要走了。我不能再耽搁了,已经耽搁了一些时间,我得抓紧赶去。你也要抓紧收拾,夜里把什么东西都收拾好,天一亮就上路。动身以前要让牲畜把水喝足,赶远些,赶到草原最里面去。你要记住,赶得越远,就越安全。你一切可以放心,我们很快就会回来的……”

在他们谈话的时候,司机已经从车上卸下三麻袋、两木箱东西,放到篷车旁边,又拿出一只铁桶,舀起水槽里的水,倒进滚热的水箱里,砰地一声将发动机的铁盖盖上,那意思好像是在说:全搞好了,可以开了。波诺马寥夫回到卡车边,从驾驶室里拿出一支自动步枪和子弹袋。

“尼古拉,你讲完了吗?”问话的是一个女人。

“马上就来,就来,”波诺马寥夫急匆匆地说;又对司机喊道:“斯捷潘,把车灯开一下。”又转身对巴莎说:“到亮处来。这玩意儿没有多大的奥妙，你来看一下，记住。我简单地弄给你看看，大体上教教你怎样使用这种火器。瞧，这一盘子弹就装上了。怎样装的？你瞧着。拿手握着，用劲一压，要听到咔嗒一声才行。然后，瞧，拉开枪机，将子弹推上膛。就这样。然后，扣扳机，扣这玩意儿，就行了，枪就响了，就像好的缝纫机那样嗒嗒地响。简单极了，一点也不复杂，一点也不难学。当然，还得要练习练习……”

“哎呀，尼古拉·谢苗诺维奇，您真害死我了。”巴莎重重地叹了一口气说。“最好不要叫我摆弄这种家伙。这不是女人干的事。”

“不错，不是女人干的事，”波诺马寥夫表示同意这一点。“但是，没有法子，战争嘛……收下吧，把枪收下，学一学。你说我害你，那可不对。相反，有了武器，就更安全了……”

巴莎小心翼翼地接过枪，只觉得这铁家伙沉甸甸的，发出一股逼人的凉气。

“上面的人是不是都在？”波诺马寥夫对车上的人喊道。“我来了！”

“尼古拉，早就该走啦，”还是那个女人的声音。“快走吧……”

波诺马寥夫急促而用力地抓住巴莎的胳膊握了握，匆匆钻进了驾驶室。卡车向后退了退，转了个弯，向篷车喷了一股呛人的烟气，车灯又亮了起来，好像告别似的，又一次照了照水井、水槽和矗指天空的提水吊杆，车子便钻进了黑暗的草原。巴莎平生第一次手握钢枪，站在篷车旁，不知如何是好。她还一股劲儿地朝汽车开走的方向望着,心事重重,妈妈走到跟前,她都没有听到。

“巴莎,你同他谈的是啥机密事?”

“没啥事,随便谈谈……”

“一定有啥事的。你说说,究竟是啥事?”

“他说,咱们留在这里很危险,”巴莎回答说。“场长要咱们带着羊群到草原最里面去。妈妈,这是命令。德国人已经来到佩特洛夫镇了。”

“场长自己到哪里去?是去打德国人吗?”

“去找游击队……”

“他发发命令倒是有两下子。”老妈妈气嘟嘟地说。

“自己可是带上箱子、柜子、老婆、孩子,坐汽车就跑,叫你连影子也看不到。咱们就住在这里,没地方好跑。也用不着跑。”

“依您说,咱们该咋办?在这里等德国人来?”

“没啥好等的,他们又不是来做客的,”老人家还是气嘟嘟地回答说。“咱们该咋办,我已经想好。”

“妈妈,咋办?”巴莎真想听听妈妈的主意。“是不是找个没有人去的小村子躲起来?”

“不是,我不是那么想的,”老妈妈斩钉截铁地回答说。“咱们为啥要躲到别人家的村子里?咱们又不是贼。”

“那究竟咋办?呆在这里不走?”

“把羊群留在这里,羊群又不是咱们家的,用不着咱们来死守着,我们走,不是到别人家的村里去,要回自己村里,回自己的家。谁会动咱们?咱们又碍着谁的事?”老人家望了望女儿,沉默了一会儿。“两个女人,再就是一群孩子……照样过咱们的日子。”

“妈妈，我已经说过，不能扔掉羊群，”巴莎含着眼泪说。“我也不回家。就是死，也要跟羊一块儿，不能丢开不管，我舍不得这些羊。”

“你真傻，巴莎，我说的是实话。谁用得着你这样卖力？全完了，你还有啥好守的？”老人家不高兴地强笑了笑。“你干啥要把这玩意儿当小宝宝抱在怀里？”

“场长交给我的，我还没来得及放下。”

“扔到井里去吧，扔到井里就没事儿了，省得找麻烦，”老妈妈劝巴莎说。“你是一个女人，要枪干啥？”

“妈妈，用得着。您别着急。”

巴莎解下围裙，将步枪和子弹包了起来，谨慎地、小心翼翼地塞到两个姑娘身旁的干草里。

“藏好啦？”老妈妈尖刻地说。“下一步该咋办？打仗去？去了一个伊凡，已经够我们受的啦。”

“就放在车上，没事儿，”巴莎镇定地回答说。

“那你想往哪里跑？有啥鬼地方好跑？”

“草原上有的是地方。路也宽得很。”

“可是，到草原上，你找谁去？谁又来管你？”

“我找雅柯夫老爹商量商量去，”巴莎没有回答妈妈的问话。“您睡去吧。天亮以前我们不会动身。”

三

过去伊凡就常常对她说：每一次搬动之前，都要做充分的准备，得考虑好，朝哪个方向去，摸清要走的路上有没有水。巴莎想起丈夫这些话，遗憾的是，丈夫如今不在身边，只好去找雅柯夫老爹商量了。她心里很明白，如今没有这个熟悉草原的老羊倌给她做参谋是不行的。虽然论职务她是羊倌头儿，雅柯夫老爹只是负责分群的副手，可是她一向不拘形式，经常向老人家求教。有时求教怎样才能找到青草肥美的牧场，有时求教怎样分群，就是说，怎样把母羊与同龄羊羔挑出来放在一块儿。还有一些别的事情也经常得向雅柯夫老爹求教。

雅柯夫老爹同巴莎一块儿坐在一个小土包上。干热风完全歇了，夜间的草原既黑又闷热。蟋蟀趁着夜静时分大显身手，到处可以听得到它们那无休无止的、惹人烦恼的鸣声。羊群就在一旁洼地上吃草，可以听得到清脆的啃草声，虽然没有风，羊身上那种刺鼻的腥膻气味还是一阵阵地传了过来。大地笼罩在黑沉沉的夜幕中。

“雅柯夫爷爷，大祸临头啦，”巴莎说得声音很低，好像她不想惊扰蟋蟀的鸣声。“所以我来找您商量个主意。”

“咋回事儿？”

“德国人要来啦……”

巴莎于是简短地讲了波诺马寥夫的到来，讲了他们谈话的内容，暂时没有讲步枪的事，只在末了告诉他，场长指示要把羊群赶进草原藏起来。

“啥时候动身？”雅柯夫老爹直截了当地问道。“藏羊群，可不像往草堆里藏一根针那样，一扔就行了。这可得好好地动动脑筋。”

“明天就可以动身,得早一点儿。事情很紧急。”

“巴莎,我可以告诉你,这可是一件够叫人头疼的事。”

“老爹,很难藏吗?”

“不是说难,而是说,这样一搬动,实在够麻烦。咱们每挪动一步,都得仔细琢磨琢磨才行。”老头子从秃头上扯下毡帽,将上身俯在膝盖上,一个劲儿地用手摸着光秃秃的头皮。“巴莎,搬动起来,麻烦事多着哩……干热风把水都吹干啦,连青草都吹焦啦……”

这时候,黑暗中出现了手执羊鞭、头戴像雅柯夫爷爷那样的宽大毡帽的阿尼西姆和安东,他们带着猎狗来到跟前。两个孩子坐到妈妈身旁,听大人讲话。

“孩子们,你们照应羊群去,”巴莎说。“我找爷爷有要紧的事,我们要一块儿商量商量。”

“啥事?可是秘密?”阿尼西姆坐着不动,用开始变嗓的童音粗声粗气地问道。“为啥要瞒着人?”

“就算不是秘密,可是,大人在讲话,用不着你们来听,”妈妈严厉地说。“你们还小。去,照应羊群去。把狗也带去。”

阿尼西姆还是不动,不肯走。

“就让他们呆在这里吧,”雅柯夫爷爷说。“用不着瞒住他们,都是自家人,而且也不算小啦。让他们也明白是咋回事儿,还得让他们赶羊呢。”老人家慢慢抬起头来,又心事重重地摸起秃头顶来。“孩子们,你们听着:大祸临头啦,德国人来到眼前啦。咱们得带着羊群离开这里。”老人家又转身对巴莎说:“巴莎,你自然知道,咱们这一路上最难的就是缺水。依你看,羊不喝水能活多少天?”

“我不知道,”巴莎低声回答说。“这种事我还没碰上过……”

“这一次准能碰上。”

“爷爷,我听大人说过,羊不喝水能活一个月,”阿尼西姆也像个大人一样地发表起意见。“每天清晨,羊可以喝露水。”

“这话倒是不假,是可以喝露水,”雅柯夫爷爷说。“要是没有露水呢?干热风不仅把露水吹干了,连青草都吹焦了。所以,在这样干旱的日子,羊不喝水最多能活一个星期,决不会更长。碰上这种事咋办呢?等死?”

“就是说,我们不能呆在这有水井的地方啦?”阿尼西姆很认真地问。巴莎觉得吃惊的是:儿子那开始变粗的声音非常像丈夫的声音。“妈妈,非离开不可吗?”

“是的,孩子,要离开……不能在这里呆下去了,”巴莎回答说。“还得快一点走哩。吃的东西我们有了,羊喝的水、人喝的水,马马虎虎能找得到的。”

“巴莎,马马虎虎是找不到的。”雅柯夫爷爷说。

“爷爷,草原上很多地方您都到过,”阿尼西姆又插嘴了,巴莎心中不禁一震:这简直是伊凡在讲话。“爷爷,您看咋样,草原上会不会有水井或者水塘?您讲讲看,咱们该朝哪个方向走?”

“这话不差,孩子,在我比你还小的时候,我很熟悉羊群常走的那些草原路,”雅柯夫爷爷回忆起往事,停了一会儿。“不过,这是很多年以前的事了。我已经多年没有在大草原上跑了,所以这就有了问题:凭我这脑袋,能不能找到那些草原路呢?找到那些草原路,哪怕穿过整个黑土地带,哪怕走到里海边,都不成问题。

时间太长了，什么都能忘记。再说，真也弄不清楚，那些草原路上，究竟是不是还像当年那样有水呢？再说，今年夏天一直干旱，里海热风把水塘、水井都快吹干了。不过，巴莎，话说回来，依我看，既然需要走，又没有别的法子，那我们就走吧。巴莎，你下命令吧，我们都听你的。”

“爷爷，别忙，”阿尼西姆表示不同意。“妈妈，您也别急着下命令。先得好好想一想，合计合计。”巴莎又一次感觉到，这压低了帽子坐在身旁的仿佛不是阿尼西姆，而是伊凡。“妈妈，爷爷，我看，咱们得一段路一段路地走，从这一站直奔那一站。这样行吗，爷爷？”

“嘿，你可瞧瞧，巴莎，你这孩子有头脑，真行，是伊凡·恰佐夫的儿子，”雅柯夫爷爷没有回答阿尼西姆的问话，倒是夸奖起他来了。“说到咱们的迁移，我是这样琢磨的：等咱们动了身，再看情形办事。最要紧的一点，就是要有水。”

“妈妈，羊羔咋办？”一直没有作声的安东问道。“都还那么嫩，路上会累死的。”

“安东，你别插嘴，”阿尼西姆朝弟弟喝道。“别这样婆婆妈妈的。再说，我们在商量事儿，用不着你来出主意。”

“你别责备弟弟，”雅柯夫爷爷说。“安东说得有道理。虽然这些羊羔的个头儿长大了，跑得也不比老羊慢，可是到路上还是得让羊羔多歇歇气。”老人家又转身对阿尼西姆说：“阿尼西姆，你说得也很对：要是事先能把要走的路想好，走起来就不会出问题。可要走的路咱们咋样才能想好呢？”

“爷爷，您能不能把路上要走的一些站讲一讲，哪个站可能有水,站和站中间大概有多少路?"阿尼西姆问道。他那种男音叫妈妈听着实在高兴。"可惜咱们没有地图。走起路来只有靠头脑记忆。能记得路的,爷爷,当然只有您了。"

巴莎听着这些话,心里有一种甜丝丝的滋味,她心里说:"我的天,阿尼西姆如今变得这么精明!想得这么周到!简直和爸爸一模一样。要是爸爸能看到自己这个好帮手,才高兴呢……唉,伊凡,伊凡,这会儿你在哪里呀?"

"俗话说得好:记的多,少出错。"雅柯夫爷爷说。"不过,我的头脑如今老了,不行了,像筛子一样,很多事情都给漏掉了。但是还能想起一点点儿。路上的事我是咋想的呢?第一步,先到三冈镇,这地方离此地不远,要是咱们在路上不停留的话,我想,有两天两夜就能走到。三冈镇附近有好几处明晃晃的湖水。这会儿那地方咋样,我可不知道。咱们在三冈镇歇几天,然后,一条直路到苦菜镇,这段路就远啦。我记得,这个镇镇边有一口自流井。这段路得走三天,也许是四天,只可能更多,不可能更少。再从苦菜镇直奔沙布龙村,也要三天三夜。等咱们到了沙布龙村,再看看目下情况咋样,打听打听,合计合计朝哪个方向去,因为从沙布龙村往下有两条草原路:一条是往爱里斯达、往黑土带最里面去的,一条是朝里海去的。"老人家沉思了一会儿,很久没有讲话,母子三人在等着听他的下文。"到了沙布龙村,咱们再商量吧:觉得走哪条路合适,就走哪条路。就这样吧,巴莎,你下命令,有了你的命令,咱们就动手收拾。"

四

我巴不得快一点儿知道，我奶奶究竟学会打枪没有。但是我没有打断她，没有催促她。只是在她讲到波诺马寥夫乘车前来，劝她接下步枪，随后又教她如何使用步枪的时候，我不由得想起了众所周知的“契诃夫的枪”：如果在第一幕戏中有一支枪挂在墙上，那么，第二幕中这支枪一定要发射的。因为在这牧羊之家中出现了一支枪，那我就不仅想知道羊群是怎样躲进草原的，更想知道是在什么情形下，我的善良的祖母使用了杀人武器。可是，遗憾的是，她偏偏不讲这一点。一面听着奶奶在讲，我仿佛看到了行进在草原上的牧羊人的篷车，看到了我的父辈们少年时代的情形，看到了笼罩着夜幕的闷热的平原，看到了当时风华正茂的我的祖母，但我心中一直没有忘记的却是那支步枪。我在心里说，奶奶用围裙包得好好的，细心地藏到了车上，总不会没有下文的。既然一支枪出现在牧羊人家里，那就该发挥重要的、应有的作用。想到这支枪，我总觉得，奶奶多年来一直没对人讲过的那桩事，也就是她所自称的那桩“罪过”，必然是同这支枪有联系的。所以，在奶奶讲到波诺马寥夫借车灯的光教她如何使用武器的时候，我心里的话不由得冲口而出：

“奶奶，那支枪您究竟用过没有？”

“用过，当然用过！”

“打的是哪一个？什么时候？”

“听我慢慢讲嘛！”奶奶不高兴地说。“开头那些天我才没有工夫想到枪呢。我把枪都忘了。那条枪就放在车上的干草底下，没有人去碰。当时我心里想的全是路上的事……当时我们一路上好难啊！”

“这么说，那条枪一直放在车上没有动过？”

“你可真是性急！这条枪我咋用过，后面要讲的，”奶奶咧了咧嘴笑了笑，回答说。“你要耐心等一会儿……你年轻，我看，你恐怕意想不到，一个放羊的女人咋能学会放枪的？”她又笑了笑说：“连我自己都没有想到：我学会了！事情逼到头上，啥事儿都能学会。俗话说得好：只要功夫到家，能教会兔子绣花。我总不是兔子，我是人，况且我当时得保护羊群和孩子们，保护我自己和自己的妈妈。所以我摸起了枪，这铁家伙咋样在手里抖动，像个活物一样往肚子上乱撞乱捣，那滋味我都尝到了。不过，这种滋味还是永远别尝才好……”

我听她讲着，望着她，好像我面前是一个从未见过的老人家，我真不能相信，她给我讲的当年草原上的许多事，会发生在她这样一个瘦弱无力的女人身上。我仿佛觉得，当年在草原上的那是另外一个女人。也许，正因为这样，听到她说“……托利亚，就是你爸爸，可真是个机灵鬼……”这句话的时候，我怎么也想象不出那个“机灵鬼”就是我爸爸，就像我无法想象我奶奶会放枪一样。

五

草 原 路

草原路——草地、露水地上的辙印或人迹，行人或车马走过的道路。

——摘自达里所编《详解辞典》①

晨光初露，朝霞在东方的天边刚刚抛出几条红色的长带，巴莎就催促老小羊倌起身。她也只好将小些的孩子唤醒：几个小些的孩子想不通为什么这样早就将他们唤起，哼哼唧唧地光着身子坐在车棚里，活像几只从巢里掉落在地上的小麻雀。巴莎也像只老麻雀一样，一下子扑在孩子们身上，将四个孩子搂在怀里，眼泪不禁夺眶而出。

"唉，我的小鸟儿，"她说。"可怜的孩子们，你们连觉都没有睡够。"

"妈妈，你哭什么？"阿列克赛问。

"孩子，你咋问这话？我才不哭呢。"巴莎强忍住眼泪，故意笑了笑。"瞧，我是笑的，我高兴着哩。"

"你故意装笑的，是不是？"娜斯佳问。

"你别胡扯。"巴莎又朝阿列克赛说："阿列克赛，这里数你大，你带着弟弟妹妹到水槽里洗把脸……要不然过一会儿羊就来了，会把水一下子喝光。再说，咱们也该动身了。"

"妈妈，咱们往哪里去？"代表大家发问的是文静的、不爱多讲话的安娜。

"远着呢，孩子，很远的地方。"妈妈回答说。

"很远的地方——是哪里？"托利亚问。

---

①Сакма（草原路）这个词儿在现代俄语辞典中没有，仅见于达里所编的古俄语辞典。就是说：这种路几乎是不存在的。——译者

“托利亚,你也问起来啦？咱们朝太阳升起的地方去。”

“喂,别发呆啦,”阿列克赛学着妈妈的腔调,发出了命令。“妈妈讲的话,你们听到没有？走,到水槽边洗脸去！”

“阿尼西姆和安东在哪儿?”爱管闲事的娜斯佳问道,“为啥他俩不洗脸?”

“瞧,他们正赶着羊群来喝水呢,”妈妈回答说;接着又自言自语地说:“阿尼西姆和安东一夜没睡呀,真是好孩子……”她又转身喊老妈妈:“妈妈！我自己来收拾被褥,您去挤点牛奶给几个小的吃,也给阿尼西姆和安东留一点儿。”

阿列克赛执行妈妈的命令,将弟妹们带到水槽跟前,自己洗好了脸,又帮弟妹们洗了洗脸,等他们回到篷车跟前,一个个脸上干干净净的,眉毛和睫毛上还带着水珠儿。安娜说:

“妈妈,你看我们洗得多干净。”

“哈,漂亮极啦!”妈妈夸奖说。“就是鼻子上的水没有揩干净。”她拿起手巾,又给孩子们揩起脸来。“咋回事儿,一个个鼻涕邋遢的？眉毛也是水漉漉的。”

“不是鼻涕,”托利亚代表大家回答说。“我们鼻子里是水。”

“眼睛倒是挺有神!”妈妈亲热地说。“你们不想再睡了吧?”

“妈妈,咱们到哪里去?”又是娜斯佳问。“是到村里去,回咱们家吗?”

“孩子,你真是打破砂锅问到底,”妈妈真不知说什么好。“总有一天,会回到咱们家的。”

“到啥时候?”娜斯佳追着问。

“到该回家的时候,”妈妈生气地回答说。“好啦,快去,快到车棚里去,外婆给你们吃东西。”

这时候羊群来到了跟前,带来了青草的清新气息,混杂着灰尘气息和腥膻气,羊群一齐向水槽拥去,宛如一张灰色的、抖动着的毛毡。羊群喝水喝了很长时间。一匹独眼的弯腿的老马不停地转着圈子,将一罐一罐的水弄了上来,雅柯夫爷爷不停地将水倒进槽里,等一片灰毡似的羊群喝足了水,终于离开水井时,水槽里已经空空如也。羊群在喝水的时候,外婆也在给洗过了脸、又匆匆梳好了头、坐在车上的孩子们吃东西。外婆给阿尼西姆和安东留的牛奶放在瓦罐里,他们俩就靠近羊群、坐在草地上吃起了早餐。

牧羊人一向简朴的家当一齐装上了车,已经不再吵闹的孩子们也像茨冈孩子那样一齐拥坐到车上。雅柯夫爷爷将两头牛牵到车辕跟前,喊了两声“唷,唷!”这两个长角的大力士一下子就听懂了,乖乖地将磨掉了毛而且磨出了老皮的脖子伸进了牛轭。弯腿的独眼老马,完成了汲水任务,也同奶牛一块儿,被用缰绳拴到了车尾上。雅柯夫爷爷从秃顶上摘下毡帽,转身朝东,面对着已经染红了半边天的朝霞,偷偷地画起了十字,为的是不让别人看到。

“咋样,巴莎,可以动身了吗?”雅柯夫爷爷将帽子握在手里说。

“可以啦。”巴莎说。

“好,一路平安!”雅柯夫爷爷又画了一个十字,这一次他不避着别人了。“四条腿的将军,愿你们旗开得胜!稳步前进。”他又朝两个小副手喊道:“阿尼西姆,安东!把羊群赶进洼地。车子在高处走,让羊群在洼地里走,昨天我看到洼地里青草很嫩。趁热风还没有来,趁凉快时候,让羊群边走边吃草。”

连成一大片的灰白色的羊群,进入了浅浅的、生长着片片青草的洼地,一面吃草,一面不慌不忙地前进着。阿尼西姆和安东走在羊群前面,控制着性急的带头绵羊前进的速度;从远处看,他们的两顶毡帽像两朵蒲公英一样;他们将羊鞭扛在肩上,几条猎狗跟在身旁。因为牧羊人和羊群开始了远行,这些狗也都提起了精神。草原上时而吹过断断续续的阵风,那样子,像是有一只不熟练的手要打开鼓风机的开关,可是怎么也打不开。这阵阵的轻风,向四面八方传送着羊羔看不到妈妈时发出的不和谐的咩咩叫声和母羊惊惶的呼唤声。

如果站在远处,站在一个土包上来看,特别如果看得不仔细的话,很可能以为这灰色的一大片是原地不动的。不过,到太阳升起的时候,等草原上洒遍红彤彤的清晨的阳光,等开关终于打开,里海鼓风机开足马力的时候,羊群已经走出很远,那熟悉的光秃秃的坡地、那熟悉的青草茂盛的洼地、那长着羽茅草的白顶的坟包,还有那水井和水槽以及那矗指天空的提水吊杆,全都看不见了。

四面望去,草原无边无沿,陌生,生机不旺盛,令人看着觉得忧愁,觉得难受。雅柯夫爷爷走在篷车前面。他手握牛绳,沉着地迈动着他那尽管僵硬、但依然坚强有力、穿着塞满了干草的生牛皮靴的两脚。车轮毂咿咿呀呀地叫着,好像在说:“往哪儿去呀?往哪儿去呀?”

“巴莎!”雅柯夫爷爷喊道。“你把那匹独眼的家伙勒一勒!

这畜生干啥要靠在车上?”

巴莎没有作声。她哪里有心思去管独眼的老马?她既没有去看马,又没有去看奶牛。她跟在篷车后面走着,低垂着裹了头巾的头,无心地望着脚下没有尽头的草原路,就是说,望着被踩得弯下腰的青草,望着两道新鲜的辙印,心中有一个声音,跟着车轮毂在说:“往哪儿去呀?往哪儿去呀?”……仔细一琢磨这句话的含意,一阵莫名的悲伤不由得袭上心头,她想大哭一场:为了强忍住已经涌上来的泪水,她抬头望着车子,望着坐在车上的老妈妈和安安生生的孩子们。

六

诸位读者之中,要是有人没有见过羊群行路,那就一定很难想象羊群一面吃草、一面前进时那种不慌不忙的、好像是故意磨蹭的情形,很难想象如同无形的帐幕似的笼罩在草原上的热流,很难想象羊身上不断散发着的特有的、我以为是酸涩的、独一无二的气味。诸位也就很难看到,在高高的炎热的天空之下,在辽阔的草原上,巴莎率领的羊群铺成一大片,羊群不仅一刻不停地不知朝何方前进着,而且每一头羊都在一面走着一面抓紧时间寻找最肥美的青草,可是又不想放慢前进速度,匆匆啃几口草,便连忙赶上前去,生怕落在同伴们的后面。两个小副手都守好了自己的岗位:阿尼西姆带了三只猎狗走在羊群的前面,安东带四只猎狗走在羊群后面。他们像老羊倌那样,照规矩办事,一个背对着羊群在前面走,一个面对着羊群跟在后面;阿尼西姆想让性急的带头羊走慢些，就扬起鞭子吓唬它；安东则用鞭子催赶那些走得太慢的懒羊，还要注意有没有羊羔落在后面。

说起阿尼西姆和安东，这可是两个能干的小厮！确实，他们才能干呢！他们小小年纪，样样精通，那套并不奥妙的放羊的本事，他们学到了家！甚至不必去看行进在洼地上的羊群，阿尼西姆和安东都能知道羊群走得是不是正常，因为他们听到羊群啃草的声音和千百只羊蹄敲击地面的杂沓声，就能判断羊群的行动。巴莎因为有这样的儿子感到十分高兴。如果现在已经是这样漂亮的副手，等他们长大了，会是多么出色的羊倌?！雅柯夫爷爷也感到十分高兴。他不止一次说，“伊凡·恰佐夫的两个儿子真行！”

路程是漫长的，篷车向前行进着，车轮毂咿咿呀呀地响着，羊群里时常有羊羔因贪玩儿掉队，母羊也难免疏忽，没有看到，没有想起来，没有召唤。牧羊人可不能疏忽，必须什么都想到，什么都能看到。所以，走在羊群后面的安东，只要一发现有羊羔掉队，就唤来猎狗，低低地对狗说一声“噢哟哟！”好像说的是狗语；狗一听到这熟悉的、听惯了的声音，就明白安东要它干什么，立刻就朝掉队的羊羔奔去。聪明的狗用鼻子去拱羊羔，像是在对羊羔说：“走，走，快走！”羊羔不听话，不住地抵抗着。于是猎狗就像一只慈祥的老猫对待自己不会走路的小猫那样，用牙齿轻轻咬住羊羔的脖子，衔到母羊跟前。好像在说：给你，把你这顽皮的孩子看好！然后羊群继续前进，篷车带着老马和奶牛跟在后面，越走越远，一直朝草原深处走去，所过之处草地上留下明显的印迹，这就是草原路。在延伸数百里的这条路上，蹄印点点，青草被啃得参差不齐，到处是黄色的羊粪蛋儿，好像从这里经过的不是羊群，而是一种特殊的碾压机。

这道明显的印迹缓缓向草原深处伸去，时间也慢慢地过去。巴莎的羊群不紧不慢地走着，已经是第三天了；四面望去，烈日照射、热风吹拂的原野上晃动着腾腾的气流；朝前走去，一会儿出现望不到头的大片的洼地和山谷；一会儿出现低低的黄褐色的土冈，冈上的野草已经全被烈日晒焦；一会儿又是高高低低的黄土坡，坡面被风雨侵蚀得光秃秃的，到处是土拨鼠打的洞穴。

夜里要舒服些。热风歇了，满天的星斗，好像正是这些星星，这星星的冷光，向大地输送着凉意。令人不快的是，草原在黑夜里好像缩小了，天际几乎看不见了，仿佛只能摸索着前进。不过，羊群一面走一面吃草所发出的那一片沙沙声、车轮低沉的嘎嘎声、牛轭发出的如怨如诉的吱呀声，到夜里却听得更清楚了。每天半夜里都要安排一次短暂的休息，让牲畜和人休息休息，多少睡一会儿。天一亮就动身继续赶路，一切又像前一天一样：热风阵阵吹着，草原朝四面铺开，没有水井，没有湖泊，只有单调的灰色的羊群。一直沉默不语的巴莎今天也像昨天那样，问道：

"雅柯夫爷爷，您看，咱们走的路对吗？"

"照我的想法，不，不，应该说，照我看到的此地的情形，我们现在所走的方向，没有错儿，"老人家十分严肃、十分慎重地回答说。"不过，巴莎，我对你说实话：过去我看到过的地方现在差不多都变了祥子。有些地方是不是我记错了呢？因为我多年没到过这里了。不过，我看，有些地方还是原来的样子。你瞧，那一条山谷，我还记得很清楚。我还记得，我小的时候，跟大人一块儿赶着羊群走过这条山谷……”

“为啥咱们还没有见到水呢?”

“应该见到水了,可是不知道为啥还没有见到。”

“三冈镇究竟又在哪儿呢?”

“鬼知道三冈镇跑到哪里去了。照我估量,三冈镇该到了,可就是见不到影子。是不是在这道土冈背后呢?巴莎,别着急……放羊的人没有耐心是不行的。”

不用别人提醒,巴莎也懂得,只有忍耐,只有等待,别无他法。她垂着头,将脸偏向一旁避开热风,跟在篷车后面走着,心里一直想着水。她凝望着晃晃游动的气流,希望那晃动的是一个小小湖泊的水面,可是除了灰蒙蒙的滚滚热流,她什么也看不到。三冈镇也看不到,尽管她总觉得,三冈镇就在跟前,甚至已经错过去了。为了不再想水和三冈镇,她想起了藏在车上的步枪,于是脑子里响起了波诺马寥夫说的话:“扣这玩意儿,就行了,枪就响了……”

第四天,风特别凶,特别热,太阳就像停在天空一样,一动也不动。热得像从烘箱里出来的风,不停地在草原上吹着。巴莎在车上撑起了帆布篷,热风吹得帆布篷噗噗抖动。她让孩子们坐在篷底下凉荫里,就像小鸟儿进了巢一样。两个男孩子安安静静地坐着,严肃得像大人那样,望着妈妈,一声不响。娜斯佳和安娜却轮流地哼哼着:

“妈妈,我要喝水……”

“刚给你们喝过,还没有多久,”妈妈回答说。她没有去望孩子们。“要忍一忍,不能老是喝水。”

“妈妈，我喝水……”

“别哼哼！”妈妈喝道。“你们可知道，水喝多了出毛病？懂吗？”

“啥毛病？”

“水喝多了肚子疼……”

两个女孩子一听到这话，马上就不哼了。巴莎将头垂得更低，将头巾理了理，拉到额头上和脸上，望着脚上穿的被青草染成了绿色的破牛皮靴，这双皮靴还是伊凡亲手缝制的。她还是不愿再想水和三冈镇，心中又响起了“扣这玩意儿，就行了，枪就响了……”那番话。她在想象中也不止一次拿起枪，带了它翻过冈去，到离开车辆和羊群远一点的地方去，在那里大胆地、毫无顾虑地将“这玩意儿”扣了几下。说也奇怪：步枪不听使唤，没有发火。有时她仿佛看到，子弹没发火便从枪膛里溜了出来，落到了草地上。她重重地叹了一口气，她懂得：在想象中，啥事都会有的。实际上会不会是这样呢？不妨试试看。她真想从车上翻出枪来，亲自试试，看能不能发火。“我不行，我还没有学会呢，”她想。她跟在车子后面走着，怕抬头，怕望孩子们。“唉，伊凡能在这里就好了，他可以把我教会的……伊凡呀，伊凡，你这会儿又在哪里呀？”

七

只是在第四天，到垂暮时分，才终于出现了盼望已久的三冈，——还只是三座土冈，而不是三冈镇。

三座土冈高高的，上上下下长满了羽茅草，远远望去，很像三顶白羊羔皮制成的皮帽。等走到近处，只见三座土冈之间深深的峡谷里明晃晃的，——啊，这不是浮动的气流，是真正的湖泊！这个小小的湖泊有一半已经干涸，缓缓倾斜的湖岸已经变得又干又硬，湖中长满了绿色的毛茸茸的水草，有如少年男子脸上初生的胡须。巴莎看到这小小的湖泊，什么都忘了，也不再去想那支自动步枪了。要紧的是让羊好好地喝喝水。羊群一看到水，便发出一阵嘈杂的咩咩叫声，扬起一片灰尘，兴高采烈、如癫似狂地向湖中冲去。冲在最前面的是几条猎狗。几条狗站在齐肚皮深的水中，用长舌头拼命地舐水喝。两条老牛、独眼的老马、奶牛也都被牵去喝水。孩子们一齐欢天喜地地向水奔去。所有的牲畜全都不慌不忙地喝着，喝了很久。瞧那股贪喝的劲儿，好像就要把整个湖里的水喝干似的。可是这个小小的湖泊却很深，湖里的水还很多，所以巴莎毫不迟疑地向大家宣布说：

"住下来！就在这水边过夜，明天白天再歇一天，咱们养足了力气，等明天太阳落山再动身。"她朝雅柯夫老爹走了几步。雅柯夫老爹刚洗好他那躲藏在密匝匝的白毛里的脸，正用衣襟在擦着。"老爹，宰一头阉过的羊羔。今天咱们好好地吃一顿晚饭。"

"能不能叫孩子们帮帮我？"

"叫阿尼西姆和安东去。让两个大孩子见识见识。"

"要不要称称分量，记个账？"老头子问。"这羊不是自家的。"

"哎哟，我的老爹，记啥账，"巴莎烦恼地说。"逮到就宰掉，越快越好。我来生火。太阳落山以前咱们就吃上饭。"

阿尼西姆和安东将宰好的羊羔抬了过来。雅柯夫爷爷跟在后面，一面用破布在揩弯弯的解刀。巴莎看着阿尼西姆抓起斧头，巧妙地将宰好的羊羔剁成碎块，不禁又高兴，又惊奇。她心中想道："我的阿尼西姆连这种事都学会啦？跟谁学的呢？准是跟雅柯夫爷爷……"

"老爹，这羊是谁杀的？"巴莎问。

"伊凡·恰佐夫的儿子——阿尼西姆，"老人家回答说。"真是我的一个呱呱叫的好帮手。剥皮、剜五脏的也是他，安东给他做下手。"

"阿尼西姆行吗？"

"当然行！手脚麻利得很，简直像一把老手，"雅柯夫爷爷夸奖起站在身边的阿尼西姆。"这孩子行，是一把好手！"

一锅以野葱和野蒜为佐料的货真价实的炖羊肉很快就熟了，这种醉人的美味只有在牧羊人的野营里才能尝到。那炖得稀烂的嫩羊肉和又浓又香的羊肉汤尽够所有的人吃饱喝足。巴莎这个做妈妈的最希望几个小些的孩子吃个够，她将一块块最肥最嫩的羊肉放进他们的碟子。"吃吧，吃吧，好孩子，这羊肉好吃，"——她一面说着。牧羊人吃晚饭一向不把猎狗排除在外，猎狗也分到了骨头和肚肠之类。这些狗吃得饱饱的，心满意足，便走到一旁，盘起后腿坐下，合上疲倦的眼睛，悠然自得地在自己身上到处舔着。

"老爹，三冈镇究竟在哪儿？"巴莎问。

"还得再往前走一会儿，那地方比较低，在这里望不到，"雅柯夫爷爷说。"我记得，那个镇很大。"

"咱们是不是可以到镇上过夜？"

“咱们到镇上一点意思也没有。还是在这草原上更安生些，”雅柯夫爷爷回答说。“咱们犯不着在人们眼前露面。人们见了就问长问短，问起来没完没了……”

残阳如血。草原染上淡淡的暮色。风渐渐歇了。羊群喝足了水，离开湖边，来到岸边或小丘上，疲乏的母羊和羊羔三只一堆，五只一群，躺在地上歇息。这一夜，巴莎让阿尼西姆和安东好好地睡一睡，不叫他们值夜班。两个孩子一吃过晚饭就钻到篷车底下，一觉睡到天亮。羊群由巴莎和雅柯夫爷爷轮流看守。巴莎看守羊群是在下半夜。草原上黑沉沉的，四下里空空荡荡。巴莎时而在湖畔走走，望望沉沉入睡的羊群；时而站在小丘上，望着三座土冈的侧影，听着母羊的鼾声，想自己的心思。不论她去想什么，总摆脱不开那句话：“扣这玩意儿，就行了……”天亮了，风又悄悄地吹了起来，群羊醒来，又一次向湖水奔去，巴莎脑子里还是回响着“扣这玩意儿，就行了……”这句话，这句话总使她安不下心来。她等到孩子们和老妈妈全都离开车子，便从车上翻出自动步枪，不再用围裙包裹，而是像用小被子包裹婴儿那样，用自己的旧裙子将自动步枪裹好，然后召唤雅柯夫爷爷。雅柯夫爷爷欣然来到跟前。他显得十分高兴，因为他关于三座土冈的判断没有错。他得意地抚摸着他那硬得像干茅草一样的胡子说：

“谢天谢地，羊羔平安无事了。你瞧，睡够了，又去喝水。就让这些东西吃饱喝够，养足力气。等太阳一落，再叫这些鬼东西喝一顿，然后咱们就动身。”

“我喊您不是谈这件事。”

“啥事？你讲吧。”

“老爹，咱们一块儿到那边去。到远处那座土冈后面去。”

“哎呀呀，好姑娘，你要我到山冈后面去干啥？”老头子学着年轻人的样子，拿昏花的、泪水汪汪的老眼戏谑地瞅着巴莎，看样子，他想起了自己的青春岁月。“瞧这模样，我没有资格到山冈后面去溜达了，是不是？我已经不那么风流了，是不是？可是我当年风流过。确确实实风流过，而且风流得很呢！我记得，年轻的时候，我们羊群里来了许多剪羊毛的姑娘，一个比一个漂亮！真叫人眼花缭乱！那时候我有许多风流事，那才荒唐呢！不用说，山冈后面我也溜达过！……”

“够啦，老爹，别扯你过去的事了，”巴莎皱起眉头说。“我找你，是有一件要紧的事。”她放低了声音。“而且是一件秘密，懂吗？”

“噢，既然是秘密，那你快讲吧……咱们走！”

这位卖弄风流的老头子脸色一下子变了，他那强装的年轻人的笑容好像被风吹走了似的。那张皱皱巴巴的、很久没有刮的脸变得十分严肃，眉毛直竖着，像两蓬干枯的骆驼刺。他皱紧眉头，不住地在提裤子。那裤子十分肥大，裤脚又脏又破，而且一股劲儿地往下滑，因为裤腰带太松了。他把那件蘸饱了汗水和灰尘的、一个纽扣也没有的小褂紧紧塞到裤腰里。巴莎同他并排走着，侧眼望着他。老头子一声不响地走着，望着他们渐渐走近的土冈，心中在纳闷，弄不清巴莎要对他讲什么。

“我这一辈子，可以说，是在草原上度过的，可是这草原我总是看不厌，”老头子一面沉思，一面说；这时他们已经来到土冈跟前。“草原总是很好的，好就好在安静，不论朝哪里望，都望不见人影，空荡荡的。我就喜欢静。我记得，年轻时候……”

“老爹，您得重新结一结您那裤腰带，您的裤腰带松了，您这褂子也该缝几个纽扣，”巴莎说。“我回头告诉妈妈，让她给您缝上。”

“就这回事儿？这就是你说的秘密？”

巴莎没有答话，只是仔细地、颇有点意味深长地朝老头子望了一眼，然后敏捷地用手撩起裙子下摆，坐到覆盖着干枯茅草的干裂的地上。她坐了一会儿，又四下望了望，看到周围没有人影，便慌不及待地打开旧衣裙，拿出自动步枪，放在膝头上，像抚弄小猫那样，抚弄起黑色的枪筒。雅柯夫老爹意外地看到这个场面，弄得瞠目结舌，悄悄地画起了十字。

“这是啥玩意儿？”愣了半天，他才用低哑的声音问道。“你从啥地方弄来的？”

“波诺马寥夫带来的。”

“干啥的？”

“打狼总可以吧。”

“打两条腿的狼，是不是？”

“也可以打两条腿的。”

“对付野物，我们有顶呱呱的猎狗。有这样的猎狗，一万个靠得住。还要咋样呢？巴莎，你说说看。你别瞒我，照实告诉我，你要这杆枪，究竟干啥用？是不是要去打仗？”

“老爹，您嚷啥的？”巴莎镇静地说。“这枪也许用得上。如今年月太不安宁，这您是知道的。”

“巴莎，咱们这里可不是战场。谁都知道，绵羊是最温顺的东西，咱们是和绵羊打交道。”

“老爹，我喊您到冈后头来，不是说笑话的。”

“那你就直截了当地讲，喊我来干啥？我年轻的时候……”

“干啥老是提您年轻的时候？”巴莎打断了他的话。“别扯这些事了……我喊您到这里来，是要问问您：这玩意儿您会使唤吗？您总是个男子汉。”

“你咋的，糊涂啦？我会放枪？”老头子有点儿紧张地笑了笑，用手摸了摸他那硬扎扎的胡子。“巴莎，我看，你是糊涂了。我一辈子就在这草原上逛荡，天天同绵羊打交道。这一点，大家都知道，你也知道……可是你要问：我会不会放枪？”

“内战那时候，您好像打过仗的吧？”

“那又算啥打仗？再说，那是很多年以前的事啦。那时候我们用的家伙也不像样子。”老头子解释说。“单打一步枪，外加大刀。如今这玩意儿多么漂亮，看样子，够厉害的。我还从来没摸过呢。”

“那咱们就该学学用这种枪。”巴莎大胆地抓起枪，在手里转了几圈，从上到下仔细端详了一番。“波诺马寥夫说，这种家伙没有多大的奥妙。只要扣这玩意儿，就行，枪就能自己发火。”

“嘿，小心！你干吗要把枪口转来转去的？”雅柯夫老爹惶恐地嚷道。“别把这家伙对着我。万一不小心，这家伙一响，我就完了。”

“老爹，您怕了吗？”

“我才不是胆小鬼呢，”老头子站起来，毫不含糊地回答说，“可是，你想想看，谁又愿意平白无故地去死？要说牺牲生命，那要牺牲得有意思。小心，小心，巴莎，别开玩笑！快把枪口掉过去。我有个主意，不知你听不听。”

“啥主意？老爹，你说吧。”

“还用你那裙子包好，咱们带回去。最好是埋到地里，咱们再不去想它。就让这家伙在地底下睡它的觉。”

“那不行，老爹，我才不那么干呢。为啥咱们要把枪埋起来，不去想它？”巴莎朝自己的老副手果断地望了一眼。“这会儿趁没有人看到，没有人听到，老爹，咱们来试试这玩意儿，学一学，看着这玩意儿打起来是啥样子。试过了，咱们再用裙子包起来，带回去放到车上。别再去管它。嘿，瞧您这样子，干啥这么怕？把枪拿去，既然是个男子汉，您就拿去试试，学一学。”

“这家伙我才不碰呢。”雅柯夫老爹连忙躲开。“你想试试，就自己去试吧。我一辈子不喜欢玩枪弄炮，到死还是这样。我用的家伙就是羊鞭。”

“老爹，您胆子可真小。”巴莎嘿嘿一笑，拿调皮的眼睛扫了他一眼。“好吧，我自己来试，我不怕。”

她将短短的枪筒对准了土冈的正中，将枪托抵在肚子上，瞄好了目标；雅柯夫老爹跑得远远的，趴到地上，用两手捂住耳朵。巴莎不由得一下子扣紧了扳机。霎时间，枪声大作，自动步枪嗒嗒地发射着，声音又大，势头又猛，枪身抖动得十分猛烈，直捣巴莎的肚子，好像拼命要从手里挣脱似的。巴莎拿手紧紧地握住枪，眼望着枪膛里不停地喷吐着的蓝色火舌，一颗颗飞出枪膛的子弹，将羽茅草齐根斩断，溅起一阵阵灰尘。巴莎一下子放开扳机，自动步枪也像突然呛了水似的，一声不响了。四周显得分外宁静。空气中散发着火药味，耳朵里还久久地回响着嗒嗒的枪声。雅柯夫老爹终于也抬起了头，拂去胡子上的草叶，说：

“天啊，好厉害……”

“不错，这玩意儿挺漂亮，”巴莎开心地说。“鬼玩意儿真管用！也够厉害的！老爹，这家伙靠得住，很听人使唤，这会儿我心里有底了。咱们带着这玩意儿不算冤枉，会有用处的。走，回去吧，他们等着咱们呢。再说，也该动身了。”

八

第二天，吃早饭的时候，趁奶奶给我倒茶，我为了提起昨天的话头，问道：

“就这样，您亲自试过了自动步枪，相信这枪火力不错，便重新藏到了车上，是不是这样？”

“不是，米沙，才不是这样呢？”

“怎么？接下去究竟是怎么回事儿？枪一直拿在手里？后来出了什么事？这枪用上了没有？”

“底下就是我说的那桩罪过了，”奶奶平心静气地说。“你喜欢吃甜，多加一点糖。”

“接下去究竟是怎么回事儿？”

“唉，后来啊，事情的发展就像赶马，不打不跑嘛，”奶奶重重地叹了一口气，沉思起来。“接着就是那桩事：我杀了两个人。所以到今天我心里都很难过。”

“您为什么难过？”

“我自己也说不清。也许,不应该打死他们?杀人——本来就不是女人干的事嘛。”

“究竟为什么会杀了人呢?”

“事情不由人做主呀,”奶奶沉默了半天才回答说。“我真不想给你讲。你也能写会记,说不定,你会记下来的。连记事的小本子你都有哩。”

我不能向她保证:她对我讲的事,我一点不往小本子上记;所以奶奶立时讲起了邻居奶奶的事,说她如何如何把奶牛和小牛都卖了。吃罢早饭,我回到自己房里,拿起笔就记了起来,奶奶一直在厨房里忙着。约莫过了一个钟头,她走进房来,看到我坐在桌旁正往小本子上记;她来到我跟前站住,亲热地拍了拍我的头,问道:

“你还在写吗?”

“我在写。”

“不写不行吗?”

“不行。”

“你写的是啥?”

“随便记一记,要不然会忘记的。”

“这么年轻就爱忘事?”奶奶吃惊地说。“我都这么老了,可是我过去的事,受过的苦,我全记得,到啥时候都忘不掉。”她在桌旁坐了下来,拿两只手掌捧住她那干瘪的、皱皱巴巴的脸。“啥事你不想忘记?”

“嗯,各种各样的事,”我闪闪烁烁地回答说。“我不仅不想忘记,还想多知道一些呢。”

“你还想知道啥事?”

“比如说,想知道您是怎样开枪的,您怎样打死那两个人的。”

“好啦,米沙,我就对你说说吧。我说的事情,就随你记吧。”她那慈祥的、伤感的眼睛一直望着我。“我心里想:没有啥地方需要瞒人的,因为这都是很多年以前的事了。对自己的孙子,更没有啥地方好隐瞒的。这桩事的实情我都给侦查员讲过了,我也给你讲讲吧。”

“我用心听着哩,奶奶,您讲吧。”

“我不知道该咋给你讲,才能讲得更简短、更有条理,”奶奶说。“我先得说清楚,我们当时在草原上没有走很久。”

“为什么没有走很久?你们是往草原最里面去的呀。”

“好好听,别打岔儿。当时我和雅柯夫爷爷回到篷车跟前,两个大孩子朝我们跑了过来,手里没有了羊鞭,一面哭一面叫喊:‘妈妈,咱们的羊叫人抢走啦!’我一看,羊群已经爬上了一块高地,羊群后面是两个男子。他们拼命用鞭子赶羊,可是,你知道,羊群是赶也赶不快的。这时候雅柯夫爷爷一句话没讲,飞快地朝前冲去,那劲头儿简直像年轻人一样,他要去把羊夺回来。接着,就出了那桩可怕的事情。我看到,雅柯夫爷爷从一个戴鸭舌帽的年轻人手里夺过鞭子,抽他的背。那个年纪大些的男子看到雅柯夫爷爷这股势头儿,便朝他开了手枪。老人家一生最后一次扔下了羊鞭;先是蹲下来,弯着腰,拿两只手捂住肚子,后来就脸朝下栽倒在地上。等我跑到跟前,两个强盗并排站在我面前狞笑着,那个年纪大些的轻狂地说:‘唷,这地方还有野娘们儿哩,自己送上门来了，咱们到草丛里，让我尝尝野娘们儿的滋味吧。咋样，小乖乖，行吧？……’这畜生一面狞笑着，一面朝我伸过手来。”

奶奶用手揩了揩眼泪，久久地朝窗外望着。我没有催促她。

“这种时候，米沙，是死是活都在转眼之间呀，”她接下去说；眼睛依然望着窗外。“如今，过了这么多年，我是这么想的：那个年纪大的、朝我伸手的家伙，还没有看清我裙子里裹的是啥东西。我裙子里裹的就是那条枪。我举起了枪，连想都没想，就扣紧了扳机。真的，米沙，我打得才猛哩：两个强盗连抖都没来得及抖，胸膛就给打了很多窟窿眼，马上血就从窟窿眼里冒了出来，两个家伙一下子就栽倒在地上。枪声一停，草原上实在安静，就好像啥事都没有过，只听得见羊在吃草，再就是雅柯夫爷爷的哼叫。孩子们跑来搂住我，我浑身不住地哆嗦，就像发疟子一样，上牙下牙都在打颤。我哭了一场。等我稍微镇定一些，便走到刚刚叫我扫倒的两个人跟前。两个人直挺挺地躺着，上衣和衬衣叫子弹打了许多洞，到处是血。那个年纪大些的，五十岁上下，红红的小胡子，脸刮得光光的，就是他想侮辱我的，这会儿摊开两只大手，龇着大牙，两只无神的眼睛朝天呆望着。这个狗东西连眼睛都没来得及合上……那个年轻的，后来我才知道，是他的儿子，年纪很轻，比我那阿尼西姆稍微大一点儿。他的眼睛是天蓝色的，很像姑娘的眼睛，也没有来得及合上，朝我望着，很像一双活人的眼睛。死得太快，人死了，眼睛还没有死透。我记得，他的上嘴唇像小孩子那样撅着，上面长着黑黑的绒毛。我望着他那血肉模糊的样子，好像听到他在说：‘婶婶，您为啥要把我打死？’……”奶奶又揩了揩眼泪，半天没有作声。“唉，这是多年以前的事了，我也老了，可是，直到今天，这桩事在我心里，还像一块石头。我常常想到那个年轻的。真的，打死一个年轻人，我觉得实在可惜……"

"没什么可惜的，"我说。"您不打死他们，他们就会打死您。再说，您打死他们，是因为他们要把羊群抢走，而且开枪打了雅柯夫爷爷。您想想看，假如您当时动手晚一会儿，假如您不开枪，今天咱们就不会坐在这房子里了。"

"是这样的，米沙，我也知道，可是我心里总是放不下。就这会儿我好像还看到了那个嘴上长绒毛的小伙子，看到了他那活灵灵的眼睛……"

"后来怎样啦？"我问。

"后来又能咋样？俗话说，祸不单行，接二连三地来了。"奶奶难过起来，又是半天没有作声。"我和两个大孩子匆匆忙忙挖了个坑，把两个死人埋了。"

"那是两个什么人？打哪儿来的？"

"当时我还不知道他们是啥人。"

"他们身上没有证件吗？"

"我没有去搜，没有心思去管那些事……到后来，侦查员告诉我，那两个强盗是苦菜镇上的人，他们想趁战乱发横财。"

"雅柯夫爷爷活下来没有？"

"可怜，死在路上了。我们好容易把他抬到车上，连夜赶路。他浑身是血，天快亮的时候就断气了。"奶奶又用又黑又干瘪的手匆匆地揩了揩眼泪。"我们把老羊倌埋到一个很高的土包的顶上，就让他天天望着他心爱的草原，草原上的鹰也会常常飞到跟前来同他做伴儿……就这样，我们埋了我们的爷爷，哭了一场，一家人凄凄凉凉地往前走。好不容易走到了苦菜镇。来到自流井边，让羊喝饱了水，一家人也吃了晚饭，就在井旁过了夜。等到天亮，我一望——来了一些骑马的人。全都穿着军装，戴着军帽，有一个人挎着军刀，还有一个人腰旁挂着短枪。他们来到车前下了马，很礼貌地同我打招呼。那个挎军刀的，看样子是他们领头的，向我问起羊群转移的情形。我回答说，没有水，很困难，不过，我们慢慢往前走就是了；我因为很害怕，简直讲不出话来。那个挎军刀的说：我们是游击队司令部来的。我这个糊涂人，就信了他。他问：'带有防身的家伙吗？'我真傻，一下子就上了当：从车上抽出自动步枪，递给了他。那个挎军刀的把自动步枪挂到自己肩上，冷冷地一笑。我骇得浑身发抖。'你没有别的武器啦？'，'没有了。''子弹在哪里？'……没有法子，我把子弹也交给了他。他狞笑一下，说：'这羊群我们带走啦。''那咋行？'我说。我骇得两条腿站都站不住了。'这羊群不是我家的，是国营辽阔畜牧场的，我得看管好。''没关系，你照料得很好，就算尽到责任了，'那个挎军刀的说；又狞笑了一下。'现在这群羊就归我们了。这篷车、老牛、马和奶牛，我们都一起带走。你和你的孩子、老奶奶，就在苦菜镇上住下吧，住在这里，等着你们的人来解救你们，不过，我可以告诉你：你们是等不到的！'……就这样，米沙，我丢了羊群。一家人在苦菜镇一直住到冬天。我那老妈妈不久就生了病，躺了一个多月，去世了。就剩下我，带着六个孩子，吃不饱，穿不暖。我想，还是得设法回辽阔村去，回自己的家。亏得苦菜镇有一个好心肠的人，他用大车把我们送到了辽阔村。这已经是一月初，我们的人不久也回来了。就是在这个时候，米沙，我和孩子们吃苦吃到了顶。”她用手擦起她那流着眼泪的两腮，擦了好半天。“那些事，还是别去想它好……”

九

几支疲乏的、零散的小部队路过辽阔村，既没有战斗，又没有驻扎，便朝佩特罗夫镇开去。波诺马寥夫也跟着部队回到了求神镇。他暂时一个人回来，还没有带回家眷。就是在这时候，我奶奶年轻时“吃到了顶”的那种苦就来到了。

第二天，波诺马寥夫就派了人专门到辽阔村来召唤巴莎。她走进办公室，看到波诺马寥夫更瘦了，他的两腮塌陷下去，一张脸冻得发青。他脸色阴沉，心情很坏，大概是因为他一回来看到的，可以说是一片荒凉：他五个月以前离开的国营畜牧场，如今只剩下空荡荡的办公室，连窗框都被拆走了。办公室里没有生火。波诺马寥夫站在窗前，身上穿着短短的军大衣，腰里系着宽皮带，戴着羊羔皮帽，裹着围巾。他冷冷地向巴莎招呼一下，连请坐也不说一声，便问道：

“巴莎·恰佐娃，去年夏末，我到你那里去过，你还记得吗？”

“咋不记得？我一辈子也忘不了。”

“我当时给你讲的什么？我说，我们很快就会回来的，我是不是说过这话？”

“是的，您说过……”

“现在，我们回来了。”

“我看到您回来了……”

“光说看到还不行。你得回答我:羊群到哪里去了?”

“丢啦……”

“怎么丢的?”

“一群骑马的人把羊群赶走了。”

她简单扼要地讲了丢掉羊群的经过,她本想表白一番,讲讲自己毫不畏惧地打死了两个抢羊的人,讲讲雅柯夫爷爷死得多么英勇,但是她没有讲,因为泪水涌进了喉咙,她讲不下去了。

“那些骑马的是什么人?”

“他们自己说是游击队。”

“别拿这些骗孩子的话来骗人!”波诺马寥夫喝道。“什么游击队?你要说实话:你把羊群弄到哪里去了?”

“我已经全对你讲过了。你用不着朝我叫喊,我的丈夫还在前方呢。”巴莎哭了起来。“孩子们饿得身上都肿了。你倒是该问问孩子们咋样。最好给孩子们弄点吃的东西……”

“还有什么吃的东西?看,全给破坏完了。”

“孩子们可怜……饿得要死了……”

“别拿孩子做挡箭牌,恰佐娃,你得向区检察院说去。”波诺马寥夫吃力地喘了喘气,鼻子呼哧呼哧地说:“不是你一个,凡是丢了牲畜和羊群的,都得到区检察院受审查。现在民警已经开始寻找牲畜和羊群,要是你的羊群找不到,你记住:不会便宜你的……”

“孩子们一点精神都没有了……快要死了……”

“孩子要紧,还是畜牧场要紧?怎么办?我给你的那条枪,哪里去了?”

“也是那些骑马的人拿去了。”

“又是骑马的人? 我告诉你,这条枪你也要好好交代交代。”

巴莎控制不住自己的眼泪,转过身子,就要走开。

“等一等,恰佐娃,咱们还没谈完呢。”波诺马寥夫用他那伤风的、嘶哑的喉咙咳嗽了很久,巴莎站在那里,小声地哭着。“请你暂时照看一下失了群的羊。辽阔村失群的羊有四十头或者五十头,准确数字谁也弄不清楚。也许,还会有一些。这些羊无人统计,也无人照应。看羊圈的只有一个老得不能再老的老爹。所以,在你的案子正在处理的阶段,就是说,在检察院调查案情,民警还在寻找你的羊群的这一阶段,你照管一下这些羊。白天赶到村外。今年冬天没下什么雪,羊群能就地找到草吃,夜间就关到羊圈里。干什么你不讲话? 地上有什么好望的? 是不是觉得惭愧?”

波诺马寥夫不了解,巴莎并不觉得惭愧,而是感到无限委屈,所以她抬不起头来,她没有讲话。

“好吧,我就来照应失群的羊……可是,孩子们咋办? 真的要饿死啦……”

“你的孩子,别人家的孩子,畜牧场都要管的,”波诺马寥夫说。“战前我们有教养院,我们还会开办的。不过,不可能在一天之内把所有的事情一下子都办好。先得把生产、经营的事恢复起来,把失散的羊群、牲畜收集起来。”

“那可够等的。究竟啥时候开办?”

巴莎不等他回答,便走出了办公室。她不走大路,而是径直穿过草场朝前走去。她并不怕将来去见检察长，担心的是没有饭吃的孩子……她匆匆忙忙地走着，脚下丛丛的干草、冻实的土包、田鼠扒起的土堆，她全没有去注意，一心想着怎样才能把六个孩子救活。邻居看到孩子们可怜，前天送来一碗玉米粉。她烙了一些饼子，每个人分到一个。如今又是两天没吃东西了。阿尼西姆和安东还能撑得住，还能站得起来，只是有时候咽几口唾沫，拿忧愁的、像老头子那样塌陷下去的眼睛望望妈妈，一声不吭，因为他们全都懂。阿列克赛小声地在哭。两个女孩子和托利亚饿得可怜巴巴的，一块儿躺在又脏又破的被窝里，爬都爬不起来，不住地哼着："妈妈，我要吃东西……妈妈，我要吃东西。"巴莎这时走在草场上，仿佛还能听得到他们那揪心的叫喊声，看得见他们那又瘦又黄的脸；想到他们那种奄奄一息的样子，心里就像刀绞一样……

第二天，她给孩子们掖被窝，看到了孩子们的腿：全都肿了，从膝盖一直肿到脚，用指头一按，又黄又松的皮肉上留下一个小窝儿。于是她想出了一个最危险的主意：偷只鹅来吃。白天她看到有十几只白鹅，在离她家不远的草地上吃草，她不知那群鹅是谁家的。可是，光天化日之下，怎么能偷鹅呢？鹅嗓门儿又大，一叫起来，全村都能听得见，人们会一齐跑来的。不过她白天黑夜都想着要弄一只鹅，怎么也摆脱不开这个念头，所以她像一只饥不择食的饿狼一样，身不由己地走到了草地上，接近了猎物。她在周围来回走着，装作拾干柴和干牛粪，有时弯弯腰，也只是为了装装样子，实际上两只眼睛一直盯着鹅群。时间一分钟一分钟地过去。后来终于下定决心，鼓起了勇气：她悄悄地走到鹅群跟前，一下子抓住了一只很大的母鹅。她掐住鹅的咽喉,不让鹅叫出声来,又用两只打颤的手将鹅包到围裙里,藏到小袄底下,然后伏到地上,爬进一条小沟。她躲在野山楂丛中,抱着被闷死的鹅一直坐到日落,直到天完全黑下来,一个小姑娘把鹅赶走后,她才松了一口气。只是在这时候,她才趁着天黑,战战兢兢地迈动软弱无力的两腿,走回家来。

这一夜,幸福降临到她的土坯房里。鹅肉连同内脏煮了一大锅。巴莎高兴得自己都顾不上吃,忘记了自己肚子也是饿的,一个劲儿地望着孩子们欢欢喜喜地喝肉汤和嚼小小的肉块。尽管她将鹅肉和肉汤分了又分,希望尽量多维持几天,可是鹅肉和肉汤在三天之内还是吃喝一空了。又是几天没有东西吃,房里找不到一片面包、一把玉米粉,摆在她面前的还是那件最要紧的事——要养活孩子们。怎样才能养活孩子们呢?拿什么来养活?再偷鹅是不行了。这时她突然想起了让她照管的失群的羊,三步并做两步朝羊圈走去。她脑子里一直响着:“妈妈,我要吃东西……”

坐在羊圈旁边的是年纪很大的老头波塔佩奇。他手扶拐杖,身穿大衣袄,头戴带护耳的皮帽,几乎跟盲眼无异的眼里流着泪水。老头子听说场长让巴莎来看管羊群,十分高兴。他一手卡腰,一手紧紧地扶住拐杖,吃力地站了起来,说:

“好啦,巴莎,谢谢你,亏得你来……我这么大年纪,看管羊群不行啦。再说,我还有病。”

“有多少头羊?”巴莎问。

“孩子,这羊谁也没数过,”老头子回答说。“自己到羊圈里瞧瞧吧,反正这里面的羊都是咱们的。该赶到外面去放放了。从清早就没有吃过食儿,我没有放过,我没有劲跟在后面跑。你能不能放出去?”

“我放,爷爷,我一定把羊放出去。”

波塔佩奇老头儿交过钥匙,便一面拿拐杖在前面探路,一面步履蹒跚地朝村里走去。巴莎立即来放羊群。她还未来得及将锁摘下,门就自己开了,饥肠辘辘的羊群便争先恐后地涌出了羊圈。羊群一路上乱纷纷的,巴莎怎么也数不清。来到野地里,等羊群一个个埋下头去吃干草的时候,她才数清了:五十二头。羊在吃草,拼命搜寻着已经伏在地上的去年的干草,巴莎眼望着羊群,心中想的不是面前有多少头羊,也不是区检察院的官司,而是一直想着孩子们。她知道孩子们的心情,孩子们在等着她,他们相信:妈妈要是出去,那就一定会给他们带回吃的东西,这样才算得上是妈妈。于是她的耳朵里又响起了那有气无力的喊声:“妈妈,我要吃东西……”

在挂心饿得要死的孩子们的同时,她脑子里突然出现一个新的念头,这时候,她是多么高兴啊!这个念头其实是非常简单的:只要从这群羊里面逮出一头,只要一头,孩子们就可以活命了。总共只要一头羊啊!这个数字太小了,能起的作用又太大了……羊不再是五十二头,而是五十一头,这又算什么?有多大差别?是的,是有过五十二头,如今是五十一头了,谁又知道呢?谁也不会知道。羊是走失了群的,谁也没数过。只要一头……只要一头,幸福就会像阳光射进窗子那样,进入她的土坯房,那又是何等的幸福啊!而且,这不像杀一只鹅那样,只能维持两三天,而是维持两个星期。要是逮一头大些的、尾巴肥一些的，节省着吃，能吃两三个星期，说不定还能维持一个月呢。

这个十分简单而又特别重要的主意刚刚打定，就在她面前出现了另一个巴莎·恰佐娃，好像故意来作对似的。两个巴莎有如亲生的姐妹，又像又不像，站在一起，怒目相视。第一个巴莎是有决心的，是大胆的，她懂得怎样做妈妈，所以她打算就在今天，等到天一黑，就从羊圈里逮一头羊回去，就让羊群不再是五十二头，而是五十一头，她觉得关系并不大。这个道理很清楚，很有根据，每个当妈妈的处在她的地位都会这样做的。家中孩子们已经饿得都浮肿了，逮一头失群的羊又算得什么？第一个巴莎是雷厉风行的，她要的不是左思右想，而是行动，为了救活孩子们，可以不顾一切。她对另一个巴莎说：孩子，只有孩子，只有孩子们的命和他们的安全，才是最要紧的，此外都算不上什么……然而第二个巴莎（谁知这第二个巴莎是从哪儿来的？）却表示反对，虽然反对得不激烈，不果断，可是总也不肯罢休。她说，偷一头羊她并不害怕，而是问心有愧，因为偷的东西是大家的，自己就是这大家中的一个。第二个巴莎好像是要证明自己是对的，证明第一个巴莎不对，说道："巴莎，你究竟有没有良心？就算你已经偷了别人家的鹅，那鹅不知是谁家的，不过是别人家的，又不是公家的，那就算啦。虽然偷别人家的东西总是丑事，总是可耻的，但是偷一只鹅，还不像偷公家的羊那么丑，那么可耻。"

趁两个巴莎就偷不偷羊的事争执不下的时候，天黑了下来，村子看不见了。第一个巴莎觉得自己的理由不难明白，她看到的是骨瘦如柴、奄奄一息的孩子们，耳朵里总是响着"妈妈，我要吃东西……”的声音。她特别心疼的是托利亚。托利亚饿得坐不起来，一直躺在床上。她没忘记，她怎样俯在孩子们身上，号啕大哭。“巴莎，好妹妹，你还是瞧瞧孩子们吧，瞧他们那种可怜的样子，果真你的心是石头做的，那么硬？”可是第二个巴莎却不愿去看饿得要死的孩子们，特意转过脸去。

“巴莎，我可不是你的妹妹，我是你的良心，所以我要对你说：巴莎，千万不能偷别人家的东西！要不然你会一辈子抬不起头来。”

“孩子们咋办？”

“没什么，会凑合着熬过去的。可是你要做了丢人的事，那就一辈子别想抬头。”

“我啥都不怕，孩子们可怜巴巴的，需要我来救活，我就一定要把他们救活。”

“检察院正调查你的事情呢。丢失羊群，再加上偷窃，那可是罪上加罪。”

“一个当妈妈的，咋能对自己的亲生骨肉见死不救？”

“要不要良心？”

“咋的？孩子——就是我的良心。这就是一个当妈妈的人的良心！”

等天色完全黑下来，羊群被赶进羊圈，真也凑巧，第一个巴莎一眼就看中了一头肥羊，这头羊又肥又大，尾巴沉甸甸的，她就是要这个样子的。可是，又是第二个巴莎坏事。她又说：孩子们会凑合着活下来的，还是到场部去要一些粮食或者面粉吧。她亲自将门锁好，将钥匙放进袋里，转身就回家。屋子里，一盏油灯发射着微弱的光，阿尼西姆和安东还是用那陷得很深的、老头子一样的眼睛望着妈妈，他们那持重的目光好像在问："妈妈，有没有什么吃的东西？"

"孩子们，为啥你们没睡？"

"妈妈，你在哪里呆了这么久？"阿尼西姆问。

"弟弟妹妹都睡了吗？"巴莎没有回答儿子的问话，却这样问道。

"本来托利亚一直在哭……刚才不哭了，看样子是睡着了。"

"你们俩也睡吧。我也要睡了……"

"妈妈，你啥也没带回来？"安东问。

巴莎咽了口唾沫，没有讲话。怎样回答呢？说什么呢？她忽然发现：第二个巴莎在这里无处存身，悄悄溜掉了；于是第一个巴莎端起油灯，毫不踌躇地朝床边走去。她要望望几个小些的，看看他们是不是还活着。借着摇曳不定的微弱的灯光，她看到他们的脸蜡黄蜡黄的，眼睛紧闭着，眼皮好像粘到了一起，她害怕起来：觉得四个孩子全都死了。她俯下身去，亲了亲安娜，又亲托利亚、阿列克赛、娜斯佳，自己的嘴唇感触到了他们那微弱的、有点儿温暖的鼻息……这么说，都还活着哩……她再也看不到第二个巴莎，也不再左思右想，激动得几乎把油灯失落在地上——幸亏阿尼西姆接住了，她也不望两个大孩子，便走进过道里。她在过道里摸到一段绳子，用手紧紧握住钥匙，急匆匆地走出门去。她在黑暗处听到了身后阿尼西姆的声音：

"妈妈，你到哪里去？"

"一下子就回来，"她一面走一面回答说。"到邻居家去，一会儿就回来。”

她不是走，而是跑，也不是到邻家去，而是穿过草地朝前跑。天黑看不到地上的沟，她跌倒了，膝盖跌得生疼，脸都叫棘棵子划破了。她爬了起来，顾不得腿疼，顾不得去擦脸上的血，又加快了步子往前走，她好像觉得，这会儿就像当初在三冈那里一样，如果稍有怠慢，大祸就要临头。她来到羊圈，两手哆哆嗦嗦地开了锁。这时候，第二个巴莎忽然从黑暗处钻了出来，挡在门口，不让第一个巴莎进去。

“哪里去？你的良心呢？”

“让我进去！”

“不行！”

“你这个狠心的巴莎，你有啥权力不叫我进去？这会儿不能照你的意思办了。”

第一个巴莎用劲推开第二个巴莎，从开得很小的门里挤了进去。羊圈里黑洞洞的，伸手不见五指，那种暖烘烘的、特殊的气味，叫人闻着特别好受，那是巴莎一向闻惯了的。羊群弄不清来的是什么人，不知是来干什么的，便一齐躲到角落里，挤成一堆。巴莎跪在地上，挪动身子，接近了羊群，伸出两手，摸索着寻找肥大的绵羊，摸了很久，她觉得摸到的都是去势的羊羔和未产过羔的一岁的母羊……终于她摸到了她要找的那样一头。她抱住这头又肥又大、尾巴沉甸甸的羊的脖子，心中不由得想，她抱住的正是在羊群进圈时她看中的那头羊。“好乖乖，我要的就是你，”她心中高兴地想到。“咱们走吧，去救救我的孩子……”巴莎就这样抱着绵羊坐了五六分钟，等她定了定神，便用绳子套住羊的脖子，拉着羊往外走。

“好啦，我的好乖乖，走吧，走吧……”

“我的好乖乖”挣扎着，不愿离开自己的伙伴，巴莎没有劲，用膝盖顶，用手推，都弄不走。最后，费了很大力气才终于把羊弄出羊圈，掩上门，上好了锁，脑子里又响起了声音：“现在剩下多少头？五十一头？也许我当时少数了一头呢？剩下的就不是五十一头，而是五十二头……羊数是数不准的，原来有多少，现在还有多少……”在草地上，在去村里的路上，羊挣扎得更厉害，四只蹄子死死地抵住地面，叫人怎么拉都拉不动，羊头还不住地扭动着，那样子好像在说：“我不干，我不去……你牵我去干啥？你把我牵到哪里去？我不去……”

“哎呀，我的好乖乖，你干啥要折腾我？走吧，快走。好宝贝儿，走吧，走……”

有一次，羊猛地向后一挣，巴莎没有站住，摔倒在地上，手里的绳子差一点滑脱。她躺了一会儿，喘了两口气，又使出全身的力气拉着羊往前走……终于来到房前，将羊牵到台阶旁，拴到栏杆上，巴莎有气无力地走到门前，拨开门闩。拴在栏杆上的羊已经不挣扎了，安静地站在台阶旁，还弄不清自己被牵到了什么地方，弄不清是被牵来干什么的。阿尼西姆走了出来，看到妈妈气喘吁吁的，又看到台阶旁有一头羊，十分吃惊，问道：

“这是咋回事儿，妈妈？”

“难道你看不见？一头羊。”

“谁家的？打哪儿弄来的？”

“谁家的也不是……走失了群的。自己跑到咱们家来了……

算咱们走运。”

“咱们拿它咋办?”

“宰掉……阿尼西姆,你会吧? 咱们放羊的时候,去世的雅柯夫爷爷教过你。”

“啥时候宰?”

“马上就宰……越快越好……牵到棚子里去宰……你行吗,嗯? 不怕吗?”

巴莎自己不会宰羊。她没有学过宰羊,也没有力气,没有胆量。她不知儿子肯不肯宰。万一他不肯呢?

“妈妈,要宰的话,我就宰吧,”阿尼西姆像个成年人一样严肃地说。“您在这儿站一会儿,我拿刀去。”

巴莎十分高兴,又有些骇然,她心想:“回答得这样沉着、这样老练:‘我拿刀去’——这难道是我那阿尼西姆? 他咋的长得这么快,为啥爸爸不在他一下子就长大成人啦……”

“妈妈,磨刀石咱们有吗?”阿尼西姆郑重其事地问。“先得把刀子磨一磨。雅柯夫爷爷每次宰羊总是先磨刀子。”

“磨刀石有的,”妈妈回答说。“你到过道里找去。”

“还得弄一个家什接羊血,”阿尼西姆说;语气还是那样庄重、老成,完全像一个成年人。“雅柯夫爷爷说,羊血可以用平底锅煎熟了吃,也能养人。”

“你拿一只小桶来。”

“最好还是用木盆。木盆比桶大些。”

“木盆也在过道里。”

十

讲到这里，奶奶用她那慈祥的、昏花的老眼朝我望了望，沉重地叹了口气，说：

“我的天，到现在我还不明白：阿尼西姆当时小小的年纪，咋的啥事都懂，啥事都会？看起来，那都不是跟妈妈学的，是跟去世的雅柯夫爷爷学的，是俺们在草原上过的苦日子逼他学的。”

“他宰羊宰得怎么样？”

“再漂亮没有了。样样事他都干得很漂亮。羊皮剥了下来，五脏掏得很干净，羊血也全都流到了木盆里。他磨刀磨得才漂亮呢！真是一把好手！”

“羊肉吃了好久吗？”我问。

“一直吃到三月里。孩子们吃了羊肉马上就见好转，身子结实起来，也有了精神。吃肉才带劲呢！”

“检察长有没有审问您？”

“检察长没有传我，倒是有一个侦查员自己上门来了，”奶奶回答说。“这个人已经有些年纪，挺温和，挺有头脑，光是问我，自己不大讲话。他看到我那一群孩子，看到我过的日子，又听说我的丈夫在前方，就很亲热、很关心地问我：‘好可怜，这么多孩子，你咋养活的？’我说，难是难，可还是得养活他们，因为我是他们的妈妈呀……这个侦查员很诚恳，我很喜欢他，所以我啥事也不想瞒着他，一五一十全对他讲了。我讲了骑马的人咋样把羊群和篷车弄走，讲了俺们在苦菜镇咋样过日子，咋样饿肚子，讲了咋样回到辽阔村，场长咋样对待我，在草地上逮别人家的鹅，牵走羊圈里的羊，我都没有隐瞒。我咋样打死两个抢羊的人，雅柯夫爷爷是咋样死的，我对谁都没有讲过，可是我对他讲了。侦查员耐心地听我讲，不打我的岔。我讲的话他都记在纸上，他又把记的东西念给我听，就走了。他还真的没忘记我这六个孩子，派人送来了一些粮食和白糖。有了这些东西，我的六个孩子就全活下来了。过了不多久，这个侦查员又来到我家，告诉我：我打死的那两个人是苦菜镇上的，年纪大的给德国人当警察，年轻的是他的儿子……他说：'你很勇敢，干得好。'他是这样说的。我就是因为这勇敢得了'英勇杀敌'奖章的。又过了一个月，在离咱们村很远的地方，在黑土地带，总算找到了我那群羊，还有篷车和老牛，马和奶牛都没有找到。咱们这畜牧场原来有十六群羊，剩下十四群。两群羊死光了。"奶奶用手帕揩了揩一直在流泪的眼睛。"这么着，米沙，除了雅柯夫爷爷和我那老妈妈，俺们都活下来了。到春天，又把羊群、篷车和另外两头公牛交给了我，我和六个孩子又带着羊群进了草原，又走起了俺们走惯的路，过起了俺们过惯的到处游荡的日子……"这时窗外闪过一个人影。"瞧，我那阿尼西姆来找妈妈了。他很久没来啦。"

我的伯父阿尼西姆·伊凡诺维奇步子很重，他缓慢而用力地迈动着那一双穿着靴子、有点儿向外撇的、刚劲的脚，颇为拘谨地走进妈妈的屋子。我的奶奶看到儿子到来，高兴起来，顿时满面春风，眼角眉梢都是笑。伯父摘下帽子，向妈妈问好，说是来看妈妈的。奶奶亲热而又带点儿责备的口气说：

"阿尼西姆，你是我的大儿子，你就住在妈妈跟前，你该常来看看妈妈。托利亚就难啦。刚果离咱们家太远啦！他难啊，到哪一天才能看到妈妈？”

“妈妈，你动不动就是托利亚，托利亚。”

“因为他是我最小的，再说，离得又远。”

“那您就多想想他吧，妈妈，您身子好吗？”伯父问。他那宽大的脊背遮住了窗子。“没生病吧？”

“谢天谢地，孩子，我还能动弹……你快坐下吧，你块头这么大，把屋里地方都占完了。我和米沙正在闲聊，我讲了咱们在草原上过的日子和带羊群转移的事。刚好在你来以前我讲到了你们六个。还讲了你还是孩子的时候就很会宰羊。阿尼西姆，那一回宰羊，还记得吗？”

“这种事，妈妈，咋会忘呢？”

“你还那么小，就那么有本事。”

“本事是逼出来的。”大伯父在长凳上坐了下来，将两只黑黑的大手放在膝盖上。“妈妈，您是知道的，凡是关于羊的事，我过去就很内行，现在还是很内行。可是如今有些人拼命给我瞎编排。说我是保守派，是落后分子。阿尼西姆·恰佐夫这又不行啦，那又不行啦，”他用信任的目光朝我望了望。“全是胡扯！米沙，你是有文化的人，在莫斯科上过大学的，你到我那剪毛所去看看，看我是怎样安排剪羊毛的。我敢担保，我那里剪毛这活儿干得永远要比那些吹牛大王那里好得多，也比被大家捧上了天的谢罗什坦那里好得多。就甭说那些剪毛男工了。就瞧瞧那些剪毛姑娘吧！我敢打赌，这些剪毛姑娘天底下难找。”他嘿嘿一笑，眼睛戏谑地闪了一下。“论做活——个个是好手，做未婚妻——个个够格。全是花朵一般的美人儿！妈妈,你说是不是?”

“孩子,你最好还是瞧瞧你那些麦秸盖的羊圈,”这个当年的女羊倌严肃地望了望儿子说。“早就该拆掉啦。单是这些羊圈,叫人看到就够丢脸的。”

“我看不出有什么丢脸的,”伯父回答说。“怎么,妈妈,您忘记了咱们放羊的人过去日子是怎样过的?咱们祖祖辈辈怎么放羊,现在咱们还是得照那些老规矩办。”

“好吧,你就试试看,照老规矩办下去,等苏霍德寥夫来找你,也在辽阔村来一个无记名投票。”

“什么样的投票我都不怕。”

“要是村里人不选你呢?那可咋办?”

“不选我,选谁?无人可选!”伯父很有把握地说,又转身对我说:“米沙,你到我那剪毛所里来看看,好不好?你要来看一下,就知道我的做法对头了。咱们同谢罗什坦还是要分个高低的。那些捧场的人,还是得问问羊,而不是问谢罗什坦,啥地方住着舒服:是那些水泥栅栏,还是咱们的羊圈?还得问问羊,什么样的草好吃:是就地找到的鲜草,还是割草机割的杂七杂八的堆在槽里的草?怎么样,米沙,到我那剪毛所来看看,好吗?”

我答应去看看。

十一

所谓的剪毛所,就在麦秸羊圈跟前,很像一座别开生面的理发铺。里面也嗡嗡响着像剪发的电推子似的剪毛器,只不过闻不到香水和花露水味道，而是到处散发着像酒精那样冲鼻子的羊汗和羊毛的特殊气味。这座棚舍的各部分都有一定规格，是在工厂里定制的，所以能够很快地装起来，也很容易拆开。两面长长的墙壁是胶合板的，两面墙壁中间穿堂风呼呼地吹着；上面是轻便的塑料房顶，既可以挡雨，又可以遮太阳。两面墙之间，摆着长长的一排宽大的桌子，说桌子，还不如说是板床，只有半米高，都是用很结实的木料做成的，刨得很平，已经被羊身子擦得油光光的。桌子上是电动发电机，有十二条电线，电线与电线间隔三米，每条电线尽头便是剪毛器，形状就像理发匠用的电推子，只是把手要粗些，灵便些，刀片要宽大些。

这些男女剪毛工，可以毫不夸大地说，真是本行本业的能工巧匠，而且，据我亲眼观察，他们干的活儿远远超过了他们本来的同行——超过了理发师。他们干的活儿也要难得多，复杂得多。这些剪毛巧匠们站成一排，面对着进口，背对着出口。进口处门外排着长长的一队“顾客”。凡是准备剪毛的羊，前一天就不让吃东西，不让喝水，因为如果羊吃饱了，喝足了，皮肤就要分泌出大量的汗脂，羊毛就变得很湿润，那就很难剪了。

“顾客们”一个一个地被放了进来。头一回来到这种地方的幼羊，很不乐意进来，用前蹄和后蹄死死地抵住地面，浑身打着哆嗦，它们很害怕它们听不惯的马达声、人们的笑语声、剪毛器的嗡嗡声和这不平常的场面。其中最胆小的，只好由人拉进来，按在板床上。至于那些老羊，接受这种手术已经不是头一回了，大模大样地走了进来，好像是很愿意快点儿脱掉这一身又厚又重的皮袄似的，自己跃到板床上，躺了下来。等到剪过了毛，羊的全身变得出奇地白，小了很多，也轻了很多，就像脱光了衣服似的，非常好玩儿；一头头跑了出去，跑到草场上，光溜溜的脊背接触到温暖的阳光和清新的轻风，觉得特别新鲜。那些头上长着弯弯的角、行动缓慢、身体肥大的老公羊，显得特别沉着，摆出一副老气横秋的样子。这种羊又高又大，肉肥脂厚，每头羊身上都有十五公斤上等羊毛。

我看到，一头公羊刚躺下，剪毛器立刻就开动起来。剪毛器很像一个微微弯曲的小铁铲，到了剪毛工手里就变成一个听话的活物，好像不是在剪毛，而是像被磁石吸住了似的，粘到了羊身上。剪毛器紧贴着羊皮往前跑，又顺当，又轻快，就像犁头犁起一片片泥土那样，剪毛器过处，翻起一片又一片羊毛，上面灰乎乎的，很肮脏，下面很洁净，白中带黄，一片片的羊毛就地落下，堆在一起。剪毛器不停地跑着，将一侧的羊毛从头剪到尾，又将羊翻转过来剪另一侧；这头羊轻轻叫唤着，不时地喘口粗气，那一双隐藏在长毛中的小眼睛时而闭上，时而睁开。

我很欣赏这种需要一点儿耐心的活儿；听着这剪毛器连成一片的嗡嗡叫声，闻着这不易闻到的羊腥味，看着羊毛变成一个个的大包，看着大草场上洁白的羊越来越多，心中着实高兴。在这个别开生面的理发铺里干活儿的有十个女的，却只有两个男的。两个男子全部矮墩墩的，十分结实，都穿着工作服，人造革的围裙从胸部一直垂到膝盖，头上和巴基斯坦男子一样，都裹了手巾。其中的一个，一面剪毛，一面不时地朝妇女们望望，指点两句，催促催促她们；毫无疑问，这是组长。这时我不由得想起了我大伯父说的话："论做活——个个是好手，做未婚妻——个个够格。全是花朵一般的美人儿!”的的确确,这些剪毛姑娘一个个就像专门挑拣来的,人又长得漂亮,干起活儿来又十分麻利,而且彼此十分相像,也许因为她们穿的一律是深蓝色的工作服,胸前系的一律是垂到膝盖的黑围裙,头上蒙的一律是灰色的头巾,头巾一直从脖子裹到额前,为的是不让灰尘落到头发里。不难看出,剪毛器在她们手里更显得灵活些,她们剪起羊毛来比男子更要从容些。

有一个十分年轻的剪毛姑娘引起了我的注意。她的身材细细的,十分挺秀,如果不是她那俏皮地露在头巾外面的小麦颜色的卷发,如果不是那娇媚的柳叶眉,我一定会毫不含糊地把她当成一个小伙子。我站在她身边,欣赏着她那双手的动作,看着她朝羊俯下身子,很有信心、十分大胆地操纵着剪毛器,干净利落地揭下一片片厚厚的羊毛,我不知为什么好像感觉到,只有这个姑娘掌握的剪毛技术达到了最完美的地步。她的右手十分准确、十分有把握地推动着剪毛器,十分熟练、十分轻松地将剪下的一片片泛着黄色油光的羊毛翻在板床上,简直令人觉得,这活儿完全是自动进行的,一点不花力气。我特意暗暗地记了记时间:以她和旁边的姑娘相比,如果两头羊同时躺倒,那这位鬓边露出小麦色卷发的姑娘总要早两三分钟剪完。就连羊腿、羊尾上和两角之间的那些粗毛,就是通常算作下等品的所谓等外毛,这位姑娘也剪得又快又干净。我望着这一切,真弄不懂,她这样小小年纪,这套本事是什么时候和从哪里学来的呢?我得承认,我不仅喜欢她干的活儿,也喜欢起她本人。她那张脸,那微微扬起、好像有点儿吃惊的眉毛,那双蓝湛湛、水灵灵的眼睛,透露出一种与众不同的神韵,那是别的农村姑娘所没有的。我很想知道她的名字,便找了个适当机会,问她叫什么。

她朝我望了一眼,脸微微一红,说:

“你问这干什么?”

“我想知道,你究竟有没有名字。要是有,你就告诉我。”

“我叫剪毛师傅,”她笑着说。“记住了吗?”

“这不是名字,是称呼。”

“不相信?那你就走开吧。大胡子,用不着像树桩那样站在这里。你是不是觉得这玩意儿很稀奇?”

“我是想看看你……”

“我没什么好看的,”她打断了我的话。“这里又没有开展览会。”

“为什么火气这么大?”

“叫你别碍我的事,就为这个。”

“瞧,你干起来多轻巧,多灵便。说实话,我可干不来。”

“一定干得来,”姑娘有把握地说。她一刻也没有放松手上的活儿。“只要愿意干就行。这有什么了不起的?拿起剪毛器,就像我这样,行了。刀片很快,自己就往羊毛里面直钻,掌握好方向就行。”她调皮地一笑说:“你要想学,我来教你。”

“我学这干什么?”

“那你就走开,别碍事。”

这时候,因为开剪顺利而显得十分得意的我的大伯父来到两个剪毛男工跟前。他这个当家人既严厉,又爱操心,他不戴帽子,卷着袖子,到处跑来跑去,刚才就在检查羊毛分等和打包,我望到,他将一大片羊毛托在手里,就像托着一条沉甸甸的毛皮领似的，好像是想掂出羊毛的分量，特意提高嗓门儿说：

“这毛不差，有分量！”

一会儿，他又去检查已经装在车上、而且已经盖好了帆布的羊毛包，喊着要把绳子捆紧些，又拿出当家人的口吻，大声喊道：

“好，开车！”

他帮着两个男工将一头羊抬到板床上，对着羊说：“好宝贝，乖乖地躺着，一会儿就行了。”又对这两个男工说：“要想挣饭吃，就得加劲干！”

他也走到鬓边露出惹眼的浅色卷发的姑娘跟前。

“阿基姆采娃，真行！昨天你是第一。今天怎么样？你能超计划多少？”

“今天还要比昨天多些，您放心吧，阿尼西姆·伊凡诺维奇，”姑娘一面剪毛，一面回答说。“不过，您别让闲人在这里碍事。”

“好的，阿基姆采娃，你说得对，”伯父答应说。“碍事是不行的。米沙，咱们走吧。”

“听到人家告状了吧？”伯父对我说。“姑娘说得有道理。你瞧，人家使出所有的力气在拼命干活儿，你倒同人家聊得起劲儿。”

“看着怪有意思的。是您要我来看的嘛。”

“算了吧，米沙，这话你拿去骗别人吧，”大伯说。“我可是知道你的心思。你不是在看干活儿，你在看叶菲密娅·阿基姆采娃。我对你怎么说的？我们这儿的剪毛姑娘不同寻常，都是花朵般的美人儿！信了吗？”

“她是什么人？”我打听起这个名字很少见的姑娘。

“第四群羊的技术员。”

“也是剪毛工?”

“客串。”

“是当地人?是咱辽阔村的?”

“不是,外头来的,可以说,失了群的,”伯父回答说。“是从城里下到我们这里来的,还好,住惯了。已经在我们这里呆了一年多了。当技术员——呱呱叫,剪羊毛——也不含糊。干起来才漂亮呢!能完成两个人的定额。你写篇稿子,表扬表扬她吧。这样又能干又肯出力的好手,我敢拿脑袋担保,在谢罗什坦那里大白天打灯笼也找不到。可是在我这里就有!而且我这里所有的剪毛姑娘都够厉害的。小伙子们也不简单。米沙,是这样吧?这会儿我相信,你已经看清楚了:谢罗什坦的剪毛队跟我的差远啦。你怎么不讲话?怎么样?看清楚了没有?”

“要想作个比较,还得到谢罗什坦那里去看看,”我说。“等我到水牛村看过了,我再说说我的看法。”

“好吧,你去,你到谢罗什坦那里看去,我没有意见,”大伯父说。“瞧,这是谁到我们这里来了?看样子,是场部来人啦。莫非是阿尔焦姆·伊凡诺维奇·苏霍德寥夫亲自来了?就是他!米沙,你还没见过咱们的场长哩。咱们迎他去!”

一辆落满灰尘的“嘎斯牌”小汽车向剪毛所驶来,大伯快步迎上前去,我勉勉强强跟得上他。我看到,汽车里走出一个中等身材的男子,还相当年轻,看样子,比我大不了多少,人平平常常,一点也没有什么惊人之处,不像个畜牧场的场长,倒像一个给场长开汽车的。细细的身材,十分矫健,像一个好骑手;衣服很破旧,而且皱皱巴巴的——很多司机开车或者探亲访友穿的都是这样的衣服。他的头很大,和身子有点儿不相称,额头很宽,很饱满,头发剪得很短,可以算作"仿平头式",前边那淡棕色的头发,就像那些愣头愣脑的小伙子的头发那样,不服气地向上翘着。一张平平常常的脸,是道道地地的一张俄罗斯人的脸,在斯塔夫罗波尔地方最常见的正是这样一些开朗的、风吹日晒的脸。他与人不同的,恐怕只有那股朝气、那种利索的动作、那双聪慧、有神的灰眼睛,还有挂在坚毅的嘴唇上的那一丝诡秘的微笑。他那种笑,据我观察,好像总是作为他说过的话的补充而出现的,仿佛在说:"我全都知道,谁也别想糊弄我,我只是装作不知道,所以才问的,其实我早就知道啦……"他同我大伯父谈起来的时候,嘴角上正是带着这种隐约可见的微笑:

"怎么样,阿尼西姆·伊凡诺维奇?有什么高兴的事?剪毛工作进行得如何?"

"我们正在全力以赴。头一天就很不坏。"

"什么数字?送出多少羊毛?"

"六车。今天的还没有送过。"

"少啦。水牛村送出十二车。比你们多一倍。"

"我们明天会多些的。"

"干什么老拿明天安慰自己,安慰别人?羊毛得天天往外送。"

"没有问题。"大伯父胡子拉碴的脸上一阵红一阵白。"大家都很卖劲儿,阿尔焦姆·伊凡诺维奇,你就放心吧,计划一定会超额完成。"

“等到完成了，再说这话。”

很明显，大伯想换一个愉快一些的话题，便抱住我的肩膀，说：

“这是我的侄子，米哈伊尔·恰佐夫，刚从莫斯科回来。”

“噢，噢，我在报纸上读过恰佐夫写的一些特写，请问，你可是那个恰佐夫？”苏霍德寥夫问道。他的嘴角又浮现出诡秘的微笑，好像在说：我敢肯定就是你，不过问问罢咧。“那些特写，好像叫作‘农村小记’，我没有记错吧？”

“是的，是这样，”我回答说。

“这么说，是从莫斯科直接回家乡来的？”苏霍德寥夫问。“怎么样，莫斯科情形如何？”

“还是那样一天到晚闹哄哄的。”

“干什么要回到这又荒凉又偏僻的草原上来？”

“想看看奶奶，来开阔的地方住住，让心胸开阔些。”

“对了，别的不敢说，论开阔，咱们这里是绰绰有余的，”苏霍德寥夫话中露出得意的声气。“要说什么地方开阔，那就数咱们这里了。”

“我就是在辽阔村长大，在这里读完中学的。现在我想住一段时间，看看村里的情形。”

“想住下来，看看村里情形？”苏霍德寥夫问道。他的嘴角又浮现出诡秘的一丝微笑，好像在说：全是外交辞令，哄人哩，谁相信你？哪里有那样的傻瓜？“我劝你就看看你的伯父吧。可以写一篇关于一个落后人物的挺有意思的小品文。”他又带着那样的笑对我伯父说：“怎么，我说得不对吗？周围很多村子早就建立综合场了,可是你还抱着你那老掉了牙的羊圈不放。别生气,恰佐夫,别不好意思,我说的是真情话。我对你,对你的羊圈,够迁就的,我耐着性子等待着,希望你有朝一日自觉自愿地毁掉这些麦秸羊圈。看来我的耐心该到头了。非得在辽阔村实行无记名投票不可了。让村里人自己表示表示意见,这样的主任他们要还是不要。好啦,阿尼西姆·伊凡诺维奇,咱们瞧瞧去,看看你的羊出毛情况怎样。”

他们走了,看羊毛分等情况去了,走的时候我的伯父垂着头。我于是又朝阿基姆采娃走去,站得比上一回要远些,望着她那灵巧的手,听着剪毛器的嗡嗡声,闻着那刺鼻子的醉人的羊膻味,实在不想离开这剪毛所。

十二

约莫两个月过去了,炎热的夏天早已降临。不论朝哪里望,草原上到处浮动着腾腾的气流。两个月来,我走遍了畜牧场的所有分场,区报发表了我的两篇特写。其中的一篇是报道剪毛情况的,我在这篇特写中热情地赞扬了叶菲密娅·阿基姆采娃出色的剪毛技巧。至于她本人,我在剪毛所见过那一面之后,就再也没有遇到了。终于有一天,那是一个闷热的早晨,我的窗外走过一个穿花衫的姑娘,看到她那特有的侧影,我一下子就认出这就是我认识的那位剪毛姑娘。她的突然到来与其说是使我惊讶,不如说是使我分外高兴。因为我的房门是没有掩实的,所以她同奶奶说话的时候,我很自然地听到了她的声音。

“普拉斯科维娅·阿尼西莫芙娜，我搬到您这里住，行不行？”

“为啥不在萨姆索诺夫家住啦？”奶奶问。“是你不愿在他们家住？是不和睦？还是有别的原因？”

“我很愿意，处得也很和睦，他们家里的人都很好。”阿基姆采娃回答说。“可是他们家这会儿住得太挤了。您晓得，他们家的姑娘瓦莉雅结婚了，女婿是招进来的，不久前又生了孩子，这就成了两个家庭。有人告诉我，您有一间屋子还空闲着。您就让给我住吧。”

“这话不假，是有一间空屋子，”奶奶说。“不过，隔壁就住着我的孙子。他一天到晚在写东西。所以我这么想：你会不会碍他的事？”

“咦，普拉斯科维娅·阿尼西莫芙娜，瞧您说的！我不过夜里在这里住住。睡一夜，天一亮，又走了，到晚上才回来。”

“要是这样的话……”

“是这样的，是这样的，普拉斯科维娅·阿尼西莫芙娜，”阿基姆采娃连忙说：“天一亮就走，到晚上才回来。”

“那咱们来问问我孙子。”奶奶转身来敲我的房门：“喂，米沙！你出来一下。”

我走了出去。从姑娘脸上那发窘的表情，不难看出，她在掩饰自己的心情：故作惊讶地扬了扬眉毛，好像万万没有想到会在这里遇到我，说道：

“哎呀，大胡子！怎么，是你在这里住？我还不知道哩。”

“你怕啦？”

“我才不是胆小鬼呢，”她的眼睛调皮地闪了几下。“怎么也没想到会在这里碰到你。”她脸上现出一派和悦的颜色，弯起柳眉，笑着说：“现在我知道你是谁了。你是米哈伊尔·恰佐夫，就是你报道剪毛情况的。”

“今天你这样子，叫人认不出了。”

“因为那一天我穿着工作服，倒是更像一个男孩子，”她笑着说。“可是这会儿……”

她没有讲下去，轻盈地一转身，好像特意要我瞧瞧她那艳丽的花衫。

“这么说，你们见过面啦？”奶奶问。

“偶然认识的，”姑娘回答说。“那还是在剪毛的时候。”

“米沙，我正想问问你，”奶奶说。“这姑娘想到我这里住。她来了，碍不碍你的事？”

“一点也不碍事，”我不假思索地回答说。我又高兴地望望叶菲密娅，我真想对她说：瞧，奶奶真不懂我的心思，你怎么会碍我的事，你来，我才高兴呢。“我一听到你叫这个名字，就十分喜欢：多么难得听到的富有诗意的名字！叶菲密娅！现在到处是分也分不清的娜塔莎、柳德米拉、拉莉萨。”

“你就喊简单些吧，同大家一样，喊我菲玛，”她那蓝湛湛的眼睛里闪出愉快的光彩。“我们姊妹三人，我最小。我爸爸妈妈不知为什么要给我们取一些不常用的名字。我大姐叫叶芙拉姆皮娅，二姐叫克列奥帕特拉，我就叫叶菲密娅。”她转身对奶奶说：“普拉斯科维娅·阿尼西莫芙娜，怎么样？我可以来住吗？”

“要是米沙没有意见，那就行。你就来吧，孩子，你来了，我这个老奶奶就不冷清了。”

“谢谢你，奶奶。我马上就搬过来。”

菲玛朝我微微地一笑，就走了出去。走到院子里，又同奶奶谈了一会儿，约莫过了两个钟头，她提着一个皮箱来了，一推开门，便说：

“这就是我的全部家当。”

奶奶领着她进了空房间，我也回到了自己房里。我坐到桌前，提起笔来，——我得赶快写完我给本报写的一篇特写。这第一个黄昏，我就有了一种奇怪的和不可理解的感觉。我推开没有写完的特写，胡乱想了起来：如今这个卷发的剪毛姑娘就在隔壁，离我这么近，今天，明天……就这样住下去了。“那又怎样呢？我怕什么呢？就让她住她的，干我什么事？她不到我这里来，我也不到她那里去，我们中间还有一道墙哩。”我自己也不知为什么，在心中我把菲玛同玛尔塔放在一起了，虽然自知这是不应该的，但还是在这样做，而且每次我都看出，菲玛无论就她那俏丽的容貌，那黑油油的脸色，那活泼的眼神，都有一种玛尔塔所没有的东西。“别想了，别想了，犯不着去想她，拿她和玛尔塔相比毫无意思，”我心中说。“她住在这里，离得这么近，这一点也不能说明什么。再说，这个剪毛能手究竟同我有什么关系？我有我的玛尔塔，玛尔塔和菲玛不一样，不一样就不一样好啦，反正除了玛尔塔，我谁都不爱。”可是我又听起隔壁的脚步声，心中又出现了这样的想法：的确，菲玛是一个不寻常的姑娘，同许多姑娘不一样，也同玛尔塔不一样。紧跟着这一想法又出现了另一个想法，这个想法反对和驳斥前面的想法，说我想得不对，指出我的错误所在，是的，这种反驳太不坚决，太没有说服力了，所以，尽管我想拼命控制自己的感情，还是越来越清楚地意识到，我已经对这个一墙之隔的邻居动了心。

好像是在第三天傍晚，菲玛下工回来，大胆地敲了敲我的房门，走进我的房里。她落落大方，毫不拘束，我一看到她那喜气洋洋的、笑盈盈的脸和那小麦颜色的卷发，脸就红了，心想：是的，我喜欢这个姑娘，我正盼着她来呢。她不等我招呼就坐到沙发上，那样大方，那样随便，就像到了自己家里那样，又扯了扯短短的裙子盖住晒得黑油油的膝盖，说：

“米沙，我来向你报告，我已经收拾好了，收拾得才漂亮呢。”

“恭喜你。”

“谢谢你。”她拿笑盈盈的、若有所思的眼睛瞥了我一眼。“这屋子我也很喜欢。米沙，你放心吧，我保证一切动作轻轻的，决不会搅得你不安。”

我默默地望着她，我仿佛听到她在说：“别相信我这话，我会搅得你不安的，现在我来，也不是为了报告我收拾得怎样，是因为我爱你，很想看看你，同你谈谈，你最好不听我嘴上讲的，要听我心里想的……”于是她无缘无故地讲起了自己。她生在基斯洛沃德斯克市，现在她的父亲母亲还住在那里，父亲是疗养院的主任医师，母亲是眼科医师。

“我家住在一座古老的房子里，离纳尔赞博物馆不远。”

“你究竟为什么要当畜牧技术员？”

“我自己也说不清。我考卫生学校没有考取。这时候我的一个女友报考中技学校，我也报了名。去年我中技毕了业，就分配到辽阔村来了。”

“为什么要到辽阔村?”

“不到辽阔村,到哪里去?又不能回基斯洛沃德斯克去。”

“基斯洛沃德斯克不好吗?”

“不是不好,是那里没有我干的事。”她快活地朝我望了望。“我觉得在辽阔村很好。这里宽敞、开阔。我就喜欢开阔。”

“你为什么又要去剪羊毛?”

“要赚一点儿外快才行。我父母亲收入不少,本来是可以支援支援女儿的。可是,我们彼此意见太大了。”

“因为什么?”

“没什么好讲的!”她把手一甩说。“老年人总是紧紧抱着自己的老想法。他们总想要我做医生,而且要在他们身边。可是,你瞧,我当起了畜牧技术员,而且来到了辽阔村。”

“你对自己的工作满意吗?”

“这工作我很喜欢,不过,工资低了一点儿。亏得剪羊毛,剪毛收入不少。去年我用剪羊毛挣的钱自己买了一件过冬的水貂皮领大衣和一双暖皮靴。今年挣得还要多些,你那篇文章出来后,我还得了奖金。你把我吹得太玄了!”

“我又不是光写你一个。”

“确实,这套剪毛的本事我也算学会了,本来定额是七十头,我能剪一百头,有时还要多一些。你以为这太少了吧?才不少呢!”她自问自答说。“到晚上,累得手都抬不起来。”

“我觉得,你好像干得怪轻松的。”

“要是像你那样站在旁边,像你那样看着玩儿,可能会觉得羊毛是自己跟着剪毛器跳出来的。可是事实上才不那么简单,才不轻松呢。”

我望着她，看着她那诡秘地笑着的眼睛，她的眼睛在说着和她嘴里说的完全不同的话。“米沙，我要对你说的完全不是这些，我现在只是想到哪里就扯到哪里。我真正要说的是，我喜欢你，你在看我剪羊毛的时候，我就喜欢你了，我就是为了能常常和你见面，特意要搬到你奶奶这里来的，”——她的眼睛这样说。我也就不去听她嘴上讲的，心里也自言自语起来：瞧她的眼睛，配着这小麦颜色的卷发，有多美呀！瞧她那两道柳眉，灰灰的，像鹌鹑翅膀的颜色，多么妩媚！她又是多么有生气，多么纯真！完全不像玛尔塔……

她要出门的时候，在门边站住，亲热地笑了笑，忽然说：

“米沙，这胡子同你太不相称了。”

“为什么？”

“有了胡子，人就显得老。”

“我本来就不年轻嘛。”

“算了吧，你拿这话骗别人去，别来骗我，”她笑着说。“凭你那眼睛，你这个‘老头子’就露馅儿了。什么样的胡子都瞒不住年龄。再说，冒充一个怪里怪气的大胡子老头儿有什么意思？你留起这弯弯的棕色大胡子，倒真有点儿像一个没穿长袍、没带十字架的神学校学生，要么就有点儿像涅夫斯基大公[①]。你再穿起锁

①Александр Невский：原名亚历山大·雅罗斯拉维奇(1220—1263)，俄国历史上卓越的国务活动家和统帅。1240年7月15日领导诺沃戈罗德民军在涅瓦河上的伊若拉河口粉碎了瑞典入侵者，因此被称为涅夫斯基大公。——译者

子甲,戴上铁盔,就全像了。那要叫人笑死了。一个人应当随时随地保持自己的本来面目,不能造作,不能装成另外的样子。你是不是想显得与众不同,叫人特别看得起?依我看嘛,要叫人看得起,才不是靠着外表像一个神学校学生或者像涅夫斯基大公呢。你说我讲的对不对?"

她不等我回答,就轻轻掩上门走了。

这一夜我没有睡好,在被窝里翻来覆去的,倾听着隔壁的动静。隔壁静悄悄的,大概菲玛早就睡了。我看了看表——早过了半夜。大街上夜行的汽车带着轰隆声和风声不时地从门前驰过,不仅送来马达和车轮的嘎嘎声,还将明亮的灯光斜射在我的窗上。我望着耀眼的光团在窗上和墙上出现又消失,脑子里又响起了菲玛的话:"米沙,这胡子同你太不相称了……一个人应当随时随地保持自己的本来面目……"我在莫斯科本来就想把胡子刮掉的。玛尔塔不赞成,她反而说,这种道地的俄罗斯式的淡棕色胡子,同我十分相称。这一夜我终于最后下定决心:明天就把胡子刮掉。我真的这样做了。早晨,我脸上刮得干干净净的,还搽了香水,来到奶奶面前。奶奶一把将我抱住,夸不绝口,说我刮掉胡子,这会儿才真像爷爷哩。

"嘿,活像你爷爷伊凡!"奶奶欢喜地说。"看到你,就想起你爷爷。"

傍晚,菲玛下工回来,照常向我房里走来。她在门口愣住了,把两手一拍,惊愕地叫道:

"米沙!是你呀?这样子真好笑!"

"是你要我这样的。"

“啊，是的，是的……好的，干干净净的，这么好玩儿，让我来亲亲你。答应吗？”

她不等我答应，就在我两边腮上吻了起来，就像妹妹吻哥哥那样；我这才发现，她的嘴唇很干，不柔软，还带有一股野蒿的气味。这种气味我后来也常常闻到，特别在晴和的初秋，在温暖的秋日里，连温暖的空气好像也蘸饱了野蒿气味的时候。

时间一天一天地过去。我同菲玛见面不仅成了习惯，而且可以说，成了天天必不可少的事。要是两天没有看到她，我就十分苦恼。“我是不是爱上她了？”我自己问自己，而且自己也不知道该如何回答。“没有，不可能……为什么不可能？可能的，完全可能。而且，就是这么一回事儿——我爱上了她，而且，看样子爱得很深。只不过自己怕承认这一点就是了……那玛尔塔怎么办？玛尔塔又怎样？我又不是她的丈夫，她又不是我的妻子……”

十三

求神镇有我的一个表姐，叫苔西雅。奶奶对我讲过，苔西雅的父亲库齐马·库切连科夫扔掉了妻子和三个很小的孩子；三个都是女孩子，最大的苔西雅当时也只有七岁。三个孩子长大后，两个小的到外面去了，只有苔西雅留在妈妈身边。我的姑姑娜斯佳在幼儿园当保育员，苔西雅在畜牧场场部当会计。奶奶还告诉我，苔西雅同她妈妈一样，个人生活很不幸：没有出嫁，可是生了一个孩子。

“再也没有人来求亲了，”奶奶说。“所以我那苔西雅落得既不是姑娘，又不是媳妇，丈夫还没有，孩子可有了，她这孩子是和一个野汉子生的，究竟是和哪一个，她一直不讲，连对亲妈妈都不肯讲。我那个重外孙尤拉已经三周岁了。这孩子倒是伶俐得很呢！”

苔西雅，小时候我们喊她苔什卡。我第一次看到她，是在我上三年级的时候。有一次，她来看奶奶，不是一个人来，是跟妈妈来的。她很瘦，像男孩子那样，颧骨很高，一条深棕色的辫子垂在脊背上，那辫子特别粗。她的脸不光是不漂亮，而且有点儿凸凸棱棱的，下巴又很长，看样子，这张脸原是配给一个调皮捣蛋的小伙子的，不幸的是，造化出了差错，配给了一个温文尔雅的姑娘。

那几年，我们还见过好几次面，我们玩得很要好。后来我们一连十四五年没有见面。如今我回到家乡，常常想起苔西雅，可是我一直没有机会去求神镇看她。昨天我收到她一封短简，上面的字迹小小的：“米沙，要是你还没有忘记你当年这个小姐姐苔什卡的话，星期六到我们家来吧，来庆贺我的命名日。妈妈也盼你来。苔西雅。”

这倒是一个好机会，可以去看看娜斯佳姑姑，也可以见见苔西雅。再说，凑巧的苏霍德寥夫的司机奥列格明天要开着“查波罗什牌”小汽车来接我。苏霍德寥夫派车接我，因为我要到区中心所在地椋鸟镇去，到区报《公社曙光报》谈一件事。我想：我们在椋鸟镇过夜，第二天，也就是星期六，不回辽阔村，直接去求神镇。

到了椋鸟镇，事情很快地就谈完了，我们就不在区招待所歇，当浓浓的暮霭在田野上弥漫开来的时候，我们的车子就进了求神镇。我向奥列格说过“再见”，便徒步朝姑姑家走去。宁静的求神镇上空，悬挂着半轮明月，在苍茫的暮色中，有两个小小的窗子露出灯光，好像在远远地欢迎我。落满尘土的干枯的荒草散发着秋的气息。低矮的院墙是许多年前用灰色的片石垒成的，这种片石是从草原谷地里挖来的，如今这院墙已经很不成样子了，没有院门，院子里荒草丛生，既没有柴棚，又没有牲畜栏。院子深处是一座石板瓦作顶的小屋，当我穿过荒草丛中踏出的小径走到房门跟前时，听到一个女人温柔的声音：

“尤拉！坐着，乖孩子，别动！坐着，好乖乖！听姥姥话，坐着！”

“姥姥，我已经坐很久啦，”这是一个孩子的声音。“坐厌啦。”

“再坐一会儿。你真是个不听话的宇宙航行员！”

“我听话，可是不愿坐着。”

我敲了敲房门，走进房里。完全可以看出来，姑姑决没有想到我会在这时候来到。她丢开坐在瓦盆上的孩子，一句话没说，就扑到我的身上，拿软弱无力的手臂搂住我，哭了起来。过了一会儿，又后退几步，站在旁边惊讶地看看我，好像还不相信这进来的是我，又抬起她那黑乎乎的手像孩子一样地擦起了眼泪，嘴里还喃喃的，叫人听不清说的是什么。她这会儿的高兴和惊讶是不难理解的。我望着面前这个啜泣的妇女，觉得我恐怕是走错了门儿，这个女人恐怕不是我过去熟悉的娜斯佳姑姑。她过去的样子我还清楚地记得，如今她老成了这样，完全变了样子，叫人很难一下子认出。

她穿着家常的旧衣服，没有裹头巾，头发完全白了，眼角布满了鱼尾纹。有些农村妇女年纪不大而过早地衰老,有道是:老没有老在年岁,老在吃苦受累。她也是这样的。

我已经猜到,那个浅色头发、大眼睛的男孩子便是苔西雅的儿子,也就是我奶奶的重外孙了。他穿着短得盖不住肚脐眼的褂子正在玩。

"你好,"尤拉勇敢地向我伸过手来。"我叫尤拉。你叫什么?"

"我是米哈伊尔,"我回答说。"咱们是亲戚。"

"是的,这是你表叔,"姑姑对外孙说。"这孩子真是个淘气鬼、伶俐鬼!"

"我才不是淘气鬼、伶俐鬼呢,"尤拉抗议说。"我是宇宙航行员。你是什么人?"

"是你的客人,"我想不起怎样回答,便随口说。"瞧,我想来看你,说来就来了。"

"你来得好,"这孩子用很严肃的腔调说。"你也想做宇宙航行员吗?"

"可以说,不怎么想。"

"你怕,是不是?"

"又扯起来啦!动不动就要说自己是宇宙航行员,"姑姑说。她已经高兴起来,不哭了。"给他取的名字,和加加林的名字一样,所以他认定自己也是宇宙航行员了。我们小时候这个字眼儿连听也没听说过,现在的孩子们什么字眼儿都懂。我现在在幼儿园干活儿,这类字眼儿在孩子们嘴里都能听到……"

"您小时候不知道宇宙航行员,可是知道怎样放羊,"我说。

“这种事也不简单。”

“不错，这套学问我们是懂得的，”姑姑说。“你来，就太好了。苔西雅一定很高兴。她以为你明天来，今天她有点事儿，所以到现在还没有回来，大概是在开会。很快就要回来啦。你坐一会儿，我来伺候伺候这个宇宙航行员。他该睡了。好啦，宇宙航行员，乖孩子，我来给你洗洗脚丫子，洗过了，你就飞上天吧，我是说，你就钻被窝吧！”

趁姑姑去服侍外孙睡觉的时候，我坐在凳子上，不由得打量起姑姑家中简陋、寒碜的陈设。房子平平常常，这种古老的房子农村里还有不少，只不过屋顶盖的不再是麦秸，而是石板瓦了。这是一间不大的穿堂，这里的黄土地面干干净净的。过去，生下不久的小牛、小猪，怕冬天冻坏，总是放在这里。如今这些小东西一概不见了。有一个煤气炉，炉壁是白色的，就像乌鸦的白腰一样，分外显眼。一张家用的桌子，上面铺着花塑料布，旁边是一条大板凳，上面放着一桶饮用水，桶边放着一只搪瓷杯，搪瓷杯像只小狗那样，用细细的铁链子拴着。两边窗台上摆满一盆一盆的高高的花草，窗上挂着花色平淡的布窗帘。有一道门通向姑姑正在里面服侍外孙睡觉的那间屋，看得见里面有两张床，两床之间是窄窄的通道；还有一道门通向另一间屋，看样子，那间屋是苔西雅住的。

过了一阵子，姑姑轻轻地掩好房门，走了出来，坐到我的眼前，说：

“好啦，我的宇宙航行员起飞了。”

“睡啦？”

“我把他一放到床上，眼睛就合上了。”

“姑姑，您日子过得好吗？”我为了找话说，便随口问道。

“好，已经好到了顶，所以没办法好了，”姑姑苦笑说。“才坏呢，我这一辈子过的不是人过的日子。我还年轻的时候，就叫丈夫扔掉，我带着三个很小的孩子，吃够了苦。现在总算熬过来了。”我看出，她总想同我谈得轻松愉快些，表示她因为我的到来十分高兴，不过，一种奇怪的、多年郁积在心头的忧伤之情还是从她眼里和脸上流露了出来。“三个姑娘都长大了。娜佳和维拉出嫁都很早，婚后很满意。丈夫都很贴心。娜佳的丈夫是个农技员，脾气挺好，会过日子，不抽烟，也不喝酒；维拉的丈夫当教师，是个正正派派的男子汉。娜佳和维拉家里都够吃够用，夫妻和睦，也都有了孩子。她们都离娘家不远，就在咱们这个地区里。娜佳在科丘别耶夫区，也在畜牧场工作；维拉在伊佐比利年区，工作也在区里。她们住的房子都和城市里的房子一样，有热水管。我还是在这求神镇，同大女儿，还有这个宇宙航行员一起过。可以说，不差，日子过得去。外孙尤拉挺讨人喜欢，很伶俐，虽然有点儿淘气，不过还算听话，是一个好小厮。有时候我望着尤拉，听他自己喊自己宇宙航行员，我真的就这么想：‘这可说不定，也许，这个调皮鬼长大了，会飞到别的星球上去。’谁又知道调皮的孩子是怎么回事儿，也许调皮有调皮的好处。听说，加加林小时候也调皮得不得了，一天到晚没有个安生的时候。可是，后来很有出息。不是这样吗？”……只见姑姑眼里和脸上忧伤的神色又浓重起来，她问道：“我那可怜的妈妈过得怎样？我们都走了，剩下她一个人，孤零零的。我们六个，小时候全在她的身边，天天跟着她，可以说，形影不离，现在就剩妈妈一个人了。阿尼西姆同妈妈在一个村里，也很少去看她。我住在这求神镇，更是难得去了。看起来，做妈妈的命都是这么苦。妈妈最不放心的倒不是我们，是托利亚。可以说，我们离得都很近，托利亚却跑得那么远，跑到什么刚果去了。干什么要跑到那里去？”

我告诉姑姑，奶奶还想到刚果去看爸爸呢。

“我爸爸已经寄来了邀请信，”我又说。“不过，路实在太远了，我劝过奶奶，这么大年纪，还是不去为好。”

“妈妈心疼托利亚，对他就是放心不下，”姑姑说。她脸上忧伤的神色更浓重了一些。“干什么呀？有什么不放心的？依我看，这全是当妈妈的疼孩子的一片心。我自己就亲身尝到过，一个当妈妈的，因为心疼孩子，往往招来太多的痛苦和烦恼。我们都明白，妈妈太心疼托利亚了，随时随地都想着他，把心都操碎了。”姑姑站起身来，从花草空隙处朝窗外望望。“外面好大的月亮。苔西雅一定是有什么事绊住了。”

“一定是有事情把她拖住了。她明天要过命名日，真糟，我没有来得及给她买礼物。”我觉得脸上发烧，知道自己脸红了，因为我说了谎话：要买什么礼物还是来得及的，但是我身上没有钱。“那好吧，明天我去采一把野花送给她。”

“米沙，什么都不要，不要花，也不要礼物。”

“为什么？”

“苔西雅骗你的，”姑姑脸上忧伤的神情更明显了。“她很想见见你，所以编了个理由，说自己要过命名日。她实际上是在一月里刚过了新年就生的。”姑姑拿忧郁、歉然的眼神望了我一眼。

"米沙,她才想见你呢。那一天,你到求神镇来找苏霍德寥夫,她就到处找你。但是没有找到你。你很快就走了。"

"她找我有事吗?"

"她没有对我说过。不过我猜得出她为什么找你。"

"究竟为什么?"

"大概她是想把她自己写的传记念给你听听。"

"怎么回事儿,什么样的传记?"

"我也不十分清楚,她没有给我念过,也没让我看过,"姑姑问答说。"有一天晚上我到她房里去,看到她坐在桌旁写东西。我就问她:孩子,你在写什么?她快活地望望我,笑嘻嘻地回答说:我把自己幸福的一生记下来。我心想:'把自己幸福的一生记下来。'——恐怕她是说反话的。可是她又说:妈妈,我这一生很幸福,应该记下来。所以我写起了自传。她说着还笑呢。我说,你真糊涂,别把自己的不幸当成开心事。你这一辈子怎么能算幸福?丈夫也没有,看样子以后也不会有。可是她说:我是幸福的。我有了孩子。她这孩子又是谁的呢?她一直不讲。连我这个当妈妈的也一点不知道。她还笑着说:我这孩子是老天爷给的。我这一辈子还是很幸福的。不过,妈妈,我这种幸福您什么时候也不能理解……她哪来的幸福!只有痛苦,我这个做娘的就是这样看的……咱们是不是先吃晚饭?"姑姑忽然问道。"要想等她,说不定她到半夜才能回来……"

"等她一下吧。"我看了看手表说。"时间还早。"

"她要是知道你来了,早就跑回来啦。"

"她的传记写了不少吧?"

“我看到她有一些本子，有五六本，也许还不止。她写了多少，我可没有看到。”姑姑沉重地叹了一口气。“她瞒着妈妈呢。把本子都藏在抽屉里，还上了锁……有时候，我望着她，觉得纳闷。她是那么古怪，叫人摸不透，和平常人就是不一样。像这样古怪的女人在我们镇上到现在还没有过，我看，以后也不会有的。你是知道的，她生来就不漂亮。两个小的，娜佳和维拉，完全像妈妈，这倒不是我自夸，个个长得像画上的美人儿。所以，一到十八岁，就嫁出去了，可以说，大姑娘的日子她们就没过过。她们中学毕业，就上技术学校，技术学校一毕业就出嫁。苔西雅的脸长得完全像她爸爸库齐马，因为她长得丑，男人们见了她躲都躲不及。求婚就谈不到了。”

“从来就没有人求过婚吗？”我问。

“有一次，有一个不怎么样的人来求过婚，”姑姑叹口气，回答说。“是一个鳏夫，还带着三个小孩子。苔西雅对那人连瞧都不愿瞧，等那人一走，她抱住我的脖子，我头一回看到她眼里流了眼泪。她哭着说：妈妈，我宁肯去上吊，也不愿嫁这样的人……后来，就再也没有人来求婚了。就这样，没有出嫁，一直当她的会计——她也是技术学校毕业的。等她过了二十五岁，我望着她，觉得奇怪：苔西雅的肚子有点儿大起来了。别想骗过当妈妈的眼睛，什么事我都能看出来。我严厉地问她：你同哪一个弄大肚子？她说，没有同哪一个，是风吹大了的。她还傻乎乎地在笑，很快活呢。我流着泪说：把孩子打掉，独身女子打掉孩子是允许的。干什么要当一个独身的妈妈？她同我大吵一场，死也不肯打掉。我这个当妈妈的都觉得害臊，怕见镇上人，可是她一点事儿也没有。她把头抬得高高的，挺着大肚子到处跑，而且还得意地笑着，就好像要告诉大家：都来瞧吧，瞧我这样多好看……后来，等尤拉生下来，我也喜欢起孩子，我很温和地问她：告诉我，究竟谁是这孩子的爸爸？她还是闭口不讲。直到现在她还守口如瓶。尤拉姓的是我们家库切连科夫这个姓，父称用的是外公库齐马的名字。所以这孩子的全名就叫：尤拉·库齐米奇·库切连科夫……”

“姑姑，您当妈妈的，就猜不出尤拉的爸爸是哪一个吗？”

“我猜到的，什么事要想瞒妈妈是瞒不住的。”她拿手帕揩了揩眼里的泪水。“可是，猜到又怎样呢？”

“究竟是哪一个？”

“这个人叫谢苗·雅科夫列维奇。是她的领导，会计主任。”姑姑又擦起眼泪。“是个有家小的人，样子倒是挺庄重的，谁又能想到呢？……”

“您怎么会认为，尤拉的爸爸一定就是他？”

“有一天，我从幼儿园下班回来，朝窗户里面一望，我看到：这个谢苗·雅科夫列维奇正抱着不满周岁的尤拉在亲呢，苔西雅就欢欢喜喜地站在一旁。他们没看到我，我也没有进屋。我在镇上转了一会儿，等到这个谢苗·雅科夫列维奇走掉……我回到屋里，问她：‘他是什么人？刚才是谁抱尤拉的？’她说：‘妈妈，您怎么问起这话，什么人也没有来，就我一个人。’她脸红了，我知道，她在说谎。‘谢苗·雅科夫列维奇来的吧？’‘哪里有什么谢苗·雅科夫列维奇？妈妈，您头脑是不是糊涂啦？是不是您做梦梦到什么人了？’倒成了我的不是了。”姑姑沉重地叹了口气。“唉，简直窝囊死了。可是她还要说:我这一辈子很幸福。米沙,你是个有学问的人,你说说看:这有什么幸福啊?这算什么样的幸福?幸福在哪里?你讲给我听听……"

伤心的姑姑很想听听我这个"有学问的人"的意见,说实话,真叫我难以回答,我便故意沉默,装作在思考的样子。恰好在我沉默的时候,门开了,苔西雅来了,她一看到我,就在门口叫了起来:

"哎呀,我的天,米沙,是你来啦!"

她走上前来,像个男子汉那样紧紧地握住我的手。她还是我童年时就熟悉的那个苔什卡,还是那长长的下巴,只不过如今她脸上的肌肉饱满了,颧骨不像过去那样凸出了,辫子也盘到了脑后;眼睛里闪着兴奋的光彩。

"米沙!我多么高兴啊!我欢迎你,让我来亲亲你!"她那凸出的脸颊红了一下,她便吻起我来。"你的脸刮得好光啊。有人告诉我,你留胡子的。你的胡子哪里去了?"

"是留过的,现在不留了,"我说。"是不是我刮掉胡子不好看?"

"瞧你说的,米沙!好看极啦!"苔西雅称赞说。"你多么神气啊!我倒是很难想象你会留胡子。"她转身问妈妈:"妈妈,您还没让客人吃饭吗?"

"我们在等你哩。"

"哎呀,我要是知道米沙来了,早就跑回来啦。实际上坐在会上真没有意思。"我发现:苔西雅在讲话的时候,她的眼睛似乎闪出温柔的光芒,在这种时候,她的脸显得不那么难看了。"我不在，你们一定谈得够痛快的。”

“我们没谈多少，”姑姑意味深长地望了我一眼说。“我们刚要谈，你就回来了。”

“你们刚才谈的什么？”

“家长里短地随便谈谈，”姑姑笑着回答说。“我马上去弄饭吃。”

“尤拉睡了吗？”

“宇宙航行员早就起飞啦，”姑姑那一片愁云的脸上出现了笑容，她禁不住说起笑话来了。“孩子们到了睡觉的时候就要睡觉。”

“米沙，我儿子怎么样？”苔西雅问。这时候，她那闪着温柔的光芒的眼睛和幸福的笑脸突然在瞬息间显得好看起来。“你喜欢尤拉吗？”

“是一个很好的小厮，”我回答说。

“对于我的尤拉，说‘很好’是不够的。简直是个了不起的孩子！”苔西雅不禁露出一个妈妈的偏爱。“他才只有三岁，就那么机灵，那么聪明，真是天底下难找！你同他谈谈吧，他什么事都懂。简直是个神童……来吧，米沙，坐到桌子跟前来……趁晚饭还没有弄好，我拿些白李子给你尝尝，是自家园子里的。我家有两棵李子树，可是结的李子真不少。妈妈，李子你摘了吗？”

“在过道里，放在桶里，”姑姑说，一面在炉边忙着。“要好好洗一洗。”

十四

吃罢晚饭，还没有收拾起碗碟，姑姑就急忙打开电视机，她好像是在向我表白似的，说：

“没办法！不看一会儿简直就不行，就像有块磁石吸引着。过去信教的人每天跪在圣母像跟前做日课，如今咱们就坐在电视机跟前做日课。”她那忧伤的脸上出现了若隐若现的笑容。“有时候，腰酸背疼，困乏得很，可还是要看，舍不得离开……今天有那位……叫什么来着……对啦，有莫妮卡的节目。”

“是您最着迷的演员，”苔西雅说。

“说我迷，就迷嘛。她演得才活呢……难道你们不想看一看？”

“不看，妈妈，我们不想看，”苔西雅代表我们两个回答说。“我们到我房里去坐一会儿。你把声音开小一点，别把尤拉弄醒了。”

“我家的宇宙航行员才弄不醒呢，”姑姑说，声音中流露出她因为有这样一个外孙感到十分得意的心情。“这会儿即使放大炮，他照样一觉睡到天亮。”

苔西雅的房间像许多姑娘住的房间一样，十分雅致，十分整洁。屋角里是一张大衣橱，窗前一张小书桌、一把靠椅，书桌上有一盏台灯，灯罩很大，像一顶宽沿的女帽，浅绿色的灯光从灯罩下面发射出来，落到书桌上和沙发边儿上。一张矮矮的单人床蒙着花床单；枕头上蒙了花边枕罩，就像姑娘脸上蒙了面纱；窗台上也是堆满了大大小小的花盆，花盆上又摞花盆。

我们坐在沙发上，浅绿色的灯光照在我们的脸上，苔西雅拿她那善良、明亮的眼睛很不好意思地望着我，说：

“米沙，请你原谅我。”

“怎么回事儿？”

“我向你扯了慌，说我要过命名日。”

“用不着道歉，我全都知道，”我说。“所以，你看，我连一束花都没有带。”

“你知道就好了。”她的眼睛显得更明亮、更温柔了。“我多么想和你见见面啊。你那一天到求神镇来，我就去找过你，没有找到……你今天有没有到苏霍德寥夫那里去？”她忽然没头没脑地问道。“有没有去找他？”

“我从区里直接到这里来了。明天我到苏霍德寥夫那里去。”

“你一定要去看看他。他心里很不愉快。”

“什么事？”

“不久前区委书记卡拉钦采夫到农场来了一趟，”苔西雅说。“卡拉钦采夫走后，苏霍德寥夫把全体党委委员请了去。”她放低了声音说：“我也去了，我也是党委委员……苏霍德寥夫告诉我们，卡拉钦采夫不准由选举产生畜牧场场长。你大概已经知道，很多分场主任都是用无记名投票方式选举出来的。苏霍德寥夫希望场长也要通过选举产生。卡拉钦采夫好像说：决不能标新立异。苏霍德寥夫很不痛快，他对我们说，要是不通过无记名投票进行选举，他就辞职。他说，我想弄清楚：全场的人愿意不愿意由我来领导？要是我能得到全场的信任，场里的事情还会搞得好些。他要求党委委员们支持他的意见。”

“怎么样？大家支持吗？”

“争论了四五个钟头，一点结果都没有。”

“你怎样看的？苏霍德寥夫的主意对还是不对？”

“当然对，”苔西雅马上回答说。“不过，他这个主意行不通。”

“你为什么这样看？”

“因为还没有一个国营畜牧场这么办。别人没有这么办，上级又没有叫我们这么办，我们为什么非要这么办？”她移了移台灯，好像要把我看清楚些。“我很尊敬苏霍德寥夫，他这个人很聪明，有头脑，有办法。他读了不少列宁著作，还写了论列宁的文章，我还没发现他做什么事是为个人私利。他希望大家投票表示对他是不是赞成，这一点我也理解。我不理解的是，他为什么非要去钻牛角尖？米沙，你去开导开导他，也许，他会听你的话。因为如果他走了，那才糟呢。他这个人说到就做到，他会走的。要是没有苏霍德寥夫，国营辽阔畜牧场真不知该怎么办。像这样的场长，我们这里还没有过。他来了以后，生产上去了，劳动纪律巩固了，收入大大增加了。米沙，明天你去同他谈谈吧，劝劝他。”

“你就是为这事要我来的吗？”

“那才不是呢！我这是临时想起来的……我很为苏霍德寥夫着急，也许，这纯粹是瞎操心……不过，他要离开畜牧场，总是不应该的。”

“我看，用不着我去劝，更用不着我去开导，苏霍德寥夫就十分清楚，什么事该做，什么事不该做。”

看样子，我的答复没有中苔西雅的意，她坐在那里老半天没有开腔。

“苔西雅，咱们不谈苏霍德寥夫了，”我希望换换话题，便说道。“谈谈你自己吧。你生活过得怎样？”

“我过得怎样？”她问。“过得很好。生活没有什么说的。我有工作，又有儿子。你怎么样？你自己的事还一句没讲呢。”

“有什么好讲的？”

“结婚了吗？”

“还没有订婚呢。不过有一个女的，叫玛尔塔，算得上我的妻子。”

“你很爱她吗？”

“她是个很好的女子……”

“米沙，你回答得文不对题。好女子多得很，可是自己爱的只有一个。”

我真想告诉我这个目光如此亲切、如此和蔼的表姐：我在这里，就在辽阔村，认识了一个姑娘，她叫叶菲密娅·阿基姆采娃，而且现在这个美丽的姑娘已经住到了我的隔壁，但是我忍住了，没有讲。

“你讲讲，你爱玛尔塔吗？”

“我同她挺合得来……”

“米沙，你这样回答，还没有对上号。”

“干什么老是说我对不上题、对不上号？你还是告诉我，尤拉的爸爸究竟是哪一个？”我问。“对我都不能讲吗？”

“不能！”她那很不漂亮的脸顿时红了。“我不能讲尤拉的爸爸的名字。你也别问。”

“究竟为什么不能讲？你怕吗？”

“不是的，我不怕。我不能讲，是因为这是我心中最秘密的秘密。这个秘密我要永远保守下去。一直等我死后带进棺材。”

“能告诉我吗？我保证为你保守秘密。”

“对你也不能讲，”苔西雅说。她的脸上露出不快的神色。“不瞒你说，问这种问题的不是你一个，问得我烦透了。每个人都想问个究竟。可我是什么滋味？委屈我是受够了。最倒霉的是，我怀着孩子的时候，我的预备期满了，轮到我转正。在本场党委会上、在党员大会上都很顺利地通过，没有人提出刁钻古怪的问题。大家都了解。后来又通知我，要我到区委会去。我不能去，去不成了。苏霍德寥夫派来了汽车，又叫一个护士陪我，我便去了。我进去一看，里面只坐了一个分管宣传的女书记玛丽娅·菲多罗芙娜。后来在开会之前和在开会的时候，那些男人一直在斜着眼睛看我的肚子，就好像看一个从来没有见过的怪物。他们当然看过我的履历表，知道我没有结过婚。不过大家讲的都是我在工作中怎样起模范作用啦，政治学习怎样认真啦，对于我怀小孩的事，一句话没有讲。我心想，这很好，这里也不会有问题，都是有些年纪的人，都很庄重，都能了解。可是，涅菲多夫突然冲我开了腔，这个涅菲多夫当时是执委会主席，三个月以后因为乱搞男女关系撤了职。当时这个涅菲多夫用手抚摸着他那栗色的小胡子，眼睛无耻地闪动着，冷笑着问：‘委员们很想知道，库切连科娃同志，您那姑娘身腰是怎样变了的’我红着脸，没有讲话。如果单单是涅菲多夫一个人，我是好回答的。我会顶得他受不了。可当时是在开执委会。我低下头，不知道说什么好。亏得玛丽娅·

菲多罗芙娜帮我讲话:‘我们委员们都十分清楚,涅菲多夫同志,您对姑娘身腰是大有研究的,’她这么一说,全体委员都笑了起来。‘可是您为什么不说说我们接收入党的不光是苔西雅·库切连科娃,也是一位未来的母亲……您懂不懂,——一位母亲!’她于是代我辩解起来……卡拉钦采夫也帮着讲话……你瞧,米沙,有很多人想探探我的奥秘,想嘲笑我,但是谁也没探到,我看,今后谁也休想探到。”

“好吧,苔西雅,你就不说出那人的名字,”我说。“这一点我能理解。不过,你能不能讲讲:那是怎么一回事?是你失贞?是一时的冲动?还是更为可怕的原因?”

“米沙,瞧你说的!你是不是从天外来的?你问这话不觉得害臊?你怎么会想出来的?”苔西雅声音中露出气恼的意味,她那和善的眼睛这时闪了几下,顿时迸出了泪水。“什么失贞?什么一时冲动?根本不是这么回事儿。我告诉你:尤拉的诞生,就是我的爱情的诞生,是初次爱情,也是最后一次爱情,是真正的人类的爱情,是人们梦寐以求的那种爱情,是民歌中歌唱的那种爱情。”

“那个挺神秘的人,就是像你说的,给了你真正爱情的男人,很爱你吗?”

“我要说:你这个问题问得很蠢。”

“为什么很蠢?”

“因为,米沙,你这个问题用不着问,”苔西雅闪动着含泪的眼睛说。“他要是不爱我,就不会有尤拉……”

“可是有些人就不是这样,而且那样的情况还不少。”

“别的人是什么情况,我不知道,我也不想知道。”

“他知道不知道他有一个儿子叫尤拉?”

“米沙！你怎么会问起这话?”苔西雅说。她的声音中又流露出气恼的意味,含泪的眼睛又闪了几下。“当然他知道有一个儿子叫尤拉,而且他也同我一样,因为有这样一个儿子非常高兴,他这个当爸爸的,爱尤拉也许还要超过我呢。如果不是这样,又能怎样呢? 那我就不懂了。”

“你们现在还往来吗?”

“怎么,你来审问我?”

“苔西雅,瞧你说到哪里去啦！我不过想了解了解:你究竟是怎么一回事?”

“请原谅。不过,你问我,我们是不是还往来,这就好比我来问你:米沙,你是不是每天都吃饭? 是的,我们还往来,而且经常往来。要说见面,更是天天见面。”

“都是暗下往来吗?”

“你猜对了。很遗憾,我们不能公开地明来明往。不过,这不要紧。”

“他在物质上对自己儿子有没有表示?”

“米沙,你问的都是怪问题。在物质上有没有表示——这在他、在我,都不是主要的问题。”

“我还有一个‘怪问题’——你们究竟为什么不结婚?”

“这个问题倒不怪了。我们没有结婚,就因为我们无法结婚。有重大的原因。”

“什么原因? 是不是也是秘密?”

“不是的,不是秘密。”苔西雅把头伸过来,声音极低地说:

“怪不得我，是我碰上了歌子里唱的那种事情：‘我命好苦，爱上了有妇之夫……’”

“有什么了不起的？让他和老婆离婚就是了。这种事多得很……”

“不能。”

“又是‘不能’！为什么？”

“他家里有三个孩子，一个比一个小。三个可怜的孩子怎么办？”

“自己带着就是了。”

“妈妈舍得孩子？要想从妈妈怀里夺走孩子，就等于要她的命。”

“她是不是知道生了个尤拉？”

“这我没有想过。大概她不知道。”

“咱们应当想想办法，摆脱这种既成的局面。”

“办法已经想好了：让我们的儿子就这样长大，我们都感到很幸福。别的还要什么？”

“表姐，我对你说实话，你这种幸福，我觉得不可理解，很奇怪。”

“我这种幸福，谁都不理解，而且，看样子，永远不会有人理解，你也不例外，”苔西雅眼泪汪汪地望着我，那眼光好像在责备我：你呀，还经常给报纸写文章呢，什么事你都不懂……“米沙，要想理解我这种幸福，先得体验和感受一番，就是说，要尝一尝，试一试：这种幸福究竟是什么滋味？连亲妈妈都不相信女儿是幸福的。我不知道怎样给她、怎样给你解释，不知道拿什么话才能说明白我这种真正的、毫不夸张的、一个女人的幸福。要是对她说，一个女人是否幸福，并不在于嫁人不嫁人，她是不会相信的，尽管她自己婚后十分不幸、十分窝囊。可怜她吃了很多苦，流了不少眼泪。我们有些妇女出嫁以后，一辈子过不到好日子，尝尽了痛苦，受尽了折磨，这样的妇女是不少的。像这样结婚我才不想，我永远不会这样结婚。”

怎样驳斥她？拿什么道理驳斥她？即使不驳斥，又怎样来回答？我想不出令人信服的道理来驳斥，也想不出适当的话来回答，只好不讲话。显然她刚才给我讲的事有点儿特殊，正如大家说的，在现实生活中是不典型的，是没有代表性的，但我心中赞成苔西雅的做法：确实，无可非议，她有她的道理。使我高兴的是，尽管她给我讲的不多，但是她通过这番话已经向我展示了她的内心世界，展示了心灵的美；看样子，造化为了弥补她外形美的不足，赋予她的心灵美是够丰厚的。我相信，像苔西雅这样的女人，才爱得深，爱得强烈，才能得到真正的爱，才能得到像那个已婚男子、尤拉的爸爸爱她的那种爱。

这时候，我这个记者喜欢刨根问底的职业病又犯了。我想问一问：我表姐藏进抽屉、又锁上锁的那些笔记本上写的究竟是什么？我讲得很小心，试探着接近目标。苔西雅一声不响地望着我，听我讲，从她那惊讶的神情可以看出，她怎么都没有料到我会摸到这么多的情况。

“真奇怪，真不可理解，”她很生气地望着我说。“你从哪里知道我有这样一些笔记本？”

“我知道，我全知道，”我回答说。“我凭直觉猜到的。我想：

我表姐不会一点不记的。果然叫我猜到了。”

“米沙,看你的眼睛,就知道你在扯谎。你怎么会猜到呢?”

“可是,我居然猜到了。”

“大概是妈妈讲的。”

“是谁讲的,这无关紧要,”我说。“要紧的是让我看看你记的东西。行吗?就让我看几本也好。”

“你干什么要看?”

“什么‘干什么’?看看好玩呗!”

“哼,米沙,你休想看!”

“为什么不能看?”

“里面记的是个人最隐秘的私事,这些事只有我一个人知道。”苔西雅苦笑着撇了撇嘴。“有点儿像一个爱得发疯的女人的自白书。”

“这样,看起来就更有意思了。让我看看吧……”

“不行!我记这些东西,不是为了看的。”

“那又为了什么?”

“不为什么,写出来就这么放着……这是我心灵的记录。要是说,将来会有人看到的话,那这个人就是尤拉,而且只有在他长成大人的时候。就让他了解一下他的妈妈和爸爸的真情。”

“我作为一个表弟,不能看吗?”

“别讲了,米沙。这件事谈到这里为止了。”她断然地说。

十五

时间在谈话中很快地过去,不觉半夜已经悄悄来到。姑姑早就告别了她很喜欢的女演员,大概这会儿已经做过几个小梦了。房里非常静,听得清啄木鸟在石板瓦房顶上勤奋的敲击声;这位红盔好汉不停地啄着,不知是在挖掘什么样的小虫儿,好像在擂鼓呐喊:喂,好小子,你出来,哒哒哒;喂,有种的,你出来,哒哒哒……

"米沙,咱们也该歇了,"苔西雅一面说着,站了起来。"要在一个晚上把所有的话都谈完,看来是不行的。"

"你家有没有干草棚?"我问。"我喜欢睡草窝。"

"我家连普通的鸡窝都没有,"苔西雅回答说。"你是客人,你就睡在我的床上。我的床比干草堆软和得多,"她笑着说。

"算啦,表姐,干什么要把你挤走?"我表示不赞成这样办。"我还是随便些,睡睡干草吧……要不然,就睡堂前的沙发……"

"在这里,我是主人,一切由我安排,"她那亲切的眼睛露出笑意。"你睡在这里舒服些,也安静些。"

苔西雅把本来已经够松软的枕头又抖了抖松,说她要到尤拉房里去睡,说了声"晚安",便走了。这一晚,我才不安呢。不安的因素,不知是不是这陌生的床铺、陌生的房间,还有房顶上啄木鸟那一时不停的、令人不习惯的啄击声,反正我怎么也睡不着。我回到家乡以后,见到了一些人,认识了一些人,这些人常常使我感到惊异,今天同苔西雅谈过以后,更感到惊异了。我这一夜睡不着,也许原因就在这里。我遇到的有性格、有骨气、称得上特殊类型的人是太多了,这样的人我过去还没有遇到过。把这些人物如实地写下来,就是说,临摹下来,就很有意思。我想,这些人物往往得不到人们注意,只是因为,我们一天到晚总是生活得忙忙碌碌,对这些有性格、有特点的人物往往熟视无睹。他们好像淹没在茫茫人海中,他们的独特性往往显示不出来,而且通常他们的称呼够简单的:有的称羊倌,有的称主任,有的称畜牧场场长。再如苔西雅称会计,菲玛称畜牧技术员兼剪毛工。或者干脆一起称做农牧业劳动者。多么平常、多么不惹眼的称呼!不过,只要找到一个这样的劳动者,对他稍微作一些了解,能同他推心置腹地谈一谈的话,马上就会发现,这个劳动者并不像乍看那样简单,那样平常。

不知为什么,我越来越怀疑我这次回家乡的目的。这个夜晚,一直有一个念头搅得我心神不宁:我来到这些人中间是为了什么?我明白:这个念头使我如此不安,怪只怪我在莫斯科上学以及后来在报社工作的时候,就暗暗抱定了一个理想——也就是我要回乡时,编辑部主任扎采平猜到的那点儿心思。我这点心思对谁都没有讲,对玛尔塔也没有讲,我只是一心一意地在想着:等我回到家乡,在家乡住一段时间,认识一些人,了解一下他们的生活,以他们的生活为题材,写一部小说;当时我觉得我这个理想很简单、很容易实现。如今,我在家乡住了大半年,认识了家乡许多人之后,特别今天同苔西雅见面以后,我这个多年的理想不仅不使我感到兴奋,而且使我感到害怕,我觉得这个理想太幼稚,根本无法实现。所以这一夜,我一个人躺在陌生的房间里,倾听着啄木鸟的啄击声，心里想的不是如何来写我所看到的这些人，而是一直想着：两手空空地回去，如何下场呢。我脑子里思绪万千，各种想法交织在一起，一切都乱了套；我原是要回来了解家乡生活的，如今这生活似乎变得比回来之前更难理解，更叫人摸不透。

我希望解除疑虑，树立信心，便在心中暗暗同我认识的一些家乡人讲起话来，我拿同样一些问题问他们：我该怎么办？写还是不写？我很希望他们能解答我的疑问：这件事我能胜任，还是不能？我究竟有没有足够的能力、足够的才华，能不能把他们写成我所看到的样子，能不能写出他们的本来面貌？同时我又在心中自己替他们解答。

例如，苔西雅对我的回答就干脆利落，一点也不绕弯子，她的回答是否定的。“米沙，不行，”她一面说，一面拿亲切的目光安慰我。“别人的事我不敢说，就拿我自己来说吧：写我就毫无必要。”“表姐，为什么？”“写我有什么意思呢？这个问题你想过没有？谁有兴趣来了解我和我的生活？谁也不会感兴趣。我又算什么？有什么出色之处？一点也没有。一个没出嫁的妈妈，还在同有妇之夫暗地里往来，而且见人就说：我很幸福！很多人对我冷眼相看，没有人相信我，连你也不相信我。难道人世间有这样的幸福？大家都会说：没有！人们都在七嘴八舌地议论：她精神不正常，所以她觉得自己是幸福的。因为大家都这样看：一个女人的幸福只有得到法律保障，才谈得上，也才能够存在。我的幸福没有经过法律批准，这就成问题了。所以，米沙，我求求你，别写我，干脆打消这个念头。问题不在于你有没有能力，有没有才华，而是苔西雅·库切连科娃这样一个人物根本就不能写。假如你写了，大家读过后，一定要说：哼，瞧吧，他虚构了一个拿糊涂当幸福的荒唐透顶的女人！”

于是我又去访问两次得到社会主义劳动英雄称号的老羊倌西兰季·叶戈罗维奇·戈罗别茨。“叫我说啥呢？我能给你出啥样的好主意？依我看，你最好别写我，你写不了，趁早住手。万一你要写，那就得从远处写起，写一个人，就得从小写到老，写这个人漫长的一生，写多年的放牧经历，而且还不能孤零零地单写羊倌，还要写当年那些防狼猎狗，要写整个的篷车，还得写写如今已经无所事事的那几只猎狗。这有多难啊！还有，你不能不描写一下那众目景仰的西兰季·戈罗别茨的塑像。瞧他站在水牛村中央，好不神气！因为别的羊倌都没有站在那里，只有他站在那里。他为什么站在那里？据我看，就因为西兰季·戈罗别茨本人为羊群操劳了一辈子。这些事怎么能搬到纸上，又到哪里去找这么多的词儿？再说，你要干起来，得伤不少脑筋。我看，算了吧，小伙子，别写啦……”

“奶奶，您的看法呢？写还是不写？”我在心中问奶奶。“噢，米沙呀，米沙，我有啥看法不看法？你知道，我这个人不识字，没有啥学问，你写啥玩意儿，我一点不懂。该写，就写；咋样好，米沙，你就咋样办。良心叫你咋样，你就咋样。就如我这一辈子，村里人全都一清二楚，就很可以写一写，不要编造，不要添枝加叶就行。要仔细看一看，我这一辈子就有数不清的悲欢离合。可是这许许多多的事咋样才能搬到纸上呢，那我就不知道了。干这种事，米沙，你比我懂门儿。不过我要告诉你：这么重的活儿你干不了，你要把身子累坏的。为啥我要这样讲？因为，我这一辈子的事不少,你所知道的还仅仅是我给你讲的那一小点儿。实际上还多着呢。所以,这件活儿你还是不去干为好……”

安得列·谢罗什坦先是笑了起来。他没想到我会提出这样的问题,搔了半天后脑勺,这才说:“妙！妙！很有意思！这个问题不简单,很重要。实行综合养羊,不再在草原上放牧——这是一项大事！所以,米沙,我劝你试试你的本事和才华。要有一点儿冒险精神,要拿出勇气。真的,如今的养羊人是值得写一写的。总而言之,我有个亲身体会:干什么事都需要有一点儿勇气和冒险精神。我在水牛村动手兴建综合养羊场的时候,难道不是冒风险?冒的风险才大哩！你就不妨冒冒险,大胆地干一干。有什么关系?怕丢掉什么?什么都丢不掉！能写成一部长篇或者中篇,很好,让人们读一读,了解了解我们今天的生活;要是写不成,也不过如此,有什么关系?不过,米沙,你不要写我,不要写我个人,写我个人没有意思。写写我们这些养羊人,他们已经不再扛着羊鞭在草原上游荡了;你还可以写写我们州畜牧业的发展前途……”

我的伯父阿尼西姆·伊凡诺维奇听完我的问话,一如往常,用无比自信的口吻说:“写！某些人可能劝你不要写,可是我要对你说:写！好侄儿,写吧！以前我话里就有话,你想想看,我要你干什么的?我就是要你干这号事！我以前给你讲,现在还要给你讲:写一本小说吧！就写我,写我阿尼西姆·伊凡诺维奇·恰佐夫,因为比我更理想的正面人物在我们农村大白天打灯笼都找不到。而且,要写我既容易,又简单:从我在篷车里出生,直到今天,我这一辈子一天也没离开过羊群,就把我这一辈子一古脑儿写进去就是了。把我得的奖赏、我的荣誉全写到书上,大胆地写,不要有任何顾虑……其中最主要的又是什么呢,米沙?最主要的是生活真实,你如果把阿尼西姆·伊凡诺维奇如实地刻画出来,就是说,把他写成实有的样子,写出他在养羊方面能够驾驭一切的气度,那这就是一个很好的正面典型人物,你的小说就算写成功了。关于我那些麦秸盖的羊圈,你也要写得真实,就是说,要用一个老羊倌的真实心情去看……"

失眠之神带着我来到椋鸟镇,见到了我不久前才认识的区汽车场场长斯捷潘·叶菲莫维奇·洛沙科夫。他是个美男子,浅色的卷发,又年轻,又挺拔。他用心听完了我的问话,惊讶得微微弯起细细的眉毛,盯着我看了半天,然后莞尔一笑,说:"这个想法很好,这样做大有好处。我是否能这样理解您的来意:您想写写我这个人,是吗?""就算是这样。""好,好极了!我表示同意,不过,必须有一个条件。""什么样的条件?""要写,就不能丑化。这是第一。第二:要写得真实,写得有血有肉,写得充分,就是说,要够分寸,要大胆地写,用鲜明的笔调写,不要畏首畏尾、缩手缩脚。千万不能像此地一位不受欢迎的作家那样,蓄意丑化和抹黑,冷嘲热讽,明枪暗箭。要是你想写小品文或者诸如此类的讽刺文章,那你趁早丢掉这样的念头,因为不会有好结果的。我喜欢正当的意见,我赞成真实的描写,对我的任何诬蔑、任何不正当的意见,我都不能容忍。我要把一切话都说到前面……"

菲玛对我的问题的回答令人感到十分意外,她的回答自是与众不同:"米沙,我的小傻瓜!"她一面说,一面转动着她那媚眼,又撩了撩鬓边小麦色的卷发。"哪里来的这些鬼问题?干什么拿这些问题来问我？米沙，我可用不着你来写！我要的是你来爱！我真奇怪，你怎么连这一点都不明白？你只要爱我就行了，别的什么都别去想。就让别的姑娘去给你做小说中的女主人公吧，我最神圣的事是爱你，你最神圣的事是爱我……米沙，难道你觉得这还不够吗？”

十六

我也向苏霍德寥夫提了同样的问题，不过不再是在心里问，而是当面问的。清早，我来到畜牧场办公处楼前。寒冷的秋日的太阳刚刚在草原上升起，投射出的光芒宛若火光，将半个天空和整个求神镇照得红彤彤的，将这座二层楼的一面面窗子照得亮闪闪的。我顺着一道陡斜的石头楼梯上了楼，走进一个宽敞明亮的房间。房间里沿墙放着一些沙发，座椅摆成一排，我知道，这就是那独具一格的接待室，这间接待室同场长办公室之间不设登记台，也没有女秘书主持接待，我觉得这有点儿不习惯，甚至觉得奇怪。场长室的两扇门是用黑色人造革包的，里面填饱了棉花，鼓膨膨的；从里面走出来一些人，有的兴高采烈，喜气洋洋；有的愁眉不展，心事重重。我也走进这个门，看到了苏霍德寥夫。他正在同一个穿短上衣的矮墩墩的秃顶男子握手。

“好啦，就这么干，瓦西里·尼古拉耶维奇，”苏霍德寥夫说。“大胆干！别犹豫，不要有任何顾虑。”

“阿尔焦姆·伊凡诺维奇，你的意思我懂，”秃顶男子手里捏着帽子，回答说。“保证完成！”

苏霍德寥夫将秃顶男子送到门口，看到了我，把手伸了过来，说：

“啊！米哈伊尔·恰佐夫！胡子刮掉啦？！”

“刮掉了……”

“刮掉好，留这种怪里怪气的玩意儿没意思。我们这里不兴年纪轻轻的就留胡子。”他拉住我的胳膊。“什么风吹来的？进来坐，进来坐，我见了你真高兴。不过，说实话，没想到你这么早就来了。”

我告诉他，昨晚我在姑姑娜斯佳·库切连科娃家歇的。

“噢，噢，我都忘啦，你在求神镇有好多亲戚。”苏霍德寥夫眼里又闪出我熟悉的那种诡秘的笑意。“苔西雅就是你的表姐。她是一个心灵美好的女人，我还要说，她是一个不寻常的女人。她那神秘而又充满浪漫意味的爱情就很不寻常，她比求神镇任何女子生活得都幸福，这一点也很不寻常。应当把这样的人写成小说，写成诗歌。”

“阿尔焦姆·伊凡诺维奇，我就是为这事来征求你的意见的。”

“征求我什么意见？”

“我很想写，不过不是写苔西雅，想写你，写一写国营辽阔畜牧场场长苏霍德寥夫。你觉得怎么样，你看我能不能写好？”

“嘿，写我？……你真想得出！”他眯起眼睛，眼睛里又流露出那种诡秘的笑意。“我看，你写不成。别写，别浪费时间。”

“为什么？”

“就拿一点来说吧：我们的生活看起来很简单、很平常，这只是表面现象。如果细心看一看，看得认真一点儿，那就不同了。生活不是静止不动的，很像一条春汛时期的山涧，每时每刻都在流动，每时每刻都在汹涌奔腾，今天是这样，明天就完全变了，河岸、水的深浅、河滩全都变了样子。要想把这种生活如实地、真正地表现出来，必须从这汹涌奔腾的巨流中选取最本质的东西。什么东西最本质？试问，你清楚吗？此外，你还不能不写我们这些领导，像我、像另外一些场长，你不能避而不谈。写我们这些人，就不那么简单了。要是把我们写成我们实有的样子，我们看了以后，就会说，我们根本不是这样的，就要对作者恼死了。”他望了我一眼，他那眼里还含着笑，我弄不清他的笑是什么意思。“不就是因为这样的缘故，有些至今健在的作家，老是在写早已过去的时代，总是离不开那些老而又老的往事？过去时代的一切事情都已成为陈迹，一切都已得到自己的归宿，是怎么回事，就怎么回事，历史事件、历史人物都已进入历史，你就写吧，决没有人来责备你：当事人早就不在啦。要是写了今天，就是说，写了这汹涌奔腾的时代河流，而且如果作者在写这个或那个农村领导人优点的同时，也写了他的缺点，那马上就有人出来反对。要是有哪一位领导人认定某一个反面人物就是他，他就要暴跳如雷：这还了得?！根据什么这么写？哪一个叫你这么写？我不是这样讲的，我不是这样的人！把作者找来给我交代交代！为什么胆敢这样随心所欲地来写我？这简直是污蔑！你向他解释，向他说明，书上写的不是他，连姓名都不一样嘛。可是，恼透了的领导人还是不肯罢休：岂有此理，我早晚要找你算账！”苏霍德寥夫垂下他那脑门儿很大的脑袋，拿手指绕着他那浅色的头发，沉默了一会儿。“斯捷潘·叶菲莫维奇·洛沙科夫,是个挺和气的同志,对了,你是认识他的,有一次,他在闲暇时间读了一本小说《草原上的曙光》,他认定书中一个反面人物就是写他的。我们这位挺和气的洛沙科夫这一下子也火了起来,到全区积极分子大会上去发言,将我们当地一位作家臭骂一顿……可你却要写我呢。不过我不是洛沙科夫,可以事先告诉你:我是不会恼火的。不过,假如你把我写成实有的样子,没有人会相信你的,你就是列夫·托尔斯泰再世也不行。有人会说你虚构,说你瞎编;他们这样说,自有他们的道理。他们说,在现实生活中,作者在哪里见过这样的场长?全是瞎编的!根本没有这样的场长!我这个人不能写,还有一个原因,那就是,我一点也不典型,就是说,我没有现在畜牧场领导人所具备的那些品质。”他又沉默起来,把一绺头发捏在手指间搓揉着。“我对你讲句推心置腹的话:从各方面来看,我得离开这个高位了。”

“这倒是条新闻。是怎么一回事儿?”

“是的,是新闻,”苏霍德寥夫郁郁不乐地说:“这条新闻暂时只有我一个人知道,现在又加上你一个。”

我发现,每当苏霍德寥夫激动的时候,总要走到大窗子跟前去。这会儿,他又走到了窗子跟前,眯缝起眼睛,一声不响地望着村外依然在发射着红光的冉冉上升的太阳。

“不久前我同卡拉钦采夫十分认真地谈了一次话,”他望着窗外,好像在自言自语地说。“卡拉钦采夫不准进行投票选举畜牧场场长,无论无记名投票,还是公开表决,他都不允许。他说,场长从来就不是选举产生的。”

“是这么回事儿，”我说。“谁都知道，场长向来都是任命的。”

“这我也知道，”苏霍德寥夫望着窗外，沉默了很久。“大家都能这样，可是我不能。懂吗，米沙，我要是得不到大家的信任，就是说，我不知道大家要不要我做他们的场长，我就不能领导他们。”

“你们谈的结果怎样？”

“那一次谈话毫无结果。昨天卡拉钦采夫打电话给我，要我担任新的职务。”

“什么职务？”

“区党委研究室主任。”苏霍德寥夫十分勉强地、淡淡地笑了一下。“他说，论性格，你不是个搞生产的人，你适合搞宣传，所以你就别搞养羊啦，研究研究党的宣传教育问题吧，你好好想一想这件事，打个电话给我。所以我在想，想得头都昏了。”

“想定什么主意没有？”

“一点也没有想好。”

他还是望着窗外，老半天没有讲话。我为了打破这持续太久的沉默，便问道：

“你怎么不用个女秘书？”

“你发现这个情况啦？”

“这个情况又不难发现。”

“不用秘书完全行……说实话，我是想慢慢地使我们的许多事情简化。”

“怎么样，简化了吗？”

“才迈出了开头的几步。”苏霍德寥夫脸上的笑容舒展开来，好像在说：不用秘书，这不过是小事一端，还有大的哩！"这有什么实际好处？好处不在于减少了一名编制人员，虽然精简编制也是好处，而是这样可以消灭国营辽阔畜牧场的社会性祸害，其名称就叫官僚主义。不错，开头我们是有点儿不习惯，特别是我们的副场长伊里亚·菲多洛维奇·克拉马连柯感到很不习惯。他到现在还觉得很伤脑筋呢，觉得没有秘书简直不行。何必要伤脑筋呢？只要你在场长室里，人家就不必通过另一个人专门向你请示：能进来拜见你吗？这会儿不论哪一个来找我，想进就进。有时来找的人太多，这好办，接待室里有的是沙发、椅子，坐下歇一会儿，等一下子就是了。"

"来访的人有时候是不是也要等？"

"可以说，取消禁令以后，就一点不按次序了，"苏霍德寥夫说。他那脸上的笑容好像还在补充说：你可以把这话记下来，以后再来看看，就会相信了，不过不要觉得惊奇，因为实际上这种情况很平常、很普通。"为什么不按次序呢？比如说，有的男人或者女人有事来找场长，——哪一个没有事会到这里来？——不须经任何人允许，推门进来，坐到我桌旁，有什么事就讲。非常随便。有的人谈的事情很重要，那就多坐一会儿；有的事情很小，进来谈几句，马上就走。这就没有什么次序了。以前这里又是什么情形呢？说来实在好笑。为了见到场长，先得要在记，排好次序，就像登记购买乌兹别克地毯或者水晶玻璃花瓶那样。有人等接见等上几个星期，一面等，一面骂场长。这种所谓的次序对谁有好处？对谁都没有好处！这些人为的隔阂，许多场长室门前设登记台、设女秘书的做法，事实上有害无益，只能叫人发火，给人找麻烦。我一向相信,在我们这全民的国家,谁要想找畜牧场场长或者农庄主席谈谈,是一定能办得到的。那么,干什么非要叫人着急、发火呢?我的想法是:要是有人想找我,找我这个场长,或者干脆找我苏霍德寥夫个人,要见见我,同我聊聊,或者要我办点事儿,怎么能给人家制造障碍?所以现在我们实行起这样的办法:谁要来,来就是了,什么时候都可以,不要任何手续……列宁具有一个领导者的许多长处,而其中最突出的一点,是他的平易近人,就是说,作为一个领导者,要让每个人随时都能同他见面,同他谈话。"他又诡秘地笑了起来。"有一次,离我们很近的'列宁路线'农庄主席季莫菲·西雷奇·奥夫恰尔尼科夫到我这里来。这个人很出奇,像这样的人是不多的。他才真是离了秘书不能过日子哩。他来到我这里,马上就教训起我来:'阿尔焦姆·伊凡诺维奇,你才是真正的傻瓜。为什么要自动地撤掉这层可靠的防护?这些来访者,天天告不完的状,要是不加以控制,会搞得你晕头转向,一天到晚不得安宁,会把你活活搞死的。我对你说的是真话——会把你搞死的。'可是我现在还活着,还满结实的,身体各方面都很正常……呀!你瞧,是哪一个来了!"苏霍德寥夫望着窗外,叫了起来。"洛沙科夫来了!真也是的,说到谁,谁就到!你到这里来瞧瞧。这小子真有一点儿风度!又气派,又潇洒!你再瞧瞧他走出汽车的那种姿势!简直是一位明星,一点不假,简直像明星!"

十七

走进来一个中等身材的男子。他显得格外年轻,还不到三十岁,脸色看上去挺精神,一双水汪汪的眼睛,是农村中难得见到的美男子和风流少年。从他那刮得干干净净的光润的脸上的笑容,从他那穿着短筒矮跟的漂亮皮靴的两脚轻快而灵活地迈动的姿态,不难看出,此人十分健壮,既不曾失过眠,也不会在夜里东想西想,淡黄色的头发卷成密密匝匝的许多小卷儿,看样子,简直无法用梳子梳。身上穿的衣服是用薄衣料做成的,颜色像熟透的野蒿,浑身上下找不到一点皱褶,阳光照在上面光闪闪的,通常这种服装在此地是那些经常同公路、同汽车打交道的人穿的;上衣没有扣纽扣,显得松松的,上衣的口袋是缝上去的,口袋颜色比衣服颜色要深一些。

比较了解和接近洛沙科夫的人,对他特有的一种性格特点感到吃惊:不论让他担任什么职务,他都能应付,所以他总是毫不含糊、毫无二话地接受上级交给他的任何工作,而且接受任务的时候总要说:“我是党的一名小卒,党的要求就是我的法律。”大家都这样说:就是把洛沙科夫淹到水里,他也能从水里爬出来,而且身上都是干的。他只有三十五岁,已经巧妙地换了四五种职务。这位取得农艺专家证书的卷发青年,用他自己的话来说,不知为什么大学一毕业就被“塞”到了自来水公司,他便热热火火地干了起来,那样子好像他就是专为干这种事情而生的。不过,他在这里干了不到一年,这座城市的水就供应不上了,因此他马上就被

“调离”,不是撤职,不是解职,而是调去担任一个科研所所长。这个科研所是刚刚建立的,是研究如何提高细毛羊羊毛长度的。洛沙科夫在这方面不仅写出了论文,而且用某种方式通过了副博士论文答辩,论文的题目是:《毛细毛长——是提高畜牧经济的要素》。但是不久,这位研究羊毛的学者又无缘无故地突然被“调离”,完全出人意外地被调到了医药管理局,不错,在医药管理局没有干多久,总共只干了两三个星期。离了医药管理局,又到修建处担任领导职务,从事住房和非居住用房的修缮以及小型房舍的建筑;他在不长的时间内,在斯塔夫罗波尔风光如画的郊区自己盖了一幢不大的、但是相当舒适的铁皮作顶的楼房。但是洛沙科夫在修建处也没有呆很久,因为他被揭发违犯了财经纪律。他毫不犹豫地很快就卖掉了他那十分舒适的小楼,接着又被调到了粮食仓库。为什么到粮食仓库?比如说,为什么不是调到面粉厂?这段历史不清楚。最后,这位可亲可爱的卷发的副博士又被“调离”了粮食仓库,调到农村区里,担任了汽车场场长。

“你真见鬼!”洛沙科夫紧紧握住苏霍德寥夫的手,用动听的男高音说。“阿尔焦姆,那样漂亮的托尼娅,又勤快又能干,可是你不用,那你现在就开心啦,就方便啦!你已经用不着操心房里的花了,因为没有人给你弄花来了。可是我有一个习惯:我一向懒得进没有花的接待室。我特别喜欢奥夫恰尔尼科夫的接待室,他那里的花摆得才漂亮呢。他那女秘书丽达,浑身上下简直无处不美!叫人眼睛离都离不开!你那托尼娅本来也不错嘛,也是第一流的美人儿!”

应当说句公道话:洛沙科夫虽然多次调动,虽然赞美女人的美貌,可是他是一个爱情专一的人,是一个爱家的模范。只不过有时候为了说几句大话,提提兴致,才说:"嘿,老弟,就我洛沙科夫本性来说,恨不得全区所有的美人儿都给我做老婆,可是不行啦,因为我就爱我的老婆,到现在还是这么一个。"

望着他那风度翩翩的外表,望着那金色的卷发,很难想到,他已经是三个孩子的爸爸:已经有了两个女儿、一个儿子,而且他那高大的妻子很快又要给他添一个儿子或者女儿。他那愉快的外表好像在说,他那三个孩子根本不存在,第四个孩子将要出生的事他目前还一点不知道,所以他分外地无忧无虑;大凡健康的男子饱经南方草原热风的吹拂,脸上和脖子上黝黑的皮肤通常都要带点橙色,而在他身上这种颜色显得特别可羡可爱。他从容不迫地迈动他那穿着短筒矮跟皮靴的两只脚,精神抖擞地在房里走了几步,很难叫人相信,这样和善的一个卷发美男子,读了小说《草原上的曙光》,一旦认出其中一个人物就是他,会发那么大的脾气。

"斯捷潘,来认识一下,"苏霍德寥夫朝我指了指说。"这是咱们的客人,米哈伊尔·恰佐夫,本地人,从莫斯科回来的。"

"啊,你好,你好!"洛沙科夫一面喊着,一面把两只手都向我伸了过来。"我们已经见过面了。怎么,米哈伊尔·阿纳托利耶维奇,你一直在体验我们的生活?要全面地观察观察?要是有必要的话,我可以作一点提示。"他不等我回答,便转身去对苏霍德寥夫说:"阿尔焦姆,我找你有事,是一件很重要的事。"

"事情等一会儿再谈。"苏霍德寥夫诡秘地眯缝起含笑的眼睛。"你还是先给我们讲讲,再没有人把你写进小说了吧?"

“鬼小说，去它娘的！”洛沙科夫很不开心地说。“这会儿我不看小说了，挨都不挨。干什么要折腾自己的神经？”他又在房里走了几步，好像是要让别人看看他那漂亮的皮靴。“阿尔焦姆，我那些汽车给场里运羊毛，干得怎么样？”

“好得很。”

“我料想也不会差。不过我还是想问清楚些。场里的运输费付清了吗？”

“早就付清了，”苏霍德寥夫回答说。“是通过银行转账的。”

“那就行了。你个人答应的那件事什么时候办到？”

“我答应过什么事？”

“哎呀，真爱忘事！当真你忘了？”

“说实话，我不记得了。”

“阿尔焦姆，这里讲起来不怎么方便。是一件生活上的事。难道你真忘了？你怎么忘了呢？我还指望着你呢……”

洛沙科夫朝我望着，我懂了：既然他们要谈生活上的事，最好我走开。因为我本来要到药房给奶奶买药，便站起来走了。等我回来，洛沙科夫已经走了。苏霍德寥夫站在窗前，倒背着两手，望着空旷的街道。他的脸色苍白得令人奇怪，显得非常阴沉。我问起洛沙科夫，苏霍德寥夫将手一甩说：

“走了……真可惜，你没有听完我们的谈话……又有客人来了！开小卡车来的。这是哪一个？”

进来的是一个小伙子，弯曲的黑发垂在额头上，很像“罗门剧院”[1]里的吉卜赛人。他那肥大的手掌上到处是机油，小指上套着

①“罗门剧院”是莫斯科专门演吉卜赛戏的剧院。——译者

一串汽车上的钥匙,上衣背后皱皱巴巴的,看样子,是开车坐久了揉皱的。这个像吉卜赛人的小伙子显得非常胆壮,大大方方地跨上前来,那样子好像是在说:来者可不是等闲之辈。他一面晃动着钥匙,说:

"阿尔焦姆·伊凡诺维奇,您好,安东·斯皮里多诺维奇要我问候你。这是他给您的亲笔信。"他将折成四方形的信递给苏霍德寥夫。"我特意没有开'伏尔加'来,是开小卡车来的,我可以带回去,就不要您送了。"

苏霍德寥夫展开信,看了起来,不知为什么看了老半天,还皱着眉头,咬着嘴唇,看完了,一句话都没讲。

"您有什么指示?"像吉卜赛人的小伙子问。"您有什么吩咐?"

"没有,"苏霍德寥夫眼睛不望来人,回答说。"就这样,既没有指示,又没有吩咐。"

"请问,我怎样向安东·斯皮里多诺维奇汇报?拿什么话对他讲?"

"当然是拿俄国话讲。"

"什么样的俄国话?"

"你就这样回话:辽阔畜牧场的糊涂蛋已经没有啦,"苏霍德寥夫走到窗前,脸色煞白煞白的。"如果他不懂,你就讲明白些,就说:过去糊涂蛋是有过,现在全搬走了。"

"这是他的亲笔信呀!"像吉卜赛人的小伙子叫道。"是给您本人的呀;安东·斯皮里多诺维奇怎么都不会相信我讲的话的。"

"没关系,他会相信的。一定会相信。他这个人并不笨,"苏霍德寥夫转身朝着窗子说,“要是他真不相信这里的糊涂蛋全搬光了,就让他打电话找我。就这样！咱们的话到此为止,你可以走了。”

像吉卜赛人的小伙子将钥匙向上一抛,又灵巧地接住,狠狠地朝苏霍德寥夫望了一眼,便走了出去。

“啊！又来客人了!”这一次苏霍德寥夫是带笑讲的。“我的好邻居!”他朝窗外喊道。“季莫菲·西雷奇,请进,请进!”又转身对我说:“我们那位鼎鼎大名的季莫菲·西雷奇·奥夫恰尔尼科夫驾到了。他已经很久没到我这里来了。”

于是他前去迎接客人。一会儿,一个高高的、瘦瘦的老头子便出现在门口。看样子,他将近七十岁,头发完全白了,但是没有秃顶,甚至前额也没有秃;密密的白发剪得短短的,像一片薄薄的白毡。他的穿着完全像此地乡下人:一身普普通通的旧衣服,衬衣上没有系领带,衣领皱皱巴巴的。不知为什么我觉得他的样子很像个种瓜的人。望着他那样子,我不由得想:他刚刚到瓜园里去过,挑了几个熟透的西瓜,给苏霍德寥夫送来了。这位种瓜人在门口就抱住苏霍德寥夫的肩膀,显得又热情,又亲切,好像是要说:我给你送来的西瓜是特别好吃的。他走到桌前,坐到圈椅上,瘦瘦的身子朝椅背上一靠,显出很气派的样子,完全不像种瓜人的架势了。他把手伸到口袋里,掏出的不是普通手帕,而是一块半米见方的乌克兰汗巾,上面有许多鲜艳的、莫名其妙的花饰,他用汗巾揩起了他那红红的瘦脸。过了一会儿,他一面还在揩脸,一面指着我问道:

“阿尔焦姆,这位是谁?”

“季莫菲·西雷奇，您认识认识，这是莫斯科来的客人，米哈伊尔·恰佐夫。”

“同此地姓恰佐夫的是不是一家？”

“是普拉斯科维娅·阿尼西莫芙娜和伊凡·季莫菲耶维奇·恰佐夫的孙子，”苏霍德寥夫代我回答说。“他在报社工作。”

“啊！是鼎鼎大名的老羊倌的孙子！好极了，”他用昏花的老眼直盯着我说。“请到我那里走走，要是你想看看真正像样的农庄的话，就到我们别洛夫镇来吧。”

“好的，我想去看看，”我说。“我一定到别洛夫镇去。”

稍停，苏霍德寥夫连忙问：

“季莫菲·西雷奇，您有事吗？”

“你知道，我一向无事不登大门，”老头子一面说，一面又揩起脸来。“我找你郑重地提提意见。”他对着花汗巾用劲擤了两下鼻子，把汗巾塞到口袋里。“不过，我不知道……能不能同你单独谈谈。”

“谈吧，谈吧，季莫菲·西雷奇，”苏霍德寥夫连忙说。“米哈伊尔·恰佐夫不是外人。所以您别不好意思。”

“这件事不是秘密，没有什么不好意思的，”奥夫恰尔尼科夫说。“阿尔焦姆，我是要你管管你的下级。管管谢罗什坦。叫谢罗什坦别同我手下的生产队长卡兰京来往。你知道，他们紧靠在一起，地头连着地头，所以他们常在地头上见面，一见面就要谈起来。”

“季莫菲·西雷奇，我不懂，为什么不准他们在地头上见面？”苏霍德寥夫耸耸肩膀说。“他们是邻村人嘛。”

“他们这样见面，一点好处都没有，”他用强硬的、领导者的口气说。“你告诉谢罗什坦，别把我一个好队长教坏了。”他的口气更强硬了，这会儿不像个种瓜人了。“这怎么得了？谈来谈去，你那谢罗什坦不知往我那卡兰京脑子里灌了些什么鬼玩意儿，弄得他晕头转向！”

“他究竟往他脑子里灌了些什么？”苏霍德寥夫问。

“全是胡说八道！”奥夫恰尔尼科夫十分气愤地说。同种瓜人相似之处已经完全无影无踪了。“你那谢罗什坦说，我工作很顺手。他说，我是全村人选的，不是马马虎虎地，而是通过无记名投票选的，可是，卡兰京，你在你们全村人眼里，就像个自封的大王。他还说，你卡兰京不是在给村里人干，是在给奥夫恰尔尼科夫干。我来问你，这是些什么话？干什么非要我那卡兰京搞无记名投票？毫无意思？凭什么把一个好好的小伙子弄得晕头转向的？要是卡兰京能好好地给我奥夫恰尔尼科夫干，那也就是给大家干。不这样，又能怎样？不这样就不行。用不着无记名投票，我就知道谁能当队长。我手下有十六个队长，我挑的都是好上加好的，我挑得很准，从来没有挑错……所以，阿尔焦姆，你叫谢罗什坦别再同我那卡兰京在地头上见面了，叫他不要把我一个好队长弄得晕头转向的。”

“不让他们见面恐怕不行，”苏霍德寥夫回答说。他眼睛里暗暗地在笑。“您知道，我可没有这个权。”

“怎么能说‘没有这个权’？”奥夫恰尔尼科夫还是用他那严厉的口气问。“没有权，算什么场长？”

“您要知道，不讲民主，恐怕不太合适。”苏霍德寥夫说。“每个人都有行动自由……”

“算了吧，这话你给别人讲去，别给我讲，”这位老头子那冷冷的、严肃的脸上出现了似笑非笑的表情。“用不着搞这些啰里啰唆的花样儿。我们不是玩捉迷藏，我们是做领导。你凭你的权力给谢罗什坦下个命令，这就够民主的了。”

“好吧，我好歹试试看。”从那突然阴郁下来的眼色，我看出，苏霍德寥夫说这话只是为了快点儿摆脱奥夫恰尔尼科夫的纠缠。“季莫菲·西雷奇，您还有别的意见没有？”

“暂时就这些。”

“那好吧。”

“你可别忘了，把谢罗什坦叫来，给他下个命令。”

奥夫恰尔尼科夫说完这话，缓缓地、吃力地站了起来，这会儿又像个种瓜的老头子了。他好像想起来，他该到瓜园里去走走了，便同我们握手道别，再一次请我到他那别洛夫镇看看，说完便朝门口走去。苏霍德寥夫将客人一直送到汽车跟前。回来后，往桌边一坐，便说起话来，不像和我说话，倒像自言自语：

“原来老头子怕了，怕他的队长和谢罗什坦见面。为什么要怕呢？”他没有回答自己提出的问题，一声不响地坐了很久。“洛沙科夫到我这里来，你可知道，他为什么事来的？”

“我不知道。”

“他想弄一头去势绵羊。要吃烤羊肉，要新鲜羊肉，而且要不花钱。就这么回事儿。”他拿手掌擦了擦瘦得凹下去的两颊。“确实，当一个畜牧场的场长可真难啊。”他转身朝我说：“这封信，就是刚才那个有点像吉卜赛人的司机送来的那封，是怎么回事儿？

你拿去看看。我敢保证，你到哪里也看不到这样的奇文。”

我拿过信，读了起来：“阿尔焦姆·伊凡诺维奇，诸如此类等等，海上风平浪静，所以会一路顺风，好老弟，希望你别咳嗽，好好理解我的意思，因为烤羊肉本身，当然是样东西，不过不算什么，一头就行，去势的，多了也不要，我指望着你，深信，你会热心地将所谈之物交该送信人带回，万勿误事，海上风平浪静，诸如此类等等……”

“瞧，这‘风平浪静’怎样对付？”

“这是用哪一国语言写的？”

“听我说，米沙，咱们不来猜这段妙文是用哪一国语言写的了，咱们到各分场转转去，”苏霍德寥夫忽然高高兴兴地说。“咱们到各村镇去看看，到不用服务员的食堂里吃顿饭，参观一下不用锁的仓库。咱们去，好不好？”

我欣然同意。

第三部

一

上面讲到一老一少两位农村领导人见面的情形。对他们这些人,各地有各地的称呼:有的地方叫中间环节,有的地方仿照军队里的称呼,叫军团首长,有的地方干脆就叫农村头头。我在椋鸟区和其他一些区有幸能经常同他们见面,同他们谈心,对他们、他们的生活情形、他们的日常工作有所了解;不论到什么地方,我觉得这些农村领导人都可以分为三大类:年轻英俊的、中年实干的和德高望重的。

那些年轻英俊的领导者都属于第一类。他们都不到三十五岁,那满头浓浓的金发,令人羡慕不已;他们年轻有为,前途未可限量。从总的方面来看,这些领导者有别于其他领导者之处,主要并不是他们那一头令人羡慕的金发,而是他们朝气蓬勃,有进取精神，进过中等或者高等农业学校。可以说，他们是有文化、有知识的人，他们办事热情积极，敢于提出自己的意见和看法，采纳新颖、大胆的建议。他们热爱各种各样的新事物、新措施，在经营管理中都有所革新，有所改进，都采取过一些新措施，废除过一些老章程。

比如，我们已经知道，苏霍德寥夫仅仅为了让任何人随时都能见到他，干脆去掉了女秘书，又通过无记名投票选举了各分场主任，这一切，对公共事业都不是没有益处的。国营“十月”农场场长伊凡·普罗科菲耶维奇·瓦维洛夫一到春天，便以行政领导要在生产期间接近生产为由，搬到大田综合工作队去办公。“迎曙光”农庄主席安德列·卢基奇·德罗诺夫自己不使用司机，也不准其他可以使用公家汽车的人使用司机。

“要图方便，要想走快些，”他说。“就自己开车自己坐。我们有许多卡车很需要司机，让他们开卡车去。”

“要是有人没学过开车，不会开车，那怎么办？”

“不会开车，并不是光彩的事。我们年纪轻轻的，同司机坐在一起，实在不像话！从现在起，咱们立一条章程：谁不会开车，就赶紧学，这算一项任务。”

年轻英俊的领导者每参加全区性的重要大会，举止都十分庄重，戴的不是鸭舌帽，而是呢帽，穿的是崭新的服装，还要系领带。每逢讨论，他们总是抢先发言，三步两步跨上讲台，不打草稿，开口就讲，而且同样值得注意的是，他们讲得往往有根有据，头头是道，慷慨激昂，敢于进行批评和自我批评。一般都不让他们参加主席团，而且看样子还有意地让他们坐得离主席台远一些,好像要以此说明,这样的光荣席位一时还轮不到他们来坐。

尽管他们的习惯和性格不同,领导生产的方法各异,可是他们有一点是相同的:见了农村漂亮女子都要流露出爱慕之情,——这是没有办法的事,年轻嘛!不过,随着年龄的增长,这些人当中有一部分往日工作中的那股热火劲头儿自然而然地渐渐冷却下来,外表、举止渐渐显得庄重起来;还有一部分,不知为什么越来越不愿意推行一些新措施,越来越不愿意进行革新改造;而所有他们这些人对美貌女子都慢慢失去兴趣。有的过早地脱掉了浓密的金发,换上了像巴掌一样大的一片不小的秃顶。有的白了双鬓,好像染了早霜。随着岁月的增长,这些年轻英俊的领导人之中,有一部分渐渐补充进中年实干的领导人队伍,还有一部分则被调到村镇去担任次要的工作。他们的位子则由一些新的年轻英俊的人来接替待,这些新人在某些地方像他们的前任,还有一些地方已经很不像了。

中年实干的领导者可算农村头头的第二类。他们接近五十岁,或者五十已过。他们常常用手去抿他们那稀稀拉拉的头发,希望能多少掩盖一下他们的秃顶。他们总不肯抛头露面,好像要躲起来似的:他们在大庭广众之中显得十分拘谨,开大会很少发言。一身农村打扮,穿着十分朴素,工作勤勤恳恳,十分卖力,常常顾不得吃饭和睡觉。自己对当前形势有什么看法,对国家政策有什么见解,从来不肯发表出来;听到笑话,他们觉得并不可笑,马上就会将笑话忘记,并不是因为怕传播或者不好意思传播可笑的事情,而是没有说笑话的时间,也没有这样的兴致。中年实干的领导人夏天不在家里过夜,对那些美貌女子望都不望,一心一意扑在工作上,除了工作,什么都不想。我听说,有这样一个勤恳的中年实干的领导人,他的名字叫佩特尔·佩特洛维奇·克里沃诺索夫,因为天天忙得不可开交,在田野里和在综合养羊场一直过了两个多月。有一天,突然回到家里。老婆见丈夫回家,喜出望外,说:

“佩特尔!哎呀,你可回来啦!”

“是的,我回来看看,”佩特尔·佩特洛维奇不好意思地回答说。

“佩特尔,你今天就在家里睡吧。在家里睡一夜,好吗?”

佩特尔·佩特洛维奇半天没有问答,拿手掌揉着他那满是皱纹的额头,正在想一件什么事情。

“不行呀,格拉莎,”他歉然地眨眨眼睛说。“计划要完成啊。格拉莎,别生我的气,我干的就是这种事情嘛……”

“佩特尔,我可不叫格拉莎,我叫斯拉娃,”老婆伤心地说;眼里涌出了泪水。“唉,连自己老婆的名字都忘啦。”

“当真叫斯拉娃?”他十分吃惊地说。“哎呀,真糟,我都想不起来啦,这头脑真该死!”

对于这些中年实干的领导者来说,计划就是他们的整个生命,必须不惜一切代价去完成或超额完成计划。秋后他们超额完成了所有的计划,到区里去参加积极分子大会,讨论全年总结,即使在这时候,他们还是一点不惹眼,甚至在休息的时候,休息室里笑语喧哗,他们还是不声不响;他们也不想上台发言。偶尔他们之中有哪一位最受敬重的被选入主席团,他也不肯坐到桌前面对全场的群众,而是要坐到墙角落里,只能让人看到他那光闪闪的秃头顶。在风调雨顺的好年月，他们能取得谷物丰收，能超额完成肉类、蛋类、牛奶、羊毛等生产、出售计划。因为这些成绩，他们可以得到政府奖励，其中有的人，应当说，其中最受尊敬的人，会成为社会主义劳动英雄，从而参加到德高望重的队伍中去。至于这个中年实干的队伍中的大多数，等到将来年事渐高，便退休，进入耆宿的行列，抱抱孙子，种种菜园，或者养养蜜蜂。

最后，就是那些农村头头中的第三类了，他们是一些德高望重的领导人，他们不仅在本区或者本地区，有的甚至在全国都很有名望。他们大多数是上了年纪的男子，他们见过世面，有丰富的生活阅历，通常他们的个性极其鲜明，极其独特，仪表十分威严。画师们为他们画像一定要用浓重的色彩，背景必然是金黄的麦穗；雕塑家用花岗石为他们雕像，报纸、杂志常常刊登他们的照片和有关他们的特写。德高望重的领导者和年轻英俊、中年实干的领导者还有一点不同，那就是：过多的赞扬、荣耀和声名将他们宠坏了。他们因为自己多年来模范的工作，已经得到了应有尽有的奖励，被选为最高苏维埃代表，成为社会主义劳动英雄、奖金获得者。他们习惯了他们的特殊地位，如通常所说的，他们生活在荣誉的顶点，就像鹰生活在云端里，从云端里望凡尘，望芸芸众生，那目光有时是严厉的，几乎跟鹰的目光一样，有时是慈祥的、慈父般的和恩赐的。他们坚信他们的位子无人可以替代，所以，尽管早已过了退休年龄，从来都没有想过光荣退休的事。

“好的，我可以让出自己的位置，我完全愿意，”他们说。“不过，离了我，你们能顶得下来吗？行吗，嗯？”

“马马虎虎能顶下来，”回答是胆怯的。

“咳，不行！马马虎虎顶下来可不行！小伙子，你们离了我，根本不行的。不行就是不行嘛！我说的对吗，嗯？对不对？”

这时候，自有热心人接上去讲话。这种人到处都有，如通常说的，俯拾皆是，说不上是拍马屁，说不上是奉承，而是喜欢凑热闹。他们一齐凑上去说：

“就是的，就是的，马马虎虎顶下来，那可不行！安东·尼基福罗维奇，您的话完全正确。我们没有您，就束手无策，寸步难行！”

“这话就说对了！我平时怎样指点你们的？”

与年轻英俊的、中年实干的领导者相比，德高望重的领导者在每个区里都是很少的：两个，或者三个，不会再多了，拿椋鸟区来说，却只有一个，就是季莫菲·西雷奇·奥夫恰尔尼科夫。还要指出一个具有代表性的特点：他们成为德高望重的人大部分不是在今天，也不是在昨天，而是早在斯大林在世的时候。他们多年来尊敬和信赖斯大林，称他为领袖和导师，亲自给他寄去完成和超额完成计划的汇报信，亲自收到过斯大林的祝贺电报。那遥远的年代早已成为过去，这些德高望重的人已由壮变老，但是他们如今好像还觉得，周围的一切依然同过去一样：他们还要像年轻时代那样，为超额完成计划而奋斗，还要寄汇报信，还可以收到祝贺电报：还像过去一样，举行隆重的大会、全区积极分子大会、代表会，他们在会上还像过去那样被选入主席团。不过，这些德高望重的领导者还是感到今天的生活似乎出现了很大的缺陷，觉得有些重大的、要紧的东西不仅表面上走了样子，而且实质上也今不如昔了。由此可见，就思想方法来说，他们混淆了过去和现在，不知道今天的情况和过去的情况不同了。这一点,最明显不过地反映在他们对待新事物、对待变革的态度上,他们这种态度不一定是保守,也不一定是僵化,而是过分地审慎。此外,还一心想炫耀和显示一番自己对生活的高深见解。

“我们这里本来新东西已经够多的了,还要这些新措施干什么?”有的德高望重的领导者这样说。“为什么要把习惯了的、已经成熟的东西废掉,换成不习惯、不成熟的?这纯粹是轻举妄动,要不然只有不折不扣的糊涂虫才干这种事。”

“我们干什么要实行革新?”有的这样说。“我们的生产经营已经够新的了,我们的生产按正常的步子不断地前进,我们的计划总是超额完成的。”

“咱们可以举一个明显的例子,”有的就这样说。“一辆卡车在公路上跑得很正常,让它跑下去就是了。如果司机不是糊涂蛋,就没有必要把车刹住,或者换马达里的零件,或者换轮子上的螺丝。是不是要加快速度?谁要你加快速度?谁也不要你这样干!为什么要换零件?为什么要加快速度?这对谁有好处?对谁都没有好处!要是上面有指示……那就是另一回事儿了。”

上级指示——对于他们来说,这就是法律。他们年轻时就是这样,现在还是这样。所以,当到处开展谢罗什坦运动,将放牧改为圈养,到处兴建综合养羊场的时候,德高望重的领导者们认为这是上级指示的,便主动地出来学习水牛村的样子,下决心时这样说:

“综合场就综合场吧,该办的,就得办。”

在区积极分子大会上,他们总是显得非常突出,胸前佩戴着光闪闪的勋章和奖章，对人侃侃而谈，喜欢教训年轻人、指导年轻人，处处显得十分从容，就像在自己家里一样，往主席团位子上一坐，显得很笃定，那鼓膨膨的公文包就放在面前。谁也没有在报刊上或在会议上批评过德高望重的人，因为批评这些人被认为是不妥当的，是失礼的。至于他们自己，都已忘记批评和自我批评是什么玩意儿；讨论时他们总是最后发言，念起精干的秘书事先为他们写好的发言稿，声音又平板、又单调。在他们的性格中还可以看出有一点类似害怕的东西。虽然他们显得十分从容，甚至十分傲慢，虽然他们气度昂然，他们爱听笑话，也爱说笑，笑起来十分开心，如有机会，还可以喝两杯，他们总还是怕一点什么东西。有的如季莫菲·西雷奇·奥夫恰尔尼科夫，怕见群众，他把来访的人叫作吹牛皮的、爱找碴儿的，所以把办公室防守得严严的，不准那些不受欢迎的来访者进去。有的不喜欢别人在会上批评缺点，说提意见的人是出风头、闹意气。还有的对进行改选的全体大会有点儿怕。尽管这种会都是公开进行的，谁举手“赞成”，谁举手“反对”，都能看得清清楚楚，尽管这种会上都要有区委代表出席，区委代表的任务就是要向全体庄员推荐和建议连选自己的主席，——尽管这样，在胸中，在心旁的某个地方，还是暗暗隐藏着一股奇怪、可怕、很不愉快的凉气：万一不举手“赞成”呢？不过，这种事从来没发生过。

二

玛尔塔的信

我亲爱的、远方的乡下佬！已经是秋天了，莫斯科林荫道上一片红彤彤的，红得像火一样，马路上已到处是沙沙作响的落叶，可是还不见你的影子，你究竟何时归来，我们何时才能见面，我不知道，我不清楚。你不在我身边，我真是度日如年，这种心情，你恐怕是不晓得的。是的，一个女子离开了自己心上人时的那种惆怅、苦楚的心情，看样子男人们是不懂得的，你也不懂得。我天天想的是你，再就是工作。亏得工作堆了很多。部长在准备报告，一口授就要几个小时，已经一个多星期了，我打都打不及。他在办公室里来回走着，口授的声音很大，就像在做报告似的，可是我心里总在想着你，他的话我不怎么听得进去，所以常常打错了字。回到家里，又依然是冷冷清清，惆怅难挨，心头无限痛楚，而且，偏偏又很少得到你的信息，这好像是在故意折腾我似的。我一遍又一遍地读那几封信，从这些信中我只能知道你已经平平安安地回到家里，还恰巧碰上了妹妹出嫁，你又去邻村，到一个姓谢罗什坦的人家里去。我多么想知道得更详细些：你生活得怎样？你在干什么？什么时候回来？难道真要等到二月里？你的信一般都写得太简略，从信里简直看不出你在牧人村里怎样生活的。你在做什么,是不是在给报纸写东西?每天早晨我都到售报亭里去买你们的报纸,在上面找你的名字,可总是找不到。

米沙,我想,你并不多么关心我的冷清和惆怅。你希望我给你讲一些新闻。有没有新闻呢?有的,没有新闻就没有生活。不过,我怕这些新闻不会使你高兴的。第一条新闻——是老早的事,只能算旧闻,不能算新闻了。这件事在你要走的时候我本来就想同你讲的,我没有讲,没有勇气。这条新闻就是,我怀孕了,米沙,已经很久了,是在一月里就怀的。我的女同事们都很吃惊。我对她们说:你们吃什么惊,我是有丈夫的。大概,不久就要临盆了,如果你真的像你所打算的在乡下呆那么久,等你回莫斯科,就会是我同儿子两个人去迎接你了,自然,儿子是不认得你的。他会说:这个米哈伊尔·恰佐夫是哪一个呀?也许你会问我:为什么是儿子,为什么不是女儿?你要相信,米沙,我有我当妈妈的预感,我相信,我的预感不会欺骗我……十分遗憾,当你读到这里的时候,我不能看到你的脸,无法知道你此时此刻心里怎么想的……

第二条新闻是关于中篇小说《在广阔天地里》的,也算不上一条可喜的新闻。得奖的著名作家终于看完了这部稿子,并且随同稿子寄来了他的评语。他的评语很详细,密密麻麻的二十六页。我觉得,这位著名作家的意见有许多地方是不对的,因为,我觉得他是用自己的高标准衡量问题。我不想把这二十六页全给你寄去,我只用我的话转述这些评语，要紧的地方就照抄原文。他开头照例把你称赞一番，称你“我年轻的朋友”，还称赞你十分熟悉生活和大自然。他批评你，说“在整部小说中我没看出一点作者在创作上的虚构或者创作上那种独特的、大胆的推想，所以，年轻的朋友，你的小说应当叫作**文献性小说**。我读了这部小说，不由得想，《在广阔天地里》——不是艺术作品，而是**根据生活中确凿的事实写成的文献**。”注意，黑体字是著名作家特意用的。还有：

“我年轻的朋友，你刚刚要跨进文坛的时候，必须记住，一部悠久的文学史就是建立在具有人民性的虚构及其创造性的想象上的，就像一幢漂亮的大楼必须建立在牢固的基础上一样。从古老的口头传说、寓言、劝谕故事、笑话，到《左撇子》或《复活》，我们处处可以看出艺术上的虚构和创作上的想象，同时还可以看出，艺术家想通过作品告诉我们一点与众不同的、别人没有看到、别人没有发现的、自己的东西。现实生活中有没有那样的左撇子？大概有过的，但不完全像列斯柯夫所写的那样。在农奴制俄国的一般情况下有没有像德米特里·聂赫留朵夫那样的公爵？可能也有过，但决不像列夫·托尔斯泰所写的聂赫留多夫。亚·普希金、尼·果戈理、费奥多尔·陀思妥耶夫斯基是多么善于虚构啊！任何文学作品和艺术作品，如果缺乏虚构，就是说，不能像那些伟大作家、音乐家、画家的作品那样具有丰富的想象，就会显得干瘪，就要枯萎，就会像树木缺少水和空气一样。”

三

玛尔塔在信的结尾再一次充满信心地说,她要生的一定是个男孩,“我想什么,就生什么”;她还一再地谈到自己,说她年纪轻轻的,“就尝够了分离的苦果”。我读完了信,思想还没有好好地理一理,便提笔给她写回信。什么中篇小说《在广阔天地里》,什么评语,我全没有放在心上,我全甩到了一边。我的思想一齐转向玛尔塔。“哎哟,玛尔塔,真有你的!”我心中在说。“这样的喜事,我走的时候,你都不讲一声!我当真要有儿子了吗?”一想到我就要有儿子,不由得又惊又喜,觉得稀奇,觉得不习惯。我的信是这样开头的:“这可真是喜从天降——我们要有儿子了!这是真的吗?要是真的,咱们就给他取名叫伊凡,以表示纪念在战争中牺牲的他的曾祖父伊凡·恰佐夫。儿子生下来,你就喊他伊凡吧。这是我当爸爸的一个要求……”我有很多话要讲,有许多很不寻常的话要讲,可是落在纸上的却是一些普通的家常话,完全不是我此时此刻心里想的。我告诉玛尔塔:不会等我等到二月的,我访问过老羊倌西兰季·叶戈罗维奇·戈罗别茨,马上就回莫斯科,也许在她分娩前能赶回去。虽然这封信并未说清我心中的意思,而且写得也太仓促,我对它不太满意,但为了能快一点寄到,便把写好的信装进航空信封,匆匆向邮局走去。

我没有回家,心中一直盘算着这封信到达莫斯科的时间,一面直接朝大伯阿尼西姆家走去,因为昨天他就邀过我去吃午饭。大伯母叶列娜近来瘦了许多,总是愁眉不展,眼泪汪汪的。她对我很心疼，像亲妈妈那样亲热地嗔怪我，说我不常到他们家里来。我觉得，大伯在家里好像身材更高大了，站在地上也显得更加稳实；他那肩膀和脖子非常结实，胡子拉碴的脸肉嘟嘟的。他把一只沉甸甸的手搭在我的肩膀上，问道：

"米沙，干什么这样有气无力的？是不是住在咱们这地方没有味道？还是睡觉没有睡够？"他不等我回答，便转身朝伯母说："叶列娜，米沙为什么不自在，我知道啦！因为他到我们家来得太少了。这是有特殊原因的。什么原因？原因是这样的，米沙天天不是走村串镇，就是呆在水牛村，参观谢罗什坦瞎搞的鬼玩意儿，几乎就不在咱们辽阔村露面。米沙，是不是这样？"

我没有作声。我对一切全都木然，既没有心思谈谢罗什坦，又没有心思谈水牛村的新措施，今天，我从玛尔塔信中知道了那件事以后，根本就不应该到这里来，应该更仔细地、反复地看看她是怎样给我写的。我觉得，我还远远没有理解透玛尔塔那封信的全部内容，我在给她的回信中也没有说出全部该说的话，也许我因此心中懊恼，情绪坏到了极点。

"好啦，坐吧，米沙，难得你在我们家吃顿午饭，"大伯瓮声瓮气地说。"请你喝杯酒，吃一点炖羊肉，这玩意儿是我亲手做的。谢罗什坦在胡吹，听说他把戈罗别茨老汉吹上了天，说天底下谁也没有这个白胡子老头儿炖羊肉炖得好。简直胡扯！我首先就炖得比他好。虽然今天咱们盘子里盛的、咱们尝的这种玩意儿不是在草原上、不是在羊群旁边、不是在篝火上、不是在黑乎乎的砂罐里炖的，而是在煤气炉上、在锅里炖的，可是味道才香呢。不过，咱们还是先来喝一杯。来，米沙，祝你百事如意！"

我喝干一杯酒，望着大伯父，听着他那像鼓点一样一句紧接一句的话，可是，他究竟说的什么，我却没有听清，因为我有我的心思，——我心里一直在想着玛尔塔和她的来信。这炖羊肉是以莳萝和大蒜为佐料的，肉汤十分油腻，像开水一样滚烫滚烫的，炖得稀烂的一大块一大块的羊肉放在盘子里。我一点也不觉得这味道有什么了不起，不过我不想让伯父伯母心里不痛快，我还是在吃着，一面还在听着那像鼓点一样的声音，一面想着玛尔塔的信，心中默念着她的信，一会儿将她提到我们未来的儿子的地方从上到下默念一遍，一会儿默念起著名作家所说的那些寄希望于未来的鼓励的话。突然又想到：儿子！我的儿子！我的儿子姓什么呢？不用我的姓……那怎么行？决不能让他不用我的姓……这时候伯母捅捅我的肩膀，要我尝尝炖得喷香的羊肉块。味道不过如此，羊肉就是了……丢开这一切吧——丢开家乡和家乡的一切吧，说走就走，明天就回莫斯科。不能再玩捉迷藏了，我和玛尔塔要去登记结婚，生了儿子，就姓恰佐夫，生了女儿，就姓恰佐娃……也许，这是玛尔塔开玩笑呢？她是不是一时兴起，逗我玩呢？不会的，我了解玛尔塔，她不会是开玩笑……为什么她不把作家的全部评语寄给我？她不想叫我不安，不想叫我难过。玛尔塔呀，玛尔塔，你真是个傻瓜，我心里怎么能安宁，怎么会不难过呢？就从这一两段话便可以看出，我的小说一点都不行。主要的缺点就是缺乏虚构成分。不是小说，而是文献。究竟什么是虚构？这是一个问题。我的儿子是不是虚构的？这是虚构，还是现实？不带虚构的实实在在的生活真实又是什么？是儿子……她就是这样看的……还有面前这一切，——这都是不带虚构的生活。

我猛醒过来，又听到了那鼓点一般的声音：

“哼，谢罗什坦这个人我是知道的，他是个骗子，最喜欢玩弄小点子。”伯父说。“先从哪里下手？第一步先把戈罗别茨老汉挤掉。为了糊弄老头子，他和苏霍德寥夫搞了个无记名投票，一下子就把一个最有经验的老羊倌搞掉了。谢罗什坦一上台就盖起了砖瓦羊圈，像拴哈巴狗一样把羊拴在家里，想凭这一点出出风头。羊有羊的天性！这违反了羊的天性。违反这种玩意儿是不行的！在养羊方面，科学和技术是派不上用场的。拿抽水机抽水给羊喝，这种玩意儿还有些道理，这是可以的。可是，不叫羊在草原上跑，不叫羊自由自在地活动，那怎么行呢？能用机器使羊长毛吗？根本办不到。这违反自然本性。羊天生就喜欢自由自在，喜欢自己找草吃，自己找的草又好吃、又有养分，不喜欢吃拖拉机拉来放在槽里的草。不是这样吗？当然是这样。比如说，我们人就喜欢炖羊肉……”

鼓点一样的话不响了，好像钻到什么地方去了，我于是又看到了玛尔塔，看到她那圆圆的大眼睛，看到她的脸，那张脸一会儿愁眉紧锁，一会儿笑逐颜开。我有许多话要在信上同她讲，首先要告诉她，我一回去，我们就结婚，我们的儿子就姓恰佐夫。事情很清楚：我要回莫斯科，路费马马虎虎可以凑到，这就行了，别的还要什么？其次，我还得给她讲讲我对作家的评语有什么想法。看到这样的评语自然是不痛快的。怎样写呢？就写，我主要认真考虑考虑，仔细琢磨琢磨，我会想通的，想通了，就不难过了。我要对她说，著名作家的批评看起来对我好像是一件很不快活的事，但是，如果能好好地领会领会他的意思，就会发现，他的用意恰恰不是批评，而是想告诉我一些重要的、必须懂得的道理，这些道理我以前是不知道的，现在非知道不可。

“米沙，你别给我干脆来个闷声不响，咱们是一家人，你要记住，谢罗什坦不是我的女婿，是我的死对头。”

我听到这几句话，心想：他讲的是什么？为什么谢罗什坦是对头？我的儿子重要不重要？玛尔塔重要不重要？小说《在广阔天地里》要不要想一想？这都比谢罗什坦要紧得多……

“我说他是死对头，不仅因为他抢走了我的女儿，夺走了我们两口子这唯一的宝贝，还因为他在我们这些世世代代的牧羊人中间兴风作浪，制造事端。我们祖祖辈辈的规矩、传统，他全不放在眼里。你是羊倌伊凡·恰佐夫的孙子，你来说说：羊是最聪明的畜生，最懂得草性，哪里用得着人来按时间喂草？怎么能让羊天天挤到一堆，专等着拖拉机响，专等着吃拖拉机放进槽里的发馊的铡碎的苏丹草？”

“别讲啦，阿尼西姆，”伯母眨巴着哭红的眼睛，生气地说。“一张嘴，就像留声机一样，老是那一套。叫人烦透了！”

“为什么不讲？不行，这种玩意儿不能不讲！”大伯父那胡子拉碴的脸都涨红了。“搞成什么样子啦？简直是荒唐，不像话！给羊吃苏丹草，可是这些畜生也许恰恰不喜欢吃苏丹草，喜欢吃又嫩又新鲜的羊茅草和苕帚菜。因为机器铡的苏丹草馊气冲天。可是谢罗什坦就喜欢搞这种荒唐事儿。把羊装到砖瓦房，他还得意呢，有什么了不起的？米沙，你常给报纸写文章，不妨写写这个吹牛皮的家伙，写写他那些愚蠢的鬼主意，讽刺、挖苦他一顿，让大家都知道水牛村有那么一个瞎折腾的家伙。你不写？不愿意找麻烦？为什么不愿意？因为你怕谢罗什坦，我可不怕谢罗什坦，不怕鬼，也不怕邪，我要是不揭穿这个奸诈的家伙的老底，我就不叫阿尼西姆·恰佐夫……”

“这么说，人生有痛苦，有欢乐；果子有苦的，也有甜的；”我不再去听伯父那鼓点一样的声音，心中想道，“在我面前就是苦果子，我的伯父、伯母正尝着呢。这种苦果就是可以写的很真实的题材。可是，怎样来写他们的痛苦呢？要是把他们家发生的事情，把近几个月来辽阔村和水牛村之间的事情全写进去，既不添油加醋，又不改头换面，肯定没有人会相信。会有人说：这纯粹是无稽之谈！哪里会有做父母的不希望女儿幸福？还会说，生活中决不会有这样反常的父母；阿尼西姆·伊凡诺维奇·恰佐夫这样一个有经验的老羊倌，为什么要仇视水牛村新生的先进事物？……谁能相信我写的事？大家会说：生活中决没有这样落后的羊倌……”

“米沙，你怎么不开腔？”伯父问我。我也抬起了头。“是不是不同意我的看法？不论怎样，你还是讲一讲，直截了当地讲讲你的看法。”

“大伯，我不懂您的意思。”

“为什么不懂？什么地方不懂？你说说看。”

“您对安得列很恼火。他什么地方开罪您了？”

“毁了羊群——这是一条，抢走我的女儿——这又是一条。这还少吗？”

“卡佳不是您的私人财产，她爱安得列。至于说，水牛村的羊群有那样的生活条件……”

“你懂什么羊群，懂什么生活条件？”大伯打断了我的话。“你一点都不懂！那些砖瓦羊圈、高栏杆围起的场地、饲料槽、饮水碟，那些设备、机器，不过表面看起来很漂亮。实际上又怎样呢？实际上毁了羊群。虽然水牛村的羊群不是我的，但总也不是外人的，因为这是我们的公共财产。”他那两个像秤砣一样沉重的、手指上有许多毛的大拳头朝桌上一捶。“走着瞧吧，谢罗什坦会输给我的！虽然他有苏霍德寥夫做后台，虽然苏霍德寥夫也想用无记名投票办法赶我下台，我是不会随随便便低头的，我会赢的。你是城里人，凭什么对他那样相信？养羊的事，你懂得什么？你什么也不懂。虽然你是牧羊人的孙子，可是你连一只活羊都没有真正好好地看过。”

“虚构，想象，”我又想起自己的心思；那鼓点一样的声音我又听不见了……“是的，我赞成。可以说，要虚构，要想象，都很容易。话虽这么说，可是，究竟怎样来虚构，怎样来想象呢？怎样才能写出虚构的、另外一个阿尼西姆·伊凡诺维奇·恰佐夫，而不是像现在这样坐在桌前、攥着两个毛烘烘的拳头、鼓胀着一张胡子拉碴的脸、既凶狠、又怪僻的阿尼西姆·伊凡诺维奇·恰佐夫？要不要写他爱说一句口头禅——‘这种玩意儿’？要是写得不像生活中原有的样子，那就是虚构。可是，这样虚构，结果又会怎样呢？那就不真实，不会有别的结果。虚构就会不真实……是的，是的，这一点也应当告诉玛尔塔，应该相信她能理解。她要是说生儿子，就一定会生儿子……我为什么不讲话？为什么我一点也听不进去？看来，我不该到这里来。伯父伯母在讲话，可是我像聋子一样，什么也听不进去。我知道玛尔塔信里讲的事情以后，就聋了、哑了，就没有心思听讲话了……”

四

我推说头痛、身体不舒服，便起身走了。我回到奶奶家，躲进自己房里，在床上一直躺到天黑。我想睡一下，养养神，可是睡不着。又看一遍玛尔塔的信，又想起了心事。我的孩子……儿子或者女儿……又有什么区别？我做爸爸是不怎么称职的，可以说，是一个无用的爸爸，确实如此。有了孩子，不论是男孩还是女孩，都需要钱，需要不少钱，我哪里有这么多钱呢？我凄然一笑。没关系，不用泄气。玛尔塔有一个好妈妈，养着许多鸡，还养着家兔，有不少收入，已经收养着一个外孙女，如今，我们在经济上还不能独立的时候，照例可以将第二个外孙女或者外孙扔给她去抚养。我在家乡实在没有什么可呆的了。明天我就给玛尔塔打个电报，让她等我回去。我一弄到路费，马上就动身。可是，到哪里去弄路费呢？我还拿不定主意。向奶奶去要？真不好意思开口，可是，不得不开口。是不是向安得列去借？也有点儿为难……

于是我反复地想起了如何才能弄到我所需要的钱，反复地想起了虚构的问题。如果生活本身已经替你做得很周到，已经全都想到了，如今把现成的东西捧到你面前：拿去吧，照这样写就行了，在这种情况下，还要不要虚构？虚构究竟为的是什么？也许我冥顽不灵，所以著名作家看得十分清楚的东西，我却一点看不出来；也许是我蠢到不可理喻的、罕见的程度。我真不懂怎么能想出或虚构出生活中没有或者不曾有过的东西？比如说，我怎么能把我的英雄的奶奶虚构成另外一种非本来的样子呢？

我躺在床上，望着已经黑乎乎一片的天花板，想着奶奶。想着怎样来虚构她在牧场度过的一生，虚构她怎样放羊、怎样抚养六个孩子，怎样补充她对我都不愿讲的那桩“罪过”。她这土坯房、这浓重的野蒿气味、窗玻璃上嗡嗡直叫的苍蝇、这长满冰草的坡度平缓的屋顶、挂满奖章和勋章的像锁子甲一样的上装——这一切又如何虚构呢？不行，不管著名作家怎样说，这都无法虚构。这一切，只要看到、知道就行。如果已经有了现成的、不是虚构的东西，何必又要虚构？安得列和卡佳的爱情又怎么办？怎样另作补充？写成什么样子？就假设，我完全撇开我所知道的原有的情形，虚构成另外一种样子：安得列没有用汽车带走卡佳，因为没有必要，卡佳的爸爸妈妈也十分钟爱自己未过门的女婿。阿尼西姆·伊凡诺维奇每讲到安得列、讲到安得列在发展养羊事业中的革新措施，就眉飞色舞，夸奖安得列，说：你们瞧，我女婿多么聪明能干，真是养羊方面的一把好手。结局是一场皆大欢喜的婚礼，辽阔村和水牛村的人全来到一块儿吃酒玩乐。两个多月以后我去看卡佳，我看到的卡佳不是愁眉不展、以泪洗面，而是欢天喜地、无忧无虑……这又怎样呢？是不是这样就好些？不见得，这样不一定就好些。我于是又回头这样想：大概，我还没有吃透这位著名作家的意思。也许，他讲的不是一般意义上的虚构，而是作家自己的一种嗅觉，这种嗅觉有时会同想象有联系，有时会同现实生活中发生的事情、同作者所熟悉一些东西有联系。

五

水牛村中央，文化宫正对面，竖立着远近闻名的老羊倌西兰季·叶戈罗维奇·戈罗别茨的半身铜像。雕塑家对这尊塑像的处理相当别致：没有台座，而是一件宽襟的羊倌毡斗篷从肩膀一直垂到地面。胸前毡斗篷微微敞开，因此左边就露出两颗金星，右边则可看到羊鞭上钩羊腿用的弯钩；两只宽大的手掌重叠着按在弯钩上。凡是从这尊相当别致的塑像面前经过的人，大都不是注视毡斗篷，而是注视西兰季的两只手掌，因为这两只手掌极其明显地表现出宁静和沉思的意味，以至于手上这种宁静和沉思的意味无形中传到了凸凸棱棱的大脸上、疙疙瘩瘩的鼻子上、瞻望草原的锐利的眼神中、两个直竖着的耳朵上。恐怕雕塑家自己都未必想到，他所塑出的随随便便按在羊鞭上的两只手有这样大的吸引力。人们都觉得，这位老羊倌跟着羊群走了很久很久，如今来到一处小丘上，突然站住，将胸前的斗篷解开，将两只手按在羊鞭上。这尊铜像酷肖西兰季·叶戈罗维奇·戈罗别茨，水牛村的人从旁边走过，一定要停下来，或者放慢脚步。

“西兰季老爹，你好！”有的这样说。“你站在那里，简直像活的！”

“你自己看看自己吧。神气极啦！”

有的就摘下帽子表示敬意，并打起招呼：

“西兰季·叶戈罗维奇，你好！愿你不受风雨之苦，安然无恙。”

人们仿佛觉得,西兰季暗暗地在笑着,回答说:

“如今我既不怕风,又不怕雨。再说,我这斗篷也十分可靠,既可以挡风,又可以遮雨。”

“你站在这里觉得怎么样?”

“还好,站惯了。这一辈子我在草原上呆的时间够长了,带着羊群跑的地方够多了,所以这会儿我要在这里站一会儿,多少休息休息。”

“你脚下这花坛里还有这么多野花,真像在草原上一样。这野花真漂亮!”

“没有野花怎么行?”这老羊倌回答说。“没有野花我才不高兴呢,我带着羊群在草原上到处跑的时候,就看惯了野花。我见过多少野花啊!那些花才好看呢!”

“谁把你塑得这样像?不管哪一个都会说:真把戈罗别茨塑活了!”

“你当真不知道是谁塑的?是一位名手嘛!”

水牛村的人还记得,当时有一个穿旅行装的瘦瘦的男子来到村里,天天在西兰季家里、羊圈里,同他一谈就是几个小时,问他干主任有没有困难;眯缝起眼,一会儿从这边对他瞅瞅,一会儿从那边对他瞅瞅。这位雕塑家用黏土塑了一些像大拳头那样大的小小的头像,这时已可看出:每一个头像上的鼻子、耳朵、眼睛全像西兰季老爹的。其中最大的一个头像戴上了也是用黏土塑成的毡帽,这种毡帽是只有牧羊人才戴的,那柔软的帽檐被风吹得卷到额头上方,两旁的帽檐则耷拉到耳朵上,这时候,任何人都确信无疑:这就是西兰季·叶戈罗维奇·戈罗别茨的塑像。地点也是这位雕塑家选定的,他说:就让西兰季·叶戈罗维奇永远站在这里吧。这地方特别合适,因为这尊穿斗篷、戴毡帽的牧羊人铜像竖在文化宫前,全村任何地方都可以看得到,站在草原上也能望得见。

西兰季老爹对于自己的塑像并非冷漠,并非无动于衷,但却明显地表现出——依我看,是故意装出——无所谓的态度,也许因为他当时已经是分场主任了。他每次从塑像面前经过,决不像别人那样站下来看看,虽然也不扭头避开。他干脆不望自己的像,装做全没有把文化宫前站的这位羊倌放在心上。

村里人有时故意问他:

"怎么样,西兰季·叶戈罗维奇,认出自己没有?是不是还没有认出来?"

"有什么好认的?"他一面望着脚底下,一面回答说。"这并不是我。这就是我认出的。"

"那又是谁呢?"

"这还用说,是一个羊倌罢了。在我们这地方,这样的人还少吗?"

"究竟像谁呢,嗯?像别人家的大叔?虽然你如今成了我们的大首长,可是你的样子一点也没有变,过去是羊倌,现在还是像羊倌。这尊铜塑的羊倌也像你,就像你。"

"根本不像我,"老头子说。"像一个拿羊鞭的羊倌就是了。在我们水牛村,随便塑哪一个,放到这里都行!也可以照着你塑一个。"

"这上面的名字、父称和姓,又是哪一个的?嗯?"

“今天大家都会写字,要写哪一个的姓名都很方便。”

不过,自从水牛村进行了无记名投票,安得列·谢罗什坦被选为分场主任以后,西兰季老爹对待村子中央竖立的羊倌铜像的态度骤然变了。现在他已经不否认这就是他西兰季·叶戈罗维奇·戈罗别茨了。

“这不是我本人,这是我的灵魂,”他说。“他站在这里,望着草原,因为他同羊群一块儿在草原上自由自在地生活惯了。所以如今我死不了啦。我要站在这里看着这草原。”

还可以听到他这样说:

“你瞧瞧那神气!不管你从哪个方向来,不管你怎么望,都能看出这就是我西兰季·叶戈罗维奇·戈罗别茨!”

“这毡帽又是哪一个的?”

“毡帽也是我的。一点不差,就像从我头上摘下来的,”老头子回答说。“我老婆菲克卢莎是个旧脑筋,到现在还信神呢,她就稀奇得不得了。她说,你怎么不是活的了,你成了铜的啦?真是太像你了!这有什么好稀奇的?高手塑的嘛……要紧的不是看我有多么高大,”他常常对别人,特别是对青年人解释说。“要看看羊鞭和我那按在羊鞭上的两只手。毡帽自然也可以看看,不过,还是好好地瞧瞧这羊鞭和羊鞭上的两只手,那才真像我戈罗别茨的呢。这位高手看得真准。”

有时候,他几杯酒下肚,会说:

“唉,人生无常啊!我为什么背运,谢罗什坦倒是交了好运?哼,没什么了不起的,羊倌不会全死光的,瞧,一个羊倌已经有了铜像,永生永世灭不掉了。不论谢罗什坦怎样夸他有学问,将羊围在栅栏里，想露一手，可是在水牛村竖起铜像的不是谢罗什坦——他还差远哩！——而是我西兰季·叶戈罗维奇·戈罗别茨。不管拿羊群怎样搞，不管拿什么样的羊圈装羊，拿什么东西喂羊，戈罗别茨这个好羊倌人们是永远忘不掉的，因为他已经在大家眼前站住，永远倒不掉了。我那信神的老婆子都编起神话来了：西兰季呀，你现在成了天使啦，你准是天神下凡。瞧，老婆子瞎编到哪里去了？她还说，你可以直接升天了。拿老婆子有什么办法？我现在还是活在地上，不是天使，是人。"

有时候，他对谢罗什坦恼透了，便对他说：

"小心点儿，毛娃子，别在大家面前蹦得太过分了，别折腾羊群来出风头，要不然这铜羊倌会气得、会难过得站不住的，把羊鞭往肩上一扛，跑到你那栅栏里去，把所有的羊全放出来。说：好啦，别受罪了，走吧，走吧，吃草去吧，要怎么吃，就怎么吃去。"

西兰季老爹家里养着三只防狼猎狗，这三只猎狗当年为他护过羊群，如今，在建立综合养羊场之后，也同西兰季本人一样，无事可做了。

"我有养老金，可是你们生活没有着落，"他一面抚摸着狗，一面说。"不过，老朋友，没有关系，凭咱们的老交情，今后咱们就在一块儿过。西兰季不会丢开你们不管。"

应当交代一下：许多羊群里的防狼猎狗已经跑散了——有的住到别人家的院子里，有的无家可归，在草原上到处游荡，逮野鼠，吃野鼠，渐渐变成野狗。西兰季有三只猎狗，名字分别叫"半人马""莫罗勘"和"教士"，主人确实没有将它们丢开不管。他一如既往，对他们特别厚待，只有真正的老牧人对狗才会有这样的态度。他照例每天给狗煮一次燕麦或大麦糊，谁家宰羊宰牛，他就跑去要骨头和下水给狗吃。总而言之，半人马、莫罗勘和“教士”吃住都不犯愁，只不过它们的生活太单调、太枯燥无味了。不错，每个星期天，它们是有一点小小的工作可干。每到星期天黎明的时候，西兰季老爹就要披起毡斗篷，戴上那顶戴了多年的旧毡帽，扛起羊鞭，带上猎狗朝文化宫走去。

天刚刚放亮，他已经跪到自己的塑像前。三条猎狗遵照主人命令盘起后腿坐在他身边，不时地拿无聊的眼睛朝两边望望，等待主人发出“呜啊啊！”的号令。老头子却不慌不住、气度昂然地捋着白胡子尖儿，叩头到地，而且嘴里还在嘟囔着。他跪在地上嘟囔什么呢？谁也说不清。村里人纷纷在猜测。有的人认为，他一面叩头，一面好像是在对自己的塑像说：“西兰季呀，你是我的亲兄弟！你看，苏霍德寥夫和谢罗什坦把我欺负得好苦啊！他们叫我离开了羊群，如今我没有事干，多么难受啊。你倒是不错，站在这里怪威风的，大家都瞧得上你；我可是要慢慢地挨日子，难过得一双腿都支不住身子。你呀，你是不会理解我的苦楚的，因为你不是活的，是冷冰冰的。你没有灵魂。就连这几条猎狗也陪我受罪，过不到好日子，好难过啊。它们为什么难过？全因为我没有事情干。它们既无羊群可护，又找不到野狼干架，天天晃晃悠悠地跟在我后面，闷得发慌，盼只盼今后能派点儿用场。派什么用场呢？今后是不会有用场的了……”

另外一些人认为，西兰季老爹跪在自己的像前是念诗的，念的是赞美草原人生活的诗。至于是一些什么诗，这些诗又是谁写的，哪一个也说不清。

还有一些人则认为，西兰季老爹跪在那里，是在画十字、做祷告，这一套据说是他的老婆菲克卢莎教的。但是，祷告的是什么，这位老羊倌向上帝提了一些什么样的要求，还是没有人弄得清。不过，大家都清楚的是，跪拜和嘟囔的时间不长，五六分钟罢了，然后西兰季老爹就用他那强劲的手将羊鞭朝肩上一扛，对狗说一声："呜啊啊！"于是，三条狗就像接到命令似的，抬起头来，一齐发出长长的像狼那样的嗥叫声。等狗几声叫过，西兰季老爹这才站起身来，头也不回地朝家中走去，半人马、莫罗勘和"教士"则像前卫一样，威风凛凛地走在他前面。

有一次，从斯塔夫罗波尔来了一个年轻男子，专门到水牛村来访问西兰季·叶戈罗维奇·戈罗别茨。他穿着深蓝色外套，戴着便帽，手里拿着鼓膨膨的深棕色皮包。有人说，此人是来搜集民间创作的；还有些人认为他是椋鸟镇来的穿便服的民警。这个人自己说，他是来了解这位老羊倌跪在自己塑像前低声说些什么，要将他说的用笔记下来，用录音机录下来，以充实所谓"民间创作的宝库"。

西兰季老爹对这位民间创作搜集者这样说：

"不是我对他讲，是他在对我讲。"

"他究竟讲些什么？"来访者问。"讲的是一些什么话？"

"没什么要紧的话，全是些鸡毛蒜皮……看样子，他成天没有事情干，就东扯西拉地乱说一通。"

"究竟说的是什么？"这位民间创作搜集者追问说。"就请您举个例子。"

"好，例如，他说，天天站在一个地方，实在腻烦，实在没味道。很想到草原上去，可是一步也不能动。”

“这么看，您这个老头子真会糊弄人，留一手哩。”

“年纪大了，就懂得，有些事该留一手，”西兰季老爹回答说；说到这里便不讲了。

访问也就到此结束。

还从求神镇来过一位叫英诺肯季的当地牧师。这位牧师没有穿僧袍，穿的是肥大的普通上衣，戴着便帽，像一个养蜂老人。原来他也风闻到这个老羊倌在做祷告，所以也想来了解了解。他也扫兴而去。西兰季老爹毫不客气地对他说：

“英诺肯季神父，您别问我们牧羊人的事。我们在自己家里，马马虎虎摸得清房门。”

第三个对老羊馆神秘的低语发生兴趣的就是我了。我首先和村里一些人谈了一下，从他们的话里我了解到：确实不假，每个星期天西兰季老爹都要带着猎狗来到塑像面前，在塑像面前跪下，像朝拜圣像似的。确实不假，他总是口中念念有词，就像做祷告似的，虽然众口一词地说，老头子并不信神。确实他又像是在讲自己，讲自己牧羊的童年时代，讲自己怎样放羊。也还有人告诉我：老头子根本不是在讲话，只是动动嘴巴，表示讲话罢了，然后就给狗下命令，狗就发出嗥嗥的叫声。

安得列·谢罗什坦则这样对我说：

“有什么大惊小怪的？从各方面来看：老头子反正就是古怪。”

我感到这些情报都不足以说明问题，便亲自去找西兰季老爹。我照例作了自我介绍，并说，普拉斯科维娅·阿尼西莫芙娜·

恰佐娃就是我的奶奶。

“这可是贵客临门!”老头子一下子兴奋起来。“这么说,我那好朋友伊凡·恰佐夫是你的爷爷了?好哇,我可以告诉你,他可是条汉子,好样儿的,死得也是好样的。”

也许因为我是伊凡·恰佐夫的孙子,我这个客人在西兰季老爹家里受到了盛情的招待。他的老伴儿菲克卢莎忙了起来,为我张罗酒饭。为了替我接风,还弄来了一瓶用药草泡过的酒。饭后,我一再要求他给我讲一讲他的秘密,老人家用手捋了捋胡子,又把手一挥,说:

“你能不说出去吗?”

“对谁都不讲,”我满口答应说。

“那好吧,我讲。我看,你这个小伙子不错,再说,又是伊凡·恰佐夫的亲孙子,当年我同你爷爷一块儿打过仗的。就依你吧。我对任何人都没有讲过,就给你讲讲吧。你就拿纸、拿笔来记,也随你的便。”

底下就是他讲的,我是一字不漏地记的:

“西兰季·叶戈罗维奇,我的好朋友,好兄弟!你究竟怎样回答我这个想不通的问题:谢罗什坦要拿羊群怎样折腾,他要把羊群搞成什么样子?你一直没有回答我。昨天你不开口,今天还是不开口。是不是你没什么可讲的?唉,看起来,糟的是,你的样子虽然像我,像活的,虽然村里人从旁边过,会摘帽子,指着你说:瞧,真像西兰季老汉,那羊鞭、那手掌都像西兰季老汉的;可是我要说:你根本不是西兰季,因为你不通人性。那位能手用黏土又用黄铜把你塑出来,竖在大家面前,可是没有把灵魂放进你的壳子里，不是他不想放，而是没有这套本事。也许那位能手想：给他灵魂有什么用？这么着，你就不声不响地站在这里了，人们高兴不高兴，难受不难受，你全不知道。如今羊群是怎么养的，你全不操心，因为你不懂我心里的苦是什么滋味。我可是尝够了这种滋味，我心里可是苦得很，白天黑夜都在想：今后羊群究竟怎样来搞呀？我爷爷、我爸爸叶戈里和我搞的那一套，当真今后不行了？当真今后羊群不要人来照应，要那些烟气冲鼻子的机器来服侍？我知道，我不会永远活在世上，总有一天要死的，到那时候，水牛村谁来接替我呢？谁来操心、谁来心疼羊群呢？你要说：谢罗什坦不行吗？不行，谢罗什坦这个人我看透了，他不操心羊群，天天操心的是综合场。这个字眼儿是他造出来的，那种办法对羊一点都不适合。用机器喂羊，把草铡得碎碎的，好像羊自己没有牙齿；把羊关在栅栏里，实行定量供应，让羊过起城里人的生活。所以我为什么跪到你面前，我要求你，西兰季·叶戈罗维奇：好朋友，好兄弟，等我离开人世，你就接我的班吧。因为大家是要你代表我的精神的。人总是要老、要死的，可是你是要在这显眼的地方一直站下去的。西兰季·叶戈罗维奇呀，我要求你代表我，代表我活起来，到综合场去找找谢罗什坦，同他讲讲，也许他会听你的话，不再拿机器把羊群葬送掉。你不能活起来吗？鼓鼓劲就能活起来了。你不能走路吗？鼓鼓劲就能走路了。今后每个星期天我都要带上猎狗到你这里来，就这样跪在你面前，要求你：活起来吧，去吧。就算吓唬吓唬谢罗什坦也行。活起来，好吗？你不吭声，西兰季呀，西兰季。我反正每个星期天都要到这里来要求你。也许会出现奇迹，你有一天会活起来呢！就算你一下子活不起来，现在活不起来，等我百年之后，你活起来也行，你还是要到综合场去找找谢罗什坦，你把我给他讲了不止一遍的话再给他讲一讲。”

六

三条猎狗——半人马、莫罗勘和“教士”——确实值得我为它们美言几句。第一，应当告诉诸位读者，这是三条矮个头儿的特殊品种的草原猎狗，样子十分好看。这样的猎狗过去只有在羊群里，而且只有在斯塔夫罗波尔地方的羊群里才能见到。每条狗的脖子都和头一般粗，这样粗壮的脖子，脖套是套不住的；四条腿又短又粗壮，膝部更是特别粗，走起路来特别轻巧，好像总是在偷偷接近猎物；爪子肉嘟嘟的，有拳头那样大，踩在干草上都没有声音。

第二，这种狗的头脸十分可爱，有一对善良、驯顺的眼睛，黑黑的嘴唇下垂着，总是流着口涎，有时会露出雪白的尖牙。“这样好的牙齿该去咬狼脖子，不该这样闲着没事龇着玩儿，”西兰季老爹好像在教训狗似的，不止一次这样说。三条狗身上的毛一律是栗色的，有点儿像干草的颜色；脖子顶上的毛颜色要深些，也硬些，就像野猪毛似的。尾巴短短的，是出生不久就剪短的，为的是在同狼搏斗时行动利索。三条狗过去在同野兽搏斗中表现得异常灵活、异常勇猛，朝着狼猛扑狠咬，拼命去咬狼的喉咙，饥肠辘辘的母狼尽管急不可待地要找食儿吃，还要喂狼崽子，可是怎么都不敢接近羊群。

还有一点，也就是第三点，这三条狗各有各的癖性，或者用西兰季老爹的话来说，各有各的脾气。半人马——脾气急躁，不大听话；“教士”——耳朵特别灵敏，连睡觉的时候耳朵都是很灵的；莫罗勘则又听话又有耐心。从外表看，这三条狗完全可能被看做亲兄弟，但对于西兰季老爹来说，这三条狗彼此一点都不相像。

资格最老也最得宠的狗是莫罗勘，这是有原因的。大约在十年以前，西兰季老爹那时还没有当主任，有一天他到附近的莫罗勘村去看望一个牧羊的朋友。那位朋友一心想对客人夸夸他家的一窝良种猎狗，带他去看刚生过小狗的母狗玛留特卡。西兰季向他讨一只小狗，他却怎么也不肯割爱。西兰季只好使出绝招儿：瞅准主人因事离开的机会，将一只尚未睁眼的小狗朝怀里一揣，推说要赶回家照应羊群，转身就走。因为这只小狗来自莫罗勘教派[1]住的村子，便取名莫罗勘。

没有睁眼的小狗一股劲儿地拿热乎乎的鼻子拱人的手，西兰季亲自挤羊奶，趁羊奶还冒热气，装在奶瓶里喂它。过了几天，西兰季又将新鲜羊肉剁碎了喂它。小狗不仅很快就睁开了黄黄的眼睛，而且不久就长得圆滚滚的，矫健地跑了起来，一步不离地跟在主人后面。西兰季特别喜欢莫罗勘，经常同它讲话，拿它当人看。莫罗勘与另外两条狗相比，还有一点不同，那就是，它在护羊方面特别可靠。如果半人马和“教士”只能同野兽勇猛搏斗的话，那么，莫罗勘已有两只公狼、一只母狼的毙敌记录。这战果实在是不小的，因为水牛村附近的牧场上是不容易看到狼的，敢于进

①莫罗勘教派——18世纪60年代从俄罗斯正教会分离出来的精神基督派的一支。现在主要分布在苏联外高加索、乌克兰、摩尔达维亚等地区。

犯羊群的狼就更少了。

有一天，我去拜访西兰季老爹，看到他坐在台阶的最下面一级上。他伸开膝部伸不直的两条腿，将斗篷向两边撑开，抽着烟斗。我坐到他身旁。他想要我看看他的猎狗，便唤了两声。这时太阳已经升上水牛村的天空，阳光也流露出凉爽的秋意。莫罗勘率先响应主人的召唤，来到跟前，将半截尾巴一盘，坐了下来，眯起眼睛，先瞅了瞅我，然后望望洒满阳光的天空，大声地打起了呵欠。

"躺下，"西兰季老爹说。"打什么呵欠？"

莫罗勘躺了下来，将头枕在西兰季的一只脚上，闭上眼睛美美地打起盹来。另外两条狗也跑来乖乖地躺倒，将沉甸甸的脑袋枕在西兰季另一只脚上。全都安安生生地躺着。

"都是好样的，"西兰季老爹一面用手指在硬扎扎的狗耳朵周围搔着，一面夸奖起狗来。"怎么样，米沙，你喜欢我的狗吗？"

"样子有点儿可怕，实际上并不可怕，好像还挺乖哩，"我回答说。

"这东西又听话，又讨人喜欢，"西兰季老爹一面还在给狗搔痒，一面说。"在守护羊群的时候是很凶的。外人别想接近，接近了，就要倒霉。"他又对着几条狗说："看看咱们今天的共同处境，心里就难受得不得了。我常常自己问自己：老天爷造就你们这些毛脸、尖牙的伙计是干什么的？就为的是要你们守护羊群。有你们在旁边守着，羊就可以自由自在地吃草。你们眼尖、腿快、牙齿锋利，什么地方派得上用场？你们该到草原上，到羊群里去，守在羊身边。可是如今你们是在什么地方？躺在我脚上，闲得发慌，正因为闲着没有事儿干，也就没有神了，不那么结实了，老了，没有劲了。就拿你来说，莫罗勘，老得最快，而且懒得要命。你过去可不是这样的。我才了解你呢，从你小时候，从你自由自在地睡在我怀里的时候，你就不是这样的。瞧你今天成什么样子了？简直老得一点精神也没有了，特别是这几年。眼里总是泪汪汪的，就像个老爷爷；背上的毛快掉光了，脖子上的长毛一点都没有了。”接着他又转身对我说：“唉，米沙，糟就糟在狗没有用场了。为什么没有用场？就因为有了像谢罗什坦搞的那样的栅栏。把羊关起来，不放出去吃草，我们村什么时候这样搞过？这样一搞，就不仅猎狗派不上用场了，羊倌、副手、分群的、掌车的，全完了，全没有用场了，这一切全怪谢罗什坦。他要把羊群交给机器和马达去管，把苏丹草和苜蓿铡得碎碎的，放到槽里，让羊到槽里去吃草。这么着，羊长牙齿干什么？要是羊不用牙齿啃草，牙齿就要脱掉的。这样搞，究竟对头不对头？”

西兰季老爹用他那低哑的声音不快不慢地又讲了很久，又是教训狗，又是不厌其烦地发议论，想到什么就议论什么，三条狗一声不响，耐心地听着。莫罗勘连眼睛都不睁一下，耳朵也不动一下。“让他讲他的，他不讲是不行的，我们管不了这种事，我们不声不响地听着就是了，”——莫罗勘也许这样在想。不过，总的来看，应当说，这几条狗听着主人的唠叨，在许多方面是口服心服的，比如说，它们确实不像过去那样凶了，见到走错了门儿的猫或者鸡，它们叫得也不像过去那样有劲儿了。只要讲得对，狗是会虚心接受意见的。不过，它们认为这位饱经沧桑的老羊倌也有许多地方讲得没有道理，有一点就显然讲得不对头：说它们懒，尤其说它们光吃饭不做事，这话就讲得不对。根本就不是这么一回事。不错，那种重大的、要紧的活儿，过去它们在羊群里日日夜夜干的那样的活儿，如今它们是没得干了。可是，难道这能怪它们吗？再说，如今没有事干，它们总也没有闲呆着，这怎么能说它们懒、说它们光吃饭不做事呢？一会儿，别人家的猫从篱笆缝里钻进来，偷偷地朝地窖走去，要偷吃地窖里的酸奶油，它们就去撵猫；一会儿，邻居家的鸡钻进菜园吃菜，它们就去轰鸡。每到星期天，全水牛村谁不知道，它们要陪西兰季·叶戈罗维奇到文化宫前面，给铜铸的羊倌演唱三重合唱——这活儿虽然很轻，虽然不是狗干的正经事儿，可总是一项很重要的工作。

七

清早，西兰季老爹醒来，照例口衔烟斗来到台阶上，习惯地喊道：

“喂，来，来！”

他站着等了一会儿，几条狗并没有应声跑来，好像没听到呼唤似的。西兰季老爹没有把这件事放在心上，心想：狗总是喜欢到处跑，可能这会儿正在村里跑着呢，一下子就会回来的。可是，过了一天，又过了一夜，然后又是一天，又是一夜，第三天，太阳已经升上村外高高的白杨树梢，几条狗还是没有回来。只是在第四天黄昏时候，莫罗勘忽然从开着的院门里首先轻轻地、不怎么大方地走了进来，一副疲惫不堪的样子，四条腿上、肚子上沾满了水珠儿，眼睛里露出惶恐的神色。紧跟着它出现在门口的不是它那两位伙伴，竟是六头绵羊，绵羊之后，才是押队的半人马和“教士”。

西兰季老爹听到莫罗勘熟悉的叫声，从房里走了出来；他站在台阶上，简直不相信自己的眼睛：三条狗围着六头绵羊。老羊倌不难看出，狗是从草原上来的，是在有露水的草地上走过的；几条狗瘦了下来，肚子两边瘪了进去，身上又是水又是泥。西兰季老爹那老练的眼睛一看到猎狗带回的俘虏，一下子就断定这是去年冬天产的羔羊——两头母羊，四头公羊，公羊和母羊所不同的只是，公羊头上已经明显地长出蜡黄色的嫩角。西兰季老爹在自己家里看到羊，觉得这简直是不可理解的、奇异的幻觉，他像发了呆似的一股劲儿地在晃脑袋，用手捋着长长的胡子，讲不出话来。呆了老半天，他才惊讶得把两手一摊，用嘶哑的嗓门儿问道：

“哪里来的这种怪事？你们这些该死的东西到哪儿去过？从哪儿弄来这几头羊？谁叫你们干的？不讲话，嗯？你们这些强盗！”

莫罗勘且不回答，一下子趴到了主人脚下，惨然一笑，露出两排白牙，嗥嗥叫了几声，用这几声叫、用它那泪汪汪的黄眼睛回答主人的问话。回答的是什么？无法了解。西兰季老爹能了解的只有一点：羊是别人家的，而且毫无疑问，是这几条狗将羊赶来的，说干脆些，是偷来的，这就使人大伤脑筋了。西兰季老爹十分恼火，一下子将尚未熄灭的烟斗塞进口袋，脸色气得铁青，不禁发作起来，将趴在脚下的首犯和肇祸者莫罗勘一脚踢开，大声喝道：

“坏东西！你们这些贼！你们要我的命！你们这些下流坯！谁教你们干这种下流事？谁让你们这样乱搞？该死的东西，怎么不讲话？”

“东家，我们是一番好意，”莫罗勘刚刚用它那可怜巴巴的眼睛说出这一句，就被西兰季老爹那严厉的声音淹没了：

“啊，是这么回事儿呀？‘我们是一番好意’啊？莫罗勘，这‘一番好意’是你想出来的？哼，算了吧，莫罗勘，你这是为自己开脱。你这一番好意……实际上结果又怎样呢？实际上坏透了，坏得不能再坏了。你们简直叫我丢尽了脸！你们这么一搞，我有什么脸见人？我怎样向大家解释呢？你们这些强盗，这一点你们想过没有？要马上把羊还给人家，你们这些贼、这些扒手，听见没有？还给哪一个？你们说不清，是不是？莫罗勘呀，莫罗勘，我一向心疼你，真没想到你会干出这种丑事！敢做就要敢当，干什么你要装孬？反正我不会饶你的，你做了坏事就跑不掉！”

一向心平气和的菲克卢莎听到丈夫的叫骂声，从房里走了出来。她这种心平气和也许是随着年龄而来的，因为她这一生见识过不少事情，而在处理家常事务方面她比丈夫一向实际得多。我已经知道，她陪丈夫一起走过了全部的漫长的草原路，在草原上生下儿女，养育儿女，还要掌管车棚里一应事务。这会儿她出来站在丈夫身边，同样好奇地、同时又大惑不解地望望羊，又望望狗。因为她在养羊方面并不亚于丈夫，所以完全有资格讲话：

“好漂亮的羊！是细毛羊，而且还嫩着呢。西兰季，这羊是咱们的？”

“想得倒很美，”西兰季老汉气呼呼地说。“怎么会是咱们的？是偷来的！”

“是狗赶来的，还是自己跑来的？”

“是莫罗勘这下流东西干的好事。那两个蠢东西跟它一起干的。不是赶来的，是偷来的，抢来的！下流东西！”

“怪不得三四天不见面呢，”菲克卢莎说。“西兰季，你可知道，狗为什么要干这种事？”

“依你看，为什么？”

“因为想羊想得太厉害了，”菲克卢莎很有把握地说。“瞧，都饿瘪了！西兰季，快把狗喂喂。都饿坏了。”

“说得倒好——喂喂！凭什么要喂这些偷东西的家伙？”

“四天没吃东西了嘛……你把羊赶到棚子里，就让羊呆在棚子里。”

“什么，赶到棚子里？你这老糊涂，胡扯什么？”西兰季老爹惊愕地说。“你打的什么主意，叫我去干这种见不得人的事？你的意思就是说：咱们把羊赶到棚子里，算咱们的，就让在里面呆着。这又算怎么回事呢？很明显，这就是偷。把别人家的羊窝藏到自己棚子里，是这样吗，嗯？你想叫我把老脸丢尽！咱们凭什么把别人家的羊赶进自家的棚子？”

“那又往哪里放呢？”菲克卢莎心平气和、从容不迫地问。“总不能放到大街上去。就让呆在咱家里吧，这羊怪讨人喜欢的……”

“偷来的，没什么好喜欢的，”西兰季老汉还是气呼呼地说。“依你的主意，咱们就这样干：把这几头羊赶进棚子，明天再叫下流货莫罗勘带两个伙计出去，马上再给我搞几头来，好，你瞧吧，再过三四天，又是几头公羊，几头母羊。就用这种贼办法搞起咱们的羊群。狗也有事情干了，咱们也捞到便宜了。是这样吗，嗯？”

“不是这样，”菲克卢莎还是用心平气和的语调回答说。“你别把我当成糊涂虫，我懂得的不比你少。我是对你说：就让羊呆在我们家，是暂时地，不是永久地。会有人来找的，我们给他就是了。咱们不要别人家的羊。你还是把狗喂一喂，瞧，饿得可怜巴巴的。几条狗还是很卖力的，怎么也没有想到你会这样恼火……你还是把狗喂喂吧。”

“不是要喂，是要好好地打一顿，”西兰季老爹气冲冲地说。“好吧，你要想怎么搞，你就自己搞去。随你去把羊藏进棚子，随你怎样去喂这几个强盗，我可是要马上去找谢罗什坦。”

“眼看天就要黑了，你去干什么？不能明天早上去吗？”

“我得马上去问问，说不定，这羊是他那栅栏里的。”

“瞧你想的！狗四天四夜才把羊赶回来。四天四夜能走多少路？”

菲克卢莎不再去计算狗走了多远的路，也不再同老头子争吵，因为恰好在这时候我乘着奥列格的车子来到门前，车灯照在房前的台阶上。

“哎呀，米沙！”西兰季老爹迎上前来。“怎么来得这样晚？你原说下午来的。”

“在宽敞村耽搁住了，”我回答说。“你们家哪里来的羊？”

“不是羊，是祸害，”西兰季老爹不快地说。“够倒霉的……”

他于是简要地对我讲了几条狗闯的祸。

“西兰季大伯，有什么好愁的？”奥列格快活地说。“宰掉一头，炖羊肉就有得吃了。咱这一带都知道，炖羊肉谁也比不上你。”

“还讲什么炖羊肉？！你别乱扯，”西兰季老爹一面说着，一面在台阶上坐了下来。“老弟，我可没有心思搞炖羊肉。”

这时，菲克卢莎不再同老头子讲话，将猎狗带回的俘虏送进棚子，到园子里给羊扯了一些青草，又去给狗烧狗食，往锅里撒了不少麦麸。西兰季老爹一直无精打采地耷拉着胡子坐在台阶上。后来他站起身来，走进屋里，在屋里穿起干净的衬衣、外衣、黄色的便鞋，戴上一顶便帽，又来到台阶上，说：

“米沙，你陪我一块儿到谢罗什坦那里去。我要去问问他，也许，这羊是他的。”

八

我们的车子来到谢罗什坦家门口，天已经完全黑了。我们走进院子，上了台阶。几个窗子都有灯光，门前亮着一盏电灯，黑黑的、像大衣纽扣一样的电铃按钮看得很清楚。

“瞧见没有，在家里都搞这么多花样儿，连电铃都安上了，没有这一套就不能过日子，”西兰季老爹说。“学城里人派头，摆起阔气来了。”

他按了按电钮。电铃响了，应声来开门的是大肚子的脸色苍白的卡佳。

“啊哈，是您呀，”卡佳有点儿泄气地说。“米沙也来啦！进来吧。”

我们问，安得列在不在家，卡佳没有回答，只是惊讶地、眼泪汪汪地朝我望了一眼，便走回自己房里。这时，谢罗什坦老汉从旁边房里走了出来。他看到这不速之客正是他尊敬的大哥和多年的好友，是青年时代水牛村交游场上的老搭档西兰季，又看到我同他在一起，十分高兴，把我们拉进自己房里，对老伴儿说：

“克拉芙季娅，你猜，是谁来啦？”

“我的天，是大哥！”克拉芙季娅叫了起来。“还有米沙哩！什么风把你们吹来的？”

“克拉芙季娅，是顺风，”西兰季老爹回答说。“是顺风把我们吹到这里，一直吹到门口。”

“可惜，这种顺风太稀罕了，”谢罗什坦老汉是在嗔怪这位大哥来得太少了。“西兰季呀，你把来我家的路都忘了。”

“阿维利扬，你可到我家去？”

“是的，我也没有去过。”

“无事难得上门啊。”

“你今天来，是有事？”

“当然有事！”西兰季老汉回答说。“找你儿子安得列。”

“今天来找他的人一个接着一个，可是他到现在还没有回家，”克拉芙季娅这个当妈妈的难过地说。“刚才你们也许看到，卡佳跑去开门，她以为是安得列回来了呢。谁知不是安得列。他一头钻到工作里，每天天一亮就出门，到半夜才回家。”

“你儿媳妇为什么那样不快活？”西兰季老爹问。

“她有什么快活的？天天一个人守在家里。”克拉芙季娅小声说。“大哥呀，他们这些年轻人才是活受罪哩。好在几个大孩子跑远了，他们在外面日子过得怎样，做父母的不知道。安得列就在跟前，我们以为，他结了婚，我们老两口就不烦神了。可是他一结了婚，就一头钻进综合场，连新媳妇都顾不得了。卡佳天天哭，我看着心疼，可是安得列还发脾气呢。这叫我们当父母的看着怎么办？！”

“好啦，别讲了，年轻人嘛，马上吵，马上和好，”谢罗什坦老汉比较理智地说。“请坐下，坐下，米沙，西兰季，你们给我讲讲，找安得列有什么事。”

西兰季坐到椅子上，捋着胡子，理了理思路，便简短地讲了他的猎狗干的好事。

“这么说，西兰季，你以为这羊是咱们综合场里的？”谢罗什坦老汉直截了当地问。“是这个意思吗？”

“我是这样想的。”

“你干脆丢开这个念头，别再想了，”谢罗什坦老汉很有把握地说。“你想想吧：高栅栏把羊关得严严的，狗怎么能搞得出来？就连两条腿的人也只好望着叹气。肯定，这羊不是咱们的。”

“那又是谁家的呢？”西兰季老爹忧愁地说。

“依我看，这是在草原上放牧的羊，”谢罗什坦老汉说。“你该记得，咱们过去放羊的时候，有时候照顾不到，难免有几头羊走散，那么大的草原，一走散就不见影子。看起来，你那几条伶俐的猎狗找到的就是这种走散了的羊。”

“找到了不往别处赶，赶回自己家，”克拉芙季娅赞同老头子的说法。“大哥，你那几条狗真够神的。”

“这么一神，我可该怎么办？”

“什么怎么办？”谢罗什坦老汉诧异地问。“你这人真怪！留在自己家里，不就完了？没有主儿的东西，在草原上走散了的，到了你家里，就算是你的。”

“阿维利扬，这可不行。”西兰季老爹脸色更阴沉了。“这种事不是人干的，就是说，不是清白人干的。别人家的东西我不要。我不干这种于心有愧的事。狗和人不同，狗是畜生，什么事都可以干，狗没有头脑，可我们是人……”

西兰季老爹同谢罗什坦老汉和他那爱唠叨的老伴儿谈了很久，并没有解除心里的不安。他不再等安得列，回去的路上，他又要求我和奥列格在他家里过夜，明天早晨再陪他到求神镇去找苏霍德寥夫。第二天，他老早就起床，又把我们叫醒。他说一夜都没有睡好，心里一直在骂几条猎狗。吃过早饭又和老伴儿吵了几句，气冲冲、一言不发地坐上汽车，我们就来到苏霍德寥夫处。苏霍德寥夫一看到这位大名鼎鼎的老羊倌，就满面春风地迎上前来亲热地握手，请他坐到桌旁软椅上，问他因何事居然出门。他又简短地讲了家里来了六头羊的经过，苏霍德寥夫听完后，笑着朝我望了望，说：

“瞧，米沙，生活中就有这样的事。要是写出来在报上发表，就不会有人相信。西兰季·叶戈罗维奇，您那几条狗真不简单！真能干！”

“阿尔焦姆·伊凡诺维奇，这些鬼东西有什么能干的？”西兰季老爹不赞成这种说法。“不折不扣的强盗、下流坯、祸害！”

“想想看，把羊找到，又把羊赶回家，这简单吗？”苏霍德寥夫笑着说。“不管怎么说,这几条狗算能干的。可是,这羊又是从哪里赶来的呢?”

“我头疼的就是这一点。我要是知道,就不会来找你了。阿尔焦姆·伊凡诺维奇,帮我找找主儿吧。我伤透脑筋了……”

“我怎样来帮您找呢?”苏霍德寥夫离开桌子,又像往常一样走到窗前,望着大街。“西兰季·叶戈罗维奇,咱们这样来试试看:我马上通知各分场,让他们摸摸情况,是谁丢了羊,让他们用电话告诉我。”他快步走到桌前,拿起话筒,俯下身子,说:“瓦连季娜,马上同各分场联系一下,了解一下昨天谁丢了羊。六头……”

“阿尔焦姆·伊凡诺维奇,一切照办。”话筒里传出清脆的女音。

“要快一点,”苏霍德寥夫说,又对西兰季老爹说:“西兰季·叶戈罗维奇,咱们稍等一会儿。不过,我事先可以告诉你:在我们那些综合场里,决不会出这种狗偷羊的事。当然,辽阔村要除外,辽阔村的羊圈是麦秸盖的。”

“要是在咱们场找不到主儿呢?”老头子用愁闷的声音问。“那又怎么办?”

“咱们再到区报登个启事,”苏霍德寥夫马上回答说。“不能排除,您那几条机灵的猎狗会到附近几个农场去。那样神气!那样机灵!免不了要到处跑跑。”

“这样一跑,我就倒霉了,”老头子还是用愁闷的声音说。“万一登了启事也找不到主儿呢?那可怎么办?”

“那就是说,这羊就算您的了,”苏霍德寥夫回答说。“就算是狗送给您的礼物吧。”

“阿尔焦姆·伊凡诺维奇，这可不行，这不是礼物，是给我这老脸抹黑，叫我出丑。”西兰季老爹拿两个手指捋起长胡子，锁起眉头。“不管怎样，这羊我不能要。是不是可以交给谢罗什坦？算公家的，行不行？”

“谢罗什坦也不会要别人的羊。”苏霍德寥夫诡秘地笑了笑。“他自己的羊就够他搞的了。”

“那我又该怎么办呢？撵到大街上去？”

“干什么要撵到大街上？”苏霍德寥夫说。“暂时放在家里，以后会有办法处理的。”

那位年轻、苗条、声音清脆、裹着头巾的瓦连季娜走了进来，说：

“阿尔焦姆·伊凡诺奇，我亲自打电话给各个分场，各个分场给我的回答全都一样：羊没有丢失。”

“阿尼西姆·伊凡诺维奇·恰佐夫怎样讲的？”

“他都发火了，说：我这里别说丢羊，连一根羊毛都不会丢。”

“谢谢你，瓦连季娜，就这样吧。”苏霍德寥夫说。

瓦连季娜还是迈着她那轻盈的步子走了出去，屋里老半天没有人讲话。西兰季老爹将头垂得低低的，好像是睡着了。苏霍德寥夫没有去安慰老头子，抓起铅笔，拿过一张纸，边念边写：

“咱们这样写：‘国营辽阔畜牧场今收容走失细毛羔羊六头——公羊四头、母羊二头。失主请到求神镇与本场场部联系。’怎么样，西兰季·叶戈罗维奇，这样行不行？”

“行，行，”老头子头也没抬，回答说。

“今天就把这启事送到报社。”

区报登出招领走失羔羊的启事以后，又是一个多月过去了，还是没有人来认领这两头母羊、四头公羊。已是深秋时候，一如往年，里海上吹来了冷风，一团团铅色的云遮住了天空。猎狗赶回的那几头羔羊依然呆在棚子里，下一步该怎样处理这几头羊，西兰季老爹还是想不出办法。他过得很不开心，不再到自己的塑像前面去，对狗连望都不望，更不像过去那样，把狗唤到身边，同狗讲讲话。因为愁闷，因为夜里经常睡不着觉，老头子显然瘦了，没有精神了。

九

我在回莫斯科之前，还到西兰季老爹家里去过一次。为了简单明了地说明他同我的谈话给我的总的印象，应当首先指出，老人家已经慢慢地不为猎狗的恶作剧、不因为找不到失群羊的主儿大伤其脑筋了。西兰季老爹每次谈话，只是在开头和结尾都要提一提这几头失群的羊，而且接着还要说，先前心里老大的不安，就是现在还是每天都要想起这件事。

“六头羊算什么？不算什么，小事一桩。找不到主儿，也没有什么了不起的。再等个把月，我来宰掉一头，搞点儿炖羊肉让大家尝尝滋味，”西兰季老爹得意地摸着大胡子说。“我的好同志呀，使我真正难过的事怕是，我这一辈子到老来不走运，背时，走下坡路。我的眼前出现了很多不了解的、看不惯的，可以说是生疏的东西。你想想看吧。把那个活不起来的戈罗别茨摆在文化宫前，让他像个大将军一样站在那里，可是让这个……”他用毛烘烘的、干瘪的手拍了拍自己的胸脯,“活的戈罗别茨丢开自己从小就相信的东西。所以,我的好同志,我心里想不开,夜里睡不着觉,我天天想过来,又想过去,头脑沉甸甸的,像秤砣一样……这一切又怪谁?全怪安得列·谢罗什坦。他要是不回水牛村,多年来立下的规矩,就会像水洼里的水一样,呆得好好的,没有人去乱动,咱们牧羊人世世代代的传统也不会遭到破坏。现在又怎样呢?不管哪里,都搞得乱了套。只有你大伯阿尼西姆·伊凡诺维奇各方面还有条有理的,我们这里简直乱七八糟。”

“西兰季·叶戈罗维奇,您说得太过分了……”

“有什么过分的?谢罗什坦一回来,把一些本来好好的东西、把以前大家辛辛苦苦搞起来的东西全毁掉了,毁掉了还得意哩,”老头子又发泄起怨气来。“这种事没什么好得意的,倒是应该难过。比如,有时可以看到蚂蚁在地面上垒的窝。这温顺、勤苦的小东西花了很多力气,垒得那样精致,再好没有了。有的人很文明,从旁边绕过去,觉得蚂蚁搞的这一套怪有意思,看上几眼,就走自己的路。可是,还有一些人怎样呢?毫无道理地要拿棍子捣一捣,这么一捣,好好的东西就全毁了……我的好同志,谢罗什坦在水牛村就是这样搞的。他拿棍子捣,全完了。给羊搞起了栅栏,全是胡搞一气。让羊过不到自在的日子,羊倌也没有了松心的时候。为的是什么?谁愿意叫羊倒霉?谁也不赞成。把羊关到砖瓦房子里,还觉得挺神气哩!虽然房子周围搞了场地,可是场地总归是场地,比不上草原。”

我不止一次注意到:“综合场”这个词儿西兰季老爹不知是不会说,还是不愿说,他不是说“谢罗什坦搞的栅栏”,就是说“羊倒霉”。他总是对我说，羊离了牧场，不像过去那样自由自在地到处跑，就要慢慢退化，就要死亡，因为羊的天性就是喜欢逍遥自在，羊同猪不一样，受不住长期囚禁。另外，羊不喜欢吃机器割的、机器铡的、带汽油味的草，喜欢到处跑，就地找食儿。

“羊是精灵鬼，知道早晨空肚子的时候吃什么草，中午吃什么草，晚上又吃什么草，”老头子说。“我记得多么清楚，从我小时候起，从我第一次跟爸爸出去放羊，一直到老，这么多年来，不管你怎样改变它的生活方式，如果让它离了辽阔草原，眼前没有啃也啃不完的青草，它就算不得羊了。就拿牧羊人来说，也是这样：牧羊人要是不跟着羊群到处跑，要是忘记了羊鞭是怎么一回事儿，不知道怎样扛羊鞭、怎样钩羊腿，就不能算牧羊人，只能算牧羊人的败家子。”

他认为自己才是真正的羊倌，也就是具有牧羊行家天赋的草原人，所以他爱羊和了解羊的方式就有资格和别人有所不同。他相信，别人对羊群都没有他这样爱、这样了解，他因而感到自豪。也许，正因为这样，他一遇到机会，不管有联系无联系，都要提一提，他胸前不是平白无故地戴起了金星勋章，这勋章还不是一枚，而是两枚，他西兰季·戈罗别茨的头也不是平白无故地塑成了铜的，放到了水牛村正中，让大家看，让大家知道，世界上真正的羊倌就是这个样子。

有一次我请他陪我一起到综合养羊场去。

“米沙，我真不懂你这是什么意思，”他皱着眉头说。“活见鬼，我到那里去干什么？”

“一块儿去转一转，看一看，没有别的意思。”

“我不想看那些乱七八糟的东西。”

“看一下，还是怪有意思的。”

“一点意思都没有。把羊群全折腾完了。”

最后，总算同意了。

我们一来到综合场，老远就闻到羊舍发出的那种特别气味，安得列看到我们，走上前来迎接，老头子不打招呼，却问：

“怎么样，安得列，羊还没有折腾死吗？”

“还活得好好的哩，”安得列笑着回答说。“请您看看好啦。”

老头子有意不看那砖墙、白石板瓦作顶的羊舍，处处挑岔儿，表示完全不赞成安得列的做法，告诉他，把羊关起来是很大的罪过。安得列有时故意避开争论，默不作答，大概他不想让老人家心里不痛快，有时看着老人那胡子拉碴、弯腰弓背的样子，很有礼貌地说：

“西兰季·叶戈罗维奇，我很尊敬您，也很看重您的功劳，不过，您这些道理我可是怎么也不能赞同。”

“你说说看，为什么不能赞同？是爱面子？还是有别的原因？”

“我不能赞同，是因为您和您的看法太落后于现实了，”安得列还是很有礼貌地说。“这一点也没有什么好奇怪的。在遥远、艰险的路途上，在需要上下陡坡的时候，常常会有这样的情形。不怎样年轻的同路人没有劲了，落到了比他年轻、比他强壮的人后面，可是要他承认没有劲而且因此落在后面，他却爱面子。所以他就勉勉强强跟在后面拖着，还要发脾气。”

“我的劲还有，安得列，你也别想把我甩在后面，”老头子反驳说。他那紧锁的眉毛下面的眼睛生气地望着安得列。“虽然你有文化，我确实没有你那么多的文化，因为我学的不是书本，我上的是草原学校。可是你只配给我做小儿子。你要是好好地想一想，就能看到，不是我落到了别人后面，而是你瞎闯，鬼才知道你闯到哪里去了。你笑什么？你说说看，不是这样吗，嗯？”

“恰恰不是这样。”

“可是我要说，就是这样，”老头子坚持自己的看法。这时，他那胡子拉碴的脸气得通红。“我过去问过你多少次，现在还要问问你：是什么好些——是草原、天空、鲜草、旷野，还是你这些砖房、栅栏加食槽？羊喜欢自由自在地到处跑呢，还是喜欢坐牢？”

“不是坐牢，是圈养，”安得列仍然笑着说。“您这位有经验的羊倌不妨去看一下。看看现在羊究竟是怎么个样子。”

“我还要问你，”西兰季老爹既不去听安得列的解释，又不回答他的请求，只顾说自己的。“羊能不能用槽喂，能不能按钟点喂？我来规规矩矩说一句吧：不能，这样不行！羊永远不能饿肚子，不能按钟点吃草，而是想吃就吃，就是我们常说的，根据自己的情况办事，因为要吃的食儿应当是随时随地都有。可是，你那些可怜的羊是怎么喂的，拿什么喂的？你天天老是喂苏丹草，拖拉机天天拉的是苏丹草，一定要把一片地上的苏丹草弄完才死心。你是个有学问的人，应当知道：羊一年四季都一样，最好的饲料就是多种多样的草。你别龇牙咧嘴，老是笑，安得列，要听听老人们的话。”

“西兰季·叶戈罗维奇，我在听着哩，”安得列一面说，一面还是忍不住在笑。

“我凭什么对你这样讲呢？就凭我这一辈子看到的羊太多了，我还留意过，每头羊一天一夜要吃三十多种草，实在不少！”老羊倌将便帽往下拉了拉，继续说下去！“你却光给羊吃苏丹草，要不然就是光吃苜蓿。羊的嘴并不呆，一尝就知道是什么草，而且往往丝毫不差，凭天生的本事就知道春天该吃什么草，夏天、秋天吃什么草，冬天又吃什么草。就拿羊茅草和菟丝子来说吧，这些汁水多的东西，羊多半是在春天、在给羊羔喂奶的时候吃的。比如飞帘草，往往是秋天吃的；飞燕草、小叶桦最好是夏天吃。你那栅栏里有这样多的草吗？没有。不是单一的苏丹草，就是单一的苜蓿，今天是这些东西，明天还是这些东西，再没有别的花样。”

“谁说是单一的？”安得列心平气和地说。“西兰季·叶戈罗维奇，您说得不对，决不是单一的。精饲料算不算？这些精饲料是专门给羊配制的，有科学的根据，完全能够代替您所说的全部牧草。”

“代替不了！不可能代替！”老头子气得脑袋直晃，晃得帽子都溜到脑后去了。“不要胡说八道！什么样的化学玩意儿都代替不了野草！就拿飞燕草来说吧，什么东西都代替不了。羊毛生长所需要的养分，恰好飞燕草全部都有。你没有跟在羊群后面跑过，你弄不清是怎么一回事儿。我是清楚的。我跟着羊群跑了一辈子，看到过无数次：羊在生长嫩毛的时候，最喜欢吃飞燕草。再拿羊茅草来说，这种草看起来不怎么样，个头儿不高，只不过平铺在地上，像毡一样。可是，羊身上需要盐的时候，就要吃这种草，什么东西都代替不了。再看看金芜菁，名字很好听，样子也很好看，而且羊吃了特别能长身体。母羊在补养身体的时候，羊羔在长个儿的时候，吃这种东西最好。羊羔就经常跟着母羊啃金芜菁的叶子，吃起来才香呢……”

安得列耐心地听着，没有打断老头子的话，不过他那庄重的脸上一直浮现着隐约可辨的笑容。

“是这么一回事儿，我赞同您这些经验，而且您，西兰季·叶戈罗维奇，为人很好，又是一个出色的牧羊人，”安得列说。“不过，您跟着羊群到处跑，那都是过去的事了，而且，您心里的不痛快我也能理解，可是，要改变现有状况，我却无能为力。有关牧草的情形，凡是一个牧人应当记得的，您全记得；您却忘记了，生长这些牧草的草原已经没有了，草原全都种起了庄稼，可是成千上万头羊咱们还是得养下去。出路何在呢？咱们该怎么办呢？”

他本想再一次提醒这位老羊倌，水牛村附近已经早就没有过去长过的那些天然牧草了，当年辽阔的天然牧场已经全都开垦起来，如今已是小麦生长、结穗的地方，正是生活本身迫使人对羊实行圈养。不过这些话安得列没有讲出来。他不想同这位可敬的老人进行无益的争论。他不想争论，是因为，西兰季老爹确实对牧草有十分丰富的知识，如果他说羊茅草中含有羊所需要的矿物盐，那就肯定是有的；一定要他相信这同样的矿物盐在精饲料中也是有的，那就没有意思了。老头子听都不会听的。

西兰季老爹却认为，安得列没有讲下去，是找不到什么话给自己辩解了。

“怎么样，安得列，服输了吧？”

“还不怎么样。不过，还是不讲为好。”

"没有理,当然还是不讲为好。"

老头子将瘦削的、弓着的肩膀挺了起来,志得意满地抬起了头,拉了拉帽子,像小伙子们那样将帽子偏戴着,说:

"安得列,这么看,你现在承认我是对的了。你不讲话,就是说,你想通了。"他又转身对我说:"米沙,你要是愿意,跟我到坡地上去转一转。不错,草原是开垦起来了,不过,地边上、坡地上还是有一些牧草的。我指给你看看牧草是什么样子。再说,我也很久没有去过了。"

他显出一副胜利者的姿态,昂着头,歪戴着帽子,步子跨得很大,我勉勉强强能跟得上。跑在我们前面的是几条猎狗。猎狗高兴的是,主人终于说话说过了瘾,又向草原进发了。

十

西兰季老爹真的没有朝村里走,而是擦着用上等红砖筑墙、用带条纹的白石板瓦盖顶的低矮的羊舍朝前一直走去。他绕过使他十分反感的这些羊舍,踏上微微凸起的坡地。这里铁犁还没有光临,因此到处还是一蓬蓬灰色的野蒿。

"米沙,咱们坐下歇一会儿,"他说。"坐在地上有多好,多舒服啊!"

他还像放羊的时候那样,将干瘦的两腿一盘,膝部咯吱响了两下,就坐了下来,——过去他放羊累了,就经常靠近羊群或者在篝火边这样坐一坐。他若有所思地一会儿望望碧绿的秋播作物的嫩苗,一会儿望望新翻起的黑色土地。"这地方原来可全是牧场，”他心中想道。“如今，青草、鲜花、野蒿、野罂粟花，你们都到哪里去了？”那熟悉的谷地、凹地一直向天边冲去，引人遐想，令人神驰。下面那一大片便是给西兰季老爹带来无限烦恼的所谓综合养羊场。西兰季老爹一股劲儿地望着平缓的坡地上这一套建筑物，觉得这套建筑物极像一座草原上的工厂，而且，好像特意为了表示它像工厂似的，还矗立着一座跟工厂里完全一样的砖砌的烟囱，烟囱里还冒着像青色飘带一样的轻烟。“厨房里正忙着哩，”西兰季老爹心想。“在制作田野里已经没有了的那些牧草哩……”

“养羊工厂都有了，”他望着烟囱，自言自语地说。“用不着放羊了，放不成了。今后日子究竟怎样过呢？……”

他将目光移向条格布一样的白色羊舍房顶、移向围在栅栏里的宽阔场地和场地上一堆堆像灰色斑点似的羊群，我看到他那昏花的老眼里涌出了浑浊的泪水。一阵莫名的痛楚涌上心头，老头子使老泪纵横地哭了起来，不哽咽，也不吸鼻子，与一般人的哭泣完全不同。

“西兰季·叶戈罗维奇，您怎么啦？”我问。

“不知为什么，人到了老年，就特别爱流泪，”他有气无力地回答说，老大的泪珠儿顺着他的脸滚了下来。“有些想法叫我流泪，叫我难过……”

“您有些什么样的想法？”

“各种各样的想法都来了，”他用骨瘦如柴的两只手捂住老泪纵横的眼睛。“我坐在这里，从小到老——一辈子的事全跑到了我的眼前。我这一辈子全是在水牛村和草原上度过的。到头来又是怎样呢？我心里在想，为什么活这一辈子，辛辛苦苦为的是什么？”

“西兰季·叶戈罗维奇，不必这样想，”我安慰他说。“您这一辈子不是白过的，给大家做了许许多多有益的事。”

“安得列会这样讲吗？”

“他也会这样讲的。人们都很尊敬您……”

“人们？尊敬我？人们又为什么用犁把草原全毁掉？”西兰季老爹停了一下，用手背擦了擦眼泪。“要知道，草原就是我的家。我横地、竖地把草原全走遍了，恐怕没有一块谷地、一处丘冈，是我的脚没有到过的……也许就因为这样，我这会儿好像看到自己还是一个穿着斗篷的挺拔的年轻小伙子。就像这会儿一样坐在草原上，身边躺着猎狗。我还看到羊在旁边吃草，看到中午在水槽周围休息，看到夜晚的篝火。真的，米沙，我都闻到了砂锅里炖羊肉时那种特别的气味和烟味，那样的气味和烟味只有我们当羊倌的才闻过。在我来说，我这一辈子，除了草原和羊群，再没有别的，而且也不可能有别的什么。我原以为，我踩着父亲的脚印，在草原上跑了一辈子，将来我的孩子、还有像安得列·谢罗什坦这样的年轻人，也必然像我当年跟着父亲那样，踩着我的脚印走下去，把我的脚印踩宽些，踩长些。可是，实际上又怎样呢？把草原全都犁掉，把羊群关进了栅栏。”

“这是没法子的事，需要犁就得犁啊，”我极力安慰他。“安得列也是这样说的。需要土地来种小麦，只有开荒。”

“什么需要不需要？我们原有的一些东西，已经扎了根，已经有了一套经验，我们也都习惯了，就应当永远保持下去，”西兰季老爹说,“现在又怎样呢?简直是胡搞一气。好吧,就算我的孩子们不做羊倌,随他们干什么去。这一点我过去想不通,现在也想通了。可是,有些年轻人来接替我们这些老羊倌了,他们聪明、有文化;接替我的是安得列·谢罗什坦,不是什么外来的,是本村的,而且也还是羊倌的儿子。大家无记名投票选他,我承认,也是应当的。可是他为什么不走老一辈踩出的路?我那套养羊、整治羊的办法为什么不能用了?米沙,我难过的就是这一点……”

他用虬筋盘结的手指抹了抹眼泪,突然问道:

“米沙,我这一切都是怎么一回事儿?你是个有学问的人,你可知道,我为什么这样烦神?为什么这样操心,夜里都睡不好觉?水牛村照区里的指示,也不征求牧羊人的意见,就开起拖拉机把牧场犁掉,世世代代放羊的地方,种起了小麦。谢罗什坦搞得更干脆:盖起了养羊工厂,搞的完全是自己的另外一套,完全不是我西兰季·戈罗别茨,也不是阿维利扬·谢罗什坦那套搞法。我常常想了又想:今后羊群怎么办呢?我看出,谢罗什坦,还有苏霍德寥夫,关心的不是羊群,而是养羊工厂。你大概注意到的,我对谢罗什坦说,养羊要用各种各样的牧草,他根本就不用心听。他也不讲话。为什么不讲话?因为养羊工厂不用牧草,要用化学品代替,谢罗什坦就无话可讲。所以他就不讲。”

太阳早已落到丘冈后面去了,天边只剩下火红的晚霞,霞光照在石板瓦作顶的羊舍上,照在砖砌的烟囱上。暮霭越来越浓,渐渐在原野上弥漫开来。清新的微风从东面吹来,送来羊的腥膻气味。

十一

我辞别了西兰季老爹，黄昏时候回到家里，奶奶交给我一份电报，抱住我，恭喜我生了儿子，并且流着眼泪说：

“米沙，天大的喜事！你添了儿子，我添了重孙！”她用手掌擦着眼泪说。“你还瞒着我，说没有结婚哩。玛尔塔真行，取名字取得真不错，好汉子伊凡·恰佐夫又来到世上了。”

回到自己房里，坐到桌前，我才看了电报：“亲爱的米沙果生男孩依嘱取名伊凡母子均健玛尔塔”。既简略，又清楚，可是我反复地看，看了一遍又一遍，打开记事本，想把我心中此时此刻的感触全记下来，可是感到无从下笔。我心中真是百感交集，有许许多多的想法，而且我觉得都不同寻常，都很重要，简直弄不清应该先写什么，后写什么。不仅需要好好想一想，而且要好好地理一理，就是说，要有个正确的认识，然后准确地写下来。结果却越来越乱：往往一个重大而要紧的想法之后，紧跟着出现另一个想法，同样重大、同样要紧，彼此揪住不放，搅作一团，接着半路上又杀出第三个想法，跑上来粘住不放，紧紧的，扯都扯不开。

我高兴得不知如何是好，简直无法抓住主要的、基本的意思，理出个头绪，好好地写一写，我只有拿两只手抱住乱发蓬蓬的头，不去碰笔记本。为了不再想玛尔塔和儿子的出生，我又想起了坐在坡地上哭泣的老汉和躺在他脚边、满脸泥土的猎狗。

这时候，奶奶穿着拖鞋静悄悄地走近我房里。她端来一杯茶，随即坐到我跟前。

“喝点儿吧，米沙，夜里空肚子不好……明天我就要到刚果去了，去看托利亚，”奶奶突然说。她的眼神显得非常奇怪。“我准备明天一早就动身。我要给托利亚讲讲生了孙子，他才高兴哩。”

我觉得奶奶是说着玩儿的，不过我还是劝她暂时不要去刚果，我怕她听了不高兴，说话时很注意分寸。

“米沙，你也和别人一样，不希望我去看你爸爸，”奶奶不高兴地说。“可是我非去不可。明天就去。你还不知道你奶奶的性子。说了就要做到！”

她突然转身走了，过了一阵子，她又高高兴兴、十分激动地走了回来，我又发现她那平时十分温和、总在流泪水的眼睛显得奇怪而无神。她坐到我跟前，十分快活地说：

“好啦，米沙，你别劝我了，我已经到你爸爸那里去过了。”

我大惑不解地耸了耸肩膀，接着便听到了如下一番完全令人不解的话：

“我去这一趟，过得真痛快！”她说。眼睛依然显得奇怪而无神。“全刚果我都看到了。那地方也和咱们这里一样好，也有这么宽敞。托利亚见到妈妈才高兴哩。孙子伊凡的事，他也问的。他说，您可知道，我在刚果日子过得咋样？我说，听米沙讲过一些，详细情形我可不清楚。他说，米沙知道啥，他啥也不知道，妈妈，您还是自己看看吧。我在帮本地人繁殖羊哩。我问，咋的，刚果没有羊吗？他说，各种羊有是有的，良种的没有，像我们那里的细毛羊，过去此地没有，可是现在有了，同我们那里的一模一样，所以我在这里当羊倌头儿，帮他们养羊，向此地羊倌传授经验。我常常想起小时候咋样跟着羊群跑……妈妈，过去学到的一些东西现在都用上了……”

“奶奶，您这是做梦梦到的？”我小心地问她。“您刚才还在我这里嘛……这种事只能是做梦！”

“哎哟，米沙，我的天哪，这咋是梦呢？”她一面说，一面画十字。“瞧，我画十字担保，这是千真万确的事。我确确实实到托利亚那里去过，去看过他。今后我要是想他，还会去的。我太喜欢刚果了。那地方的人虽然皮肤是黑的，黑得就像抹了锅底灰，牙齿和眼睛白得发亮，别的地方全和我们这里的人一样。都很和气，很亲热。我抱住我那孙女奥莉雅，亲热了好一阵子。这丫头出挑得才好看呢。糟的是，她讲的不是咱们的俄国话。真笑死人了！我对她讲的是一种话，她对我讲的是另一种话，她讲的是啥，我一点也不懂……”

老人家哑着嗓子很不自然地笑了几声，没有再往下讲，站起来，快步走了出去。这会儿我已经看出，我奶奶有点儿不正常，便跟在她的身后。她摇摇晃晃地走着，一回到自己房里，就倒在床上，将脸贴在枕头上，边哭边讲，就像哭死人那样：

“哎呀，托利亚，我的好孩子呀！你现在在哪儿啊，我的乖孩子呀！我快要死啦，看不到你啦，看不到我的心肝宝贝啦！”

我站在床前，简直不知如何是好。这时菲玛走了进来，问我：

“家里有没有镇定药？”

“不知道。”

“该让她镇定镇定。她哭哭也好，哭过了就好了。”她这两句话好像是自己对自己讲的。“我发现：你不在家的时候，她常常这样哭，边哭边讲。她是多么想她的儿子托利亚啊！这是可以理解的，当妈妈的就是这样。你爸爸为什么要住在刚果？”

“派去工作的，”我很不开心地回答说。

“该回来看看，安慰安慰老人家。”

“他没回来，那就是说，不能回来。”

菲玛终于找到了一种镇静药水，让奶奶喝了。她渐渐地不讲话了，只是还像小孩子那样，抽抽搭搭地哭着。等她完全止住哭，我同菲玛将她那两条沉重的、像僵了一样的腿挪到床上，用被子将两肩盖好。菲玛端来一杯水，让她喝了。奶奶转身朝墙，静静地躺着，我们又站了一会儿，各自回到自己的房里。

我又坐到桌前，两手抱住头，还是没有去碰笔记本。这会儿没有心思去记什么。我想着儿子，想着去莫斯科，还想着奶奶讲的梦幻般的刚果之行。我觉得，毫无疑问，应当去给她找医生，最好是找神经科医生。到哪里去找呢？这种医生辽阔村没有，求神镇也没有。我于是决定明天到区里去，一方面给玛尔塔打个电报，一方面请医生，不知能否找到合适的……我想得出了神，以致当我觉得有一只手碰到我的肩膀时，不禁惊得一抖。我抬起头，看到是菲玛。

“奶奶呼吸平静了，看样子，是睡着了，”她说。可是，我感觉出，她来这里是另有一番用意的。“看起来，老人家病情很重。要请医生才行……”

“明天我到区里去，到诊疗所去看看。”我望了望菲玛的眼睛，她微微一笑，从这一笑里我看出，此时此刻她想的既不是医生，也不是奶奶。“奶奶刚才在哭之前给我讲了些什么，您还没听到呢……”

“讲她怎样去刚果，是不是？”

“你怎么知道的？”

“她也对我讲过的，”菲玛依然那样神秘地笑着回答说。“电视上放过非洲的场面，我不记得放的是哪一个国家了。还记得奶奶那股高兴劲儿，她望着屏幕，眼睛转也不转，说：‘看，看，这是我那托利亚！难道你没看见我的托利亚？’我说，我没有看见。奶奶都不高兴了。‘你没有看见，因为你没有做过妈妈……’就在那一天晚上——那一天晚上恰好你不在家——她对我说，她到刚果去看过儿子的，后来就哭了，就像今天一样。”

菲玛将凳子朝桌子跟前移了移，坐到我的身边，我觉得挨到了她的腿，便多少向旁边闪了闪。

“米沙，我看到电报的，”她装作十分高兴地说，“恭喜你生了儿子。”

“谢谢你。”

“奶奶还说你没有结婚呢。”

“她不知道。”

“你也没有讲起过，你的爱情是浪漫主义的了。”

“等我回去，我们就正式登记结婚。”

“这么说，你要走啦？”

“我就要回去了。”

“米沙，我来找你有事，”菲玛还是装作很愉快地说，“而且还是一件很重要的事。”

“什么事？”

“瞧，我还保存着哩。”她从怀里掏出一张报纸。“你就要走了,你的纪念品还要留在这里——这是你写的特写《剪毛姑娘的手》。你写的东西叫人读起来都要笑死了。"

"为什么?"

"这里面除了姓名,除了村名,全是不真实的。"菲玛搂住我的脖子。"你可不要生气啊!我早就想好好同你讲讲,一直不好意思。"

"这里面究竟什么地方不真实?"我从她怀里挣脱出来,问她。"你讲吧,我不生气。"

"米沙,难道世界上有像你写的这种剪毛姑娘?这个姑娘在哪里?"

"这就是,同我坐在一块儿。"

"米沙,这个姑娘可完全不是你写的那个叶菲密雅·阿基姆采娃。你笔下的我,完全不是我实有的样子。米沙,那个我,全是你想出来的。"

"也许,想出来的才好些呢。"

"这有什么好的?你在里面写,我的手又是多么灵巧,我又怎样握住剪毛器,怎样推动剪毛器,剪毛器又怎样使得手轻轻地颤动。这一切你都是从哪里知道的?你有没有亲手握过剪毛器?"

"我没有握过。那又怎样?"

"其实,手根本一点都不颤动,"她继续快快活活地说下去。"再看你这里写的……我来念一念吧:'剪毛器像蜜蜂一样在羊身上嗡嗡响着,像厚厚的皮袄似的一片一片的羊毛不住地向板床上落,这时候,叶菲密雅心想……'底下你就写我在想什么。真好笑!米沙,你写的全不是事实。要问这时候剪毛姑娘想的是什么,想的就是怎样多挣几个钱。还有,你把剪毛器叫作嗡嗡叫的蜜蜂。这又算什么样的蜜蜂?你说羊毛像皮袄,实际上不过就那么一小片……确实,就是想多挣几个钱,因为这是季节性的活儿,我们想的就是这个。"她又说一遍。"可是你写的那个剪毛姑娘,对不起,那是个修女。你为什么要给她写上我的名字?所以,她并不是一个活人,在现实生活中,这样的剪毛姑娘是没有的。"

"我希望剪毛姑娘是这样的。"

"为什么?米沙,难道只有我是没有血肉的,你才喜欢我?"她拿温柔的眼睛望着我,也不笑了,突然紧紧地抱住我,吻了起来。"这样的叶菲密雅你喜欢吗?不是你虚构的那个,而是这个真正的,喜欢不?你说话呀,喜欢不喜欢?"

"这可不大合适,菲玛。你是知道的……"

"我知道,你有一个玛尔塔,还有儿子。"她将我抱得更紧了。"那又有什么?谁又不生儿育女?"

"问题不在于儿子或者女儿。"

"那又在于什么?你爱我,觉得有愧,是不是?问题在这里吗?"

"是的,这也是一个问题。"

"米沙,咱们关了灯吧。好吗?"

她不等我回答,伸手将台灯关了,房间一下子黑了下来,好像缩小了许多。我希望菲玛走,可是这话我对她说不出,我开不了口。看起来,我们这些男子汉在这种时刻既没有力量,又没有决心。

十二

四面望去,大平原无边无际。那一条一条的是狭长的谷地,谷地无头也无尾,那隆起的是丘冈,那零零落落的是坟包;还有那冰雪溶成的流水,已经源源不断地来到这终年缺水的草原上。人们开了运河,挖了湖泊、水塘,如今塘边湖畔已经长起了芦苇。一切都已变得很习惯、很平常,谁也不再去谈库班河水经过不同的地方二次来到斯塔夫罗波尔州的事了:第一次是穿过整个涅德列曼山区,先将每到夏季就完全干涸的叶果尔雷克河灌得满满的,然后就来到涅文诺麦斯克附近;第二次是来到了乌斯特柴古津镇附近,从这里转弯向右奔去,这是经过几百里大草原引来的。如今在库班河水里到处逞雄的已不是活泼机灵的淡水鲑鱼,而是行动迟钝、在湖水里养肥了的银色圆鼻子鲤鱼,那分外悠闲的小虾也早已在水塘里安家落户。库班河远离了厄尔布鲁士峰,来到牧羊人的村镇跟前,居然还没有在太阳底下暖过身子,这并不坏,不算缺陷,倒是可以在炎热的夏天给行人和牲畜送来可喜的凉意。那戴着两顶高高白帽的冰雪巨人在这里是望不到的,离这里太远了,可是,它如此慷慨地送水浇灌的草原却已经变了样子,和以前大不相同了。冰雪溶水所到之处,牧草、庄稼、奶牛——一切都和库班河水光临之前的情形不同了。库班河是很卖力的,在草原上撒下不少明镜,在阳光灿烂的日子里,这些明镜光闪闪、明晃晃,招引着过往的行人。就连云雀,一飞到明镜上空,总要飞得高些,唱得嘹亮些,看样子,它们看到水,也是分外高兴的。水边草丛里鹌鹑的叫声好像特别近，不像过去那样低沉，而是分外响亮，每只鹌鹑好像都在说："咕噜噜，不辛苦……"天空分外地清澈，蓝湛湛的，好像是精心擦洗过的；云雀飞在蓝天上，就像蓝色画布上的小点儿。草丛里有时会溜过一条蝎虎，搅乱飞鸟的鸣声；生长在湖中的银色鲤鱼，吃足了不花钱的伙食，一条条长成肥壮的大鱼，有时也会蹦出水面，给蜜蜂单调的嗡嗡声增添几声清脆的伴奏。这里的一切音响特别动人，这里的一切景色格外令人心旷神怡……

可是，不论是乌云紧锁的低垂的秋日天空笼罩下的大地，不论是围有土堤的湖泊，不论是环绕着枯黄芦苇的水塘，都不能使我动心。我从辽阔村到椋鸟镇一路上都在想着昨夜的事。昨夜是充满活力和情欲的青春感情的激烈冲动，冲毁了冷静的理智和头脑的正常思考。不这样又会怎样呢？我自己问，又自己回答：只可能这样，别无其他可能。能不能说，菲玛就是个魔鬼，任何人都经不住她的诱惑？不是的，她不是魔鬼，不过是个年轻、漂亮的女子。毫无疑问是这样的，不过我还是不能理解，为什么菲玛回房之后，我的感觉不是高兴，而是感到有愧，不是觉得心满意足，而是莫名其妙地不自在。为什么不论我同玛尔塔怎样都无所谓，都很简单，或者说，都理直气壮？是不是因为我觉得昨夜的事对我、对她都是不光彩的？我们两个当中，究竟谁的责任大，谁的责任小，这很难说。再说，分清责任谁大谁小又有什么意思？不过，当时我没有多想，如今，事过之后，我已经平静下来，我真想彻底弄个清楚：这究竟是怎么一回事儿呢？我看，或者这叫作伟大的爱情，众所周知，伟大的爱情是能排除任何障碍的；或者叫作普通的生理要求，就是说，这种要求一向是每个生物都有的。

不论怎样，我都摆脱不了羞愧的感觉和一种极其不自在的感觉。我心中想起玛尔塔，想起我儿子的妈妈，仿佛看到了她那总是十分宁静的脸、她那一双大眼睛、那羞答答的笑容，我将准备在电报里讲的话默念给她听。我们的关系既简单又寻常。我们彼此从来没有海誓山盟，彼此一向信任，都知道：爱情是肉眼看不见的，爱不爱全在于我们自己，在于我们彼此的态度，用言语保证是没有意思的。我们从来就没有想到过，我们之间会没有爱情。从我们每天的生活、我们的习惯和一举一动中，从我们一起吃晚饭、早晨一起吃早点当中，可以看出我们的爱情；我同她在一起十分愉快、她同我在一起也十分愉快，从这方面也可以看出我们的爱情。通常我傍晚下班后到她那里，虽然疲倦，但心情总是十分愉快、平静，知道玛尔塔在等我，不等我按铃她就会给我开门，虽然我身上也有钥匙。她给我端饭，服侍我洗澡，换洗衣服，还要说说亲热话。早晨我高高兴兴、无忧无虑地去上班。如今我们中间又添了一个小生命，这个小生命是我的儿子，已取名叫伊凡·恰佐夫，——这也是我们爱情的果实。伊凡·恰佐夫已来到世上，我此刻想些什么，同他毫不相干。与他相干的，就是我回去看他。等着吧，等着吧，伊凡·恰佐夫，我很快就回去了。我找医生给奶奶看看病，弄到路费就回去，不坐车，要坐飞机。我的头脑、我的心都很清楚：玛尔塔的一切以及与她有关的一切，是同我息息相关的、是亲的、是血肉不可分的，那是规规矩矩的、长久性的事，这里是图一时之快，胡闹，毫无意思……为什么现在这样有头脑、这样理智起来？为什么当时就那样没有头脑、没有理智？我希望能想出个究竟，可是想也想不出，许多念头一个接着一个，扯也扯不清。我于是又字斟句酌地想起了要去椋鸟镇给玛尔塔打的电报全文,又想定回去的准确日期。

我到邮电所很快就打好了电报,马上便去诊疗所。接待我的是神经科医生安娜·菲利波芙娜,是一位不怎么年轻的女同志,脸瘦瘦的,表情庄重,眼神显出若有所思的样子。她听我前言不搭后语地讲完我奶奶的一些令人不解的行动,说:

“你这是讲的普拉斯科维娅·阿尼西莫芙娜?”

“是的,是她。您认识我奶奶?”

“谁能不认识普拉斯科维娅·阿尼西莫芙娜?”她感到很奇怪。“出名的牧羊人的妈妈老了,真的老了。”

“怎么样,有危险吗?”

“年轻人,知道吗,任何疾病都有它的危险性,”她回答说,“这一类疾病多数发生在上了年纪的人身上,而且往往发生在因为什么事过分激动或者兴奋的时候。你是不是记得,普拉斯科维娅·阿尼西莫芙娜近来有什么不顺心的事?”

“我所知道的就是,她老人家非常想念儿子,就是我的爸爸,现在在刚果,”我回答说。“我爸爸请她去看看,她就一直想到刚果去。可是,您想吧,那样大的年纪……至于不顺心的事,我还没有发现。”

“见不到儿子——也是不顺心的事,而且是十分不顺心的事,”她说。“可以断定,她心里难受得太久了,心中的郁积就要表现出不好的效果。这样的事是经常发生的。不过,为了准确地诊断病情,我还得亲自见见她。”她望了望桌上的记事牌。“我们的‘急诊日’是星期三,急诊日我们去各村看病。星期三我就到你们家去。”

我们在驱车回辽阔村的路上，顺便去拜访季莫菲·西雷奇·奥夫恰尔尼科夫。我们的车子拖着长长的灰尾巴进了镇，惊得街上的鸡又飞又叫，车子转进一扇敞开着的歪歪倒倒的旧板门，在台阶前骤然停住，就像是飞驰的马遇到了障碍。院子里空荡荡的，长满了齐腰深的已经枯黄的滨藜。整个院子里以及整座房子里是那么静寂，好像一切有生命的东西都已死绝。不管朝哪里望，到处显露出晚秋时候的凄凉景象。

奥列格是个急性子人，他又按起喇叭来，而且是不停地按。过了几分钟，一个穿着棉袄和毡靴、老大的头上裹着厚头巾的老奶奶走了出来。她不是从落满枯叶的正门走出，而是从一个边门出来，就像老鼠从墙缝里钻出来似的。她将一只手遮在眼睛上，望着我们，看样子她是想认出进来的是哪一个，是哪一个胆敢惊动她，可是她怎么也认不出。趁着霞光，还可以看清她那皮肉松弛的脸是土黄色的，她朝我们望了很久，我们也望着她，终于还是她先讲话：

“季莫菲·西雷奇不在家，不在家……叶芙多基娅·玛尔科芙娜也不在家。”

“季莫菲·西雷奇到哪里去了？”奥列格问。

“他不行了……”

“怎么回事儿？”

“送到椋鸟镇医院里去了，”老人家扶了扶头上厚厚的头巾，回答说,“送走的时候已经昏迷不醒了。他是中风了。是在田地里中风的,当时就送走了。他跟在犁后面顺着犁沟走,想教教拖拉机手怎样犁地……还没有教,就往犁沟里一倒,倒在新翻的土上,就不行了……他老婆叶芙多基娅·玛尔科芙娜也同他一块儿到医院去了。”

事情多么简单。一个人顺着犁沟走,想教别人怎样犁地,往新翻的土地上一倒,就完了。这房子、这长满滨藜的院子就空荡荡的了。那遮着护窗板的窗户也像瞎子眼睛一样地对着我们。男主人不行了,这房里没有男主人,它们是无可奈何的……那两根黄色的石柱显得既多余,又可笑,正中间的楼梯已腐朽得变成黑色,这好像告诉人:季莫菲·西雷奇那矫健的双脚如今已经不到这上面来了;另外,再加上这个裹着头巾、像病老鼠一样的病弱的老奶奶,使人倍增寂寥、空虚之感……

采访札记

他就安葬在别洛夫镇公共墓地上。镇上的人都很悲痛。死去的是一个跟大家多年朝夕相处的人。三十余年前,根据季莫菲·西雷奇的倡议建立了管乐队。那时候,这位年轻的主席可以在铜管乐伴奏之下跳一套很漂亮的果拍克舞;如今,这支乐队为他奏起了送葬的哀乐。发言的人讲的全是颂扬的话,这样的话通常都是在被颂扬的人已经完全听不见也完全看不到的时候对他讲的。大家一一列举了季莫菲·西雷奇多年的功劳,谈到他的为人,说他特别善良、特别关心人。青年人的代表还提到,死者爱谈当前生活中的问题,而且往往能一针见血地抓住要害,总是一开头就提出问题:生活中什么是好的,什么是坏的?接着就要说说应该怎样生活,应该学什么,怎样生活是不应该的,什么样的东西是不应该学的。大家自然还谈到,死者为了农庄和本镇的利益鞠躬尽瘁,即使久负盛名、德高望重,依然虚怀若谷、平易近人、对己对人都很严格。

遗憾的是,没有人谈到土地,没有谈到死者一生无比热爱土地,也许没有人能像他那样热爱土地。看样子,在这样悲痛的时刻,人们全忘了,七十三年前,春耕的时候,有一个叫叶芙多哈的年轻女子生下了她的头生儿,就生在犁沟里,这孩子一出世就看到了翻松的、湿润的和冒着热气的土地。此后,许多年来,这个降生在犁沟里的人,一天也没有离开过土地,等到一生过去,结束生命的时候,还是在犁沟里,只不过,如今这拖拉机开出的犁沟要宽些、深些罢了。我此刻仿佛又听到那个穿棉袄、毡靴、裹头巾、像只病鼠的老奶奶那无力的声音:"顺着犁沟走……倒在新翻的土上,就不行了。"生在犁沟里,又死在犁沟里。看来,这里面有些合乎规律性的东西,也有些象征性的东西……

十三

在我准备离开的日子里,我一直在操心奶奶的病。有一天大伯来看奶奶,奶奶又对他讲起如何到刚果去看儿子。大伯面带愁容,一声不响地听着她讲,最后说:

"妈妈,您去看托利亚,很好,我赞成。不过,您最好少为他烦神。让他多为您烦烦神吧。"

“咋能不为他烦神呢?”奶奶说。“你们六个在我心里全都一样,可是,托利亚离妈妈远些。我也常为你们烦神,为你、安东、阿列克赛、娜斯佳、安娜烦神。你们都是我的孩子,你们都没有走远,可以说,就在跟前,可是托利亚却跑到刚果去了。所以我就去看他,我以后还要去呢。”

大伯临走时,将我唤到过道里,说:

“看样子,你奶奶想托利亚想出毛病来了。你找医生,完全必要。”

白天奶奶都是高高兴兴的,言谈正常,同所有的人一样,还像平时一样做家务事,眼睛也像往常一样亲切、和蔼。一到晚上,房里剩下她一个人,就倒在床上,低声啜泣,又哭又讲。到星期三,医生如期来了。奶奶认出是医生,瞅了我一眼,便对医生说:

“好孩子,你不该听我孙子的话跑来。他咋胡诌起我有病?我好好的嘛。”

“普拉斯科维娅·阿尼西莫芙娜,谁也没说您生病,”女医生说。“我是来看看您……”

“多谢你了。”

“我还想问问您,您当真去刚果看过儿子的?”

“看托利亚吗?当然去过,”奶奶毫不迟疑地回答说。她的眼里又现出慌乱的神色。“我在他那里过得才痛快呢。托利亚离我那么远,我咋能不去看看他。你大概也有孩子吧?”

“两个孩子,”女医生一面说话,一面用心地望着老人家的眼神。“两个女孩,都在上学。”

“常言说得好:女儿是花朵。这么说,你也尝过当妈妈的滋味了?”奶奶问。“唉,每个当妈妈的都要为自己的孩子烦神,为孩子们操心。这是天生的。难道就因为这样,咱们当妈妈的都应该算做病人?不是的,这不是病,这是当妈妈的心疼孩子,当妈妈的没有不是这样的,没有不心疼孩子的。”

“普拉斯科维娅·阿尼西莫芙娜,请您看看我这个手指头,”女医生说。“就这样。好。再望上看看,望下面,右面,左面……好了。普拉斯科维娅·阿尼西莫芙娜,您最好到我们医院住住,休息休息。”

“好孩子,我又不累,为啥要到医院去休息?”奶奶很生气地朝我望了一眼。“我用不着到医院去。我在家里好得很。”

“您能不能考虑考虑,去住几天?”女医生问。

“这有啥好考虑的?我说不去,就是不去。再见了,好孩子。”

奶奶又一次狠狠地瞅了我一眼,走出门去,再也没有回来。

“嗯,牧羊人的妈妈本来就是很要强的,”女医生说。“不过,她的病还是得治一治,而且,在家里治是不行的。可是,怎么才能劝她住进医院呢?我还是得试着劝劝她。我下次再来劝她,也许多劝几次就能劝好。”

我告诉她,我就要回莫斯科去,飞机票已经买好了。要是以后需要有人协助的话,可以找我的大伯阿尼西姆·伊凡诺维奇或者找住在这里的菲玛。女医生说过下星期三再来,便朝汽车走去。大约过了一个钟头,奶奶回来了,还没有跨进门,就很生气地问我:

“米沙,你咋不害臊?你对医生胡诌些什么?为啥平白无故地给人家医生找麻烦？我啥病都没有。你一点也不懂，我不是生病，是当妈妈的心疼孩子。”

我离开的日期越来越近了。不论在家里，在大街上，菲玛都躲着我，我也同样如此。要是菲玛同奶奶谈什么事情，我要等她走了，才从自己房里出来。菲玛傍晚下班回来，总要哼着唱点儿什么，我发现，她哼得比平常要响些，看样子，是故意哼给我听的。我听着她的歌声，不由得又一次——不知是多少次了！——问自己：能够这样，不向菲玛告别，不同她谈一谈，就扬长而去吗？我自己的回答是肯定的：能够，可以这样。我们还有什么好谈的呢？我们从此分手就是了。可是我又马上自己反驳自己，觉得我不能这样做，应当好好地谈谈，告告别……就在我离开的前一天晚上，菲玛跨着她那轻盈的步子悄悄走了进来，拿她那有弹性的手捂住我的眼睛，笑了起来。

“你来啦？”

“怪人！我怎么能不来呢？你明天就走了。”

“明天走，又怎样？”

“你丢下我一个人在这里，舍得吗？”

“我要是说‘舍得’呢？”

“那就是你扯谎。我知道，你爱我，你舍不得我，舍不得这草原村庄，我相信，你会回来的。现在你要去莫斯科，你就去吧！你走了，我会很痛苦、很寂寞的。明天我就不能隔着墙听到你的脚步声了，不能像现在这样来找你了。不过，米沙，我是有耐心的，我能经受得住，我要等着你，一直等到你回来。”

“你别等，我不会回来的。”

“别把话说得太早了。肯定你还会回到这里来的。”

“你的力量可真不小啊！”

“别忘了，我是剪毛姑娘。”

我站起来，推开她的手。

“菲玛，走吧，睡去吧。已经不早啦。”

“你撵我走？”

“不是撵，是请你走……”

她用手捂住脸，一面哭，一面身子直打哆嗦，扭过头去，连话都说不出来，猛地转过身子，跑走了……我缓步从门口走到桌边，又从桌边走到门口，留神听着：隔壁有哭声，低低的，哭声中常常有抽搭声……

第二天，我升上蓝天，机翼下出现了无边无际的大平原，大平原笼罩在被阳光照得透亮的淡淡的青烟里，那一条条的是道路，那一片片的是碧绿的麦田，已经离家乡远了，但是我的心还在辽阔村。我倾听着马达均匀而不停的响声，朝窗外望着，望着寒冷的苍穹笼罩下的茫茫原野，许多人物活灵活现地出现在我的眼前：一会儿，苔西雅闪动着她那热情而诚恳的眼睛在说：“谁会对我、对我的生活感兴趣？……同一个有妇之夫暗下来往，还要得意地说：我是幸福的！”一会儿，苏霍德寥夫面色忧郁地、疲惫地从桌边站起来，说：“不行，你不能写我……你就是列夫·托尔斯泰再世，都不会有人相信你……会说你是虚构……我一点也不典型。”我还看到了西兰季老爹，他身披溜肩的毡斗篷，头戴有护耳的软毡帽，跪在自己的塑像前，身边是半人马、莫罗勘和“教士”。“不要写我个人……要写我漫长的一生，写我多年来跟在羊群后面跑……”我一面望着青烟缭绕的大地，一面还在同安得列·谢罗什坦交谈，并且感到十分惊讶：我这位同辈人光是在谈综合养羊场，此外他什么都不理会，不仅不把年轻的妻子放在心上，好像世上的一切他全没有放在心上。“嘿，好极了！这简直太有意思了！米沙，我劝你试试你的才力……”我闭上眼睛，却又看到，救护车将昏迷不醒的季莫菲·西雷奇·奥夫恰尔尼科夫从犁沟里运走，别洛夫镇上剩下一座冷清、空虚、没有了男主人的带石柱的房子……生也无愧，死也不寻常……在犁沟里走着，倒下，就完了……在犁沟里生，在犁沟里死……我的亲爱的、慈祥的奶奶也来到飞机上，同我寸步不离，我也听到了她的声音：“你们都是我的孩子，你们都没有走远，可以说，就在跟前，可是托利亚却跑到刚果去了。所以我就去看他，我以后还要去呢……”——“嗯，牧羊人的妈妈本来就是很要强的……不过，她的病还是得治一治……”我在天空也看到了菲玛，她笑盈盈的，鬓边露出卷发，眼睛亮闪闪的，显出无限媚态。“别忘了，我是剪毛姑娘……用不着你写我，你要爱我……你舍不得我，舍不得这草原村庄。这辽阔村还有你最要紧的事。你还会回到这里来的……”

说什么好呢？我不知道。也许，我会回去。人生是变化无常的。甚至我添了如此快速的银翼，都很难离开辽阔村，显然，是因为有一种同我不可分割的东西留在茫茫原野上，大概，那是我的一片心……难怪我脑海里经常回响着安得列·谢罗什坦的声音："冒冒险吧，拿出点儿勇气来，今天的养羊人是值得写一写的……"怎么办？好，我就来冒冒险，就来写一写。我见到玛尔塔，向她检讨一下我的不忠之罪，免得今后不敢面对她的眼睛，看看我的儿子伊凡，然后就马上动笔。写好写坏且不去管它。要虚构，还是不要虚构？我要听凭激情的驱使去写。需要虚构就虚构，不需要虚构，何必虚构？把所见到的活生生的事实移到纸上就是了……

机翼下依然飘荡着片片游云，像没有牧人管束的羊群，有些云朵小小的，像刚刚铺展开的棉絮，有些很大，像闪烁着阳光的白色小岛，游云安闲地、镇定自若地飘荡着，它们自何处而来，又向何处而去呢？谁也不知道。从上面望去——像洒满阳光的圆屋顶，像降落伞顶，像极了！游云全不过问我和我的心事，也不过问飞在它们上面的飞机，不过问人间如今是什么日月，也不过问下面人们过的是什么样的生活。

第四部

一

答读者问

长篇小说《野茫茫》发表过一半之后，许多读者在来信中问，第一，我是否认识米哈伊尔·恰佐夫，第二，他的手稿怎样落到我手里。

十分遗憾，我同米哈伊尔·恰佐夫素不相识。他的厚厚的几本手稿，是他的妻子玛尔塔·尼古拉耶芙娜给我送来的。四本笔记本的封脊已经磨破了，绿色的封面已经褪了颜色，而且皱皱巴巴的，破旧不堪。玛尔塔·尼古拉耶芙娜用手帕擦着眼泪，用泪汪汪的大眼睛望着我，对我讲了她丈夫的一些事，她所讲的，大致上也就是读者已经知道的那一些。她还告诉我,米哈伊尔•恰佐夫认识著名的小说家尼基福尔•佩特罗维奇•德……,她先是将这几本手稿送给他的,不料这位著名作家不久前也已故世。著名作家的遗孀便劝她来找我,并给她写了我的地址和电话号码。玛尔塔•尼古拉耶芙娜还拿出丈夫的照片给我看了看。我看到照片上是一张开朗的年轻的脸、深思的眼睛、像农村小伙子那样的乱蓬蓬的头发。

“很不幸,米沙已经不在人世了,”她强忍住眼泪说。“他死了……”

“怎么回事儿?”我不由得问道。“究竟怎样死的?”

“讲起来我心里受不了。这笔记本里面夹了奥列格的一封信,奥列格就是米沙临死前几天帮他开车的那位司机。这封信里都讲到了……不过,我还是请您看看米沙记的东西。”

我接过笔记本,并且对这位悲悲切切的女子说,我一定要好好看一看。这几本手稿读起来很吃力,因为都是两面书写,字迹又小又潦草。有些地方简直无法辨认,看样子是在路上写的,也许是坐在汽车上、飞机上,还有可能是坐在大车上。那些能够辨认的地方,我觉得很有意思,很值得一读,看来这是米哈伊尔•恰佐夫为自己构思好的一部大作品搜集到的一些素材。使我高兴的是,这些札记已经将他对人的生活、对草原风光亲自观察到的许多生动情景勾画了出来。我只从中选取我认为最重要、最有意义的不多的一部分,有的加以修改,有的重新改写,有的略事校订，有的原文照抄，并且全部根据我的意图重新进行了编排。

——谢·巴巴耶夫斯基

二

机场上。纷纷扬扬地飘洒着冷雨，夹杂着片片雪花。在莫斯科近郊，这样的雨只有在十月里，特别在秋天将尽、冬天尚未到来的日子里才有。透过冷雨织成的网，我老远就看到了玛尔塔。她站在出口处，手里抱着襁褓中的孩子，我一下子就猜到，这就是我那刚生不久、还没有见过面的儿子。虽然我怎么也没有想到，在这样的天气，又是这么远的路，她会带着孩子来；可是，她带了孩子来，我心里还是十分高兴的。我一面朝她走去，一面心中不由得在想：最好雇一辆出租汽车，让母子坐车回家。不过，还是那个老问题：我没有钱。还是要坐公共汽车。我提起精神三步并作两步跨到玛尔塔跟前，吻了她，只觉她的嘴和两腮又热又湿，好像是在流泪。我心想，她会打开带花边的小被子，说：喂，米沙，看看你儿子吧。谁知她只是笑着问：

"米沙！你怎么啦？"

"我怎样？"

"你这样子叫人都认不得了！你那弯弯曲曲的小胡子哪里去了？"

"噢，噢……留在草原上了，"我一面心不在焉地回答，一面望着小被子：我真想看看裹在里面的小生命，这个小生命给我做儿子已有一个多月了。“玛尔塔,这就是伊凡吗?”

“不是伊凡,又能是谁?”玛尔塔已经不笑了,严肃地回答说。“是他。”

“来,来,让我抱一抱。”

“他睡着了。”

“没关系。让我来抱抱。就算个见面礼吧。”

“抱得稳吗?”她认真地问。“仔细点儿!”

我生平第一次将一个裹在被子里、轻轻打着鼾的小生命抱在自己怀里。

“玛尔塔,这样的天气,你怎么带他来了?”我问道。其实我高兴得不知说什么才好,心里十分赞成她带了儿子来迎接我。“路这么远,又是雨,又是雪……孩子会着凉的。”

“不能不带他来,”玛尔塔回答说。她又十分开心地笑着,我觉得,这会儿她笑的不是我脸上没有了胡子,而是我抱着孩子的那副笨手笨脚的样子。“第一,孩子放在家里没有人照应,第二,儿子想亲自来迎接爸爸。我能不答应他的要求吗?”

我不听玛尔塔的话,掀起小被子的一角,原以为能看到一点不平常的东西,可是我看到的是一张普普通通的孩子的睡脸:两个小腮睡得红红的,腮上到处是浅色的绒毛,鼻子有点儿扁平,小眼睛闭得紧紧的,像粘住了似的,眼睑上绷出了青筋。

我坐在公共汽车里,一直将睡着的伊凡抱在手上,我一会儿望望欢欢喜喜地坐在对面的玛尔塔,一会儿望望同车的乘客。我真希望伊凡的小眼睛快一点儿睁开来看看我,车上的人准能明白,是我的儿子在看我哩。可是伊凡不知道我的心思,一路上一直睡着，只是当我们回到住处，我小心翼翼地将轻如无物、对我却又重似千斤的襁褓中的孩子交到玛尔塔手上的时候，小东西才突然发出尖细的哭声。玛尔塔将他放到床上，打开小被子，于是我看到了一双睁得大大的、尚有睡意的、流露着一片纯真的小眼睛。一阵轻轻的颤动，就像一股弱电流似的在我身上通过，我心中不由得想，这大概就是父子之情了。

“来，伊凡，欢迎欢迎爸爸，”玛尔塔就像对大人说话一样，对伊凡说。“快对他说：爸爸，你好！”又用幸福的眼光朝我望着，“看，米沙，多么可爱！你说，像谁？”

“像妈妈，”我目不转睛地望着孩子说。“还能像谁？”

这时候孩子哭了起来。玛尔塔立即向孩子俯下身去，说：

“哎哟哟，咱们饿了嘛！所以咱们才提意见啦。咱们饿得多可怜呀……”

看样子，因为我当爸爸还没有当习惯，所以，这尖细的孩子的哭声，以及玛尔塔话语间好像是故意用的复数：“咱们饿了嘛”“咱们才提意见啦”“咱们饿得多可怜呀”，——这一切我都觉得很新奇。她本来可以说简单些：“孩子饿了”“所以他哭了”，可是她不那样说。使我感到新奇的还有，玛尔塔像母鸽子一样俯在孩子身上，十分灵巧地解开小被子，又用干净的小被子重新将孩子包好，轻快、利索地将孩子抱在手上，开始喂奶，这一切她就像干了一辈子似的。玛尔塔给孩子喂好奶，又将他放到摇床上，盖上小被子。她在做这些动作的时候，一面朝我笑着，那意思是说：瞧，多么简单，我干妈妈的事干得多轻松，现在，孩子吃饱了，睡着了，我就完全是你的了，我可以好好听你讲讲了。我望着她那喜气洋洋的脸，心想：当妈妈的事能干得很好，这是值得称赞的；喂孩子，服侍孩子睡觉，看来也不是难事。而最麻烦、最要紧的事，一路上使我感到惶恐而且直到现在依然感到惶恐的事，则是我和玛尔塔的将来。我们今后如何还不知道，还说不清。还有，玛尔塔已经因为孩子辞去了工作，我又一文钱没带回来，今后日子怎样过呢？我相信：也许马上，也许一个钟头或两个钟头之后，玛尔塔就要谈起我们今后该怎么办，怎样过日子。果然事情不出所料。玛尔塔说，看样子我饿了，便朝厨房里走去，一面说：

“米沙，我可没有东西给你吃。咱们来喝茶吃面包干吧。别的什么都没有。”

我一声不响地跟她走进厨房。我能说什么呢？她将煤气灶点着，便要我讲讲回家乡的情形，问我有没有收获。

“回家乡的事以后再讲吧，”我冷冷地回答说，“有些事比我回家乡的事更要紧。”

“你指的是什么事？”

“多着呢。第一，咱们得让伊凡，让这位拼命吃奶、准备长成壮汉子的伊凡合法化。第二……”

玛尔塔打断了我的话。

“等一等。我不懂：让伊凡合法化——是什么意思？他是你的儿子，姓的是你的姓。伊凡·米哈伊洛维奇·恰佐夫生活、成长了一个多月了，现在还是活得好好的。还要什么呢？”她的脸上又泛出幸福的笑容。“我在信里没有将出生登记的事告诉你。我到民事登记处，把你那封经过公证人证明的、说明新生儿是你的儿子的电报拿出来，登记员是一个有些年纪的戴眼镜的女同志，她一会儿望望电报,一会儿望望我,翻来覆去望了很久,然后说,她在民事登记处干了这么多年,还是第一次收到这样的电报。她在发给我出生登记证的时候,还是忍不住问:‘这个志愿当爸爸的人付不付赡养费?’我说,什么赡养费?他是孩子的父亲嘛!对不起,米沙,我刚才打断了你。你的第二是什么?”

“第二,就是我们要去登记处,”我说。“明天我们就去办理结婚登记。”

“为什么一定要在明天?”玛尔塔不禁露出忧郁的神色,问。“能不能缓一缓?反正已经过了这么久了……”

“过去就那么过了,现在这么过不行了。”

“登记总还是来得及的,”玛尔塔说。“反正咱们不举行婚礼,咱们没有钱,招待不起客人。”

“我不是说要举行婚礼,我是说,咱们不能老是拖着不办结婚登记。老是像个游魂似的马马虎虎住在你这里,这种日子我过厌了。我要成为你的合法丈夫,成为儿子的合法父亲。还有,也就是第三点了:让维拉成为我们的女儿。让她也姓恰佐娃。”

“这一点大可不必,”玛尔塔很快地,而且我看出,甚至有些着恼地说。“维拉是我一个人的女儿,让她还是我一个人的女儿,让她姓阿诺希娜好了。用不着姓恰佐娃。”

“玛尔塔,真摸不透你的心思。让这孩子有个爸爸,有什么不好的?”

“你别忘记,她已经三周岁了。他会喊你爸爸吗?”

“会的,”我很有把握地说。“你该记得,去年冬天,咱们到乡下去看过你妈妈。我那时候把维拉抱起来,她吃惊地望望我的脸,问:你是我爸爸,是吗?我当时只是点了点头。我能说什么呢?现在,我就要说:是的,维拉,我是你爸爸……这样不好吗?又有女儿,又有儿子,咱们的家庭就像个样子了。"

"完全不必!"玛尔塔断然回答说。"还是让维拉住在外婆那里吧。"她那一双大眼睛里涌出了泪水。"你是知道的,维拉代表着我的一桩过错,一桩痛心的事……正如大家说的,错了的,已经错了,无法挽回,也无法改正了。"她给我倒好了茶,自己也坐了下来,用围裙擦干了眼泪。"咱们带一个孩子就够难的。我没工作,你也没工作。咱们得想想今后日子怎样过。"

我没有去端茶杯,心中想道:我预料的事情,我怕的事情,果然就来了。难道这第一晚上我们就得吵一架?她说得很对,这件事不仅要想想,还要谈一谈,今天不谈,明天也要谈的。不过最好不要吵……

"三个人能过得去,四个人也就能过得去,"我说。"不是这样吗?"

"米沙,咱们不谈这些吧,"玛尔塔回答说。她那充满惊异神情的大眼睛朝我望了望。"你这次回来,有点儿奇怪。这一点,我在机场上就发现了,刚才我给伊凡喂奶的时候,也发现了。你望着我,望着儿子,那样子有点儿奇怪,眼神中有一种惶恐不安的意味。"

"瞧你扯到哪里去了?有什么惶恐不安的?"我喝起茶来,沉默了一会儿。"我还是老样子,只不过胡子没有了。但是,也有一点儿情况:就是我又重新萌发了观察和留意不寻常事物、令人惊异的事物的愿望。我在机场第一次看到你手里抱着孩子,就感到惊异。这事儿很新鲜、很有意思。回到房里，我望着你给孩子喂奶，也感到惊异，心想：一定要记住你这丰满的，如今虽已不是姑娘的，但依然这样好看的乳房，记好深紫色奶头上的奶珠儿，记好伊凡偎在胸前吃奶的情景。而且，最好把所看到的用笔记下来，也许，会有用处的。可是你却说这是惶恐不安。决不是的，玛尔塔，完全不是什么惶恐不安。相反，倒是无限欢喜……”

“可是，为什么你要说‘又重新萌发了’？”玛尔塔问。“难道你在家乡已经丢开了你的心愿，不再观察、体验和记录了？”

“是想要丢开，因为我看到，我徒有满腔抱负，结果一无所获。”我想换个话题，便问：“你想不想知道，这会儿使我感到惶恐不安的是什么？”

“我想知道。”

“那就是，我口袋里一文不名，”我回答说。我觉得我的脸红了。“我这次家乡之行是很不成功的，除了苦恼之外，什么都没有得到，小说我也不准备写了。”

“究竟是怎么一回事儿，米沙？”

“三言两语说不清。以后慢慢讲给你听。”

夜里，睡在床上，我们又谈起了我们的日子怎么过。玛尔塔又一次告诉我，她辞掉部里的工作只是因为要照应儿子。我不知该怎样回答，便劝她将孩子送到外婆家里暂时住一段时间。

“就让外孙和外孙女在一块儿，”我又说。“伊凡到乡下去并不差。外婆有羊奶可以喂他。咱们还可以寄点钱回去。”

“米沙，你发疯了！”玛尔塔流着眼泪说。“我把维拉扔给我妈妈，已经够她受的了。我当时没有奶，没有东西喂孩子，再说我那时自己都还是小丫头。现在我的奶很多,而且,我可以告诉你,离开伊凡,我舍不得,我谁也不给！就是你当爸爸的也要不去!”

玛尔塔讲得有道理,我不再提出异议。在临睡之前我们决定:玛尔塔暂时不去干工作。马马虎虎凑合着过。让伊凡长大些,就把他送进托儿所。我明天就去报社要求复职,后天就去民事登记处办理结婚手续。

三

这是一个寒冷的秋日的早晨,我顺着我的足迹早已踏遍的大街,来到报社。果然不出所料,我的突然到来,没有使任何人感到高兴。不少人倒是感到吃惊。过去同我在一个编辑室工作并且我认为是我的朋友的人,见了我一言不发,很不自然地一股劲儿耸肩膀,——通常这种姿态是用来迎接那种不知何处而来、不知因何而来的不速之客的。他们的脸上浮现着费人猜测的笑容,那笑容好像是在说:“总而言之,我们当然是欢迎的,你该看到,我们都在笑着哩,不过我们全然不解,你为什么回来。我们早就以为你不会回来了,可是,谁又想到,你一下子又回来了。”他们还带着同样费人猜测的笑容对我讲了本编辑室的变化:巴维尔·彼特洛维奇已经高升,当了副总编辑,他的位子由维塔利·雅库宁接替。维塔利·雅库宁这个人我是很熟悉的,年龄和我不相上下,我们平时总喊他维丘沙。我知道,这个维丘沙很不赞成我搞文学创作,一有适当机会,就说几句刻薄话,狠狠地刺激我一下。不知为什么他对作家怀着一种刻骨的、根深蒂固的仇恨。对我也是这样，虽然我还不是作家。有一次他对我说："为什么把你那些普普通通的新闻简讯叫作'农村小记'？最好还是像屠格涅夫那样，叫散文诗或者长篇巨著。既好听，又有气派！"我回答说，我写的东西，想叫什么，就叫什么。

我在编辑室坐了一会儿。听着那些表示惋惜的话，看着那些表示同情的笑脸，实在叫人心烦。他们还一齐劝说我：

"米沙！你去找找维塔利·谢苗诺维奇吧！老熟人嘛。"

"你是咱们报社的人嘛，可以说，是自己人，家里的人。"

"你去见见新领导，谈一谈。没有坏处。"

"你一定要去找找维丘沙！"

"不过你要知道：他现在可不是维丘沙了，是要人啦，连小胡子都留起来了。"

没有办法。我走进了我十分熟悉的那个房间。过去我是常常到这个房间里来的。我看到过去一头白发、满脸善意的微笑的巴维尔·彼特洛维奇常坐的桌前，如今坐了一个蓄小胡子的瘦脸的年轻人，心中突然感到十分不快。他的小胡子显然才蓄了不久，只有窄窄的一小条儿，理得整整齐齐的，黑黑的胡子，长在年轻的脸上十分惹眼。有了这一撮齐齐整整的小胡子，又把那深颜色的头发巧妙而煞费心机地向后一梳，我一向十分熟悉的维丘沙便很像一位副官，只是这位副官不知为什么脱掉了军装，穿起了同他那瘦瘦的身躯十分配称的、扣得紧紧的藏青色斜襟便装。我们打了一下招呼。他也不请我坐。我匆匆向他说明我想重新回编辑室工作的来意，他不等我说完，便像副官那样利索地站了起来，问：

“怎么样,恰佐夫?你有没有带回长篇巨著或者别的什么玩意儿?”

“干什么要问这种没有意思的问题?”我没有回答,反而这样问他。这时我已经在责骂自己,觉得自己不该来找他。“我是来……”

“我提的问题恰恰是很有意思的,”雅库宁又是不让我说完,便说了。“如今有一种很时髦的风气:随便什么人都想做小说家,都想成为俄罗斯的巴尔扎克。”他讲话的口气也和过去不同了,很像那些习惯于奉行别人的旨意、善于向下级发号施令的人在讲话了:这不是讲话,而像是把话扔过来,硬邦邦,沉甸甸,就像海边的卵石。“如今作家协会搞成了什么样子?简直不像话!拼命接收会员,作家之多,数都数不清了。作家倒是不少,可是我要问,当代的《战争与和平》在哪里?《卡拉玛佐夫兄弟》在哪里?《人间喜剧》又在哪里?没有,不可能有。所以我的问题完全不是闲扯淡,也许倒是很有意思的。”

“我到这里来,不是同你谈文学的。”

“应该谈谈!为什么咱们不可以谈谈文学?”雅库宁一字一顿地说。“事情很明显嘛。就拿我来说吧。我是干什么的?我是个编辑,我感到当编辑是很光荣的,不想当作家。干脆就不想。我做得对不对?”

“我想起了一句俗话。”

“什么样的俗话?”

“自由的人爱阳光,得救的人上天堂,疯子就发狂。”

“能不能客气点儿?”

“可以。我不过想说:当不当作家——是你自己的事。”

“当然是我自己的事!”

“不过我还是很想知道你的事:你在家乡草原上住了那么久,小说写出来没有?也许你一直在写‘农村小记’?”

“你为什么要问这些?不放心是不是?还是不过因为好奇?”

“就算这样吧。能不能讲一讲?小说写出来没有?”

“什么小说也没有写,也没有写小记。你放心了吧?”

“你不顾一切而去的时候,我就预料到了。”雅库宁喜形于色地在房里踱了起来,将又长又瘦的两只手倒背在背后,一双锃亮的黄皮鞋踩得地板噔噔地响。“瞧,恰佐夫,结果怎么样?工作丢了,小说又没有写成。为什么会产生这种可悲的结果?全因为你轻举妄动。一点不假,实在是轻举妄动!实在令人遗憾,令人吃惊,一些年轻人依靠国家经费受完高等教育,却要忙不迭地去做文学家。结果又会怎样呢?失败,幻灭……”

“我到这里来,不是来听……”

“我知道,知道,你是来问工作的事的,”他又一次毫不客气地打断了我的话。“可是,非常遗憾,我这里没有空缺。所以,这个问题实质上没有什么可谈的。”他停住脚步,拿小指指甲挠了挠整整齐齐的小胡子,冷冷一笑。“不过,有的人异想天开,走歪门邪道,走危险的道路,很快就后悔莫及,这种人的轻举妄动,还是可以谈一谈的。恰佐夫,请恕我直言:你走了歪路、走上危险的道路,得到可悲的后果,我认为全由于你行动轻率。我劝告你,今后……”

“我用不着任何人劝告,”我气愤地说。“维丘沙,更用不着你来劝告。”

我转身便走。

我想着这位很像副官的同龄人,想到他对作家一概瞧不起的态度,想到他说我轻举妄动,教训我,还要劝诫我,心中感到才分不愉快。说实在的,我有我的自由,我有我的打算,干他什么事?我心里想着这番谈话,在走廊上站了一会儿,定了定心。然后我走上四楼,打算去找找巴维尔·彼特洛维奇·扎采平。说实话,我心里很不踏实,怕的是:要是巴维尔·彼特洛维奇也这样对待我呢?那又该怎么办?

我的担心完全是多余的。巴维尔·彼特洛维奇见了我不仅表示欢迎,显得那样亲热,而且,一如既往,笑得那样甜,那笑不仅是表示欢迎,而且好像还在说:“米沙!我早就盼着你来了,因为我有些重要的、高兴的话要告诉你,现在,我看到你,高兴得简直不知怎样才好。”他依然相当结实,依然是老样子:肩膀宽宽的,柔软的头发已经白了,前顶全谢光了。他从桌边走出来,像亲兄弟一样拥抱了我,然后又同我握了握手,握得那样有力,通常只有见了那些慕名已久而且衷心敬仰的人才这样握手的;他请我坐到沙发上,自己也紧靠着我坐了下来。他并不问我,为什么提前回来,跑这一趟有没有收获,而是一直带着那种令人感奋的笑望着我,说:

“你外部的变化我看到了,脸上你没有了胡子,在草原上烧野草,把胡子一起给烧掉啦。我可不知道你内部有什么变化。你那眼睛可是显得有点不大快活的样子。是什么根由?快向我坦白坦白!”

“巴维尔·彼特洛维奇，我想回报社工作，”我开门见山地说。“可是，编辑室无法安排。”

“你同维塔利·谢苗诺维奇谈过吗？”

“我同他谈过，不行。他说，一个空位子也没有。”

“即使有，即使有空位子，你同雅库宁在一起也搞不来。你和他不是一种人。生性不一样，”他笑着说。

“恕我多问，巴维尔·彼特洛维奇，我真不懂：雅库宁为什么能爬上这个位子？”

“你不可能懂，”巴维尔·彼特洛维奇郁郁不乐地回答说。他拿指头指了指脑后。“他后面有大后台。此人坏到了家，这是谁都知道的。不过，现在咱们不是谈他的事。”巴维尔·彼特洛维奇又亲热地搂住我。“没关系，咱们还是能想出办法的。比如说，让你干外勤特派记者，行不行？怎么样，嗯？”

“行！”我不假思索地回答说：“只要能回来就行。”

“你得考虑考虑，米沙，干这种活儿可是没有一点安宁日子好过，天天不是汽车、火车，就是飞机，永远没完没了的紧急任务。”

“天天坐车、坐飞机，我不怕；没完没了的紧急任务也吓不倒我。”

“好！”巴维尔·彼特洛维奇说着站了起来。“要是这样的话，明天我就同总编辑谈谈你的事。现在是叶菲姆·伊凡诺维奇担任总编辑。他了解你，对你不错。我想，他会同意我的意见的。”巴维尔在房里踱了一会儿，在我跟前站住。“噢，你在文学方面有什么收获？”

“什么收获都没有。”

“我不懂。”

“这次回家乡,结果是空跑一趟。情况完全出乎意外:我看到的都是一些想都不敢想的人,所以我明白了:我没有本事把他们写成生活中实有的样子。用形象的话来说,那就是:我拿不起这样的分量。这不是我力所能及的。我就好比一个举重运动员,走是走到了杠铃跟前,可是抓不起来。”

“这个比喻,一般来说,是不难理解的,”巴维尔·彼特洛维奇满面笑容地望着我说。“不过,我们都知道,每个举重运动员都有三次试举的权利。你才试了一次。这也没有什么,这样倒好些,你可以把你的才力用在报纸上。你暂时没有举起来的杠铃,姑且让它放一会儿。将来等你觉得自己有了足够的力气,再去试第二次、第三次。”他的笑容消失,脸色严肃起来。“野蒿气味还能不能闻到?是不是已经没有吸引力了?”

“嗯,没有了。”

我脸红了,因为我说的不是实话。

“你已经闻不到野蒿气味了,这当然有点儿可惜,”巴维尔·彼特洛维奇依然带着那种令人感奋的微笑说。“你就明天到我这里来……不,还是后天好些。我想,你马上就可以工作的。我们得马上派个人到莫尔达维亚去。”

我离开巴维尔·彼特洛维奇时,心里热乎乎的,非常愉快。因为什么?因为受到一点儿小小的、普普通通的好心的对待。好心——是解决一切问题的良药。没有好心,世界上的一切事情都是很难办的;如果世界上没有许许多多天生好心肠的人,一切是不堪设想的。我一路这样想着,回到家里。我兴致很高,心情无比愉快。我兴高采烈地对玛尔塔讲了我同巴维尔·彼特洛维奇谈话的经过。可是她好像不听我的,因为她正在给伊凡洗澡。她一面俯身给孩子洗澡,一面问:

“这么说,你又要离开家了?”

“只好如此呀,”我还是高高兴兴地说。“我这次出去不会久的。”

四

我们大喜的日子终于到来。我同玛尔塔来到民事登记处,在结婚登记簿上登了记,随后是证婚人签字,大家兴高采烈地恭喜我们结婚,一切都进行得十分正常。这是在星期四,这一天我请了假,并将伊凡送到了外婆家。又隔了一天,星期六,我们举办了结婚晚会,邀请的只是我们最亲近的朋友;因为我们没有钱举办大型的晚会。玛尔塔穿了一件淡紫色的新连衣裙,脚蹬一双高跟女鞋,还到理发店去烫了头,烫的发式十分奥妙,这种发式可以算做结婚发式;不过没有戴头纱。因为她不愿戴,我也没有硬要她戴。当然,来宾喊“苦啊!”新郎新娘接吻,还是免不了的,风俗嘛,只能照章行事。我望着玛尔塔喜气洋洋的眼睛,觉得她今天更美了,身材也更高了,我感到十分幸福。大家在录音机伴奏下跳舞、唱歌,尽情地欢娱,大家尽欢而散。我们两个人在一起度过了星期天,星期一我去认维拉作女儿。暂时还让她住在外婆家。

这一年的冬天很快地、不知不觉地过去,大街上的积雪早已溶化,春风常常送来春雨,好像是想快一点儿将房顶上和大街上的积垢洗刷干净。随着春天的到来,林荫道上,街心公园里,孩子们的笑语喧哗声显得更加欢快。也许,时间不知不觉地过去——这只是对我而言,因为我常常出差在外:有时较近——去弗拉基米尔、去沃洛格达、去库尔斯克;有时很远——去格鲁吉亚、去塔吉克斯坦,我们的伊凡长得很快、很结实,到春天已经能站起来并在我的膝盖上拼命地蹦跳了。我们很快便把他送进了托儿所,玛尔塔又回到原来的部里去工作。我们的生活条件一个月比一个月好。玛尔塔甚至还用她的名字去开了存折,当然,这是我们两个人共有的,就是说,我们已经有了存款。

我们的房里出现了我所久盼的、我所希望的那种舒适和宁静,我觉得,那种真正的、像调整好的天平一样平稳的家庭生活,我向往的那种生活,这一下子该是来到了。我认为,这里面有玛尔塔很大的功劳,因为她勤劳,因为她是一个特别能干的主妇,是一个聪明贤惠的妻子。可是我心里总是不能完全平静,为什么这样,只有我一个人知道。心里不能完全平静,是因为我总是忘不了我藏在抽屉里的绿色笔记本,总还是闻到野蒿的气味,即使走在喧嚣的莫斯科大街上都能闻到。而且我总是不能不想菲玛的来信:正是这封字迹歪歪倒倒的信带给我极大的心灵痛苦,使我无限惆怅。我特意将这封信夹进笔记本,——让信和笔记本一起睡觉去吧!——上面还盖了几张报纸。我想把这封信和与这封信有关的许多心思一起藏起来。

又是几个月过去了,我不论在家里,不论出差在外,都忘不掉菲玛的来信,这封信搅得我心神不宁,使我无法正常生活和工作。有时候往往会这样:有些需要经常记住的有用的东西,转眼之间就从脑子里飞走，忘得干干净净，我们往往会十分懊恼地说：咳，该死的脑筋！有些无用的东西，应当忘记的，却又偏偏记得，总是忘不掉，该死的脑筋却又清楚了起来。比如，菲玛信中有许多话，我不仅记得，而且倒背如流："亲爱的，我的米沙！"这样的话有什么用呢？还有，"你不应该离开辽阔村，不仅因为我们在一起很好，而且因为辽阔村还有你的一切和你向往、追求的一切，没有这一切，你今生今世不会有幸福的。我这话今后会兑现的！""多么遗憾，此时此刻你不在我身边。""我们在一起的时间那么少，离开了，又永远不得见面。""末了，我得照规矩说：我的最亲爱的，我拥抱你，吻你。未尽余言。"这些话，还有另外一些话，我不仅全记得，而且还时常在想着。她为什么要写这封信？是不是仅仅要向我报告一下辽阔村的一些新闻，讲讲拉丽萨的事，讲讲西兰季老爹和我大伯阿尼西姆的苦恼？还有，这种似乎无所用心的附笔："……我没有怀孕……我想，你知道这一点会高兴的。"为什么要写得这样清楚？什么意思？费人猜测。当时在辽阔村，她就劝我不来莫斯科，现在她还是这样讲。为什么？是逗我，要我别死心？那意思是说，菲玛都这样想哩，可见著名作家的批评没有道理。可是，究竟为什么我收到她的信以后越来越多地在想：我离开辽阔村是不是太心急了？也许，当真我不应该回来？可是，留在家乡——又为了什么？"……你今生今世不会有幸福的。"这可说不定，也许，我今后会很幸福。再说，干什么她这样操心我的幸福？还是自己为自己的幸福操操心吧。"末了，我得照规矩说：我的最亲爱的，我拥抱你，吻你。未尽余言……"就是说，还有许多话要讲，可是她没有讲，而只是因为考虑到"我那位姐姐"，不想让玛尔塔难过,“……咱们今后见不到了。”是的,这话她肯定是说对了。见不到,就见不到好了。还一再地讲这些事,又是为什么?结果是:不论我把菲玛信里的许多话、许多语句怎样掂量,不论从哪个方面去理解,不论怎样去思索,得出的结论全是一样:是菲玛的信搅乱了我的平静,是她的信引诱我去摸笔记本,一定要我把许多事情记下来。“米哈伊尔,别犟了,别克制自己了,拿出笔记本,坐下来记吧,”——我仿佛听到了这样的声音。于是我脑子里涌现出许许多多令人不能平静的想法,我觉得,要是不把这些想法写到纸上,就不可能摆脱其干扰。为什么要写到纸上?只不过为了不再去想罢了。我还是坚决地对自己说:不行,要克制住,不能开抽屉,不能取出笔记本,不要写。笔记本我没有取出,甚至碰都没有碰,可是许多想法还是一股劲儿地搅扰着我。我感觉到,我又过起了我一向十分痛恨、一直想极力避免的双重生活。我原以为我已经避免了,已经过起了宁静的家庭生活,可是,突然出现了菲玛的信。不知为什么我作了比较:在莫斯科,我这里的一切,同家乡的一切——哪里更好些,是这里好还是那里好?我脑子里出现了奇怪的对比:在莫斯科,有我,有玛尔塔、我的两个孩子、我的工作;在家乡,有我的祖母、村镇,有辽阔的大地,大地没有头也没有尾,还有菲玛……在这里——心情平静,生活正常,所谓散文式的生活呈现出它的一切好的特征;在家乡,心情常常动荡不安。在这里,同玛尔塔在一起,过的是家常日子,我们的生活就像一湾静水;在家乡,生活有点儿不平常,有点儿像过节,还有菲玛……在这里,到处是房屋,一座比一座高,大街上、广场上塞满了汽车,一条条的地下铁道,络绎不绝的人流,就像蚁穴中的蚂蚁，忙忙碌碌，来去匆匆；在家乡，茫茫的原野，高高的、清澈的天空，南方的暖风吹拂着脸颊，一片寂静，划破寂静的除非是金色麦穗的沙沙声，还有菲玛……

我怀着许多奇怪的想法和重重的心事站在两种生活之间，就像站在两岸之间。为什么我就不能跨到我更熟悉、离我更近的一边岸上？也许因为我软弱、没有决心，怪我过着双重生活？我早就打算向玛尔塔坦白交代，摔掉沉重的思想包袱，可是我一直拖着，摆着，一直下不了决心。是怕吗？是的，可能是怕。也许，说得确切些，是羞愧？更可能还是无颜面对玛尔塔。不过，该是我拿出勇气的时候了。我要把一切全对她讲出来，把菲玛的信念给她听，这样，就可以摆脱心头的惶恐不安，忘掉辽阔村的事情，今后永远不再想它，安安生生地在这里过日子，尽情享受家庭的温暖。

可是，坦白交代究竟怎样来开头呢？从哪里讲起呢？这样严肃的谈话，总不能一下子就谈起，没头没脑，连引子都不用。我明白，这对于玛尔塔好比是晴天霹雳，又是眼泪，又是责备，我也决不会愉快的。因此，我好好地想了一下，拿定主意：第一，这话必须在星期天来谈；第二，一定要在白天，在安静的时候。

谁知这谈话来得太突然，完全没有按照我的预计进行，也不是在我所认为的最恰当的时间。已经是在半夜之后了。我在赶写一篇关于格鲁吉亚种植葡萄的人的特写，微弱的灯光照在桌子上，房里静静的。我背床坐着，玛尔塔睡在床上，我听到，伊凡先是哇哇声，后是细细的鼾声。玛尔塔很快地爬了起来。

“米沙，睡吧。你还要坐到什么时候？”

“这篇特写早晨就要交出去。所以我要赶一赶。”

“快写完了吗?”

“完了！已经写好了!”

“那就上床吧……咱们还得谈一谈呢。”

“咱们还是睡吧,已经不早了。有话明天再谈,好吗?”

“最好现在谈谈。我心里很不踏实。我一直也没有睡着……你坐着,我躺在床上望着你,心里一直在想。”

“我的春天的小鸟儿,你想的是什么?”我装出十分快活、心中无事的样子,问道。

她没有回答。

自从生了伊凡之后,她就靠外睡,靠近伊凡的小床,我靠墙睡。我脱掉衣服,关了灯,躺到被窝里,又问玛尔塔想的是什么。她转过脸去,什么也没有说。我心想:现在就来忏悔吧。可还是下不了决心。我不想搅动她和我的情绪,免得这一夜睡不好,影响我们明天的工作。最好能安慰安慰她,让她睡觉。怎样才能安慰得好呢? 我不知道。我们一声不响地躺了很久。

“米沙,使我不安的是你的变化,”她终于开口了,但她的头还是没有转过来。“为什么你和过去不一样了?”

“我现在是什么样? 你说说看。”

“你一直很不自在。你心里有事。是什么事?”

我勉强笑了笑,说:

“玛尔塔,你真不错,成了看相的了。”

“米沙,用不着笑。我把你完全摸透了,比看相的还要清楚。”

"摸透了又怎样？你有什么要说的？"

"我只是想说：你把笔记本藏到抽屉里，恐怕没有多大意思吧？"

"干什么要提笔记本？我早就忘了，希望今后也不要想起。"

"这不是真心话。"

"你要是不信，我来赌咒。"

"用不着，米沙。有一句很好的俗话：什么事都瞒不过上帝，也瞒不过老婆。上帝有没有这样灵，我不知道；就老婆来说，这句话是对的。老婆什么事都知道。不是吗？不这样就不是老婆了。"

我只觉心中一震，心想，难道菲玛的事她已经清楚了？我想忏悔，还没有忏悔呢，她已经全知道了。怎样知道的呢？难道她看到信了？

"你究竟知道什么？"我沉住气问。"直截了当地说吧，别打哑谜。"

"我只知道你很想再回家乡。家乡有你的奶奶……和一切的一切。"

"这一切的一切——又是什么？"

"比如说，你的事业，我劝你：请个假，不必请很久的假，到家乡去一趟。笔记本一定要随身带去。它在抽屉里呆得够难受了。"

"我不明白，我回家乡去干什么？这会儿我回家乡无事可做了。"

"你又不说真心话了。"

“是真心话。我敢发誓!”

“还来这一套干什么?用不着,米沙。知道你昧了良心,我已经够难过的了。”玛尔塔猛地转过身来,用滚烫的手臂搂住我的脖子,将脸贴在我的肩上,哭了起来。“米沙,你究竟是怎么一回事儿?”

“怎么啦?”

“你不仅对我不讲真心话,你所做的也不是你所想的。你很想写,可是你拼命克制自己,不去写。你该记得,著名作家也要你写。可是你却把你所记的东西连同笔记本藏起来,不去摸它。你是在压制自己,做违心的事。”

“我没有压制自己,也没有做违心的事。”

“这又不是真心话了。我全清楚。米沙,怎么能这样过日子呢?你所做的是你不喜欢的、不称心的事,你一直在想着的却是另外一套,想着的是你所喜欢的、使你高兴、使你动心的东西。米沙,这有点儿像是:一起过日子的是不可爱的老婆,心里一直想着的是另外一个可爱的女人。”

“你打的是什么哑谜?你很清楚,对于我来说,你这个老婆既可爱又称心。别的任何女人我都不想。”

“又不是真心话,你说说真心话,那个菲玛是什么人?”

我怎么也没有料到她会提出这样的问题,说实话,我真慌了,不知道该怎样回答,突然尴尬地问:

“哪一个菲玛?”

“不认识她?忘啦?脑筋不好?那我就来提醒你:就是辽阔村那一个。”

“信你看过啦?”

“看过的……你为什么不藏严实些?”

“玛尔塔,说实话,我同这个姑娘的事,本来就打算同你讲的,她的信我也想念给你听的。”

“你已经迟了一步。”

“这么说,是迟了一步……玛尔搭,说实话,我没有勇气,一直下不了决心。现在我把事情全部讲一讲,毫不隐瞒。”

“现在讲?用不着,一点意思也没有。我要了解你们那些事干什么?你们那种事没有什么好稀罕的。而且她的信里讲得也够清楚了。”玛尔塔将搁在脑后的手攥了起来,攥得那样猛烈,连关节都咯吱响了几下,我觉得她全身都绷得紧紧的。“就是说,你下不了决心,你怕,是不是?你以为,我会大吵大闹,嚷得大家都知道,我会同你拼命。不会的,米沙,你这种担心是多余的。瞧,我既没有吵,又没有闹……为什么这样?因为我的心里有一样东西断了。我本来十分相信你,而且对你抱有信心,以为你和别的一些人不一样,谁知,我看错了。”

“事情已经这样了,希望你能想开些,”我觉得应当开导开导她,便这样说。“人生什么事都能碰上。你能不能了解这一点?”

“我当然了解,”玛尔塔沉默了一会儿,然后回答说。“我能了解你,因为你们这些下流的色鬼全都是一样。见到女人你们骨头都酥了……米沙,你也同这些人完全一样!叫人难受的就是这一点。米沙,今后咱们怎样过下去呢?我一直在想这一点。心里有什么东西断了,心成了空的,难受得很,痛苦得很,又痛苦,又难受……”

“玛尔塔,原谅我吧,我的春天的小鸟儿……”

“曾经是春天的,后来成了冬天的了。”

“你不能原谅我吗?”

“原谅是可以的,可是……”

她没有往下讲,伸开手指。

“‘可是’什么?你讲下去。”

“可是,一个人心里的东西断了,怎么办呢?靠什么来填补,又如何来填补呢?”

“我并不爱她。我从来也没有爱过她。你要明白这一点。再说,当时我还不是你的丈夫。”

“是或不是,又有什么不同?”

“还要我给你说什么?”

“你说说,为什么你不把信撕掉?你要是撕掉了,我就什么也不知道,会过得安安生生的。可是现在怎样呢?你不把信藏在别处,偏偏藏到笔记本里。为什么藏到笔记本里?”她一面吞着眼泪,哭了起来。“你天天想着她,就像天天想着笔记本那样。我早就感觉出来了。”

“我什么都没有想。”

“米沙,这不是真心话。你一直在想着你那笔记本,想着再回到那里去。”她抽搭了几下,转过身去。“你就去吧。哪怕你明天就走。我不会拖住你不放。我已经受过一次了,第二次也能马马虎虎过得去。看样子,今后有我受的。”

“你只顾难过,不想了解我,”我说。“是不是你真的不了解?我决不离开你,我哪里也不去。我是你的丈夫,你是我的妻子,我们有我们的孩子。我能到哪里去呢?”

“咱们今后怎样一起过下去呢?”玛尔塔沉重地叹了一口气,问道。“咱们怎么能对面相看呢? 怎样来抚养伊凡呢? 这些事你想过没有?”

我没有回答。我找不出话来回答。我们一声不响地躺了很久。

五

生活中往往就有这种意想不到的情形,几个月来我一直想向玛尔塔承认错误,在心中多少次同她谈这件事,可是不知为什么一次都没有想到她所说的这样简单、明了的话:“咱们今后怎样一起过下去呢? 咱们怎么能对面相看呢?”这种问题看起来十分平常、十分普通,可是,不回答是不行的。而我又无法回答,所以就一声不响地躺着。以前,我一直是这样推想的:我把菲玛的事详细地、平心静气地讲给她听,一点也不隐瞒,把信念给她听,虔诚地向她忏悔,实心实意地认错儿。我以为,玛尔塔会十分仔细地听我讲,心里会十分难过,不过还是能原谅我的,这样就雨过天晴了。可是谁知事情却是这样。事情所以弄到这样,是因为这几个月来我想的、我关心的只是我自己和我自己的安宁,没有想到、没有关心到玛尔塔。“咱们今后怎样一起过下去呢?”——这是一切问题的关键。她不知怎样过下去,我也不知怎样过下去。似乎如此简单、如此明显的问题,我竟一次也没有想到。我一直认为:过去我们怎样过,今后照样过下去就是了。可是,不行了:过去那样过,今后过不成那样的日子了。为什么会出现这个问题?就是因为联结我们、使我们相亲相爱的那条线断了。被叫作互相信任的那种珍贵感情,一下子消失得无影无踪。难怪玛尔塔要说:她心里有什么东西断了。断了的究竟是什么东西?看样子她自己还说不清,所以她才揪心地问:"咱们今后怎样一起过下去呢?"如今又在我眼前出现了一个明显的例证,证明我的看法是对的,著名作家尼基福尔·佩特罗维奇的看法不对:即使就个人生活、夫妻生活而言,他的关于虚构的说法也是丝毫不足为法的。事实上,我同玛尔塔这一夜的事,谁又能丝毫不差地想象得出来呢?我对于如何认错儿,考虑了很长时间,进行了周密的准备,原以为全都注意到了,全都想好了,自以为考虑得十分周到。可是,实际进程又如何呢?许多出乎意料的情形,我全没有想到。我原以为,这番话一定是我来开头,谁知开头的却是玛尔塔。我原想自己把菲玛的信念给她听,结果玛尔塔自己看了,而且还是趁我不在家的时候。她那些问题:"你说说,那个菲玛是什么人?""咱们今后怎样一起过下去呢?"还有她的责备:"你也同这些人完全一样?"——这一切,事先都能想得出来吗?

这一夜我们一点没有睡。不幸的是,这不眠之夜显得分外地长。窗外亮着一盏路灯,射来的灯光落在墙上。我和玛尔塔都装做睡着的样子。实际上不论是我,不论是她,一夜都没有合眼。我望着射在墙上的灯光,只盼路灯熄灭,早晨到来。

房里终于透进了晨光。玛尔塔爬了起来,很快地穿好了衣服,一言不发,对我连望都不望,抱起伊凡,送往托儿所,又从托儿所直接上班去了。家里剩下我一个人。我用电剃刀马马虎虎刮了刮脸，将报道格鲁吉亚种葡萄人的那篇稿子往袋里一掖，第一次不吃早饭便到报社去上班。说实话，我也吃不下早饭。上班的路上我又想起了夜间我们很不愉快的谈话，我又想到，早晨起来，看到玛尔塔那张苍白、憔悴的脸，那痛苦、忧伤的眼神，我真觉得可怕。过去我还不懂，年轻人生活中最艰难的时刻不是在恋爱刚刚开始的时候，而是在成为夫妻以后。我们的生活曾经是光明的，曾经连一点阴影都没有。如今，我们已经成了合法夫妻，似乎我们应该充分享受幸福和欢乐了，我们的家庭生活立刻就给我们奉上第一次很不轻松的考验。

在报社忽然接到紧急任务：马上飞往新垦城。说实话，我接到的任务从来就没有不紧急的。可是这一次我因为有这样一个机会感到高兴，可以离玛尔塔远一点，自个儿好好想一想，希望能想出一些和解的办法。这一次的紧急任务就是：通过电话及时报道从南方、主要是从库班和斯塔夫罗波尔调来的康拜因抢收新垦地小麦的动态。我在许多农场里奔跑着，每天用电话发回不太长的报道，因为我整天奔波在小麦海洋中，忙着自己的工作，不仅没有想出如何同玛尔塔和解的办法，甚至连我们的纠葛都忘记了。我的一些报道已经见报，其中有一篇题为《新垦地上的库班人和斯塔夫罗波尔人》。

十天后我回到莫斯科。这一天是星期天，玛尔塔正在家里。我想让她知道我心里很平静，像往常一样拥抱了她，并抱起了伊凡。我看到她脸上有笑容，十分高兴。从她的笑容，从她那圆圆的、露出又惊又喜神情的眼睛我看出，玛尔塔也想向我表示她心里很平静。她一如既往那样亲热地问：

“米沙，这一趟出去怎么样？”

“挺顺利，”我回答说。“就是急着要回家。”

“早回来好。要不然我和伊凡在家里闷死了。想吃东西吗？”

“这么说，她原谅我了，”——我心里想。

我们极力装出愉快的样子，表示我们已一切如常，就这样度过了秋天、冬天、春天。白天明显地长了，莫斯科已经暖和起来，甚至有一天夜里下大雨时都打起了雷。我早就把绿色笔记本从抽屉里拿出来，放到了桌上，表示我们的一切又和过去一样了。不过我和玛尔塔心里都明白，过去我们之间的那种亲热一直没有恢复。还有，糟糕的是，春天一到，我又想回家乡了，不论梦里，不论醒来，我都想着回家乡的事。而且，尽管我不愿去想菲玛，却又想起她来，为什么？是什么缘故？为什么她又钻进我的脑海？这一点我真不懂。我试着同玛尔塔商量，我要到家乡去住几天，看看奶奶，看看家乡的春天。

“要是想去，你就去吧，”玛尔塔说。

“你不生气吗？”

“有什么气好生？去吧，奶奶想你啦。”

我仿佛觉得，我一会儿走进奶奶的屋子，一会儿又闻到我依然十分熟悉的苦涩的野蒿气味，一会儿坐到桌前，在笔记本上记东西。

“别翻来覆去拿不定主意了，”玛尔塔说。“你去请假吧。请十天的假。你看，能不能批准？”

“也许能批准。也许不批准。”

我还在极力克制自己，没有去请假，因为我知道，如今这家乡之行是一点好处都不会有的。可是偏偏在这时候有一封信寄到了报社——不是菲玛来的，是拉丽萨来的，这一下子我不回辽阔村是不行了。玛尔塔看完拉丽萨的来信，说：

“瞧，米沙，奶奶身体很不好，说不定会有危险。你一定要回去。你就请假回斯塔夫罗波尔州。请十天假。怎么样，十天够不够？”

我一声不响地点了点头。

拉丽萨的信

米哈伊尔·阿纳托利耶维奇：

给您写这封信的是您不认识的拉丽萨·鲍伊钦科。我寄居在您奶奶普拉斯科维娅·阿尼西莫芙娜家里。是她把您的地址告诉我，要我给您写信的。奶奶问候您，并要您回来看看她。她的话我照抄如下：“米沙，我的好孙子，你也和你爸爸托利亚一样，跑得离我那么远。奶奶问候你，并且要求你：要是能行的话，你一起要回来看着我，让我最后看你一眼，让我高兴高兴吧。我还要你往刚果给你爸爸写封信，要他回来同妈妈最后见见面，要不然，我眼看就要死了，说不定我们母子就永远也见不到了。”

我把实际情形对您讲一讲。奶奶去年在医院住了一阵，多少好了一些。回到家里虽然还是不很愉快，但是已经清醒了。如今又坏了，经常胡言乱语，叫人听都听不懂。嘴里不住地在说话，可是叫人听不出是什么意思。村里人、甚至自己的儿子，她都认不出了。有一天，三个儿子——阿尼西姆·伊凡诺维奇、安东·伊凡诺维奇、阿列克赛·伊凡诺维奇一起来看她。他们向妈妈问过好，坐到凳子上，她老人家却望着他们直摇手。过了一会儿，她问：

“乡亲们，你们都是谁？”

“妈妈，我们都是您儿子，”阿尼西姆·伊凡诺维奇代表大家回答说。“您好好看看，我是阿尼西姆，老大，这是我弟弟安东，这是我弟弟阿列克赛。我们一块儿来看您的，看看您身体怎样，要不要我们做点什么。”

“不对，你们不是我儿子”奶奶一面说，一面在摇手。“我儿子可没有你们这样老。”

“妈妈，您好好看看，是我们……”

“你们要是我儿子，那你们的小弟弟托利亚呢？你们把他弄到哪里去了？他为啥没有同你们一块儿来？”

弟兄三个只有你看看我，我看看你，重重地叹几口气，又坐了一会儿，就走了。

有一天，我下工回来，天已经很晚了。奶奶还没有睡，在看电视。她看电视只是为了要在电视里看到刚果的黑人，希望在黑人中看到自己的儿子托利亚。她一看到我回来，十分高兴，搂住我，后来忽然哭了起来，嘴里嘟囔着：

“哎哟，奥莉雅，我的好孙女，你叫奶奶想死了。”

我告诉她：

“奶奶，我不是奥莉雅。我是拉丽萨，住在您这里的。”

“不是，你别哄我，奥莉雅，别学着骗人，骗人可不好，我知道你是我孙女。为啥你爸爸，为啥我儿子托利亚一直不回来看我？”

后来终于还是认出了我，然后就躺到床上，小声哭了很久。

不久前，又让她住进了医院。她当时怎么都不肯去。不管怎样劝她，她就是那几句话：

“我得在家里等着，我儿子托利亚就要回来啦。他回来，我不在家，那咋行？”

于是那位很和气、很有礼貌的女医生使了一个点子，说奶奶的儿子托利亚正在医院里等她哩。奶奶就相信了，答应去医院。她上了汽车，又对我说：

“孩子，你在家里等着吧，我很快就会回来，还不是我一个，我要和我儿子托利亚一块儿回来。”

米哈伊尔·阿纳托利耶维奇，我还要照实告诉您：您的奶奶的病情很重。您能不能回来看看她，并且从莫斯科带一些此地没有的药品回来？她老人家非常想念您。

老人家一离开，这房子便显得分外冷清，一座房子只剩了我一个人。每到夜里就觉得十分可怕。您认识的那个菲玛，您该记得，她也在奶奶这里住过的，早就走了，您一回莫斯科，她就离开了辽阔村。她结婚了，至于丈夫带她到哪里去了，去哪个村，哪个镇，我却不知道。她走后大约过了一个月，又回来看过奶奶。那一次回来，给您写过一封信，那时她虽然已经结婚，可是结婚的事她在信里一个字也没有提。她把信念给我听过。我问她：为什么不写你结了婚，离开了村子？她说，用不着让他知道我结了婚。她一面说一面还笑哩。她的丈夫萨沙·康德拉季耶夫是个教师。他是到辽阔村来度暑假的，这里有他的一个亲姑姑。他就那样把菲玛带走了。没有举行婚礼。临走那一天，我特意问她：到哪里去？去哪个村，哪个镇？她很不开心，眼里还流着泪呢。她说：我们到哪里去，干你什么事？反正是不在这里了。去哪里我自己还不知道呢，因为萨沙要调到别处去，到一个草原区里去。这么着，这会儿就只剩了我一个人。万一奶奶有个三长两短，我就不能再住在这里了，我要另找地方住。不过，这封信不是谈这个的，主要是遵照奶奶的意思给您讲一些有关的情况。还有，我们的国营畜牧场以及辽阔村都有不少的变化，我也不讲了，恐怕这些事您不会感兴趣的。要是感兴趣的话，您就自己来吧，不用我讲，您就会了解到的。

此致

敬礼

拉丽萨·鲍伊钦科

我明天早晨动身。飞机票是昨天买好的。我站在桌前，拿过那只从大学时代起就陪我出过不少次门的又大又旧的棕黄色皮包，收拾出门用的东西。“畜牧场有不少的变化，”我想道，这时我的心已经回到了家乡。“就是说，有很多变化哩。什么变化呢？这段时间能有什么变化呢？是不是就是指菲玛结了婚并且离开了辽阔村？她结了婚，在给我的信里却一字不提。她结了婚，走了，还不是一个人走的,跟丈夫一起走的,这样倒也好。可是我为什么要去想这些事? 为什么总是忘不了她?”这时,玛尔塔走了过来。

“米沙,是不是真的应该给爸爸发一个电报?”她说。“让他回来最好。要懂得当妈妈的苦。”

“瞧你想的! 想要他从刚果回辽阔村?”我吃惊地抬起头来说。“爸爸事情够多的了,用不着我再给他打电报找麻烦。”

“老人家生病嘛。”

“没什么,奶奶会好的。”

“要是咱们的伊凡在这种情况下不回来看你,或者不归来看我,那你怎么想?”

“咱们根本不会有这种情况。”

“你说的不对,米沙。当妈妈的想儿子,挂心儿子,因为想儿子得了病,就该让儿子回来,同妈妈见见面;见到儿子,老人家肯定会好起来的。”

“用不着去惊动爸爸。他离得太远了。”

“你回去呆多久?”

“总共只有三天的假。”我问答说。接着又说:“我请十天假,没有批准。他们告诉我,到夏天可以回去呆一个月,替换驻斯塔夫罗波尔州的一位特派记者,让他去休假。这一次给的时间很短,只能打个来回。我看过奶奶就回来。”

“是的,这话倒是不假:光是看看奶奶,三天时间也就够了。”玛尔塔带着冷笑说。“况且,辽阔村如今已经没有人拖住你不放了:菲玛跟丈夫走了。”

“玛尔塔,你怎么又提这件事?”我沉下脸问,“你又想揭揭疮疤?是不是你还在犯疑心?”

“这有什么?我不过说,菲玛不会拖住你不放了。这完全是事实嘛。我并没有犯疑心。”

“就算这是事实。干什么非要提一提?”

“没有人拖住你,这是好事。干什么要发急?这有什么可气的?”

“比如说,要是拉丽萨拖住我呢?”我也带着冷笑说。“那你又怎么讲?”

“那我就什么也不讲,”玛尔塔强笑着回答说。“从她的信看得出来:拉丽萨决不像菲玛,她不会拖你的……干什么气呼呼的?脸都要胀破了!我是说着玩儿的。米沙,我可以告诉你,我一点都不怕,多疑、吃醋我根本就不会,我还没有学会。我相信:三天之后,我和伊凡就又同你见面了,不过这一次不去机场接你了,我们在家里等……飞机几点钟从莫斯科起飞?”

“你是知道的,还是那一班飞机。上午八时起飞。”

“是的,我过去送过你,我还记得。”

我将手巾、肥皂、牙刷、刮胡刀装进皮包,玛尔塔又将我的绿笔记本放了进去。

“笔记本要带上,”她亲热地说。“会有用的。”

我没有说话。我的心已经飞到家乡草原上去了。我高兴的是,不是我自己,而是玛尔塔亲自将我的笔记本放进了皮包。这一次我不带笔记本反正是不会走的。

六

我坐在一辆空卡车上，卡车颠簸着，轰隆轰隆地钻进了辽阔如海洋的草原，这时候，我又体验到那种既熟悉又奇异的喜悦和振奋的感情。同我一起坐在卡车上的还有两个妇女、一个上了年纪的男子和一个半大孩子，他们都不是在飞机场上车，而是在半路上上的车。他们都坐在厚厚的帆布卷上，自己的手提箱和包袱就靠在自己身边；他们一声不响，既不望大路，又不去望田野，看样子，他们早就了如指掌了。那个戴咖啡色女帽的妇人比较年轻些，另一个穿棉衣、系着毛头巾的妇人年纪大些。我发现：那个戴咖啡色女帽的妇人十分开心，她那一双有神的眼睛一直是光闪闪、笑盈盈的；她常常笑，依我看，似乎没有什么明显的缘由，——这就是说，她心里自有非同寻常的开心事。那个穿棉衣系头巾的妇人恰恰相反，愁眉不展，那一双哭红的、忧伤的眼睛动都不动，嘴边印着很深的纹丝，很明显，她有重大的伤心事，自己明白，别人都不知道。那个长着毛扎扎的胡子的老头儿常常从外套口袋里掏出香烟，每次抽烟，划火柴的时候，都要弯下身子，将两只宽大的手掌捂在一起挡风。抽烟时将身子扭向一边，免得烟气扑到同他坐在一起的半大孩子的脸上。

我将皮包放在脚下，我站着，将身子微微俯在驾驶室顶上，两手紧紧抓住因为雨淋日晒变得又脆又硬的帆布，凝望着蜿蜒于片片田亩之间的不宽的公路。那望不到边的茫茫原野，像是很熟悉，见过无数次，又好像不熟悉，第一次见到。不论朝何处望，田野上已是春意盎然，到处呈现出万紫千红的景象：仿佛有那么一位艺术家既不吝惜功夫，又不吝惜颜色，用画笔尽情地渲染了一番，对人们说：随你们怎样去看！随你们怎样去欣赏！

我们的空卡车飞奔着，车身和叠板弹簧轰隆轰隆响着，车子一会儿下坡，一会儿上坡，被太阳晒热了的带有野蒿气味的暖烘烘的气流，从柏油路面上冲了过来，一阵阵地扑在我的脸上。风的吹打，内心的喜悦，使我眼里流出了泪水。我心情十分愉快、十分激动，好像我刚刚遇上了一桩不寻常的喜事、一桩从来没遇到过的大事。我无限痛惜地想：怎么能这么长时间不到这里来呢？这真是不可理解的、不能原谅的。这东西南北全都开垦起来、全都种上庄稼的绚丽多彩的草原，这蜿蜒伸展到天边的公路和公路两旁的一座座草原村镇，我应该天天看到才是。“我的笔记本，我要写，”——我脑子里闪过这样的念头。于是我忽然懂了，正是此时此刻，我的思想感情不由自主地发生了重大的、意义深远的变化，由于这种变化，我的一生今后将同这茫茫原野永远联结在一起，永远分不开。现在我已十分清楚，我必须写一部小说，写一写我所敬所爱的那些人，写一写这些看来似乎平平常常的草原村落的生活，除了写我已经在这里看到的、已经十分熟悉的东西之外，如果有必要，也可以自己加进一些、补充和添写一些与虚构不同的东西。

发生在我身上的这种奇怪的变化，使我又高兴又害怕。使我高兴的是，我不论看什么东西，用的眼光完全不同了，看法也和过去不一样了。从刚才那一刻起，——刚才在这车上对自己说必须写一部小说，一定要写一部小说，觉得我那长期被搁置的绿色笔记本如今确实有了用处，而且今后用处将更大，——从那一刻起，周围的一切在我眼里全都涂上了一层新的、很不习惯的色彩，向我展示了全然不同的、我没有见过的一面，显得与过去大不相同了。就拿路边那座很大的古墓来说吧。这样的庞然大物，路过的人谁都不会视而不见，大家都能看到，我也是从童年就看惯了的。如今在我眼里为什么显得更高大、更雄伟了，好像离公路更近了，而且满头白发，像个百岁老翁了呢？再看那只海鹰。海鹰是我童年时常看到的。此刻好像更黑了、更大了，而且不知为什么，在撕食猎物的时候，不像过去那样用翅膀扑打野蒿了。这只大鸟飞了起来，在古墓顶上盘旋着；我觉得，它那翅膀展了开来，显得分外地宽，翅膀在阳光下面呈现出金碧辉煌的色彩。再看那一幅很熟悉的场面:一台普通的履带拖拉机在犁地，后面挂着带有三架播种机和红色种子箱的普通拖车。种子箱后面踏板上站着三个扎着白头巾的管播种的妇女。这种场面算不算新鲜？不算。有没有什么好奇怪的？没有。这样的联合操作过去我见过多次，从来就没有觉得稀奇过。为什么如今我觉得这拖拉机、这播种机和在一片黑土衬托下的红色种子箱、这扎着白头巾的管播种的妇女如此雄伟庄严，就像画在黑色画布上的一幅油画？这位草原上的长工干它天天干的活儿，为什么却使我惊奇起来？它跑得那样轻捷，使我感到惊奇；它那履带扬起灰色的烟尘，使我感到惊奇；我还觉得惊奇的是，履带转弯下落的时候不像平时那样在阳光下微微地闪烁，而是像镜子那样明晃晃地闪着火光。再看这迎面开来的许多辆卡车。这些卡车的车厢都用木板加高了，里面一头挨一头地、规规矩矩地站着许许多多三岁的公牛，全都养得肥肥的，毛色一律是棕黄的。过去我经常在草原公路上遇到这样的车队，也是这样从旁边驰过，从来就没有惊奇过。这会儿，我明知这些好汉是被送去干什么的，我望着车队还是觉得又惊又奇，而且我看到司机们那庄重而得意的脸，看到他们因为执行任务顺利眼里流露出自豪的神色，我也高兴起来。这队汽车不快也不慢地行进着，车子与车子之间保持着一定的距离；领头的车上还飘扬着一幅红布。我数了数：有二十五辆哩！这也使我惊奇起来了，似乎这没有什么缘由。这时候，我想起了著名作家尼基福尔·佩特罗维奇的话："一个作家不激动、不吃惊，是不能过日子的！年轻的朋友，你今后反正还是要写下去，这种不平静的生活你不过是不行的……"他这番话的含意就在于此了。

在阳光中闪闪发光的棕黄色牛背不住地从旁边驰过，那牛背宽得简直可以当床睡。我不再去望迎面开来的卡车，抬起头来，让和煦的春风吹在脸上，我凝望着面前连成片的绿油油的越冬小麦田。小麦已经发棵，将地面盖得严严的。这绿色的麦田伸得很远很远，伸到远处好像与天连到了一起。单是这一片翠绿的颜色就使我欢喜若狂，使我眼里涌出了泪水，——这不是风吹了的，完全是由于激动。不论我看到什么，不论想到什么，一切都给我以力量，使我的精神受到鼓舞，而且好像都在对我说：米哈伊尔·恰佐夫，你要知道，你要记住，此刻你所以感到如此温暖，心中所以感到如此舒畅，是因为你面前的一切，你所欣赏、你因之而高兴和你所想到的一切都是你的，是同你息息相关、血肉相连，是同你永远不能分割的。有些年轻人是很可怜的，他们一点没有这样的感情，他们不能像你这样到这里来，看不到红色标语开路的满载黄牛的汽车队，看不到这座儿时便已熟悉的古墓和伫立在野蒿丛生的白色墓顶上的海鹰。有些年轻人精神生活是很贫乏的，他们不知道拖拉机的履带不是闪烁微光，而是明晃晃地闪着火光，他们没见过带有红色种子箱的播种机和扎着白头巾的管播种的妇女，没有见过到处开垦起来、已经种上庄稼并已覆盖着嫩绿麦苗的土地。我从来没有像现在这样清楚地领悟到：这就是我的祖国之情，祖国的一切不仅要好好地观察，记在心上，而且要记到本子上，——大概，这样去记，就有意义了。

有一种感觉使我害怕，那就是，就在这里，在这卡车上，我好像产生了第二种视觉，也就是说，产生了我过去还不曾有过的那种东西，尼基福尔·佩特罗维奇说："……你今后反正还是要写下去"，也许就是说我当时还没有这种东西。我所以觉得这第二视觉有些可怕，是因为，如今我不仅能看到我一向看到和大家都能看到的东西，而且能在我看到的东西中发现我先前没有发现的许多细节。比如说，闪着火光的履带，在翻过的黑色土地上行进的带有红色种子箱的播种机，海鹰那金碧辉煌的翅膀，都是现在发现的。再比如说，我忽然发现那位戴咖啡色女帽的年轻些的妇人有一枚铜质胸针，我觉得那胸针极像一只毛茸茸的、背上带黄颜色的五月金龟子，像得使我吃惊，我简直目瞪口呆，觉得这只金龟子是刚刚从正在开花的山楂丛里飞来的。又比如，我还发现：那位伤心的老奶奶擦眼泪不是用手帕，也不是用手掌，而是将手攥得紧紧的，拿这又小又黑的拳头拼命去揉泪汪汪的眼睛。我注意到：那个老头子的胡子长成了一个圈儿，像马掌一样，已经完全被香烟熏黄了，有的地方都烧焦了。老头子每次点香烟，都要斜着眼睛朝那个半大小伙子狠狠瞅一下，那目光好像是在说：好吧，现在在别人面前，我不讲你，我忍着，等咱们回到家里，我好好地来教训你……不但如此，我还想打听打听他们是什么人。要弄清楚他们姓什么，叫什么名字。他们到哪里去？为什么要去？他们为什么会来到这颠簸的空卡车上同我萍水相逢？我心想：最好在他们下车的村或镇同他们一块儿下车，到他们家里坐一坐，同他们谈谈，问清楚：年轻些的妇人因何事如此高兴，老妇人因何事这般伤心，那个戴小帽的半大小伙子又是那个黄胡子老头儿的什么人，儿子还是孙子，那个老头儿拿眼狠瞅半大小伙子，是要回到家里对他讲什么？

我因为浮想联翩，没有觉察，汽车已经放慢了速度，进入了阿列克谢耶夫镇。这座镇平平常常，略可引人注意的只有那条唯一的大街，这条街全部铺上了柏油，长长的，叫人看不到头。进了镇，年轻些的妇人更快活了，她满脸带笑，眼睛放射着喜悦的光芒。她扶了扶女帽，那毛茸茸的黄铜颜色的五月金龟子晃动起来，差点儿就要飞跑，她并不理会金龟子，从口袋里掏出小镜子，照了照，又用手撩了撩垂在额上的棕黄色头发。

我们穿过半条街，右边一户人家门前，出现了一堆穿着各种各色新服装的人，老远就传来手风琴声嘶力竭的响声。戴女帽的妇人站了起来，理了理坐皱了的裙子，将亮闪闪的黄绒布小褂上所有的纽扣全都扣好，敲了敲驾驶室，快活地、带着明显的骄傲意味说：

“停一停！这是接我的！”

站在人群前面的是新郎。这个满头浓发的健壮的小伙子穿着十分贴身的崭新的上装,胸前戴着大红花。新娘子亭亭玉立,穿着白色的连衫裙,连衫裙是那样地长,裙下只露出两个鞋尖儿。一直拖到背后的花格头纱往头上一蒙,颇有点儿皇后气派。卡车来到门前一停,手风琴奏起了一支像进行曲一样的曲子,姑娘们和小伙子们跳起舞来,有一个已有醉意的婆娘,头上还插着红花,看样子是媒婆,放声唱了起来。新郎抖动着一头好看的头发,跑到卡车跟前,将喜气洋洋的戴女帽的妇女抱下车去,抱到新娘跟前,将她放了下来,又拥抱,又亲脸。新娘也来亲她,一面说:

"您来了,那就太好了!我们从早晨就站在门口,没有上酒席,一直在等着您。常常有汽车开过来,可是一辆辆都过去了。阿廖沙都急了,他说,您不会来了。可是我偏要说:一定会来的!再等等吧。您果然来了!"

新郎从车上拿下提箱和一只蒙着印花布的篮子,递给站在驾驶室旁边的司机一张十卢布的钞票。

"似乎多了一点儿,"司机不好意思地说。"我没有零钱找。"

"哎哟,老哥!找什么钱!"新郎高声说。"喜事嘛!收下吧,收下吧!我们一直在等着她来。多亏你了!能不能来喝一杯?我和新娘子柳霞敬你一杯。好不好?"

"那可不行……我在开车嘛。"

"算了吧,开车有什么了不起的?遇到喜事,司机喝几杯也是可以允许的。为新郎新娘贺贺喜吧,好不好?我和你是同行,也是抓方向盘的,这些事我都清楚。怎么,不行吗?你要严格遵守行车制度?那好,听便吧。"

司机没有再说什么,坐进驾驶室,车子又开动了。我看到,参加婚礼的人们,在声嘶力竭得无以复加的手风琴伴奏下,载歌载舞地满院子闹腾起来,在五颜六色的人群中,那咖啡色的女帽又最后闪了一下。

"妈妈来看自己儿子的,"老头子一面沉思,一面自言自语地说。"恰好又是结婚。瞧他抱着她那股亲热劲儿!怪不得那个妇女一路上那么开心。"

汽车在镇上行驶了很久。像机场跑道一样又平又直的大街伸得很远很远。街两边是一座座低矮的房屋,一面面挂了窗帘的窗子好像在朝我们微笑,一处处的台阶也和辽阔村一样,不是伸到院子里,而是直接面对大街。

车子终于出了阿列克谢耶夫镇。面前又是辽阔的原野。我们不久就来到一个不大的村落,村边木桩上钉了一块小小的木牌,上面写着:"沃隆佐夫村"。我们在这个村里同忧伤的老妇人分了手。她忽然清醒过来,好像想起一桩主要事似的,对司机讲了一声,要司机在一座土墙、泥顶、顶上已经长满嫩草的房子前面将车停住。这座房子孤零零的,既无院墙,又无篱笆,一条窄窄的小道,穿过干枯的去年生长的荒草,直通到房门口。车子停了下来。房里跑出一个穿短裙、披散着头发的五六岁的小姑娘,后面紧跟着走出一个男子,手上抱着一个裹在小被子里的孩子。我和司机扶着老妇人下了车,又把她的东西递了下去。她看到跑到跟前的小姑娘,叫了起来:

"哎呀,玛尼娅!我的好宝贝!"

她颤巍巍地走到那个男子眼前,接过孩子,将孩子贴到胸前,忽然想起还没有付钱给司机，又抱着孩子回来，掏出钱递过来。

“孩子，给你钱。”

“老人家，我不要，”司机回答说。“还要给什么钱？”他又很难过地说了一句。“好啦，总算到啦！老人家，您留步吧，再见了。”

出了沃隆佐夫村，又是穿了春日盛装的茫茫原野，我靠在驾驶室上，一直还在对先前在阿列克谢耶夫镇看到的结婚场面、对刚才在孤零零的房子前面愁眉苦脸地迎接悲伤的老妇人的场面感到吃惊。我仿佛还听到手风琴在声嘶力竭地演奏，仿佛还看到，穿了崭新的贴身上装的新郎手里正抱着妈妈，抱小孩子的男子正站在门口，光脚的小姑娘正跑着来迎接自己的奶奶。真该到婚筵上、到这孤零零的小房子里去坐一会儿，同喜悦的妇人、同悲伤的妇人谈一谈，了解一下她们各人家中的事情。

“人生在世，各种事情都能碰到，”我听到老头子老谋深算地说。“来了喜事，祸事就来做邻居，谁也拿它没办法。不过，祸事一来，喜事也要来凑热闹。这两个妇女就是这么一回事儿。”

我紧挨着老头子，在硬邦邦的帆布卷上坐了下来。

“我在世上活了不少年头，留心过多次了，”老头子发现我对他的话很感兴趣，便继续说下去。“人生就像天气，那是谁也猜不透的。有时候晴天，出太阳；有时黑云滚滚，下起雨来；有时天热，有时天冷。你怎么想的，小伙子？”他拿手捋着胡子，问我。“你看这个老奶奶有什么揪心的事？”

“不知道，”我照实说。“我正在想呢。”

“你想出什么眉目没有？”

“我想：也许，家里死了人，老奶奶去送葬，现在才回家？不知是不是这样?”

“你说说,为什么那个男人从房里出来,手上抱着小孩子?从各方面来看,那个跑来接奶奶的小女孩和那个男人抱在手上的小孩没有了妈妈,老奶奶伤心的就是这件事。奶奶是到没有老婆的儿子这里来,帮他照料孩子的。”

“两个孩子的妈妈哪里去了?”

“我想:她是死了,”老头子回答说。“年轻人往往也会死的,她一死,就把两个孩子丢给了丈夫和婆婆……”他又转身问我,“小伙子,你还要走很远吗?”

“我回辽阔村。看我奶奶。”

“你奶奶是不是普拉斯科维娅·阿尼西莫芙娜?”

“是的。难道您认识她?”

“你这话真怪!我们这里谁不认识牧羊人的妈妈?我过去在区里和在斯塔夫罗波尔的各种会议上常常同她见面。这么说,你是她的孙子了。真不错,你还想着奶奶。”

“您是到哪里去?”轮到我问了。

“比你多少远一点。回扎库特镇。你知道这个镇吗?”

“在别洛夫镇那边,是不是?”

“就是的。是‘列宁路线’农庄第六生产队。”

“你们的主席原来是季莫菲·西雷奇·奥夫恰尔尼科夫,是不是?”

“原来是他,可是季莫菲·西雷奇如今不在了。你怎么知道他的?”

“我到别洛夫镇去过几趟,这会儿是谁接替季莫菲·西雷奇当主席?”

“是他的儿子接替他。像大家所说的:穿代!”

“爷爷,不是穿代,是传代,”半大孩子给爷爷纠正说。“我给你讲过好多次了……”

“多么古怪的字眼儿,叫人怎么都说不准,”老头子生气地瞅了一下孙子,说。“没过多久,季莫菲·西雷奇的老婆也死了,老婆的老姐姐也死了。家里一座房子全空了。这时,他的小儿子就来了,不过,他不是来继承遗产。他在斯塔夫罗波尔是个大头头儿,派他到我们这里来,让他接父亲的工作。我们大家自然是很乐意这么办的,大家都赞成,这么着,小奥夫恰尔尼科夫,也就是安东·季莫菲耶维奇,就在别洛夫镇干起来了。他和他老子年轻时一样,精明,能干,办起事来十分泼辣,不过,论学问,比他老子深多了。老子的房子他不要,交出来办幼儿园。”他又亲热地朝孙子望了望,说:“这会儿我也要穿代了。”

“爷爷,为什么老是说错?”孙子说。“你一定是故意说错的。”

“这是我的孙子,叫列奥尼德,”老头子没有搭理孙子,继续往下说。“他也想走爷爷的路。不过,列奥尼德我可是从他爸爸妈妈手里抢来的。”老头子嘿嘿一笑。“把列奥尼德当成美女了。我不是把你抢来的吗? 是抢来的……”

“是我自己愿意,”列奥尼德大胆地说。“我要是不愿意,咱们就走不成。”

“咱们不是像贼一样,偷偷溜掉的吗?”

“为什么还要把孙子偷偷地带走?”我问。

“自己家里的事,很难给别人说清楚。”老头子从口袋里掏出一包揉得不成样子的香烟。“抽烟。你不抽？没有瘾？我这个列奥尼德都抽起来了，不过，在我面前他还不敢。”老头子弯下身子，将厚厚的两个手掌弯得像勺子一样，划着火柴，抽起烟来，我闻到了胡子被烧焦的气味。“主要就是，我想把列奥尼德造就成一个实实在在的人，可是他的爸爸妈妈不愿意。我这是第二次带列奥尼德回扎库特镇。第一次带他回来是去年秋天。他去年秋天没有升上九年级。在我这里没有住多久，他妈妈，也就是我那儿媳妇，气冲冲地跑来，把儿子带走了。一个冬天他闲着没事干，学会了抽烟、哼哼歌子。八年级他本来就是巴巴结结上完的，再念书，就上不去了。可是他妈妈却一心想要列奥尼德上大学。她说：我儿子哪一点比别的孩子差？她太糊涂，没有看到，如今世界上有学问的人已经多得没有地方装了。我想让列奥尼德去养羊，让他到综合养羊场去干干实际事情。你知不知道，综合养羊场是怎么一回事儿？”

“知道一点点儿，”我回答说。“是不是像水牛村那样的？”

“不是！不一样。我们的好多了。我们那可是真正的养羊工厂。虽然我干了一辈子羊倌，知道成天跟在羊群后面跑有多么自在，可是我不想叫列奥尼德当羊倌，想要他当养羊管理员。这还是可以算穿代。”

“爷爷！你怎么又说错了？”列奥尼德正正经经地说。

“管理员——算是个头头儿，”老头子还是没有理睬孙子，接着说下去。“列奥尼德的爸爸，也就是我的儿子，并不反对，可是他老婆才凶哩。好啦，这会儿咱们不会输给她了。列奥尼德，是不是？”

"爷爷,你真喜欢说话,"列奥尼德讥笑爷爷说。"你的话说多了。"

"什么话说多了?"

"你不该把话说到前头。将来的事,咱们还得走着瞧。不过我还是要提醒你:不要说穿代,要说传代。传代就是下一代和上一代干同样的事情。懂吗?"

"我懂,可是问题不在这里,"老头子说。"你妈妈也是农村普通老百姓出身,是库古利特镇一个羊倌的女儿。可是,她是怎样看的?她说,咱们祖祖辈辈拖在老牛尾巴上,跟着羊群到处跑,那不是过日子,是活受罪。她说,就让孩子们成为有学问的人,成为城里人吧。可是,她不去想想:谁又来养活城里人呢?城里人要吃粮食,要吃肉,要喝牛奶。妇人家一点不懂,不是地位使人增光;她还不懂,在哪里过日子并不要紧,要紧的是日子怎样过法。如今农村里有多少出了名的人?数都数不清了!就拿普拉斯科维娅·阿尼西莫芙娜来说,她靠什么出名的?靠放羊。她的日子谁都要看着眼馋。还有一个很明显的例子就是水牛村的戈罗别茨老爹。"老头子转身问我:"西兰季·叶戈罗维奇·戈罗别茨你也许认识吧?这位老人家全国都闻名,他还在世,就给他在村里竖起了铜像。这个人因为什么得到这样大的荣誉?就因为他活儿干得好,因为他出了力。所以我把这些事常常对我孙子列奥尼德讲一讲,让他明白些道理,因为他妈妈对现在的事儿一点也不懂。"老头子朝前面望了望,说:"辽阔村到了。小伙子,你准备一下,要下车了,我们到扎库特镇,还要再往前走。"

第五部

一

我又看到了辽阔村。辽阔村依然伸开身子躺在美丽如画的辽阔大地上。那带有台阶的一座座低矮的农舍依然分列两边,那高高的白杨依然像卫士一样站在各家门前,被车轮碾得光滑滑的柏油路依然闪着黑色的油光从村中穿过。我老远就看到了绿杨掩映下的供水龙头和有着彩色台阶、缓缓倾斜的淡绿色房顶的那座熟悉的房子。水龙头附近停着大大小小的汽车和摩托车,我一点也没有感到吃惊,因为常常有各种车辆在这里停歇。使我感到不解和吃惊的是,院子里、台阶上和台阶旁有那么多人,而且旁边还有一些吹喇叭的。“怎么回事儿?”我一面准备下车,一面惊慌地想。“难道我奶奶死了?”

车子来到跟前,只见房檐上挑着一面红旗,旗的上端系着一个黑色花结，我看到进进出出的人们全都默默无言，面色悲戚。喇叭手们似乎因为看到了我的到来，一齐将喇叭放到嘴上，吹奏起“您牺牲在不幸的斗争中……”，吹得不怎么和谐，既走调，又不整齐。我的心不禁一震，觉得毫无疑问：我恰好赶上奶奶出殡。

司机将车子向水龙头旁边一弯，停了下来，他在这里停车已不是第一次了。黄胡子老头儿对我和他的孙子列奥尼德说：

“这么说，我们也不走了。看这样子，是牧羊人的妈妈去世了。”

我不想露出内心的慌乱，不慌不忙地掏出钱付给了司机，拿起皮包，朝台阶走去。迎接我的是蔬菜队队长、一向行动麻利的、瘦瘦的、臂上缠着黑纱的玛尔法大娘。从她臂上的黑纱，从她那镇定而沉痛的目光，从她同人们谈话的神态，我看出，她是丧事的主持人。她搂住我，干哭起来，有些不太自然地大声说：

“唉，米沙呀！好孩子呀，奶奶看不到你啦！你奶奶多么心疼你啊！唉，她这会儿什么都看不到了！”

她随即放开我，也马上止住哭，用十分干练的语调对两个年轻妇人说：

“我对你们说过，一定要用两口大锅。你们瞧，人有多少！把火生着，快一点。羊肉马上就要到了。我派米加骑摩托车去催的，叫他们快一点，不要误事。”她又搂住我，哭了起来：“米沙呀！伤心啊！你奶奶起不来啦，看不到你啦……”

两个年轻妇人听了她的吩咐，便到菜园里去了，菜园里已经冒起了黑烟，支起了两口铁锅。站在台阶上的满脸泪痕的妇女、不吵不嚷的儿童、闷声不响地在抽烟的男子，看到我和玛尔法，一齐闪开，给我们让路。我看到，棺材放在屋子中央，停在灵床上，周围蒙了红布，中间箍了一道宽宽的黑布带。奶奶脸色没有变，依然同生前一样。

房前不成腔调的喇叭声一直还在咿咿呀呀地大声响着。等喇叭声骤然一停，房子里显得出奇地静，静得使人受不了，这样的静应只有出丧时才有；于是我听到窗帘内响起了我十分熟悉的苍蝇的嗡嗡声。我想起了奶奶的话："这不是苍蝇叫，这是我那伊凡的魂飞回来看我，是他在说话。"

表姐苔西雅走过来抱住我，她一面流泪，一面小声对我说：

"米沙，你赶到了，很好……今天就出殡了。是昨天开始吊唁的。你看，有多少汽车？全区的人都来了，多数是羊倌。"

遗憾的是，六个孩子没有全来给妈妈守灵。我的爸爸没有来。我后悔没有听玛尔塔的话，没有给爸爸发电报。在老人家灵床前，右边坐的是大儿子阿尼西姆，满头白发的头低垂着；二儿子安东坐在左边，一只手握住胡子，眼睛闭着。同他坐在一块儿的是大脑袋的阿列克赛，他的头顶已全秃了，只有脑后还保留着几撮灰白色的、不知为什么有些水漉漉的软毛。阿列克赛旁边是安娜，她不住地拿手帕擦眼睛，而且像小孩子那样大声抽搭着鼻子。娜斯佳坐在安东旁边，她那瘦瘦的脸十分严峻，呆呆的眼睛深深陷了下去；她常常站起来，特意当着大家的面将棺材里的花调理调理，好像这些花放得不对头。灵床边还有一个位子是空着的，我明白，照我们这地方风俗，这个位子应当是另一个儿子，也就是我的父亲托利亚坐的，苔西雅好像懂得我的意思，拿眼睛点了点空着的凳子，动了动带着泪水的嘴唇，还是小声地说：

“米沙，你就坐到那个位子上吧。代替你爸爸。”

我感到浑身无力，两条腿出奇地重，一坐到凳子上，泪水就一阵阵往喉咙眼里直涌。为了不哭出声来，我开始去听那一直还在嗡嗡叫着的苍蝇，同时望着奶奶左眼留着的一条小小的缝。我觉得，仿佛奶奶看到了我，单单朝我一个人眨眼睛，就像过去那样，有时想对我说几句特别体己的话，就朝我递个眼色。后来我又望着那些花。望着编成花圈的花，望着奶奶的头周围放的花：恰好娜斯佳姑姑这时正在用心调理。我突然看到了一些嫩蒿，叶子细细的，还是灰白色的。这一枝一枝的嫩蒿放在死者的头两边，紧挨着两腮，嫩蒿枝儿散发出来的气味虽然非常细微，但总是我闻惯了的。据我记忆，这种气味在这座房子里还没有断过。蒿枝儿随随便便地放着，又白又干净，像白色的雪花菜。娜斯佳姑姑也时常调理蒿枝儿。

有两个很大的花圈，带有很宽的红色绦带，红带上写着一些很大的字，这两个花圈是用嫩杨树枝儿和柔软的细柳树枝儿编成的。我还看到一些蒲公英，那黄澄澄的花头大大的，有的秆儿上渗出的白汁已经干了，像干牛奶一样。花圈里扎着蒿枝儿，棺材里撒着蒿枝儿，一枝枝灰白色的野蒿像在草原上那样向上竖着，好像这里不是棺材，是草原上一个小土包，还有许多野花野草，有不怎样鲜艳的山芥菜花，有宽叶的加尔梅克乳香，有一束一束的白色野铃兰。我不由得心中想道：这些为牧羊人的妈妈装点棺材的花草都是草原上的花草，正是我奶奶所喜欢的，是她心爱的，是伴随她生活了一辈子的，我觉得，仿佛这些花草得知了这位深谙野花野草习性的人的死，便自己跑来，同她告别，亲自为她装点灵堂。

窗外的喇叭又不成腔调地吹了起来。稀稀拉拉地响着咚咚的鼓声。不知为什么只是这会儿我的眼睛才离开花草,看到奶奶那件挂满勋章和奖章的不同寻常的女褂挂在灵床上方。这件女褂挂在用木条钉成的十字架上,就像耶稣被钉在十字架上似的;这样,这些勋章和奖章便好像居高临下地望着它们的主人,好像在对她说:普拉斯科维娅·阿尼西莫芙娜,咱们要分别了,谁又知道,我们该到什么时候,又该向何人介绍你的一生呢?看样子,挂勋章和奖章的衬垫没有来得及缝。于是这勋章、奖章就连同女褂高高地挂在十字架上,这样,不仅使大家都能看得到,而且为葬礼增添了特别悲哀肃穆的气氛。

片刻不闲的玛尔法大娘戴着黑纱一会儿在这里出现,一会儿在那里出现;她郑重其事地快步走到大伯跟前,对着他的耳朵小声讲了两句什么话,大伯好像猛醒过来,好像受了惊,急忙站了起来,理了理衣襟。我们也都站了起来。行动敏捷的玛尔法大娘命令把我们坐的凳子撤掉,让孙子辈和曾孙辈到灵前同老人家告别。孙子辈和曾孙辈的人太多,挤了满满一屋子,不能一下子全到灵床跟前来。玛尔法大娘便来指挥,安排好次序。最小的几个曾孙辈的孩子由大人抱在手上,让他们能够好好地最后看一眼他们的曾祖母。孩子仰望着一动不动的曾祖母,脸上既没有表现出悲伤,也没有表现出恐惧或吃惊,显然他们还弄不清这里发生了什么事情。苔西雅也抱着自己的尤拉在灵床前站了一会儿,然后走到我跟前,依然小声对我说:

“瞧,米沙,我的宇航员都流泪了。这孩子懂得心疼人,天生一副好心肠，而且什么事都懂。”

孙子和曾孙辈之后，根据不停地在发号施令的主持人的安排，一群戴红领巾的少先队员列成队形站到灵床前。孩子们齐齐整整地站着，脸色十分严肃，眼睛里流露出悲伤的神情，他们都已经懂事了。少先队员之后，是附近各村镇来的羊倌。同羊倌一起来到灵床前的是几个抱孩子的和没有抱孩子的妇人。这时我忽然看到，菲玛带着一个穿薄大衣、手里拿着呢帽的高高的男子来到灵床前。我心中一阵刺痛。为什么心痛？我起先没有认出菲玛，是因为我无论如何都没有想到会在出殡时碰上她。菲玛系着头巾，穿着天蓝色的薄薄的斗篷。她朝我这边一望，我们的目光片刻间碰到了一起，她这短暂的目光好像在说：“米沙，我看到你，有多么高兴啊！”过了一会儿，她走到我跟前，不是她一个人，是和那个穿薄大衣的高个儿男子一块儿走过来的。我从她的脸上看得出来，她很想对我尽情地笑一笑，但是忍住了。她把手伸给我，用低得旁人听不见的声音说：

“你回来得巧……”

“是的，正赶上给奶奶送殡。”

“米沙，来认识一下，这是我丈夫。”

“我叫萨沙，”穿薄大衣的男子说。

我也自报了姓名。

“你们住在哪里？”我搭讪地问。

“在肯克斯村，”菲玛回答说。“有这样一个村子。肯克斯。这个村名你喜欢吗？”

“这个村子在什么地方？属哪一个区？”

“在草原上，”菲玛回答说。她那眼睛还是对我笑了起来。“离这里远着哩。”

这时候，突然出现了西兰季·叶戈罗维奇·戈罗别茨。他手执羊鞭，头戴高高的毛皮帽，身披宽大的斗篷，在门口一出现，就将门洞遮得严严的。他的出现，不仅使眼观六路、耳听八方的玛尔法大娘感到意外，我们大家也都感到意外。他那三条猎狗——半人马、莫罗勘和“教士”——一点也不理会在场的人们，只寸步不离地跟在主人身后。等西兰季老爹脱掉斗篷，从他那剪得短短的白头上摘下皮帽，跪到灵床前，三条猎狗也马上盘起半截尾巴坐到主人身后，等候主人命令。

我望着我很熟悉的这几条狗的脸，望着它们那善良的黄眼睛，不知为什么我想起了我上九年级的时候，有一天到牧场上去找奶奶的情景。我已经快要走到在坡地上吃草的羊群跟前，草地上迎面窜来几条这样的狗，不像是在跑，像是在飞，看那架势是要把我这个不速之客撕掉。我吓得要死，便趴到草地上，将脸贴在地面上，一动也不动，连气都不敢喘。几条猎狗像旋风一样扑到我眼前，拿热乎乎、湿漉漉的鼻子直拱我的脊背和脖子，在我身上到处闻，拼命地闻，一面呼哧呼哧地哼着鼻子。幸亏这时候吓得不得了的奶奶带着一个副手跑了过来。副手将猎狗弄走，奶奶流着眼泪俯下身来看我。

“米沙，活着哩！”奶奶坐到我跟前，说。“你还想到趴在地上，真聪明！”

“您过去教过我的嘛。”

“你还能想起我教你的话，没有发慌，没有跑，这还是不错的。你要知道，狗是很聪明的东西，谁要跑，就非撵上不可，要是躺在地上，狗动都不动。”

我一面还在想着同猎狗遭遇的不愉快场面，一面朝一如往常居中而坐的莫罗勘望了望。它那黄眼睛流着泪水，眼皮肿胀着。我觉得，莫罗勘好像是在哭。

三条猎狗一齐垂下它们那大大的头，向奶奶表示敬意，西兰季老爹晃动着胸前两颗金星勋章和别的一些勋章、奖章，叩了三个头，直起身来，用手捋着大胡子说：

“永别了，巴莎！永别了，普拉斯科维娅·阿尼西莫芙娜，牧羊人的妈妈！我心里很难受，很悲伤，可是，有什么法子……土地生出我们，土地还要把我们收回去。我们一个一个地、或早或晚都要到土里去。现在，巴莎你离开了我们。不要等多久，我西兰季·戈罗别茨也要去的。死我并不害怕。我不放心的倒是这人世上的事：咱们死了，那些羊怎么办呢？接替咱们的人会把事情搞成什么样子呢？”

西兰季老爹没有回答自己提出的问题。他扶着羊鞭站了起来，然后十分郑重地将羊鞭放进棺材，放到奶奶身边，上面又盖上花草。

“收下吧，巴莎，”他眼里含着泪，小声说。“你到了阴间，让大家看到咱们这牧羊的家什，就知道你是什么人，知道你的身世。”

老大的泪珠儿顺着他那毛扎扎的、皱纹很深的两腮直往下滚，落到胡子上，扩散开来。他没有去擦眼泪，拿起斗篷，手里握着毛皮帽，走出房去。莫罗勘、半人马和“教士”也跟着走了出去。等三条狗跟着走到门外，喇叭又响了起来，声音那样大，狗吓得浑身一抖，慌忙贴起耳朵，窗上的玻璃都震得响了起来。这时菲玛朝我转过身来，她可能是怕我在喇叭轰鸣声中听不清她的话，大声地说：

“米沙！我忘记告诉你：你要给我和萨沙贺喜，祝贺我们的女儿降生。我们给女儿取名叫巴莎。纪念你的奶奶的。”

“恭喜恭喜，”我一面回答，一面不由得在想，菲玛告诉我说生了个女儿，看样子不是没有用意的，她好像故意把我们的女儿几个字说得特别重，就是向我示意的。“名字取得好极了。时间过得好快呀！”底下我就不知道说什么了，随后又想出一句：“你们将她放在家里，有人照应吗？”

“巴莎有奶奶，”萨沙得意地说。

“你那伊凡怎样啦？”菲玛问。从她那笑眯眯的眼睛，我又看出，她心中此刻想的并不是我的伊凡。“已经长得不小了吧？”

“会跑路了。这孩子才机灵哩，”我回答说。“你们是专门从肯克斯村到这里来参加葬礼的？”

“不是的，我们是从斯塔夫罗波尔回来，碰巧看到出殡，”菲玛回答说。可是她那笑眯眯的眼睛却在说另外一番话：米沙，你要知道，我看到你在这里，还能够像那时候一样，这样看你几眼，我有多么高兴啊。“所以我们就来向老人家告告别。我们不到墓地去了。我们该回家了，马上就回肯克斯。”

“参加过丧宴再走吧，”我说。心中却不知为什么又想起了菲玛的女儿巴莎，想起了“我们的女儿”这几个字。“炖羊肉准备了那么多，烤羊肉也够大家吃的。吃过再走吧。”

“那可不行，我们的巴莎等着我们呢，”菲玛回答说；她又把我们的说得很重。“我们早就该回去了,没想到耽搁住了。”

“你们坐什么车子?公共汽车到傍晚才有。”

“我们不需要坐公共汽车,”菲玛回答说。她用手拢了拢我十分熟悉的鬓边小麦色的卷发,她这样做,是要我看看她的卷发。“我们自己有汽车。萨沙自己开的。”

“你们过得挺富裕嘛。”

“不是富裕,是活受罪,”萨沙说。“一辆老掉牙的‘查波罗什’,破烂货,是爸爸给的。”萨沙那漂亮的脸上出现了畏葸的笑容。“不是汽车,是一匹懒马。停的时间比跑的时间还多。”

这时候,人们一批一批地来到灵床前:有风尘仆仆、面色严峻、不戴帽子的男子,看样子,他们是养羊人;有妇女,其中有奶奶的同辈人,也有十分年轻的。来到灵床前的还有区委书记卡拉钦采夫、安得列·谢罗什坦和另外三个男子,看样子这三个男子也是区里的领导人。安得列在奶奶的灵床前站了一会儿,后来看到我,走了过来,默默地握了握我的手,说:

“我们的好奶奶离开我们了。”

“我怎么也没有想到会在灵床上看到她。”

“你回来住很久吗?”

“给奶奶送过殡就得回去。”

“晚上到我那里去住吧,我和卡佳非常欢迎你。她不能来,因为怀着孩子,再加上两个孩子丢不下。”安得列停了一下子,又说:“我想,你也许知道,我现在不住在水牛村了,住在求神镇。我接替了苏霍德寥夫。”

“这对于我来说,还是新闻哩。很久了吗?”

“已经有半年了。”

“苏霍德寥夫干什么去了?”

“担任区党委研究室主任。经常做报告。你也该去看看他。”

“我的时间太紧了。”

“到我那里过夜好不好?”安得列问。“晚上我派车来接你。”

“最好你明天早晨派车来,”我说。“今天我要在奶奶房子里过夜,最后一次,明天早晨我到你那里吃早饭。”

“好吧,”安得列表示同意。“明天早晨开车来接你。来的还是你熟识的奥列格。”

喇叭声突然停了,就像响起来时那样突然。忙得团团转的玛尔法大娘郑重其事地快步走到卡拉钦采夫面前,同他谈一点儿什么事情,不住地点头表示赞成,那细细的黑眉毛一会儿蹙起,一会儿展开。她同卡拉钦采夫谈罢,又快步走到大伯跟前,对他讲了一点儿什么,随后就果断地朝我走来。

“米沙,该出丧了,”她毫不含糊地说。通常人们讲到早已决定的事情,都是用这种语气。“追悼会咱们到墓地上去开。卡拉钦采夫亲自致悼词。代表子女讲话的是你大伯,代表孙子辈的是你。戈罗别茨代表牧羊人讲话。你是第四个讲话。怎么样,好吗?”

她不等我回答,就跑走了,看样子,她认为,让我第四个讲话,我不会不同意的。她又跑去吩咐:谁拿挂勋章、奖章的十字架,谁抬棺材盖,谁抬棺材,怎样抬,用抬杠还是不用抬杠。她随即又安排好出门的次序,凡是派到用场的人,都各就各位。那件挂满勋章、奖章的上衣,像军旗一样,由两个半大小伙子高高地擎在前面,我看到其中的一个就是同车来的列奥尼德。这两个半大小伙子走到门口将挂满勋章、奖章的十字架微微一偏,便率先走出门去。抬棺盖的是四个女的,其中有我的两个姑姑——娜斯佳和安娜。我的三个伯伯和我,像抬一条小小的帆船一样,不用抬杠,轻轻地将棺材抬了起来。我们一来到台阶上,就响起了鼓声,喇叭又不成腔调地吹起了"您牺牲在不幸的斗争中……"

台阶旁边停着一辆卡车,车厢板全放了下来,车身和驾驶室全蒙了红、黑两色的布。我们没有将棺材放到准备运棺材的车上,而是用手抬着走,我们走了不到五十步,就有四个健壮的羊倌上来替换我们,他们用强壮的手臂将棺材抬得更高些。过了一会儿,又是四个男子上去替换他们,其中有和我同车来的那个黄胡子老汉。

从家门到墓地这一路上,男子们互相替换着,恭恭敬敬地抬着这位牧羊人的妈妈,每一班人都好像希望将牧羊人的妈妈抬得更高些,让太阳、让青天看到,让那两排绿杨看到,让村中沿街摆开、送葬队伍从中穿过的一辆辆汽车看到,让那些听到哀怨的喇叭声和稀疏而惊人的鼓声而跑到街上来的人们都能看到。有时棺材被抬得很高,我偶尔能看到奶奶那被中午的阳光照得很亮的脸,奶奶的脸还像生前那样安详。我是了解这位老人家的一生的。在这悲痛的时刻,我看到她被牧羊人强壮的手臂抬得高高的,看着那件挂满勋章和奖章的女褂像旗帜一样在前面飘动,说实话,我觉得我家这位先人有点儿神圣,不同凡响,有点儿像手执长剑站立在斯大林格勒广场上的祖国的母亲,还像那位站在皮斯卡寥夫墓地上、用亲切的手捧着献给英雄儿女的花圈的悲伤的母亲。

二

丧后的追思宴就设在院子里，将许多张条桌摆成三排，谁愿意来就来。来的人非常多，有本村的，有外来的，所以，席位就不够坐了，只能轮流来追思。盘子、汤匙、叉子是从全村各家借来的。面包切成一片一片的，放在箩里，往各桌上送。两个系着围裙的掌厨的年轻妇人，用大勺子将滚烫的、油乎乎的炖羊肉汤从锅里舀出来，倒进很深的盘子里，每个盘子里再放一大块炖得稀烂的羊肉；另外几个年轻女子，其中也有苔西雅，就忙不迭地往各桌上端。男子汉们将酒倒进杯子。伏特加酒是事先准备好的，有五大箱，没有这种东西是绝对不行的！既未祝酒，也没有碰杯，因为追思宴上不兴这一套。宴会上很快就响起了带有酒意的快活的人声。有一个高个子男子站了起来，手里揣着酒杯，喊道：

“敬爱的、令人难忘的普拉斯科维娅·阿尼西莫芙娜！我们牧羊人的妈妈！安息吧！”

炖羊肉之后，又上烤羊肉，一串串烤得红红的羊肉直接从火上送到桌上。全村弥漫着一种特殊的草原气味——烤熟的羊肉气味混合着青草气味和烧牛粪的烟味。每当黄昏时候，牧羊人在羊群旁边架起篝火，烤起羊肉，就会有这种气味。

玛尔法大娘这会儿还是没有闲下来。哪里在干什么，事情进程如何，她那严格的、一丝不苟的目光全能注意得到。按照她的命令，酒足饭饱的人撤离了饭桌，另外一批人毫不怠慢，立即井然有序地坐到他们的位子上，也是不祝酒，不碰杯，默默地喝着酒，斯斯文文地吃炖羊肉，然后又吃烤羊肉。第二批人又让位给第三批，好在炖羊肉和烤羊肉尽够大家吃的，牧羊人妈妈院子里的追思宴一直持续到黄昏时候。最先喝醉的西兰季老爹用拳头支着腮，用粗大的嗓子唱起了一支悲怆得催人泪下的草原牧歌。有几个妇人用她们那清脆、圆润的歌喉跟着他唱了起来。我只能听得清开头是这样的："大地平展展，那是我的脚走遍，踏成了平原……"玛尔法大娘觉得，这会儿即使唱这种伤感的歌子也是不大合适的，便连忙将醉醺醺的领唱的歌手从席上拉了出来。老头子于是歪歪倒倒地岔着弯弯拐拐的两腿，蹒跚地朝自己的三条猎狗走去，三条狗吃足了羊骨头和下水，肚子饱饱的，等候自己的恩主已经很久了。

"怎么样，我的好汉们？"他朝三条狗喊道。"咱们该回家了吧？"

半人马、莫罗勘和"教士"高兴起来，摇起了半截尾巴。

"这会儿咱们走起来就有点儿困难了，路也不算近，"老头子好像听懂了"教士"说的一句什么话，回答说。"我的两条腿有点儿不听使唤了。"

"西兰季·叶戈罗维奇，"安得列一面说，一面用手搀住西兰季老爹。"坐我的汽车走吧。我叫奥列格送您回去。天已经要黑了，到水牛村路不少呢。您就坐车回去吧。"

"安得列，谢谢你！你这个主意倒是不错！"老头子搂住安得列说。"有头脑！怪不得叫你当场长哩！我是可以坐车走，可是，我的狗怎么办？跟在后面跑？"

“您把狗也唤到车上去。”

“好吧，我就把狗弄到车上。只要跟我在一起，水里火里它们都去，它们的胆量还是在羊群里养成的。”老头子忽然哭了起来，含着眼泪说：“巴莎不在了，是不是？她不在人世了，完了。巴莎死了……”

汽车开了过来。奥列格将老头子扶上车，狗自己跳了上去，西兰季老爹坐车走了。

玛尔法大娘让我坐到桌上，我属于亲属中上桌的第一批。我实在饿了，因为我从早晨到现在没吃过一口东西。苔西雅给我端来一盘香喷喷的羊肉汤，里面还有一大块羊肉，递给我两大片面包；还有一个非常漂亮的姑娘将一串烤羊肉放到我的盘子里。

“米沙，来认识一下，”苔西雅说。“这是拉丽萨，住在奶奶这里的。”

“原来就是你啊，拉丽萨！”我说。“是你给我写的信。”

“是的，是我给你写信的，”姑娘说。“奶奶要我写的。”

拉丽萨很和蔼、很善良，格外地腼腆。她在同我讲话的时候，一次也没有抬眼睛看我，我既看不到她的眼睛，又看不到她整个的脸，只能看到她那低垂的头、丰润的红红的脸颊和头巾下露出的殷红的小小耳垂儿。

天已经完全黑下来，院子里的人渐渐走光了。有一个很机灵的司机将车子开了过来，开了车灯，照得院子里如同白昼，女人们于是动手收拾餐具和饭桌。这时大伯走到我跟前，他一脸的不快，满嘴的酒气。他两只脚互相交替着站了一会儿，好像拿不定主意对我讲点什么才好。

“某些人以为，人这种玩意儿是永世长存的，”他像往常那样意味深长地伸出食指，终于开口了。“那可不是这样！我家这位老人家就是个明显的例子。她老人家好像在世上活过的，又好像没有这么一回事儿。”他又沉默了一会儿，原地踏了几步。“米沙，你在哪里睡？”

“什么‘在哪里’？”我问。“我当然在这里，在奶奶的房子里。”

“你一个人在这里，心里不别扭吗？”

“有什么别扭的？我在这里，也算是在自己家里。”

“那当然，在某种程度上，是这样的……你能不能到我那里睡？”

“我干什么要到您那里睡？我就在这里睡。我要在奶奶这里睡最后一次。”

“那就这样吧，不过，米沙，你不要睡得太早，”大伯说。“过一两个钟头，等人全走光了，咱们几个人，这种玩意儿，到这里来一下。咱们自己家里几个人，我、安东、阿列克赛和你，来商量商量。你代表你爸爸托利亚。他们两个说，一定要到妈妈房子里来商量。我，这种玩意儿，也不反对。我们在这里商量，就好像还在妈妈眼底下，这样也好。”

“能不能明天商量？”我问。

“为什么要拖到明天？”大伯说。“咱们都是继承人，这种玩意儿，该定就要定下来，用不着拖到明天。”

“两个姑姑怎么办？她们来吗？”

“咱们几个男的商量商量就行。”

“我觉得，最好还是同两个姑姑一块儿商量商量，”我表示自己的意见说。“子女在纪念妈妈方面都是平等的。为什么光是咱们几个男的商量?”

“好吧,我告诉她们,让她们两个女的也来。你就等我们好了。”

大伯走了。这时女人们已经收拾好餐具,将桌子抬到一边,等明天再搬走。照明的那辆汽车开走了,浓浓的夜色就像给大地罩上一道沉沉的黑幕。最后剩下了显然已经十分疲倦的玛尔法大娘,她也要带着恪尽职责的心情走了。

“普拉斯科维娅·阿尼西莫芙娜到远路上去了,人到了这种远路上就回不来了,”她走到我眼前说。“咱们人世上的事情真够奇怪的。咱们地上的事比天上的事还要奇怪。咱们天天跑来跑去,忙忙碌碌,有时高兴,有时伤心,总以为有永远过不完的日子,可是等到那一天来到,什么都完了。操心,烦神,苦恼,欢乐,到头来都是一场空。”这时她好像记起她还有责任没有尽到,问道:“米沙,你怎么样,准备一个人在奶奶房子里睡?不怕吗?”

“怎么我一个?”我指了指走到我跟前的拉丽萨说,“她还住在我奶奶房子里呢。”

“呀,米哈伊尔·阿纳托利耶维奇,瞧您说的,我可不能住在这里,我怕,”拉丽萨垂下眼睛说。“我到库齐明家里去,从这里过去第四家就是。我同他们家女儿一块儿睡。”

“好吧,你想去睡,”玛尔法大娘说。“就去吧。我想,你没有我帮忙也能行。”

玛尔法大娘走出院子以后,拉丽萨用被单将被子和枕头包起,准备要走。

“我送送你，”我说。“行吗？”

“很近……”

“很近也要送一送。”

“好的，你想送，咱们就走吧。”

“被子让我来拿。”

“为什么？”

“因为我想帮你忙嘛。”

“我自己能行。这被子很轻，是我妈妈用鹅毛做的。枕头也是鹅毛的。是我分配到辽阔村来的时候，妈妈专门给我做的。”

“鹅毛被，那太好了。”我称赞说。“不过，为什么一定要自己拿？还是我来拿好些。”

“好吧，你既然一定要拿……”

“是的，我一定要拿。”

我将裹着枕头的铺盖卷儿扛在肩上。这铺盖卷确实出奇地轻。我们一声不响地擦着白杨树往前走，白杨树柔和、宽大的叶片在絮絮低语，时时传入耳际。夜色很浓。这样漆黑的夜色，此地只有在春天，只有在没有月亮的时候才有。为我们照路的是微弱的灯光，灯光很不均匀地出现在各家门前。大街上不时有汽车驶过，将长长的、明亮的光束投在杨树上和各家的窗子上。拉丽萨同我并排走着，她那皮鞋后跟踩在柏油路面上，发出清脆的响声，假如此时有人遇到我们，一定会以为，这是一对年轻夫妻带了被褥去找过夜的地方。

“库齐明家到了，”拉丽萨说。我们停了下来。“你该回去了。你一个人在那里怎么行啊？我就不行……”

“没什么。我回去，往床上一倒，就睡着了。”

“菲玛常常讲到你和你的房间，我在你房里住过的，”拉丽萨说。她并没有抬头看我。

“她还讲过我什么？”

“随便什么都讲一讲……”拉丽萨的头垂得更低了，眼睛望着自己的脚下，好像是要趁这微弱的灯光把自己那双旧皮鞋好好地看一看。“米哈伊尔·阿纳托利耶维奇，能不能问你一个问题？”

“有什么不能的？问吧。”

“说真的，我有点不好意思，可是很想问一问。你别怕，我能保守秘密。你可以不可以把真心话告诉我？”

“我没有什么怕的。不过，你问的究竟是什么？”

“你说说，你要说真心话：你和菲玛有爱情吗？有还是没有？你要说真心话……”

说实话，我怎么也没有想到拉丽萨问起这样的问题，我一时想不出如何回答才好。

“拉丽萨，你问这个干什么？”

“不能问吗？那我就不问了。”拉丽萨更仔细地望着自己的鞋子。“不过我觉得，菲玛好像暗暗地爱着你。”

“暗暗地——究竟又是怎样地？”

“就是说，叫你一点都不知道。所以，她为了不使自己太痛苦，你一走，她就马上嫁给了那个教师。她是希望把你忘记……我是这么想的。”

“你想得不对，”我说。“菲玛是爱上了她的萨沙，因为相爱才嫁给他的。这是顺理成章的事。”

“那才不是哩！你说得不对！她根本就没有爱上他，”拉丽萨说。即使灯光微弱，我还是看到她那丰润的双颊都急红了。“有一天，她对我说知心话：‘拉丽萨，你觉得萨沙可爱吗？’我回答说，小伙子很漂亮，挺有派头，不错嘛。她说：‘是的，他是个不错的小伙子，我也答应嫁给他，可是我不爱他。’我问，那你为什么答应嫁给他？她说：‘我自己也不知道。这会儿我反正嫁给谁都是一样，只要快一点儿。’真的，她眼里都流泪了……我就是看到她流泪才起了疑心。你也躲躲闪闪的，没有回答我的问题：你住在这里的时候，同菲玛有爱情吗？有还是没有？”

“好拉丽萨，没有爱情，没有，不幸就在这里。”

“为什么要说不幸？”

“没什么，我是随便说的。”

“是不是，你那时只是觉得没有？实际上爱情还是有的？”

“不是的，拉丽萨，恰恰不是那时候觉得，也不是现在觉得。再说，怎么会有爱情呢？我是有家有小的人。”

“你该看到，在实际生活中什么事情都有，”拉丽萨依然低着头说。“我的堂哥佩特尔是个浪荡鬼，已经结过三次婚了。每个老婆都给他生一个女孩。三个女孩子长得才好哩。”

“能不能说，这恰恰不是有爱情？”

“这又是什么？”

“可以说，这是胡闹。”

“关于菲玛的事，难道我看错了？”拉丽萨还是没有抬头，一面用鞋尖在柏油路面上划着，一面说。“可是我不知道为什么一直认为，你和菲玛是有爱情的。说实话，我一直觉得是这样。这么说,我看错了。"

"是的,那是你看错了,"我说。"拉丽萨,现在我想问问你。可以吗?"

"可以,当然可以!"

"你是斯塔夫罗波尔州人,本州的村、镇你想必知道。你告诉我,菲玛同丈夫住的肯克斯村在哪里?"

"什么肯克斯村?"拉丽萨嘿嘿一笑,第一次大胆地朝我望了一眼。"这样的村子我没有听说过。"

"菲玛亲口对我说,他们住在肯克斯村。"

"她恐怕是说着玩儿的。他们住在一个区里,是什么区,我不知道。"

"鹅毛被你拿去吧,"我说。"该去睡了。而且,我的几个伯伯和姑姑马上就要来找我商量事情。"

拉丽萨接过被子,朝门口走去,走到门口停了一下,说:

"谢谢你送我。米哈伊尔·阿纳托利耶维奇,晚安。"

我也祝她晚安,说过便走了。

三

等我回到奶奶房里,我的伯伯和姑姑们都已经到齐了,而且,不等我用来,已经谈得很热烈了,我走进房里,他们全没有理会。我坐在门口一张凳子上,听他们讲话,没有特别费劲儿,就听懂了:他们心里念着的不是老人家的死,而是老人家留给他们的财产。我还听出了,这场激烈的、歇斯底里的谈话的发起人就是大伯阿尼西姆。他已经完全醉了，一张脸变成了紫红色，看样子，他回到家里又喝了不少酒。安东打断了他的话，一面捋着胡子，用粗喉咙喊道：

“手不要伸得太长，老大，不要净朝自己怀里扒！这里不是你一个！”

阿列克赛伯伯慢腾腾地说：

“咱们讲话斯文点儿。这里都是咱们自己人，都是亲兄妹。”阿列克赛站了起来，用上衣袖子擦了擦汗湿的、微微发光的秃顶。“阿尼西姆，在我们中间虽然数你年长，可是你不能这样……大哥，这样不行……”

两个姑姑坐在奶奶的床上，她们好像要向几个哥哥表示，老人家睡过的这张带镀花靠背的床，她们觉得才是最可贵的。安娜不住地抽搭鼻子，一股劲儿地拿皱皱巴巴的湿手帕擦眼睛，她一直没有讲话。她悲悲切切地将脸贴在床靠背上，哥哥们的讲话声她好像全没有听到。但是当阿尼西姆从口袋里掏出一瓶酒，本想熟练地用牙将铁瓶盖一下子咬掉的时候，安娜从床上跳起来，从阿尼西姆手里夺过酒瓶，大声喝道：

“混蛋！活见鬼！够瞧的了！”

“你这种玩意儿才是大混蛋哩！”

“阿尼西姆，你发疯了！”

“这不是你们女人管的事！把瓶子拿来！”

“禽兽，别把妈妈忘得那样干净！想想妈妈怎样把我们六个养大，怎样心疼我们，可是她刚刚死，你就要在她屋子里大喝一通。”

“把瓶子拿来！听见没有？”

“给你这个！”

安娜将拇指夹在食指和中指中间，握紧拳头扬了扬。

娜斯佳没有讲话。她既没有去看安娜，也没有听到安娜对阿尼西姆讲的是什么话。她自己在想着一件十分重要的事。

“算了吧，阿尼西姆，”安东捋着胡子说。“咱们不喝了，要是再喝，说不定还要干架哩。把你打定的主意明明白白地说出来吧！”

悲愤的、面色苍白的安娜坐到自己的位子上，将酒瓶藏到被子底下，又抽搭起鼻子，将手帕捂到眼上。

“我的主意，这种玩意儿既省事，对大家又有很大的好处，”阿尼西姆一面迈着沉重的步子在房里踱着，一面说。“你们好好地听我讲，仔细想一想。房子要马上卖掉，卖得的钱分成六份，大家平分。我可以告诉你们：我已经找到一个可靠的买主，这个人手里有钱，付钱不会有问题。我来同他谈价钱，保证咱们每个人有整整一千卢布可以到手。这个数目不小。”

“别着急，大哥。在我们当中虽然数你年长，可是这样不行？”阿列克赛还是用畏畏缩缩的语调说。他站了起来，拼命擦秃顶上的汗水。“这样不行……怎么能这样呢？阿尼西姆，不能这样快……”

“阿列克赛，你本是个聪明人，现在倒糊涂起来了，”阿尼西姆很不快活地冷笑着说。“你也来这一套，做别人的应声虫。什么‘这样不行’？是什么不行？”阿尼西姆脸涨得通红。“你说说，说清楚！不要吞吞吐吐！”

“不能马上就卖房子，”娜斯佳没有抬眼看阿尼西姆，代替阿列克赛回答说。“你怎么，呆了？头脑一点不管用了？咱们刚刚把妈妈安葬好，你就要卖妈妈的房子。”

“有什么好等的？”阿尼西姆问。“你怎么，是不是不缺钱花？阿列克赛，你也不缺钱花？你开汽车挣了不少钱，是不是？”

“钱没有意思，钱是祸害。”阿列克赛又用袖子擦了擦秃顶。“我讲的不是钱。”

“鬼晓得你这种玩意儿操心的是什么。”阿尼西姆生气了，他觉得他说的道理简单、易懂，可是弟弟妹妹们都不想好好地领会。“我已经说过了，还可以再说一遍：我找到一个可靠的买主。他喜欢这所房子，他已经看过这所房子了。他早就想搬到辽阔村来住，他看中了这个村子。咱们要快一点拿个主意。”

“卖掉房子，那怎么行？”安东不去看大哥，说道。“咱们怎么能没有自己的房子？咱们都是在这房子里长大的。房子卖给别人，那可是有点别扭……”

“怎么，安东，你自己没有房子？”阿尼西姆冷笑道。“你们这种玩意儿，是不是拿我开玩笑？还是故意装糊涂？什么是自己的房子？自己的房子，就是你住的房子。不是这样吗？这个道理难道你们不明白？难道还需要解释解释，需要来一番说明？谢天谢地，我们都有自己的家私。不是这样吗？”

“是这样，但又不完全是这样，”安东表示不同意。“妈妈的房子，可以说，是咱们的窝儿。怎么能把窝儿卖掉或者拆散呢？再说，咱们兄弟姊妹六个并不全在这里，托利亚没有回来。商量这样的事，托利亚不在场，怎么行呢？”

“说老实话，妈妈这房子对于小弟托利亚，早就成了多余的东西。”阿尼西姆不耐烦地说。“他早就离乡背井，到刚果去了，他在那里过得很自在，就让他在那里过下去吧。我们可是守在这里。我们不能、我们没有权利让房子空着没有人照应。要是没有人照管，这房子过一年就会塌掉。”

“安东说得对，小弟托利亚不在场，事情无法商量，”安娜依然用手帕擦着眼泪说。“要把托利亚叫回来才行。”

“这么远的路，干什么一定要把他叫回来？”大伯终于发现了我。“他的儿子米沙在这里。他完全有资格代表他爸爸。米沙，怎么样，你能代表你爸爸吗？”

我没有作声。我又难过又懊恼。这一天晚上，我觉得我面前不是我的大伯阿尼西姆，好像是一个从未见过的粗鲁的醉汉闯进了我奶奶的房子。这个陌生的醉汉并不等待我回答，他已经把我丢到了脑后。

“安娜，别抽搭了，鼻子已经抽搭肿了，”阿尼西姆说。“你现在讲讲，给大家讲讲，你和你那开车的男人过得很阔气，是不是？恐怕有钱都不知道往哪里花了，对吗？分给你钱，你不要吗？要还是不要？别抽鼻子，你回答，干脆一点儿。”

“你为什么要把我叫来？为什么？”安娜的眼泪哗哗地流了出来。“那我就来回答你：要是分妈妈留给我们的财产，那咱们不能平分。”

“怪事！”阿尼西姆叫了起来。“依你看，究竟该怎样分？你说，说，怎样分？”

“要分得合理，”安娜强忍住哭，回答说。“咱们几个当中，谁日子过得穷苦些，就多分一点儿；谁富裕些，就少分一点儿。咱们几个当中，你最富裕，就该少分一点；大家都知道，娜斯佳姐姐最穷苦，就应该多分一些。并且我赞成阿列克赛的意见：不用着急成这个样子。”

“就是说，不平分，有的多分，有的少分，你的意见是这样吗？”阿尼西姆反问道。“好妹妹，这样分，永远分不好。咱们在去世的妈妈面前都是平等的，都是她的孩子。当然，我知道娜斯佳妹妹的日子确实苦一点儿。一个人把几个孩子拉扯大，就是现在日子也还是很不宽裕。不过，娜斯佳，你自己说说，你赞成安娜这些话吗？赞成还是不赞成？”

“阿尼西姆，我想说的不是这个，”娜斯佳又将酒瓶往被子里面掖了掖，从床上站了起来，她那瘦瘦的身躯伸直了，那苍白的脸上露出病容。“我想给大家讲一点别的。我的外孙，你们都是知道的，他也到墓地去的。在墓地上开追悼会的时候，他问我：老姥姥巴莎死了，她的房子也要死吗？你们要好好地品味品味这样的孩子话。他还那么小，就能想得那样周到。孩子担心的是什么？担心老姥姥的房子会死掉。可是你，你是老大的人，妈妈尸骨未寒，你就一心想让妈妈的房子随着她死掉，让这房子在我们大家心目中死掉。你是想这样吗，嗯？你那醉瞎了的眼，就看到这一千卢布，是不是？我真奇怪，你女婿安得列怎么还没有把你这个分场主任撤掉？他都把你那麦秸羊圈搞掉了，还没有把你搞掉。你算什么样的领导？你当投机商人还差不多！又贪财，又没有人味儿！”

“你给我住口！”阿尼西姆叫道。“哼，哼，我告诉你，你那外孙是你女儿偷着生的,用不着拿来夸口,别拿来吓唬我、辱骂我。我不是好欺侮的,你这一套我不在乎。懂吗?哼,瞧瞧自家究竟有多么正派吧!你还是回答一下我的问题:钱你要不要?安娜的意见你赞成,还是不赞成?"

"干什么你老是盯着钱?"娜斯佳走到像圣像一样竖在角落里的十字架跟前,上面还挂着那件挂满勋章和奖章、如今已经没有了主人的女褂。"瞧,这也是妈妈的东西。这些东西你都想搞掉吗?强盗!"

"别着急,一样一样地谈,"阿尼西姆说。"现在谈房子。底下也要谈勋章和奖章的。"

"妈妈的整个一生是很不寻常的,"娜斯佳没有理睬阿尼西姆,说道。"我们是她的孩子,一定要把她的房子,把这些光荣的纪念品和她所有的东西都保存好,让尤拉这样一些孩子,让许许多多后来人都能看到。让他们知道他们的先人是什么样子。"

"勋章和奖章,这种玩意儿我们也要平分,"阿尼西姆说。他既不去望那件女褂,又不望娜斯佳。"勋章和奖章,每个人分几枚,留作纪念。那颗金星,这种玩意儿是纯金的,就不分了,咱们来抓阄儿。谁运气好,谁就得这块金子。弄六张纸条儿,在一张纸条上画个十字,算是福气阄儿。把纸条儿卷起来,放在帽子里,随你抓哪一个。谁抓到带十字的,算谁走运。"

"不,不,决不能抓阄!"娜斯佳怕得叫了起来。"决不抓阄!告诉你,阿尼西姆,决不抓阄!嘿,你真是费尽了心机!将纸条放在帽子里,一张纸条上还要画上十字,随便抓一张,抓到十字就算走运。算了吧,咱们不来这一套,你死了心吧,大财迷!"她疲惫无力地走到床前，靠着安娜重重地坐下来，只小声地、镇静地说："咱们不是要卖掉妈妈的房子，不是要抓阄分掉妈妈的勋章、奖章，而是要将这一切保管好，而且不是为了自己，是为所有的人。这话你懂吗，阿尼西姆？"

"这没有什么懂不懂的，"阿尼西姆厉声说，"你的实际意思是什么？你以为怎样才能保管好这一切？你说吧。把房子租出去，收房租？是这样吗？把金星挂在那里，当作圣像？是不是这样？要是这样，金星马上就会叫人偷走，叫人弄去做金牙。好笑！"

"阿尼西姆，你别笑，"安东说。"娜斯佳说得有道理。"

"什么道理？"阿尼西姆问。"纯粹废话，不是什么道理。"

"我的意见是这样，"娜斯佳声音很小，好像只是心里想着的话发出了声音。"明天咱们就一起到区里去，要求将妈妈的房子改成一座牧人陈列馆。"她在想着一点什么事情，看样子，是在等待哥哥们和妹妹安娜的反映。可是他们都没有说话。"你们要是不愿意去，那我就叫苔西雅去。让她到区委，亲自去找卡拉钦采夫同志。苔西雅能办到，她也是党委委员。"

"嘿！想得真好！苔西雅还要把她那宇航员带上，是不是？"阿尼西姆冷笑道。"你们来瞧瞧她！这个女人发疯了！你这种玩意儿想得可好，你胡扯些什么？想起搞牧人陈列馆！真是异想天开！谁稀罕你的牧人陈列馆？这一点你就没有想过。简直叫人笑掉大牙！要是区里，或者州里，想建立牧人陈列馆，不用咱们操心，他们自会盖陈列馆用的房子，不过不是在咱们辽阔村，是在椋鸟镇，要不然就在斯塔夫罗波尔。安东，我说得对不对？"

“不对，”安东嘟嘟哝哝地说：“我不赞成你的说法。”

“你为什么不赞成？”阿尼西姆又气势凌人地跨到屋子中央。“怎么不讲出来？你不讲，是因为你没有什么好讲。你们都是我的弟弟、妹妹，你是我的侄儿，我对你们讲的话不会错的。你们虽然各有各的想法，可是，明天我把买主领来，咱们就能把事情了结了。可是，她又提出搞陈列馆！真是可笑！”

一时间房里静得可怕。安东板着脸站了起来，捻着胡子站了一会儿。他移动着高大、强壮的身躯，握着两个沉甸甸的拳头，慢慢地向阿尼西姆靠近。等胸膛就要抵到胸膛，安东突然抓住哥哥的衣领，咬着牙晃了晃，厉声问：

“你这个卑鄙的东西！娜斯佳的话你没有听懂，是不是？那我可以用家常办法帮你弄懂。”

“我就不能给你来一点家常办法？”阿尼西姆涨红了脸，问道。“把手给我放开！这种玩意儿，你听见没有？”

“听到了。我又不是聋子。”

弟兄两个猛地互相抱在一起，就像很久没有见面似的，互相用手将腰背搂得那样紧，肩上和腰上的骨节都咯吱咯吱地响了起来。

“别打！放开！”安娜带着哭声喊道。“干什么要像两头公羊一样打起架来？你们发疯了！”

娜斯佳从床上跳起来，跑到阿尼西姆和安东跟前，拿手去拉他们，兄弟两个见她来拉，觉得不好意思，这才分开。这时我走到他们面前，对大伯阿尼西姆说：

“阿尼西姆大伯，你刚才问过我，能不能代表我父亲讲话，是不是?”

“是的,是的,我问过。怎样?”

“刚才我没有讲话。心里难过,说不出话来。现在我来说:行,我能代表我爸爸,代表你的小弟弟阿纳托利·伊凡诺维奇,代表奶奶的第六个孩子。我现在要讲的话,你记住:这不是我的话,是阿纳托利·伊凡诺维奇·恰佐夫的话。第一,我爸爸说,你阿尼西姆·伊凡诺维奇忘恩负义,全不念妈妈的养育之情……别急,别急,别来‘这种玩意儿’,听我讲下去……第二,我爸爸说,我的意见是:严肃斥责我们的大哥阿尼西姆·伊凡诺维奇的不孝之罪,完全赞成姐姐娜斯佳的合理建议。明天我们就去椋鸟镇找卡拉钦采夫同志……别急,别急,阿尼西姆·伊凡诺维奇。现在我以自己的身份说一说:大伯,你想想,你今天在追悼会上怎么说的?大家谈到奶奶时,怎么说的?你都忘了吗?你再想想,西兰季老爹往坟里抛下第一抔土时,你是怎样流泪的?都忘了吗?阿尼西姆大伯,你怎么不害臊呀?”

“米沙,你把我、把你安东伯伯、两个姑姑心里的话都讲出来了,所以我们都支持你,”阿列克赛伯伯站了起来,一面用手一再地擦着秃顶说。“这会儿看样子不早了,该散了。咱们谈了不少时间了。你们去椋鸟镇,我就不去了。我不会说话。要是卡拉钦采夫问,阿列克赛·恰佐夫什么意见,你们就告诉他,我完全赞成建立陈列馆……好啦,再见吧。”

阿列克赛伯伯走了。阿尼西姆大伯狠狠瞅了我一眼,也不打招呼,紧跟着走了出去。

“你借托利亚的名义骂了他一顿,骂得好,”阿尼西姆大伯走出门去，房门关上以后，安东伯伯说。“骂得应该。好，我也要走了。咱们明天在哪里会合？”

“明天早晨我到安得列那里去，”我说。“我同他商量商量，向他要一辆汽车，到时候再决定在哪里会合。”

房里还剩下两个姑姑。娜斯佳姑姑说：

“米沙，我和安娜就住在这里。”

“是不是咱们到我那里去睡？”安娜姑姑说。“到我那里睡吧。我那一口子出车去了，家里有的是地方。”

“妹妹，你是怎么想的？”娜斯佳姑姑问。“我们两个和米沙都住在妈妈这里。咱们睡在妈妈床上，米沙睡在他自己的房里。”她又转身朝我说：“米沙，你不错，你代表你爸爸对你大伯当面说了几句实在话。你可知道，你大伯干什么急着要卖你奶奶的房子？他脚底下的土地已经摇晃起来了，他觉察到，他在村里的威风眼看就要到头了。你想必看到过那些破破烂烂的麦秸羊圈吧？现在那地方正在盖综合养羊场，要盖得比水牛村的综合场还要好。你是知道的，这些东西你大伯一概反对。安得列早就想撤他的职，就是不知道把他往哪里安，不知道叫他干什么。叫他看门儿，他不会去，抹不开面子；当羊倌，如今羊倌派不上用场了，马上就用不着放羊了。还有一点棘手的是，他又是安得列的丈人。”

“你别犯愁，娜斯佳，他们是自己人，自己知道怎么搞，”安娜说。她又拿哭红的、像奶奶那样慈祥的眼睛望了望我。“米沙，你脸色为什么这样难看？你该哭一场，哭一哭要好些，心里松快些。你奶奶她老人家怎么也没有想到会死。是我送她到医院里去的。她还很高兴，一直在讲着托利亚。她还要住在这里的拉丽萨把家里照应好……她是在医院里晚上睡觉时死的，死得很轻松，就像活着的时候那样。那一天晚上值班的护士告诉我，老人家说：告诉我的孩子们，让他们把那件挂勋章、奖章的褂子收到柜子里，我忘记收了。这是她在临睡前说的。她睡着了，就没有醒过来了。她的死十分轻松。”

四

我们又坐了很久。两位姑姑在回想奶奶的一生和她们自己的童年，我在听她们讲。等过了半夜，我们想起要睡觉，这才散了，我回到自己房里。我躺在床上。这张床是我的老相识，是我童年时代就睡过的，上一次回来也睡的。过去，常常从薄薄的墙壁那边传来菲玛轻轻的脚步声和她那没有歌词的愁闷的歌声，现在传来的是两位姑姑的咕哝声——她们还谈了很久……

我在想，现在，人们散去，房子里的一切依然如故，只是我的奶奶已去，而且永远不再回来了。春夜张开宽大的黑翅膀，将辽阔村罩住，——只是我的奶奶已去，而且永远不再回来。街上驰过的汽车依旧发出长时间的轰鸣，这声音依旧像来自地下，依旧震撼着这房子，——可是奶奶已去，永远不再回来。车灯投在窗玻璃上的光束明亮如故，——可是奶奶已去，不再回来。

在这个夜晚，我不论想什么，不论转什么念头，都要想到奶奶已去，永远不再回来，这种想法反反复复地出现，就像诗中的叠句，歌中的重唱词；于是我意识到：这位老人家的死，对于我来说，是一件非同寻常的、不可理解的事。我竭力去设想，她只是离开一会儿,是因事出去,一会儿就要回来的,——可是不行。"……死得很轻松,就像活着的时候那样……""她的死十分轻松。"我几次想到这两句话,觉得不理解:为什么所有认识普拉斯科维娅·阿尼西莫芙娜的人,包括她的子女在内,都以为她过得十分轻松呢?她的一生实际上十分艰辛,这是每个人都知道的,但是,确也不假,奶奶能过得十分轻松、十分顺当。

回溯今天的一天,我不知为什么想到的不是坐在飞机上的情形,不是在卡车上的情形,也不是盛大、庄严的殡葬仪式,不是墓地上的讲话。我想的是:很多很多年以前,就在这座泥顶房子里,生下一个平平常常的、并不特别出色的女孩,父母给她取了一个普通的名字——巴莎。但是对于当妈妈的来说,这就不是一个平常的孩子了,妈妈不是喊她巴莎,而是喊她巴申卡、巴淑涅奇卡、巴年卡。岁月像春水一般哗啦哗啦地流去,如今这一天来到了:人们用强壮的手臂高高地抬着棺材,从这座泥顶房子里抬出来,并送上墓地的,已不是小姑娘巴申卡,而是老奶奶普拉斯科维娅·阿尼西莫芙娜,大家一起隆重地为她送葬,铜喇叭声响彻草原,好像在向人们通报这位劳苦一生的妇女的逝世,人们在墓前说了许多赞扬的话。是什么使她成为如此受人尊敬、如此有名的人物?是劳动,只有劳动。你想到这里,不由得会问自己:这里面有什么特别之处,有什么非同寻常的东西,有什么值得一提的?这不过是走完一个圈子,又回到了原来的地方。但是这个圈子却不是空的,这个圈子里面圈着艰苦的、不平凡的一生,这一生中占主要地位的是在劳动和一切行动中所表现的大公无私。这个圈子开始的时候,这座土坯房子里没有吹过喇叭,没有人说祝愿的话,等到这个圈子合拢，人们才觉得走完这个圈子很不寻常，觉得悲伤，又觉得振奋。人们觉得悲伤的是，大家熟识、大家敬爱和为大家做了不少好事的这位老人家去世了。觉得振奋的是，在这位巴莎、巴申卡、普拉斯科维娅·阿尼西莫芙娜走过的地方留下了足迹，而且是何等鲜明的足迹！她的女儿娜斯佳说要到区里去要求将普拉斯科维娅·阿尼西莫芙娜的房子改为牧人陈列馆，实际上代表了大家的心意。就这样：这个圈子的开头是一座农舍中孩子哭啼的声音，结尾是这座农舍成为牧人陈列馆。大概正是在这里面，还有我不能理解、尚待思索之处，所以我心中很不平静，不能入睡。要是生为普拉斯科维娅·阿尼西莫芙娜的孙子的我，能写一部有关她的一生的小说——我是常常这样想的，——那么，开头最好不写出殡，不写无腔无调地吹奏“您牺牲在不幸的斗争中……”的乐曲，不写各种各色野花簇拥着的慈祥、亲切的脸，而是先写一座土坯房中发出了尖细的孩子哭声，这哭声好像是向村里人报告辽阔村有一个新人降临人间。

已经接近黎明时分，姑姑们的讲话声早已听不见了，我也早该睡了。可是我睡不着。我知道，要想睡着，一定不能再想奶奶，不要再想今天的丧事。我试着数数，数到一百，数到一千，可是总摆脱不了一个念头：奶奶已去，而且永远不回来了。当我想起我曾有意去阿列克谢耶夫镇和沃隆佐夫村时，我是多么高兴啊。我很想去实地地、详细地了解一下同车的两位妇女：其中的一个究竟为什么那样喜悦，另一个为什么那样悲伤？我为什么要了解这些事？这个问题我可以用我常用的话来回答：也许有用处。事实上我想去这两个村镇的原因，是我喜欢多见多闻的习惯。于是我考虑起如何去和什么时候去的问题。我既没有车子,又没有多余的时间。我还是决定,明天一见到安得列,就向他借车子,哪怕用半天时间,一定要去访问一下那两位妇人。我还记得,苏霍德寥夫当辽阔畜牧场场长的时候,就经常将一辆"查波罗什"借给我使用,我想到哪里,就到哪里。我想,安得列不会不答应的,我们现在是亲戚了。我有了这种必达目的的信心,也就睡着了。

"你好,米沙!"

我睡意蒙眬中听到了熟悉的男子声音。我睁开眼睛,看到了笑哈哈的奥列格。他摇着我的手,说:

"我来接你的!起来,起来,快一点!洗洗脸,咱们就走!"

奥列格呀,奥列格,我的好朋友!你还是那个样子,你的脸上还是一时一刻都少不了笑,你总是快快活活的,可是我的奶奶已经不在了,——我朝洗脸盆走去的时候,又这样想起来。

"我的两个姑姑还在睡觉吧?"我问。"咱们是不是把娜斯佳姑姑带回求神镇?"

"刚才我在村里碰到你的两个姑姑的,她们正朝你伯伯阿列克赛家里去,"奥列格说。"她们要我告诉你,别忘了锁门。锁就在过道里。锁好门,钥匙就放到最下面一级台阶底下。以往都是放在那里的。你动作快点儿!要你赶去吃早饭。卡佳说:'奥列格,你把米沙接来吃早饭!可别误事!'所以你动作要麻利些!"

几分钟之后,我们就出了门。我用生锈的旧锁将门锁好,将钥匙放到指定的地方,好像在想心事一样,说:

“房子空了，门锁起来了，奶奶不在了。”

“这是没有办法的事，”奥列格发动了“莫斯科人”，忧伤地说。“人的寿命是有限的。活够了自己的寿限，就得走。奶奶走了。”

我们乘着崭新的“莫斯科人”还像过去乘着旧的“查波罗什”那样，从麦秸羊圈的旁边直插过去。现在这些羊圈已经拆倒了，很像被风吹倒的麦秸垛。就在旁边，在不下十五公顷，以至二十公顷的场地上，正在盖一座综合养羊场。已经在用红砖砌羊舍的墙了，虽然还没有砌得多么高。装运木料和红砖的汽车在碾出的土路上奔跑着，后面拖着长长的灰尾巴。各处堆放着干干净净的新石板瓦、碎石子、砂子、一筒筒黑色的油毛毡、一包包水泥。远处有一座红瓦盖的砖房子，那是锅炉房；旁边正在砌一座砖烟囱，还只砌了一半。从锅炉房伸出几条长长的沟，又深又窄，好像是田鼠挖的，里面已经铺了水管，看得出，是刚刚焊接好的。

“米沙，你瞧，女婿在拆丈人的台，”奥列格笑着说。“不从正面进攻，可以说，是从后方包抄。把麦秸羊圈拆掉，让羊圈成为一堆烂草，旁边一下子就盖起新的综合场，要盖得比水牛村的还讲究。”

“是的，工地面积不小，”我一面应着，一面想着去阿列克谢耶夫镇和沃隆佐夫村的事。“够气派的，很像个样子。”

“米沙，这次回来能住久吗？”奥列格问。这时建筑工地已经落到了后面，我们的车子已经来到村外牧场上。“能不能住上个把月？”

“明天就坐飞机回去。”

“这可没有想到!”奥列格吃惊地说。“你干什么这样急着回去?说实话,我还真想你哩。你向谢罗什坦借一下这辆崭新的‘莫斯科人’,我带你在全区里转一转。”

“奥列格,下一次不管怎么样,咱们一定要转一转。”

“这一次咱们究竟多长时间没见面了?”奥列格问。“好像时间并不长,可是咱们这里变化才大哩。比如说,第一。‘这种玩意儿’,也就是你那顽固的大伯阿尼西姆,要完蛋了。你想不想知道全部实情?”他突然问。“你说,想不想?”

“实情又怎样?”

“实情就是,安得列·谢罗什坦觉得很棘手,不知道拿阿尼西姆·伊凡诺维奇怎么办,”奥列格放低了声音,用相互信任的语气说。“这是可以理解的:从一方面来看,他是有过功劳的羊倌,是老一辈事业的继承人。传代嘛!从另一方面来看,他是旧章法的代表,落后分子。拿他怎么办呢?所以这个问题叫谢罗什坦很伤脑筋,连卡拉钦采夫也感到很伤脑筋。”

“你怎样看?”我问。“该怎么办?”

“据我判断,两种可能性都有,”奥列格还是用信任的语调继续说下去。“或者谢罗什坦做一个好女婿,保全自己的丈人,让他担任新的综合场主任;或者让阿尼西姆·伊凡诺维奇随同他那即将从大地上消失的麦秸羊圈一起离开。给新的综合场另派新的主任。”

“嗯,你要是站在谢罗什坦的位子上,你怎么办?”

“依我看,可以让阿尼西姆·伊凡诺维奇给综合场看大门,”奥列格不假思索地回答说。“这样的领导者在今天已经不适合了。过时了。看大门还是可以的。”

“辽阔畜牧场还有什么新闻?”

“你是知道的,我们的头版头条就是,现在辽阔畜牧场的场长已经不是阿尔焦姆·伊凡诺维奇·苏霍德寥夫,而是安得列·阿维利扬诺维奇·谢罗什坦了。”

“谢罗什坦干场长干得怎样? 胜任吗?”

“这个问题很难回答。”奥列格沉默了一会儿,咬了咬嘴唇。“可以这样回答:与苏霍德寥夫相比,谢罗什坦可以说是飞法完全不同的一种鸟。”

“这又该怎样理解?”我问。“他比苏霍德寥夫是好些,还是坏些? 我记得,你是很喜欢苏霍德寥夫的,你过去对他十分赞赏。”

“我现在还是十分赞赏,”奥列格若有所思地说。“我还像过去一样,常常去看他。同他谈谈,觉得很愉快。他很有头脑! 苏霍德寥夫是一个很不寻常的人。这样的人,在他以前我们这里不曾有过,以后也不会再有了。《列宁全集》他读得那样熟,不是白读的。确实,他和他在畜牧场的所作所为,是值得赞赏的。”

“你觉得谢罗什坦又怎样?”

“说老实话,有各种各样的印象,我还理不出一个头绪。”车子来到一处洼地上,路面坑坑洼洼的,奥列格放慢了速度。“不幸就在于,论天性,谢罗什坦可以说是一个实利主义者。苏霍德寥夫不同,他心胸开阔,就像这辽阔的草原,他每做一件事,考虑一个问题,都要想到将来。他还引导大家这样想。谢罗什坦却是个典型的实利主义者。”他最后又很有把握地加了一句。

“实利主义者,——这是什么意思?”我问。“你解释解释。”

“你故意这样问,是吗?”奥列格笑了笑。“我说谢罗什坦是实利主义者,就是说,他主要不是引导人们追求理想,而是追求物质利益,发财致富。”奥列格又放慢了速度,显然这会儿道路已经十分平坦,他朝我望了望。“我们的谈话你不告诉谢罗什坦吧?”

“奥列格,你怎么搞的?你怎么能这样想呢?”

“那我就把我所想的全部讲一讲,”奥列格放心地说。他依然没有加快速度。“我要说的第一点是:谢罗什坦比不上苏霍德寥夫,决比不上!俗话说,家兔决不是天兔!不错,谢罗什坦很有些管理生产的能力,养羊也很内行。很有学问!但是他不讲求思想性。谢罗什坦不适合做畜牧场场长,可以做东家,做一个很会赚钱的农场主。他要求一切照命令行事,不是凭觉悟。说实在话,苏霍德寥夫对下真正讲民主。谁都可以去找场长,随随便便,就像回到自己家里,你把他看成同志,他把你当成朋友。可是谢罗什坦一下子把一切全都恢复了,门禁森严。他说,我们要有自己的官僚主义,这种官僚主义可以叫作有益的官僚主义。听见没有:有益的官僚主义!接待室又设置了女秘书,规定接见的日期和时间。不经许可,不在规定的时间,休想见到他!苏霍德寥夫任场长期间,你是知道的,各分场主任都经过无记名投票选举,那是真正的民主!大家可以用这种方式表示,希望谁做大家的领导,不希望谁做领导,大家实质上亲自参加了管理。谢罗什坦却是一个人说了算数,自己来任命主任。管你喜欢不喜欢,你得承认,你得服从。你也是知道的,苏霍德寥夫任场长期间,在先进的第四分场里,分场工人靠近了共产主义,仓库不上锁,不用人看守,从未发生过偷窃事故。食品店和食堂不用出纳,从来没有丢过一文钱。他们凭诚实和思想觉悟能过得很好，对大家起了很好的示范作用。那时候在求神镇上，别说醉汉，就连带酒气的人也见不到。过去，有时食品店里运来满满一车酒，食品店负责人马上让原车开回，说这里不需要酒。人们戒酒了——这可不是简单的事！谢罗什坦又怎样呢？他把一切都推翻，使一切都倒转。要是有人到办公室来找场长，女秘书就会说：干活儿去吧，不要天天没有事儿跑机关。其实，人们不是来闲逛的，不是有事，就是有委屈。仓库很长时间没有用锁，锁已经生了锈，谢罗什坦叫人用润滑油一擦，又用了起来；另外，夜里还要派人看守。食品店和食堂又出现了出纳员。烧酒也卖起来了，不用说，大街上也出现了醉汉。”

“谢罗什坦对人态度怎么样？”

“他为人倒也厚道，不摆架子，懂生产，也关心生产，”奥列格继续往下说。“比如说，我是什么人？开汽车的。可是他对我平等相待。所以我可以常常毫不拘束地同他谈谈政治问题。”奥列格望了望朝镇上拐去的大路。“不过，我该谈谈我要谈的第二点了——谈谈思想方面的问题。为了说明问题，我举一些例子。有一天夜很深了，我们从斯塔夫罗波尔回来。我们都没有说话。我开着车子，他坐在旁边。我心想，他已经坐在那里睡着了。可是他没有睡，问道：‘奥列格，你今天为什么老是不作声？小伙子，为什么闷闷不乐的？想睡觉了吗？’我回答说：‘不是的，我又不是瞌睡虫，我不是想睡觉。’于是，我鼓了鼓勇气说：‘我脑子里有各种各样的想法，一直想不通，所以我发闷。安得列·阿维利扬诺维奇，我有一个重要的问题要问您：阿尔焦姆·伊凡诺维奇·苏霍德寥夫在思想工作方面有一些建树，您为什么要全部加以消灭，连根铲掉？铲掉的这些根，如果不是今天，那就是明天，反正是要重新冒出芽来的，因为丢掉思想性，没有高度的觉悟，我们就不能生存，我们就像瞎子离开了领路人。’我于是先提到设置女秘书的事。他很客气地回答说：‘设置女秘书，是为了维持秩序。场长办公的地方不能变成穿堂院。’……”

“他说的这一点倒也实在，”我插嘴说。

“一点也不实在，”奥列格继续说下去。“我又提出有关官僚主义的问题。他还是客客气气地回答说：‘奥列格，你要知道：有一种官僚主义叫作秩序，很遗憾，离了这种官僚主义我们目前还不行。’于是我又谈到了仓库不锁门，谈到无记名投票和不用出纳员。谢罗什坦冷冷一笑。你猜，他怎样回答？他说：‘苏霍德寥夫毫无疑问是个博学多才的人，不过，这不是他的成就，这是盲目冒进。’他对自己的意思还做了解释，他说：‘羊倌们都知道：每群羊里面都有一些喜欢盲目朝前跑的羊，这些羊看不见脚底下的肥草，一味地昂着头朝前跑，结果什么都吃不上。咱们辽阔畜牧场还没有创造出优厚的物质条件，咱们今天的日子还过得很不像样，为什么一定要急着朝明天跑？我是一个实利主义者，我认为最重要的不是仓库上不上锁，而是仓库里储存了多少东西，也不是食堂和食品店里用不用出纳，而是食堂里供应什么样的伙食，食品店里卖的是什么样的货，这些货是不是能满足居民的需求。’……”

“我还是觉得：谢罗什坦说得有些道理，”我说。“总的来说，他的想法还是对头的。”

“我看,你也站在他一边,是吗?”奥列格很不舒服地问。“你说说看,现在又像过去一样,卖起酒来了,这也对头吗?现在我们这里喝酒就像喝水一样。不管走到哪一家食品店,货架上全是酒。要多少,有多少。怎么能不喝呢?”

“关于酒,谢罗什坦是怎样说的?”

“他说,他同意我对酒的看法,”奥列格回答说。“他说,酒是我们的祸害。不过他并不把话说彻底,还是在推行自己的路线。他说,酒是我们的工厂生产的,在这些工厂里劳动的也是我们苏联的公民,他们也要争取超额完成他们的计划,他们也在开展社会主义劳动竞赛。他说,你想想看,那一箱箱的酒今天第四分场的食品店不接受,明天又有哪个村或镇不接受,到后天就是所有的村、镇一律拒绝接受。大家都不卖酒,都不喝酒,把酒戒掉。然后,这股风气传到城市里,直到全国的人都滴酒不沾。那又怎样呢?这种饮料往哪里放呢?那就要成湖成海了。对国家来说,又是多么大的损失?完成国家预算,需要钱。那一瓶一瓶的酒就是钱。谢罗什坦说,不过我相信,总有一天酒厂会关门的,因为到那一天用不着酿酒了。他马上又说:‘不过,这样幸运的事一时还来不到。也许我们的曾孙能过到这种不喝酒、不卖酒的日子。对于今天活在世上的我们这些人来说,对于咱们辽阔畜牧场来说,目前最要紧的就是使物质富足起来。’我问:还要不要思想性呢?不讲思想性,怎么能行呢?他很客气地回答说:‘等我们富裕起来,在经济上站住了脚,思想性会自动上门的。我们都知道,人穷了,就很难谈思想性。单讲思想性,是不能持久的,需要一点儿物质刺激。’……”

奥列格望着大路，在想着什么事情。

“我决不赞成谢罗什坦的说法，”奥列格坚定不移地说。“因为，谁都知道，财富能使人忽视思想性，忽视自觉性。所以我认为谢罗什坦是一个真正的实利主义者。他的不足就在这里，他比苏霍德寥夫差远了……求神镇到了……咱们还没有谈够哩，就到了。米沙，卡佳叫我不要把你送到办公室，要直接送到家里。谢罗什坦就住在原来苏霍德寥夫住的房子里。你到苏霍德寥夫家里去过吧？那你就知道现在谢罗什坦住的地方了。”

五

还是我熟悉的、白石板铺成的小道，房顶上有天线和木杆，木杆上还有一个椋鸟巢。我走进我曾经来过、以前苏霍德寥夫住的这座院子。在过堂里迎接我的是卡佳，说实话，我一下子竟没有认出她来。过去她是一个快腿快脚的小姑娘，那浅色的、闪着银光的、美人鱼式的长发披散在肩上和背上，我记得，当初安得列用汽车将她接到水牛村去的时候，她就是那个样子，如今却不是那个样子了。面带笑容站在我面前的是一位穿着宽大的长衫和便鞋、态度雍容、身体发胖了的年轻孕妇。她小心翼翼地走到我跟前，好像不相信这是我似的；她将一直捋到肘部以上的两条手臂搭到我肩上，显得分外实在、分外亲热。她那美人鱼式的长发不知为什么颜色变深了一些，已经细心地、紧紧地盘到了脑后，用发针别得牢牢的。

自己的堂妹，我居然认不出，也许是因为她那家庭主妇气味浓得太不可理解了。不论看什么地方,不论看她那腰束布带、只扣了一个纽扣的宽大长衫,还是看她那轻便的布鞋,或者看她那轻轻的、小心翼翼的脚步,都可以看出有一种不可理解的气味,一种浓厚的家庭主妇气味。卡佳用欢喜的、蔚蓝色的眼睛望着我,那眼神也不像一般女子的眼神,也有点儿主妇意味,显得分外亲切。

还有她那灰颜色的眉毛、那亲切的主妇式的笑容,都好像在说:我们也有主妇气味,你别吃惊,你的妹妹现在已经当妈妈了,她的任务就是不断地生孩子,这可不是简单的事。

"你好,米沙!"她一面笑着说,一面将我让到房间里。我记得,过去苏霍德寥夫住在这间房里的时候,一架一架的书顶到天花板,如今安得列住在这里,这里摆了两张小孩子床,用白纱幔遮着。"安得列马上就来。每天早上都要开碰头会。很快就要回来了……米沙,我不能去给奶奶送殡,心里真难过。送殡情形怎样?"

"大家都十分怀念,十分悲痛,"我说。"全区各处都来了人。卡拉钦采夫也来了。墓地上举行了追悼会。丧后宴也很盛大。"

"我身子这样重,怎么走得动啊?"卡佳说。"安得列根本不让我去。他怕我出问题。我自己也懂得:应当小心,因为我快要生了。你瞧,真是巧得很,你每次回来,我都怀着孕。"

"卡佳,好妹妹,这是好现象,我们生活的意义就在这里,"我高兴地、甚至有点儿洋洋得意地说。"我也做爸爸了。"

"我知道的。你那伊凡长得怎样?"

"长得挺快,不小了。"

“趁安得列还没有回来，我让你看看我的艺术作品，你就可以看出我的本事怎样了。”卡佳笑着，脸颊更加绯红，用手掀开一张小床前的纱幔。“这是我的第一部作品。安得列很喜欢，我也很喜欢。这是个女孩，叫克拉娃。瞧，那小嘴多有意思，多漂亮。等她醒了，你再看看她那眼睛多好看。蓝湛湛的，就像春天雨后的天空。”

“像妈妈的眼睛吧？”

“还要蓝些。”

卡佳又掀开另一张小床前的纱幔。

“这是个男子汉。小安得列。他比克拉娃稍稍晚生一会儿。小东西也很漂亮，不过小眼睛是灰颜色的，像爸爸的眼睛。都睡着了，刚才吃过奶睡着的。”她重重地叹了口气。“真的，他们睡着了，又好看，又安详；等他们醒了，那才够呛哩！叫起来，四邻都听得到。嗓门儿才大哩！”

我先看了看睡着的女孩，又看了看睡着的男孩，说实话，我一点也没有看出有什么出众之处。两个孩子的脸干干净净，红扑扑的，跟其他孩子的脸没有什么不同，不过我不想叫当妈妈的心里不痛快，便违心地说，她这两个孩子确实长得好看，非常出色，确实与众不同。

“安得列也是这样看的，”卡佳十分高兴地说。“咱们走吧，别把他俩吵醒了。两个小东西睡觉才灵哩。”

我们走出孩子的房间。卡佳让我坐在长沙发上，她自己则坐在软沙发床上，沙发床就在镜子前面，这样我就既看到她那嵌着一双笑眼的微微肿胀的脸，又看到她那挽着紧绷绷的鬓儿的后

脑。卡佳弯着宽宽的眉毛,带着笑说:

“米沙,你真不知道,当妈妈有多难。你们男人永远不知道,永远不懂得。要想知道,要想懂得,必须自己生孩子。这又不是男人的事情。我生这两个孩子的时候,真是痛得可怕!真的,我以为我要死了。先生下一个女孩,我自己对自己说,好了,我的痛苦过去了。才不是呢!过了一会儿又是一个男孩出来了。可是我却痛得昏了过去……生下来,又得抚养,按时喂奶,按时叫他们睡觉。换尿片,洗尿片。何况我抚养的是两个。一会儿这个无缘无故地发烧,一会儿那个生病。一会儿这个起风疹,一会儿那个咳嗽。弄得我一天到晚团团转。再加上我自己身子也重了,动作又不灵活。幸亏安得列的姑姑常来,她离我们不远,常来帮我的忙。现在很快又要生了。”卡佳又笑了,那笑依然是亲切的、带有主妇意味的,她又笑着说:“不管我有多么难,我现在是真正幸福的。这种幸福别有一种滋味,除了当妈妈的,谁也不懂得。而且我事情也有得干了,心思也有地方用了。不像在水牛村那样,闷得不知道把自己往哪里放。现在我忙得不可开交,一天到晚转来转去都来不及。用不着发闷了。这种忙别有一种滋味,是叫人高兴的,就像过节一样。”

她还想再补充几句,可是突然不讲了,用耳朵听了起来。只听到院子门砰地一声,接着石板路上响起噔噔的脚步声,随后楼房的门咯吱一响。从这一切,也许还从只有卡佳才能听得出的声息,大概她已经知道,安得列来了。她连忙迈着鸭子一样蹒跚的步子前去迎他。安得列一面走着,一面脱掉外套,摘下帽子,向我伸出双手,说他能在求神镇、在自己的新居里看到我,实在高兴。

“水牛村又是光剩下两位老人家了，”他忧愁地说。“他们还是要孤孤单单地度过他们的晚年，身边既没有子女，又没有孙子、孙女。”

也可以看得出他的变化，他的变化我昨天在送葬时就发现了，今天在他家里，这种变化显得更清楚了。安得列做了畜牧场场长，理所当然地显得更有气派了，连身子不知为什么也挺得更直了。他不知为什么不像过去那样穿普通便服，而是穿了军服式的长裤和草绿色的衬衣，看样子，是学卡拉钦采夫的。他的腰用军用皮带勒得紧紧的。他在房里来回踱着，好像是要向我显示一下他那几乎是少女般的腰身和那独特的军人姿势。他的脸晒得黑黑的，那晒褪了色的头发垂在额头上，显得过分地杂乱和柔软，完全不像过去那样了。我发现，他在房里踱步的整个姿态，他那漂亮的、擦得锃亮的窄口短筒软皮靴齐整地落在地板上的动作，都表现出他的毅力和精干，那正是他在新的工作中必须具备的。

“怎么样，你这位当妈妈的，已经把你的成绩展览过了吧！”他问。“我的卡佳可是真卖力，马上又要生了。”

“你自己也很卖力，”卡佳高兴地朝安得列笑着说。“咱们的两个孩子，虽然还睡着，我已经让米沙看过了。再等一会儿他们就该醒了。最好是等咱们吃过早饭，他们再醒，免得他们闹。”

“那好吧，孩子妈妈，给我们弄饭吃吧，”安得列依然缓缓地、稳稳地迈动着他那漂亮的皮靴。“要不然，客人怕要饿坏了。怎么样，米沙，对于吃早饭有什么意见？”他不等我回答，又继续说下去。“真的，真舍不得奶奶。奶奶死，真叫人难受。西兰季老爹跪在奶奶灵前说的那些话，你大概听到的。‘我们一个一个地、或早或晚都要到土里去……咱们死了,那些羊怎么办呢?'是的,老头子说得对。有经验的养羊人一个一个地离开了我们。他们不在了,我们的养羊业怎样来搞呢?究竟怎样搞呢?"

安得列对自己的问题没有作答,显然,他也不需要我来回答,我们便到厨房去吃早饭。我们坐到已经摆好酒菜的桌上,卡佳没有坐,我们两个人喝起酒来,默念着奶奶。我们吃了起来。安得列靠在椅背上。细心地扯了扯皮带勒出的衬衣皱褶儿,问道:

"奶奶的几个子女怎么样?妈妈的遗产他们分好了吗?"

我简短地讲了昨天晚上谈话的情形和娜斯佳姑姑的提议。

"这么说,还是阿娜斯塔西雅·伊凡诺芙娜最有见地,"安得列一面说,一面还在扯皮带勒出的衬衣皱褶。"提得好!将牧羊人妈妈的房子改为陈列馆——这个主意很重要,不过,用不着他们来找卡拉钦采夫。我亲自去和他谈谈。我相信,他会支持的。"安得列又将两只酒杯斟满。"牧人陈列馆——这当然好极了!可是,你知道,我昨天就想到一个什么主意?"

"什么主意?"

"在辽阔村村口堆一个土冈,冈上到处撒种野蒿,就算披上白色斗篷,冈顶竖一尊牧羊人妈妈手执羊鞭的高高的铜像,作为咱们草原牧区的象征。让老人家站在冈上,望着远方,迎送斯塔夫罗波尔地区一切过往的行人。这个意见我也要同卡拉钦采夫谈谈。钱会弄得到的,不成问题。我们到莫斯科去请一位著名雕塑家,这方面你也可以帮我们的忙。让我们的女羊倌受到千万人景仰,理应受到景仰。不仅在我们这里,而且在所有的地区,那些足迹踏遍我们的草原的老牧羊人,都已完成了自己的历史使命,他们养羊的担子,已经由综合场接了下来。可是,人们对老牧人的怀念呢?那是没有什么东西可以代替,也不应代替的。有了牧人陈列馆,我们就可以把一切同放牧生活有关的东西收集、保存起来,留给后代。”

我们一面吃饭,一面讲话,不由地讲起了辽阔畜牧场近几个月来的一些事,安得列声音中带着掩饰不住的忧郁意味告诉我,怎样给他“说媒”,撮他做场长的。

“说媒很快就说妥了,”他说,“把我叫到区委,卡拉钦采夫对我讲了将苏霍德寥夫调到区党委研究室的原因。卡拉钦采夫认为苏霍德寥夫这个人很聪明、很有头脑,但搞经济工作,不是最合适的。搞搞书本子,不外是做报告,主持座谈、讨论,苏霍德寥夫再合适不过了。他说,你是祖传的养羊人,还是你来做畜牧场场长。由你继任的问题,州里也审查通过了,表示赞成。今天区常委开会通过,你可以参加一下……就这样,那一天我回家的时候,就已经是辽阔畜牧场场长了。不过,对你说老实话,直到现在我心里还没有数:要是说苏霍德寥夫干现在的工作正合适的话,那我干现在的工作是不是合适,目前还不能讲。”

“恐怕你这是谦虚吧?”

“要是纯粹出自谦虚,那就好了!”安得列站了起来,不知为什么特意整了整衬衣。“事情要复杂得多。瞧,我都成了骑手了,天天马不离鞍。吃不到安生饭,睡不到安生觉,根本没有时间。今天因为你,我才在家里吃顿早饭。你可以问问我的卡佳:是不是我常常几个星期都不在家里露面?我不在家的时候,幸亏有奥莉加姑姑在我们这里睡,经常来帮帮卡佳的忙。提到卡佳,我要说：我觉得她实在可怜，嫁了个这样的丈夫，几乎天天不在家。天天忙不完的工作。”

“安得列，我在家里又不是一个人，”卡佳又兴奋得红着脸说。“现在我没有闲工夫发闷了。马上家里又要添人口，操心事更要多些了。那就更热闹了。”

“为什么很少回家呢？”安得列从妻子手里接过一杯茶。“苏霍德寥夫的所谓创新，得全部破除，要做到这一点可不是那么容易的。很多人习惯了苏霍德寥夫的自由化，纪律松弛，连起码的秩序都谈不上了。我知道，有人在心里骂我，喊我是专制暴君。说我又厉害、又苛刻。但是，米沙，真的，不严格是不行的。还有，更难办的是卡佳的父亲，就是你大伯阿尼西姆·伊凡诺维奇……拿他怎么办呢？他是我的岳父，总还是亲戚……”

从孩子房间里传来了哭声，卡佳于是扔下一切，去照应孩子。

“我还没有对卡佳讲，不过我可以告诉你，”安得列放低了声音说下去。“我马上就要解除岳父的职务，我们就要永远成为死对头了。但是分场主任职务我不能让他再担任下去。你该看到，辽阔村综合场建筑规模有多大！这可是最新式的综合场，是按建筑师设计的图纸施工的。到秋天就能全部完工，麦秸羊圈就完全用不着了。到那时候，我就要让岳父随同老式羊圈一起离开。不能让他留在综合场，他干不了，”他又补充几句，好像是希望我一定要赞同他的主张。“他没有力量干，既没有体力，又没有精神力量。”

“别的一些分场的综合场实际上究竟怎么样？”我见卡佳走了回来，便有意地这样问。“能不能产生实际效益？”

“我把两个小东西摇了摇，”卡佳高兴地说。“还能睡一会儿。”

“米沙，你提的这个问题，不是很简单的。”安得列沉思起来。他用手捋了捋垂在额上的头发，撩到头上。“有没有实际效益？不论有还是没有，都不能后退。我们没有牧场。你可记得，上次你回来时西兰季老爹怎样骂我的？忘啦？我可是记得很清楚。如今，过了这么长时间，我看出：这位有名的老羊倌不是平白无故地感到担心的。”

“为什么不是平白无故地？”

“他感到担心是有原因的，”安得列说。“老头子虽然没说出原因，但是凭一个老牧人的感觉感觉到，甚至那些在放牧中出生和长大的羊的第三代，都不适于圈养。事实是：草原上生长的羊的这些后代，如今被圈养在综合场里，它们的毛虽然很长、很密，但是缺乏毛纤维应有的特性，它们的肉也没有通常羊肉那种气味和香味。”

“为什么呢？”我问。

“咱们就来研究研究这个‘为什么’，”安得列一面喝茶，一面回答说。“大概这一切是由于一种十分简单的原因，那就是，我们还没有培育出那种特殊品种的细毛羊，这种羊的遗传本能已经不习惯于西兰季老爹津津乐道的那些野草的气味，不习惯于过草原生活，而是能够很好地适应新式的圈养，或者像现在大家喜欢讲的，能适应综合喂养。这样的品种我们一定要培育出来，我们也能培育出来。到那时候，一切就上轨道了。但是，要培育新品种的羊，需要很多年。我们还有一个很重要的问题，那就是——人，养羊的人。他们不久前还是羊倌,如今成了养羊师,他们还缺少在综合场工作必须具备的那些文化知识。以前是怎样呢?一个羊倌将羊鞭往肩上一扛,跟在吃草的羊群后面走就是了,一切都非常简单。如今养羊不是靠两条腿,靠的是头脑。我们还没有学会科学喂养,羊群通过简单的放牧即能得到大量的蛋白质和矿物质,我们却还不能使每天的饲料中都具备这些必要的物质。”

我听着安得列的讲话,觉得这一切很新鲜、很有意思,不过我还是一直在想着汽车的事,弄到汽车我就可以到阿列克谢耶夫镇和沃隆佐夫村去。因此,一吃过早饭,我就找了个机会,称赞起现在的民航来,说现在的民航为了给旅客提供方便,出售往返飞机票,所以我已经有了飞机票,明天就要回莫斯科,莫斯科有许多事等着我呢。我接下去就对好像还一直在想着新品种的羊的安得列说,我昨天在车上见到两个妇人,一个非常开心,一个十分悲伤,我很想到她们家里去看看。

“为什么?”安得列十分惊讶地说。“我真不懂。怎么,她们是你的老相识?”

“我是第一次看到她们。”

“那你干什么要去看她们?”安得列微微地一笑。“你是没有事干?是吗?”

“需要去。你要理解我。”

“我很希望理解,不过我不能理解。”

“不理解就不理解好啦,汽车你要给我用,”我说。“用半天就行。”

“米沙,别以为我舍不得给你用汽车。”安得列又矫健地迈动着他那锃亮的皮靴，在房里踱了起来。“随你用，你就用我的‘日古利’也行。不过，这究竟有什么必要呢？就这一点我不懂。”

“需要这样。”

“需要——这是什么意思。对不起，这不算回答。”

“我来解释解释。是这么回事：我在车上的时候，想象出，或者说，暗暗地虚构出这两个妇人一生的经历，就好像为她们写好了传记。我当时一面望着她们，一面竭力在猜想，为什么其中的一个那样开心，另一个那样悲伤，她们以往住在哪里，怎样生活，她们从何处来，往何处去。我现在想核实一下，我所想象的一切，同实有的情况是不是完全相符。”

“你真古怪，米沙！”安得列大笑起来。“现在我算是有点懂了。”他又郑重其事地说：“那好吧，你就坐‘莫斯科人’去，还让奥列格给你开，你就去核实核实，了解了解，她们究竟是怎么一回事儿。我就坐‘嘎斯’，第八分场早就等我去了。咱们能不能一块儿去？八分场干得很出色，你真可以写写他们。”

“等下一次吧，下一次一起去，”我应声说。“现在我要去看那两个妇人，看过了就直接去机场。”

“下一次——究竟什么时候？”

“到夏天。社里答应派我到此地驻一个月。到时候咱们俩一块儿到各个分场去转一转，不光去第八分场。”

“你也该去看看苏霍德寥夫。”安得列勒了勒皮带，拉了拉衬衣皱褶，这是在说明，他该走了。“苏霍德寥夫样子变了，认都认不出了。有一次他还问到你。”

“到夏天我也要去看苏霍德寥夫。”

“你和奥列格就在那个镇或在那个村过夜,你还有时间,可以了解个够,明天早晨就去机场。”安得列抓起外套、帽子,拥抱和吻了贴到他胸前的卡佳。“好啦,别发闷,照应好两个孩子。明天我在家里。”他又转向我说:“米沙,你说话要算话,到夏天一定要来。”

我保证说话算话。我们于是握手道别。

六

在家无限好!心里温暖、宁静。迎接我的还是那种熟悉的家庭气氛,这里的一切都是自己的,都是习惯了的。我抱起伊凡。他在我膝盖上蹦了起来,蹦得那样好玩儿,使我不由得笑了起来。我觉得,几天没见,小东西仿佛长了不少,这会儿他似乎想特别用劲儿蹦一蹦,好叫爸爸高兴高兴。玛尔塔也轻声笑着,她笑,没有明显的缘由,只是因为我和伊凡都很高兴;我一面笑着,一面将伊凡向上抛,伊凡一起又一落,两条小腿乱蹬,咯咯地笑个不停。

父子享受天伦之乐终于尽兴,玛尔塔接过伊凡,用手帕给他揩了揩鼻涕,便挨着我坐了下来。我尽量详细地对她讲了我英雄的祖母出殡的情形,讲了我去阿列克谢耶夫镇和沃隆佐夫村的事。碰到菲玛的事我没有讲,——自己也不知道为什么。玛尔塔用她那大大的、总是带点儿询问意味的、幸福的眼睛安详而和悦地望着我。我看到她这目光和喜悦的眼睛,就想说几句大话助兴,便说,我在乘车回辽阔村的路上,下起了决心要在最近期间动手写作。

“究竟要写什么——长篇还是中篇?”她问。

“这一点我还没有想过,而且最要紧的不在于体裁,”我回答说。“对于我来说,最要紧的是促使自己重新拿起笔来,看来这一点是可以做到了。明天我就动手。俗话说:万事开头难!我只要写好第一章,有了像样的引子,以后事情就好办了。”

我并且告诉玛尔塔,我一直想给我的小说取一个与众不同的、别出心裁的名字,而这个与众不同、我觉得是很不寻常的名字,在辽阔村时我也想出来了。

“究竟什么名字?”玛尔塔问。

“《蒿香》。喜欢吗?”

“我说不上来。”

“野蒿的花、一年四季弥漫在草原上的那种刺鼻的野蒿的香气——是草原人、也就是我未来的作品中主人公们的永恒旅伴,”我说。“没有野蒿,没有野蒿那种苦涩的气味,就不能想象有草原、羊群和牧人。”

“这是说过去吧?”玛尔塔担忧地说。“现在不是这样了吧?”

“都是一样的,”我回答说。“野蒿还是到处生长,综合场的砖瓦房周围都长满野蒿。再说这小说名字很简短,只有两个字:《蒿香》。我是很喜欢的……”

我只是没有告诉玛尔塔,《蒿香》这个名字,是我在送殡时碰到菲玛之后无意中突然想起来的,而且这使我觉得有些可怕。我还没有说,使我感到可怕和应接不暇的是,这些天来,我的思想如奔腾的快马,我已在精心地安排情节,又在从各方面审视那些将要在我的中篇或长篇中出现的人物。我感到可怕和应接不暇,主要是因为我文思如潮,脑子里一切形成得分外顺利和美妙。人和草原,草原和人!人是我选中的,是我熟悉的,不用说,其中占首要位置的是我的奶奶、她那乌克兰土话,还有西兰季老爹和他那三条猎狗。不论奶奶,不论西兰季老爹,都站在我面前,好像在说:"还犹豫什么?还有什么好拖的?要抓紧时间!坐下来写吧。"

第二天,我似乎想以实际行动回答奶奶和西兰季老爹,马上去买了五本厚厚的笔记本,晚上下班回来,就动手来实现我多年来的夙愿。玛尔塔给伊凡洗好澡,将他放到小床上睡了。她自己躺到被窝里,拿起一本书,轻轻地翻着,竭力不影响我的思路;可是我的背感觉到她在看着我。我打开崭新的、散发着印刷油气味的笔记本,说起来真难为情,我竟怕了起来。洁净的纸页啊,你们未必想到吧?在打开的笔记本面前,我第一次感觉到一种奇怪的、莫名的恐惧。我望着带有淡淡的蓝色条格的白纸,一个字也写不出来。不知为什么,我奶奶、西兰季老爹,还有那些使我不能平静、要求我、迫使我立即坐下来写的人物,现在忽然不见了,消失得无影无踪,就好像不曾有过似的,只剩下我和柔和的灯光照射下的洁净的笔记本。

我不知道究竟怎样才好,是继续坐下去呢,还是睡觉,我在一页纸的上方写好两个大字,《蒿香》。我的头俯在笔记本上,眼睛闭了起来。我就这样闭着眼睛坐着,先是看到一座土房,房顶长满了苦菜和薄荷;后来看到一个穿着短短的旧连衫裙的一两岁的小姑娘。周围什么都没有,只是一座土房和这个孤孤单单的小姑娘。她刚刚学会走路,这会儿正用纤弱的小手扶住门框,吃力地跨越门槛,想不要妈妈搀扶,一个人到台阶上去。正是在这时候,正因为我闭着眼睛坐着,清楚地看到了正在跨越门槛的穿短连衫裙的小姑娘,我第一次明白了著名作家对我说的虚构是怎样一回事儿。这个吃力地跨越门槛的小姑娘并没有要求我坐下来写,我在生活中从来没有见过她——她是我想象出来的。当我俯在桌上,看到我所熟悉的、顶上长野草的土房,看到我想象出来的正迈着一生中开头的脚步的小孩的时候,我是多么高兴啊。原来这就是我十分需要然而又十分缺乏的想象。我将头俯在桌上,坐了一个多小时,一直没有动笔。我等到这个小姑娘终于走到台阶上,并且眯起小眼睛望了望阳光明丽的天空,我合上笔记本,自言自语地说:"原来谜底就在这里!我还写不出,不是因为我不善于构思我熟悉的人物和熟悉的生活,而是不善于构思想象中的生活,不善于构思像这个独自跨越门槛的小姑娘这样的想象中的人物。"

我站起来,脱掉衣服,关了台灯,躺到玛尔塔身边。我心想,她早就睡着了。谁知她转过身来,问:

"怎么样?你一点也没有写吧?写不出来,是吗?"

"你为什么这样问?我写的,拼命写……"

"米沙,你不讲老实话!"玛尔塔用胳膊肘支起身子,我在黑暗中看到了她那惶惶不安的大眼睛。"对妻子不该不老实。"

"你指的是什么?"我觉得自己脸红了。"你说我怎么不老实?"

"不老实就是不老实……小说你不是写不出来吗?是吗?"

“你怎么知道的?”

“我所以配做你的妻子,就是因为你的事我全知道。我一直没有睡,不仅听到你在叹气,而且听到你在自言自语……小说究竟为什么写不出?你能对我讲讲吗?”

“我要是知道就好了……脑子里想得好好的,甭提有多好了!真可以说是活龙活现!可是,一打开笔记本,看到洁净的纸,就怕了。我那些人物全跑光了。就剩下一个小姑娘。”

“什么样的小姑娘?”玛尔塔问。

“你没见过,我也没见过。是我虚构出来的……你可记得著名作家尼基福尔·佩特罗维奇的劝告?忘了吗?我可是记得很清楚。所以这个小姑娘——我们就叫她巴莎吧——就是我虚构出来的。明白吧,这是我虚构的,可是对于我来说,她就像活的一样。这个小巴莎,恰恰就是我的未来的小说所需要的。我的小说就从她,从她迈出怯生生的、不稳定的脚步,跨越高高的门槛开头。”

“那你为什么还没有开头?”玛尔塔惊讶地问。

“我没有开头,显然是因为我必须写的东西,还没有在我脑子里酝酿成熟,”我想把我的意思表达得简要些,便这样说。“今天我才看到一个小姑娘。我还需要看到,需要通过自己的想象构思许多人物,需要把他们写得能够传达出我的激情,比如说,要通过小姑娘巴莎这一形象将我的激情传达给将来读我的东西的人。”

“你就这样写,多好啊!”玛尔塔兴奋地、高兴地说。“可是你却把笔记本合上就来睡觉。”

“要写得和我想的一样,写得像个样子,不是很简单的事,”

我说。我心想,玛尔塔没有听错我的意思,因为我说得有点儿含混不清。“你要知道,我的好玛尔塔,我还不能很好地驾驭语言,这虽不是我的过错。但也是我的不足之处,因为一个名副其实的作家必须很好地驾驭语言。语言对我还不服帖,不听我使唤。总而言之,能写作的都是一些文化素养很高的人;至于挥洒自如地驾驭语言,比如说,就像一个统帅指挥、调度他的兵马那样,——这样的才能,我想,不是每个人都具备的。”

“是不是你也不具备?”玛尔塔忧愁地问。

“不知道,我不知道……也许是这样吧。”

“米沙,听我的话,打消这个念头吧,”玛尔塔不知为什么已经换了十分平常的语调说。“干什么要折腾自己?打消这个念头,就一了百了了。每天给报纸写写东西,不就够了吗?”

“这是怎么一回事儿?我不懂。”

“米沙,这有什么难懂的?你想想看:白天你要在报社写,晚上还要在家里写。还要出去采访,忙忙碌碌,没有个清闲。这样要把身体搞垮的。何苦呢?我们的作家实在已经够多的了。少一个也不要紧。”

“那我怎么能把只有我自己知道的一些东西说给人们听呢?”

“别人会说的。”

“不行,别人代替不了我。”

“米沙,我是你最亲的人,你要听听我好心的劝告,”玛尔塔这会儿已经说得激动起来。“你有个家,有儿子伊凡、女儿维拉。”玛尔塔笑着将嘴唇贴到我的腮上,好像是要让我知道,她就要给我讲点儿开心的事了。“米沙,要是你觉得两个孩子还少,咱们还可以再加把劲儿。这在咱们不是难事……不过，说规矩话，你还是听听我的意见：米沙，你就像大家一样过日子，你会很幸福的。”

“你的任何话我都听，就是这话我不听。”

“我是希望你好。”

“像大家一样过日子……这算什么样的幸福？”

“米沙，你是不想了解我的心情……”

“你也要了解了解我的心情！从你好心的劝告当中，我只看到生活的一半，这个劝告我也是接受的。”

“那好极了！”

“不过，单靠一半来生活是不行的，而且我也不愿意这样。我的生活的另外一半就是文学。没有这一半怎么行呢？一只鸟靠一个翅膀是飞不起来的。”

“要是另外一半你搞不下去呢？”玛尔塔问。“今天写，写不出来；明天写，还是写不出来。那又怎么办？伤脑筋，愁眉苦脸，急得坐立不安。何必呢？”

“会写出来的，”我满怀信心地回答说。“就像一只没有睁眼的小猫，等到渐渐长大了，眼睛也就渐渐睁开了，我也是这样的：等我的眼睛渐渐亮了，就能看到原来看不到的东西了。我的眼睛一定会亮起来的。我看到跨越门槛的小姑娘巴莎，就是一个开头。玛尔塔，你要懂得，看到这个小姑娘——这太重要了。”

“我不懂，在这方面什么重要，什么不重要，”玛尔塔郁郁不乐地小声说。“我听着你讲话，就想起一篇文章……我是在什么地方看到的？是不是在《星火》杂志？还是在别的什么杂志？我记不清了，忘了。这是很久以前的事了，那时候我们还没有认识。不过我记得很清楚：那篇文章讲的是一些像你这样的年轻人走文学道路的情形。”

“怎样讲的？这倒很有意思。”

“就是说，走文学道路很不简单，也不是全都一样，”玛尔塔还是小声地、郁郁不乐地说：“有些年轻人一踏上文学道路就很大胆，好像生来就是搞文学的。他们已经相当成熟，什么都会，一切干起来都很顺手。他们知道，什么该写，什么不该写，该怎样写，不该怎样写，因为他们读了很多别人的作品，还因为他们得到了足够的锻炼。他们每个人都有自己喜欢的大师，年轻作家悉心地模仿自己的大师，模仿得那样巧妙，那样精心，普通的眼睛简直看不出……进入文学界的另一些年轻人，如那篇文章中说的，是来自生活深处。这些作家通常都缩手缩脚，未经过锻炼，什么都不懂，什么都不会。他们不论写什么，都写得不是那么回事儿。这样的作家，是感到写作很不容易了。他们所写的，不是需要写的，他们不模仿任何人，他们写的是以前任何人没有写过的东西……”

“等一等，等一等，”我打断她的话。“你讲这番话为了什么？”

“难道你猜不到？就因为心疼你，米沙。”玛尔塔又把嘴唇贴到我腮上，不过已经不笑了。“你自己想想看：你是属于哪一类的？第一类，已经相当成熟的，已经什么都懂、什么都会的，你无论如何算不上。这是很明显的。第二类你是不是也算不上？也许，你要算第三类，属于什么都不行、永远写不出任何东西的一类？那你为什么一定要去钻牛角尖？为什么要自找苦吃？你天天熬夜有什么意思？还是安安生生过日子吧，一切正常人怎样过，你就怎样过……”

随她讲去，没有什么好反驳的。话讲得既简单又明了。米哈伊尔·恰佐夫，你就伴着你这一半过日子吧，安安生生地过下去，一切正常人怎样过，你就怎样过。这么说，我是不正常的了。这是怎么一回事呢？也许，玛尔塔的话有她的道理？不过，如果有道理的话，那也只是依她的见解，纯粹是妇人之见。依我的见解，安生的生活根本是没有的，任何人任何时候都不曾有过，至今也没有。安生的生活同人是不相容的。每个人都有自己的不安，各有各的不安。只不过有的严重些，有的轻微些。

七

这些天来我的情形，玛尔塔是无论如何都想不到的。这已经不是不安，决不是不安。这是心惊，不可理解的、莫名的心惊：我开始写小说，而且又开始想菲玛了。

常常是这样的：夜里坐到桌旁，打开笔记本，不希望想菲玛，却又想起了菲玛。有时看到她在剪羊毛，有时看到她像自家人一样不敲门随随便便走进我房里。最使我感到心惊的稀奇事是：眉眼带笑、鬓边晃动着小麦色发卷儿的菲玛在我眼前出现得越多，我写起来越是顺手，我越是真切地闻到苦涩的野蒿气味。这又是怎么一回事儿呢？我写小说同看到菲玛又有什么联系？玛尔塔替我担心，说什么：要是白天给报纸写，晚上自己写，就会把身体搞垮。想得太天真，怕得多余。不错，我下班回来总是十分疲劳。但是一到夜里,我坐到桌旁拿起笔来,就一夜不停,到夜里一拿起笔,精神又渐渐恢复了——这是菲玛在给我增添力量。我总是想着她的身影,一面在心中同她讲话,回想着我们之间的一些事情,高高兴兴地打开笔记本,洁净的纸页我现在也不怕了。恰恰是我所需要的那些语句,往往不知为什么一下子就自动地跑了出来,所以我在一个月的时间内就用很小的字体写满了两本笔记本。我觉得,我已经逼真地表现出小姑娘巴莎跨越门槛的吃力动作,也表现出巴莎长大了,帮家里做事的情形。她勤劳、肯干活儿,在村外放鹅,还带回青草喂小牛,帮助妈妈收拾房子。

我判断:我已经结过婚,她也已出嫁,可以说,我们之间的一切已经结束,——这个判断我觉得是正常的,合乎逻辑的。我甚至都不知道她现在住在哪里,而且我也不想知道。她在送殡的时候是提到过一个肯克斯村。地球上究竟有没有这样一个名字如此奇怪的村子呢?是不是菲玛编造出来专门骗我的?她生了一个女儿。这是她亲自对我说的,我当时就发现,她笑得有点儿奇怪。这又有什么?她笑得奇怪,是不是因为在送殡时不可能尽情地笑?也许,她是想用这种奇怪的笑告诉我,她的女儿也就是我的女儿?她甚至将“我们的女儿”这几个字讲得很重。于是我明白了她当时说这话时为什么是这种样子,而且,可能就因为这样,有一种内在的力量使我不由自主地经常想到菲玛。于是我又回到了原来的问题:不知为什么每当我想起菲玛,就能写得很顺当,不知为什么在这种时候我总要闻到野蒿气味,好像有几枝银灰色的野蒿就在我的桌上。正是这种“为什么”,不仅使我不安,而且使我心惊。

笔记摘抄

年轻的新作家总是跟随着老作家，跟随着行将离开文坛的作家进入文坛的，他们之间有一条肉眼看不见的线联系着，有着相互联系、血缘关系、师承关系，用今天的话来说，就是师生关系。有些学生不愿停步，超过自己的老师继续往前走，充实老师的经验，使文坛获益，他们既不仿效老师的技巧，又不临摹老师的文笔。在这些学生之中也有一些盲目模仿者。在希腊人看来，“模仿者”是一个很平常的字眼儿：在希腊文中，“模仿者”就是后生者，不是第一个，如此而已。在我们来说，谁都知道，这个字眼儿是带有轻蔑的、令人不愉快的意味的。“模仿者”——就是那些亦步亦趋地跟着别人、盲目模仿别人的人。模仿者大多数是很显眼的，是不难被人发现的，因为他们照例都没有自己的东西，全是从别人那里弄来的，租来的或借来的，所以很容易看出他们所写的东西是模仿哪一部作品的。

不过，有的模仿者很高明，他们很不寻常，甚至就某一点来看，可以说很有才华。很难一下子就看出他们是模仿谁的。他们往往能写多卷的史诗性的小说、长篇的叙事诗，而且人们直到读完最后一卷，都会不由自主地说：好极了！连小说名字、叙事诗名字都取得很好，提出的问题涉及面广、切中时弊，语言也很精炼，人物、景物写得都值得称赞——总而言之，简直无可挑剔。不过，读者在掩卷之余，除了说“好极了”之外，还是一定要不由自主地加上一句：“真像列夫·尼古拉耶维奇·托尔斯泰。”或者：“是的，这显然是尼古拉·瓦西里耶维奇·果戈理的文笔。”或者：“学伊凡·蒲宁,学得像极了。”

就这个“像”——是最叫人不愉快的、最可怕的。不是像自己,而是像别人,——令人不快之处就在这里。难怪民间流传着一句关于自己的孩子的俗话:“癞痢头儿子自家的好。”就是说,要让自己的东西成为别人不曾有过的,也不可能有过的,要让自己的东西是自己的。

这番话对于我也完全是有益的。我很想写出“自己的”东西,但是不知道如何才能写出“自己的”东西。这个问题我经常在想,写的时候在想着,不写的时候也在想着;这个“自己的”经常使我心惊,过不到安生日子。尤其现在,更是如此:自从那个值得纪念的晚上我在洁净的纸上写下《蒿香》两个字起,已经过去了一年多,我所构思好的、原来想象中的不大的中篇已经发展成一部史诗性的长篇,根据我的计划,将分为三卷。目前只写好一卷,就这一卷都还没有誊清,这一卷就是《苦难的童年》,另外两卷只是有了名字:《草原行不尽》和《很好的苗子》。

我重读《苦难的童年》,不禁又想起这样的话:任何有文化素养的人,只要有写作的愿望,是能够写作的。我有这种愿望,而这正是我的不幸,即使这不是我的过错。这种不幸的实质就在于,我在准备远行的时候,过高地估计了自己的力气和有限的能量。写一部三卷的史诗性长篇,真是不可思议地难。不仅需要有勇气和那种孜孜不倦地埋头书桌的韧性,主要还是需要有艺术家的才气。我有没有这种艺术家的才气呢?我能不能借助语言的力量描绘出生动的自然景物和人物形象呢？如果就我的史诗的第一部来判断，应当十分遗憾地承认：就连作者本人都没有在小说中发现艺术家的才气。这是叫人十分伤心的。我了解我所写的生活，就是说，我了解我奶奶的生活，了解我在辽阔村和许多别的村或镇遇到过的那些人物。但是，单是了解人们的生活，看来是不够的。需要有技巧。技巧又是怎样得来的呢？

有人说：冷漠开始终结之时，便是真正的艺术开始成长之日。说得对！一本书有了感染力，这本书便是好的，它能使人爱不释手，对书中人物的遭遇产生共鸣，体会人物的痛苦和欢乐。可是，我的《苦难的童年》连我都感动不了。我一页一页地读下去，不是因为舍不得放下，而是因为，我自己写的东西，必须重读一遍。还有：我着手写大部头的、多卷的作品，是犯了一个错误。如果我想搞文学创作，应该先试着写写短小的小说，就像我那些"农村小记"那样篇幅的；几乎一切伟大的小说家都是那样做的，我也必须那样做。我于是又想起了不自量力的举重运动员：他想一举惊人，选定了一个过重的杠铃，可是举不起来。

那我又该怎么办呢？怎样去做呢？我烧掉了我的史诗第一卷的手稿，明白了一个简单的道理：一切大的东西都是由小的东西发展而来的。如果我心中有着不可克制的从事写作的愿望，那最好将自己的力量、自己的精力用于写作短小的小说。只有通过这种艰苦的锻炼，掌握了这种困难的体裁，我才能动手写作大部头的长篇小说。

第六部

一

谁知事与愿违，我一直往别处去，三年来我没有去过斯塔夫罗波尔州。到第四年八月末，算我走运：我盼望已久的机会到了——社里派我到家乡去驻两个月，暂代一位突然生病的特派记者。有机会去家乡，我是十分高兴的，可是我心里却有些惶惶然。辽阔村和辽阔村一带这几年有些什么变化呢？将近四年了——这时间不算短。从我的伊凡身上，完全可以看得出时间的变化。他已经是一个机灵的小厮了，一张嘴讲个不停，两条腿没有闲的时候，长着一头乱蓬蓬的淡黄色头发和两只像玛尔塔那样带点儿惊异神情的大眼睛。伊凡知道我要走了，以后他得跟妈妈到幼儿园去，便爬到我膝上，拿小胳膊搂住我的脖子，说：

“爸爸，你早点儿回来！”

“尽量早回来，”我回答说。

“好爸爸，你给我带点儿野蒿回来。”

说实话，这个要求使我感到很吃惊。

“你要野蒿干什么？”

“妈妈说你很喜欢野蒿，我还没有见过野蒿呢。野蒿是什么样子？”

“一种平平常常的野草，一点没有什么特别的。”

“什么味道？”

“味道不好闻。”

“那你为什么要喜欢？”

“谁对你说，我喜欢野蒿？”

“妈妈说的。”

“嘿，是妈妈！她是说着玩儿的。”

“快说，你给我带不带？”

“好吧，我带，”我答应说。“带一枝野蒿，带一枝老大的、鲜嫩鲜嫩的。”

不难猜出：伊凡这些话不是自己的，是玛尔塔教他的。可是，为什么要教他说这话呢？难道我又一次回辽阔村，难道我的小说还没有动笔，就取名《蒿香》，她觉得不快活？那就只有她一个人知道了。还有一点也是只有她才知道的，那就是，每当我觉得闻到了野蒿的气味，我的文思就十分敏捷，下笔如有神。我多次自己对她讲到这一点。

“我遇上了怪事，”有一天我对玛尔塔说。“要是我觉得闻到了野蒿气味，觉得野蒿好像就在桌上，写起来就十分顺当，所需要的字眼儿来得很快。要是不觉得野蒿就在旁边,那就糟糕,就一点也写不出来。这究竟是怎么一回事儿,我实在不懂。”

“你最好写封信给菲玛,让她寄点儿野蒿来。培养培养灵感。”

玛尔塔有点儿奇怪地、不自然地笑了起来,显然是想表示她是说着玩儿的。可是,对于她的笑,我有我的理解:她是想掩盖这些年来一直藏在她心中的嫉妒心。

“菲玛我早就忘记了,”我不希望又谈起菲玛,便说:“我请你也不要再提她。”

“好的,我以后不讲。不过,你干什么那样发急?”

玛尔塔自然不知道我发急的原因,就是说,她还不知道实情。糟就糟在我没有忘记菲玛,而且,玛尔塔又来提她,又恰恰是在我出发之前,我是很不愉快的。我多次试着将菲玛忘记,可是忘不掉。我希望不去想她,可是我总是想了又想。就如现在:在我准备去进行长期采访的时候,首先就想起菲玛。我希望一定要找到那个名字非常奇怪的神秘的肯克斯村。我一定要找到这个村子,还因为我在土库曼尼亚时,从当地居民那里打听到,“肯克斯”原来是突厥语,意译成俄语就是“太阳姑娘”。难道菲玛想用这种办法对我说,我失去了她这个太阳姑娘?要是真的在斯塔夫罗波尔平原上没有这样一个村子,是菲玛自己专门为我虚构出这样一个并不存在的村子,而且编造出村名,那我就更需要见见她。我要到她那里去,喊她太阳姑娘,并且告诉她,她的谜我已经猜到了。

使我感到不知如何是好的,是我有一种很坏的、很沉重的心情。不知为什么,偏偏在这次出发之前,心里觉得惶惶不安。我有一种很奇怪的感觉:好像我这次出去不是呆两个月,而是永远不回来了。我拼命对自己说,这种想法全是胡思乱想,毫无根据,可是这种想法还是往脑子里钻,萦绕在心头,使我不得安宁。我总觉得这回怎么吻伊凡也吻不够,不像过去我要出发临别时那样吻他,而是好像我已经不指望再同我的儿子见面了。我并且在动身前对玛尔塔说:

“玛尔塔,我有一种预感,似乎我这次回到家乡,会出什么事情。我甚至都不想去了,不过,需要去,不去不行。”

“你会出什么事呢?”

“我自己也不知道。可是有这种感觉。”

“别这样想,”玛尔塔惊恐地望着我,她的一双大眼睛露出担忧的神色。“放心去吧。不会出什么事。要执行任务嘛。”

“我希望不想,可是没办法不想。这个混蛋想法一直赖在脑子里,撵也撵不走。这种事我过去还从来没有过呢。”

玛尔塔又奇怪地、特意地笑了起来,她希望使我们的谈话愉快些,便问:

“米沙,你知不知道,你应该怕什么?”

“怕什么?”

“你还是怕一怕:这里你把我丢了,那里菲玛不再拖你了……”

“你怎么又来了?我说的是规矩话……”

“米沙!别这样爱动气。简直跟你不好说笑话了。”

“好啦,我该动身了。别误了飞机。”

“笔记本带上了吗?”

“带了厚厚的两本。两本新的,昨天才买的。好啦,再见吧,玛尔塔。”

“再见!”

“照应好伊凡,等我的信吧,等我回来好啦。”

就在当天薄暮时分,当夕阳染红大街上两排白杨树树顶的时候,我又一次——谁记得这是第几次呢?——在辽阔村村口下了汽车。周围的一切我不但熟悉,而且有亲切、故旧之感,并且这一切又好像第一次看到。村外是两个季节交接时的景象,这时候,夏神还赖着不肯从田野上撤走,秋神也姗姗来迟,还未来得及用它那暗淡的色彩染遍田野。

最先进入我的眼帘的,是辽阔村上方清澈蔚蓝、染上淡淡暮色的天空,是嵌在这广阔的蓝底子上的一座坡度平缓的土冈和矗立在冈上的我的奶奶的像。我一下子就认出了这是我奶奶,并且对她笑了起来。我怎么能认不出是她,怎么能不对她笑呢?过去她常常站在台阶上迎接我。如今,她还是穿着那件挂满勋章、奖章的女褂,系着那块薄薄的头巾。她站在高高的瓦灰色大理石台座上,台座高高地耸立在野草丛生的土冈之上。同样也是瓦灰色的大理石羊鞭放在她的肩上,放得那样自然,就像真正的羊鞭扛在真正的牧人肩头上。奶奶头巾之下的两只眼睛望着洒满夕阳的草原,那目光像是跟随着她那边吃草边前进的羊群。同时她的眼睛还望着柏油公路。她凝神望着,生怕漏掉进村和出村的汽车。这位牧羊人妈妈对那些乘卡车、乘“伏尔加”、乘“日古利”、乘“莫斯科人”或者乘“查波罗什”进入辽阔村的人一律表示欢迎，对他们说："欢迎，欢迎，请到我们村里来吧，我们村里的人又和气又亲热。要是不嫌弃的话，可以在我们这里喝喝酒，可以在凉荫里歇息歇息，也可以在这里过夜。"那一辆辆汽车便来到白杨树荫里，停在供水龙头旁边。牧羊人妈妈对离开辽阔村的人同样凝目相送，向他们道别，"一路平安！请以后再来！"

我在奶奶面前跪下来，目不转睛地望着奶奶，心里一阵难过，眼泪夺眶而出。她站在冈顶上望着我，好像是站在蓝天上望着我，她的目光亲切，使我感到振奋，我觉得，好像奶奶在对我微笑，笑得还是那样亲热，她这种笑容是我从童年起就十分熟悉的。

"奶奶，你好！"我高声喊道。

我听到了化作草原回声的她的回答：

"好孙儿，你好！你现在又回来干啥？"

我又喊道：

"奶奶，有一种力量拉着我回来！"

回声又送来奶奶的回答：

"这有啥稀奇的？你爷爷、奶奶都是草原上的牧人，你身上有草原人的血，所以你总想回来。"

于是我又问道：

"奶奶，现在我往哪里去啊？"

奶奶安详地回答说：

"咋地往哪里去？以前往哪里去，现在还往哪里去，到我房子里去。可惜我现在不能像过去那样来接你了。老天爷派给我一项新差事，将我派到这里，站在冈上，让我迎送来往的行人。所以我就日日夜夜站在这里。不过，米沙，我的房子里还有人，他们会替我接待你,给你安排地方住。去吧,米沙,到我的房子里去吧。会有人亲热地接待你的。”

我站了起来,拂去膝盖上的干草,朝奶奶的房子走去。呀,奶奶完全说错了!这里既没有人接我,又没有人等我。我都难过得懊悔起来,懊悔我不该到这里来。真该难过,真该懊悔。我站在门前,成了一个陌生的、无人过问的外来人。

我依然觉得十分亲切的、画有地毯的台阶望着我,望着我这个不速之客,我仿佛听到它在说:“小伙子,你是哪一个?你从哪里来?你找谁?你要是找巴莎她老人家,她已经不在了。你到村头上去,她在那里,站在土冈上。”

依然是那挂着白色印花布窗帘的窗子,它们如今已经不像过去那样朝着我笑了,它们不认得这个外来人,好像在说:“我们干什么要笑?我们不知道你是哪一个,不知道你是来干什么的。”还是那泥房顶,那是我童年就熟识的,也不对我表示欢迎。房顶上长的草似乎更密了,已经干枯了、黄了。一丛丛的冰草长长的,许多山芥菜的秆儿折断了,所以房顶上的草显得乱七八糟的,就像一个老头子从不梳理的头发。房顶上未长野草的地方有一些裂缝,蜘蛛已经精心地结起了网,说明夏天是缺雨的。我还发现一个使我感到吃惊的变化:我住的那间屋子对着院子开了一个门。有一个穿着肥大的男式裤和女褂的陌生的年轻孕妇,不走台阶,而是从这个新开的门里走了出来。说实话,我是第一次在辽阔村看到穿男裤的女子,何况,这还是一个孕妇,这样看来,城里的风气也已经传到了这里。这个女子舔了舔干裂的嘴唇,用她那带有睡意的眼睛笑着朝我望了望,说:

“你好，难道你认不得我了？”

“有点儿眼生。”

“我这样重的身子，你怎么能认出是我呢？你可记得，巴莎奶奶这里住过一个姑娘叫拉丽萨的？那就是我。”她又舔了舔嘴唇，咬住下嘴唇，望了望她那还不太大的肚子。“穿这种裤子舒服些……我就要做妈妈了。不知是男孩还是女孩。快进屋里坐吧。我男人很快就要回来了。”

我必须讲点儿什么，于是我问：

“你出嫁很久了吗？”

“呀，瞧你说的！没有多久，才一年多，”拉丽萨笑着回答说。“你多长时间没回来啦？”

“给奶奶送殡以后就没有回来过。”

“那可是够久的了。我们这里的变化才多哩。”拉丽萨沉默了一会儿，好像在寻思，哪一种变化该先讲，哪一种变化该后讲。“今年春天，奶奶的像就塑好了，就竖在辽阔村村口上。看到了吗？”

“是的，竖在那里好极了。整个草原都在奶奶眼底下了。”

“那当然啦！”拉丽萨欣然表示赞同。“人们都十分喜欢这尊纪念像。很多司机，第一次从像前路过，都要专门停下来看看奶奶的像。”拉丽萨将我让进屋里。“你在这里住过的，记得吗？菲玛当时就住在隔壁。”

“现在她到肯克斯村去住了，”我一面往屋里走，一面说。“这个肯克斯村究竟在哪里？”

“我不知道。请坐在沙发上，把上面的东西放到这里来……

是不是要洗洗脸？喝杯茶好吗？饿了吧？”只是在这会儿，从她对我百般关切的神态，我才认出了拉丽萨身上那种熟悉的善于体贴人的女主人的特点。“那几间屋子现在是牧人陈列馆。就让我在这里照应陈列馆。报酬不多，好在活儿也不重。不过，还是天天有人来参观。大家都想来看看。外地来的特别多。我等会儿带你看看。里面好看得很，各种东西摆得有条有理。”她突然问道：“你要不要知道，我嫁给谁的？”

“是谁，你的心上人是哪一个？”

“伊柳沙·瓦西连科夫，他是我们新来的兽医。你不认识他。”她莞尔一笑，“我本来一点都没有打算嫁人，甚至连想都没想过，可是不知为什么忽然一下子就想了起来，就出嫁了。”

“就是说，你是深深爱上了他。”

“当然是爱上他了！”拉丽萨坦然地说。“伊柳沙大学一毕业就来到辽阔村，就在前年这个时候来的，到秋天我们就结婚了。我们当时没有地方住。所以叶夫盖尼·奥西波维奇就让我们在墙上打了一个门，把这间屋子改成一间可以单独出入的住房。”

“这个叶夫盖尼·奥西波维奇是什么人？”

“难道你都不知道叶夫盖尼·奥西波维奇？”拉丽萨吃惊地说。“这是我们的新主任，接替阿尼西姆·伊凡诺维奇的。他是根据安得列·谢罗什坦的要求，从斯塔夫罗波尔派来的。”她的语气中透出引以为荣的意味。“他年纪很轻，人长得很气派，戴着呢帽。他的妻子也十分讨人喜欢，是个医生。他们有一个三岁的儿子。你大伯阿尼西姆·伊凡诺维奇如今在饲料间里当杂工，不过他不好意思说自己是杂工。有一天我在街上看到他，他的样子都变了。无精打采,一点都不神气了,胡子长得老长老长的。”

我急不可待地要到旁边几间房里去看看,拉丽萨好像猜到了我的心思,她提出要带我去看牧人陈列馆。我们登上漆得花花绿绿的台阶,跨过熟悉的门槛。这几间屋里的变化令人吃惊:这已经完全不像我在里面长大、我十分熟悉的那几间屋子了。如今成了极其一般化的住房,里面的空气不流通,动都不动,还带酸味儿,这样的空气除非地窖里才有。这里已经没有了奶奶居住时素有的那种舒适,黏土地上没有了野蒿和野草,窗台上没有了鲜花,窗子上挂的也不是奶奶爱挂的那种窗帘。在一进屋最显眼的地方挂着奶奶那件有名的女褂,就像供着一尊圣像似的,勋章和奖章全都锃亮锃亮的,显然是有人精心擦抹过的。墙上,稍微高些的地方,挂着奶奶的肖像:头巾下露出白发,一双亲热、和蔼的眼睛关切而焦虑地望着我。不管朝哪里望,竖着的,横放着的,到处都是牧羊人常用的生活用品和放牧用品。在两个窗子之间的墙壁上,靠着二十多条使用过的旧羊鞭,就像枪支一样;羊鞭长短不一,上面的钩子也是各式各样的。有意思的是,所有的钩子都是使用多年的,是常常被用来钩羊腿的,所以,我看到每个钩子上都粘着小小的一绺羊毛。

拉丽萨执行起解说员的任务,给我解释说:不论羊鞭,不论其他展品,都是牧人们自动送来的。

“每个人都希望自己的东西能够在陈列馆里保存下来。”这是她的结语。

我数了数:有六个铁三脚架。过去牧人用这样的三脚架将铁罐或铁锅架起,架在篝火上。三脚架旁放着一些铁罐和铁锅,这些铁罐和铁锅在进陈列馆之前,在草原上闯荡了多年,受够了篝火的熏烤,已经熏出了厚厚的一层黑灰。这里还陈列着牧人服装——经受过多年草原寒风和倾盆大雨的毡斗篷和皮帽。毡斗篷和皮帽都挂在墙上,上面挂着小木牌,写着服装原有主人的姓名:"社会主义劳动英雄、牧人伊凡·戈里茨维特""已故功勋牧人、三次勋章获得者尼基达·谢拉斯季雅诺维奇·契尔诺布洛夫""老牧人、勋章获得者雅可夫·斯皮里多诺维奇·雅增科"。有的只写姓名:"叶夫多基姆·柯尼""瓦西里·奥格洛布利亚"。在这些服装当中,有一件斗篷和一顶皮帽显得特别破旧,上面的牌子上写着:"两次社会主义劳动英雄称号获得者西兰季·叶戈罗维奇·戈罗别茨"。

望着这些斗篷和皮帽,仿佛能看到一个英雄的、各方面都很不寻常的伊凡·戈里茨维特或者平平常常的叶夫多基姆·柯尼。毡斗篷旁边挂着几件破烂不堪的旧短皮袄,袖子和领子已经烂得不成样子,大大小小的窟窿里露出一绺一绺的羊毛,两肩和下摆都沾满了油污。

牧羊人穿的鞋子也单独陈列着:多数是用生牛皮缝制的皮靴,不是用麻线缝的,而是用细皮条缝的,每只靴子里都垫了草,垫的草早就干了,已经变成了铁锈色。

不过牧羊人的鞋子又算什么稀奇!谁又没见过,谁又不知道?看,一辆平常的牧人篷车也进了陈列馆!这辆篷车的四个轮子歪歪扭扭,十分破旧,看样子,已经走遍了辽阔的草原,经过了无数的洼地、阜地和泥沼。为了展览需要,篷车下吊了一个摇篮。"普拉斯科维娅·阿尼西莫芙娜·恰佐娃的孩子们睡的就是这种轻便摇篮”——木牌上是这样写的,虽然不但是我,而且很多辽阔村的人都知道,我奶奶的几个孩子不光睡在摇篮里,而且还干脆睡在篷车底下草地上。这里靠墙放着一张长桌。上面放着各种羊毛标本,还有一大片像皮袄一样厚厚的羊毛。旁边放了羊毛剪,这些羊毛剪已经生锈,有手工用的剪刀,那是过去手工剪羊毛用的,有新式剪刀——电力剪毛器。

我走进另一个房间——原来我奶奶住的房间,不由得全身一震:我正对着一副猎狗的嘴脸,狗眼睛瞪得大大的,一嘴白牙齿龇得非常可怕。猎狗的毛是栗色的,有点像雨后干草的颜色,前胸凸凸的,脖子老粗老粗的,四条腿短短的,膝部特别粗。我望着这张很不愉快地笑着的狗脸,觉得我好像是在哪里见过的,可是究竟在哪里,我却想不起来了。拉丽萨给我解释说:这件猎狗标本是西兰季·叶戈罗维奇·戈罗别茨送来的。是老头子亲自做好,送给陈列馆的。

“老头子说,让大家看看我们用的狗是啥样子,”拉丽萨补充说。“老头子说,现在因为不用猎狗,这种狗越来越少,眼看就要绝种了,猎狗制成标本,就可以永远保存下去,让大家看到这猎狗,就能想到过去。老头子说完这话,还哭了呢。不知为什么他现在那样爱流泪。他只要到陈列馆来,就要哭一场。人老了,神经就脆弱了……”

于是我想起这条栗色狗的嘴脸我是什么时候和在哪里看到的了:那是我第一次回来,在西兰季老爹那里看到的。这原来是莫罗勘!是的,一点不错,就是它。于是我重新刮目相看,我觉得莫罗勘笑得也不那么忧郁了,而且好像在问我:“怎么样,现在认出了吧?”

“这条猎狗叫什么名字?”我还是向拉丽萨问道。

“我不知道,西兰季老爹没有告诉我,”拉丽萨回答说。“他只是说,这是他的狗。”

“应当向西兰季老爹问清楚这条狗的名字,挂上个牌牌儿,”我向这位陈列馆看守人建议说。“这条狗叫莫罗勘。真的,叫莫罗勘!这么说,西兰季老爹还剩两条狗——只剩下半人马和‘教士’,是不是?”

“什么两条狗?”拉丽萨吃惊地说。“西兰季老爹自己说,还有一条猎狗不见了。跑出去,就没有回来。这事儿恰好就出在这条狗死的那一天。一下子就失去了两条狗,西兰季老爹伤心极了。可是有什么办法呢?老头子一讲到猎狗就要哭。眼泪顺着腮直往胡子上滚,他管都不管,揩都不揩。看样子,他对狗心疼极了,不论怎么说,总是和狗在一块儿呆惯了。这会儿他不论在水牛村溜达,不论到我们这里来,只有‘教士’跟着他。”

隔壁响起一个人的脚步声,就像当年菲玛在我隔壁住的那时候一样。我说:

“拉丽萨,好像是你丈夫回来了。你去吧,我自己在这里呆一会儿。”

“嗯,是的,是他回来了,”拉丽萨说。“好吧,我去了。你可以看看这里写的。”她指了指放在桌上的一本大簿子。“这是参观者的留言。你也可以写上一点儿。”她已经走到门口,又说:“到我们家来吃晚饭。待会儿我敲墙喊你。”

我点了点头表示同意。

笔记摘抄

她的生活在这座房子里开始，开始已多年，好像特意要画一个合拢的圆圈似的，又在这座房子里结束。我的尚未写出的小说取名《蒿香》——这是一种草原气味，这种气味我奶奶不仅熟悉，而且特别喜欢。这门槛，正是在我的想象中出现的那道门槛。是的，那个穿短连衫裙的小姑娘，正是怯生生地迈动着她那纤弱的小腿儿，独自跨过这道门槛，到台阶上去的。这门槛依然如故，依然不太高，已经被踩得光溜溜的了……如今这房子里面可是完全不同了。这房子里摆满了她和同她一样的那些人过去生活中用过的东西。看起来，这似乎没有什么稀奇的。也许，牧人篷车不在田野上，而是在房子里，这才有点儿稀奇。还有，篷车旁没有篝火，熏黑的三脚架上没有炖羊肉，地面上没有弥漫着烟气。再就是，那车轮仿佛滚啊滚啊，后来来到这屋子中间停住，说：够了，行了，我们该走的路，全走过了。轮毂和轮辋都磨损了，轮箍已生了锈。谁不知道，牧人篷车是跟着羊群走的？如今却成了历史的遗迹，摆在这里让大家参观，人们前来参观它，觉得好像是第一次看到。

或者，我们来看看像羊鞭这样的牧人生产工具。此地人谁又不知道羊鞭是什么东西？谁又不知道羊鞭自远古以来在人类生活中是干什么用的？谁都知道。不过这些羊鞭来自各地，整整齐齐地摆成一排，上面有牧羊人的手磨出的痕迹，如果能很好地想一想的话，那是很值得一看的。这些斗篷和皮帽，上面标有姓名的，或者“西兰季·戈罗别茨”，或者“伊凡·戈里茨维特”，或者“尼基达·契尔诺布洛夫”，又怎样呢？看起来，这些斗篷平平常常，皮帽也并不怎样，都是下等羊皮制成的，原有主人的姓名也很一般。但是，这也是历史的见证：斗篷的底边特别脏，那是在草地上擦的；斗篷上的窟窿，那是风吹雨打造成的；皮帽里面褪了色，那是淋漓的汗水泡的。一切都很平常、很简单，不过，看一看这些陈列品，在旁边站一站，想一想，还是很有意思的。或者，我们再来看看挂在墙上的这些羊倌和掌车人的肖像。这是人人经常看到的一些男人和女人，他们的脸被太阳晒黑了，被干热风吹皴了，眼睛里露出沉思的神色。他们在这里，在奶奶房子里想什么呢？望着这些脸，望着这些沉思的眼睛，叫人望不够，其中有一种特别的东西、吸引人的东西。大概这是因为，这些人在劳动中度过了他们的一生，还因为他们现在也成了我们历史的见证，所以来到这里，来到普拉斯科维娅·阿尼西莫芙娜·恰佐娃的极其普通的房子里，还要在这里长期呆下去，因为这里展览起普通的人类活动。他们那种平常而又普通的生活，不仅通过生活用品、生产工具，通过照片，别具一格地、富有人情味地直接反映出来，而且还通过牌子上的文字，通过参观者留言簿上许多有趣的留言反映了出来。

我只抄录了其中的几段，自己留作纪念。

抄自参观者留言簿

这里的一切，都是多方面搜集来的，经过了精心的布置，这一切使我们看到了过去，使我们获益不少。现在年轻一代的养羊人，一开始就同综合场打起交道，而不是同草原打交道，他们特别应该来看看。他们只知道机器，知道电，可是完全想不出草原上的天地是什么样子的,从来没见过放牧中的羊群、驻扎时的篷车、篝火冒的烟、架在篝火上的铁锅或者铁罐。比如说,我们这些有文化的年轻人知道掌车人是怎么回事儿吗?不知道。那我们就来告诉他们。掌车人——就是牧人车篷里的主妇。她在驻扎的地方烧饭,羊倌就穿着像这里展览的这样的斗篷和皮帽站在远处,从驻扎地能看到他们的皮帽和羊鞭。羊倌一面照应着羊群,一面望着车篷,望着篝火冒出的炊烟,等待着掌车人竖起白旗——这就是吃饭的信号。羊倌身边总是跟着闲得发闷的猎狗,就像这条龇着大牙的猎狗这样。我和我妻子跟着羊群过了多年,我当羊倌,我妻子做掌车人,如今我们都已退休,现在我们是路过这里,去看儿子的。因为我们亲身经历过这一切,所以我们完全赞成在普拉斯科维娅·阿尼西莫芙娜·恰佐娃的房子里展示过去牧羊人的生活情景。我们在此签名表示支持:伊格纳特·尼库利申、阿娜斯塔西雅·尼库利申娜。

这满嘴獠牙的猎狗——是的,就是这个样子。颈子上的毛竖得高高的,尾巴短短的,半截尾巴翘着——就是这个样子,这东西站在这里就像活的一样,简直要叫人当成真正的活狗。龇牙也龇得很自然,同真的完全一样。再看那牙齿吧!那牙齿多么锋利!不论什么样的狼背,都能撕个稀烂。建立陈列馆,只有好处,没有坏处。我完全赞成。老羊倌、两次勋章获得者谢苗·马克西莫维奇·柯特利亚洛夫。

我的好大姐巴莎，普拉斯科维娅·阿尼西莫芙娜，你的房子成为我们珍惜的生活的保存处，能够为渐渐过时、渐渐被忘却的生活保留痕迹，这就太好了。巴莎，普拉斯科维娅·阿尼西莫芙娜，就让这使我们感到高兴、感到欣慰的一切，与我们终生相伴的一切，永远保存在你这里吧。西兰季·戈罗别茨老爹向你叩他的白头。

摇篮吊在篷车底下，在两个轮子中间，这样很好，我们女人看了十分高兴，因为真实情形就是这样的。望着这摇篮，不由地就想起自己年轻的时候，想起自己的好时候。但往往也会有这样的情形：小孩子不是在摇篮里长大，而是干脆睡在草地上。照样长得很结实，长得很快，一下子就长大了。不过，因为我是一个妈妈，我还是要说：不论怎样看，在篷车底下给孩子吊一个摇篮，总是要好些——既舒服，又漂亮。我记得，我和我的丈夫亲自用木板给我们的头生儿子做了一个很漂亮的这样的摇篮。为了使木板不硌人，上面还蒙上一层布。我们的摇篮就像这个摇篮一样，吊得离地面很近，坐在旁边就可以给孩子喂奶，同时自己也可以坐着休息。摇篮陈列得很好，很真实，如果不陈列摇篮，陈列馆就算不上陈列馆了。普拉斯科维娅·阿尼西莫芙娜房子里陈列的一切其他东西，也都是必须陈列的，是我们熟悉的，是我们过去常用的。这些东西不看也知道，因为过去已经看够了，不过还是很想看。我要问，这是为什么？我可以这样回答，因为，只要看到这些东西,我们在思想上就回到了自己过去的青春时代。我们就觉得又忧伤又高兴。过去的掌车人玛丽娅·叶菲莫芙娜·涅斯玛什纳娅口述,教师B·П·斯麦利亚科夫代笔。

我们人是干什么的？这个问题不简单,也不是毫无意思的。要是能在这座房子里呆上个把钟头,马上就什么都懂了,马上就能找到正确的答案:我们是美好生活的建造者,是美好生活的创造主。把这个意思说具体些,那就是:我们不会无声无息地死去的,我们身后要留下痕迹,留下一点对社会和人类有用的、有好处的东西。最明显的范例就是普拉斯科维娅·阿尼西莫芙娜·恰佐娃的一生。她老人家生前住在这座房子里,我是认识她的。真是一个不平凡的人。老人家,我向您屈膝致敬。区汽车场场长斯捷潘·洛沙科夫。

一句话——这都是过去的事。我们所看到的是过去那些养羊人的苦难深重的生活,如此而已。那是过去的时代,那种时代不会再有了。试问:如今我们已经到处建立起尽够一看的综合养羊场,为什么还要来怀念、来展示这些东西？如今的综合场不像养牲畜的地方,简直像是给牲畜修建的最讲究的文化宫。比如说,羊在综合场里,就像住在上帝的深宫里一样,吃的沙[①]东西都是现成的,什么必需品都有,特别是在产羔间里,连热水都有。综

①这是作者有意的笔误,详见下一节。

合场里养羊的人日子过得又怎样呢？有些旅馆里都没有这样舒服。床上有软垫，铺着干净的床单，桌子上有鲜花。耳边有收音机，眼前有彩色电视机。到处有报纸、杂志。现在这里要我们看的又是什么呢？全是老古董。把羊鞭摆了出来，大家都来看吧。还把毡斗篷、皮帽挂在墙上。有什么意思呢？对不起，这服装并不漂亮，难道我们综合场的人会穿这种服装？难道会把这种羊皮帽戴到自己的头上？难道会把这种垫了草的生牛皮靴套到自己的脚上？不会的，决不会，过去的，回不来了，而且也不该叫它回来。这里所展出的一切，早就过时了，不应该拿出来展览，应该当废品处理掉。应该从脑子里排除干净，全部忘掉。我们应当拼命向前看，只有向前看。我来做一个实事求是的结论：完全不必向过路人展示这种旧时的生活，这样展示，没有任何好处。我们没有陈列馆也能过日子。出租汽车司机亚历山大·普罗科菲耶维奇·尼科波利斯基。

这真是怪事，这位出租汽车司机真是一个不折不扣的浑人。他不仅不会写“啥”字，将“啥东西”写成了“沙东西”，他还不懂，人类没有过去，就不可能有现在和将来。我也是开汽车的，我连羊都没有亲眼好好地看过，可是我常常到陈列馆来，我懂得，草原牧民都是一些很了不起的人。他们是光荣的，是有功劳的，永远不应当忘记他们。自卸卡车司机费奥多尔·斯托亚诺夫。

啊，毡斗篷啊，毡斗篷！现在没有人穿你了。可是，想当年，牧羊人在风里雨里离了你就不行。毡斗篷啊，你就是牧人的房子，能给他暖身子，能御寒，能挡风雨。现在你吊在墙上，像个孤儿。你上头还有皮帽。这皮帽论样子不好看，可是对牧人的头也大有好处，特别在秋天和冬天更是少不了。再就是这生牛皮靴——也是少不了的东西，看起来，不像个鞋的样子，可是穿在脚上，走起路来才舒服哩。我担保，也可以发誓，我穿过的，确实很舒服。毡斗篷我也穿破了不少，皮帽也戴过好几顶。老羊倌、社会主义劳动英雄、勋章获得者巴维尔·萨姆索诺维奇·亚基缅科。

我刚刚参观了陈列馆，觉得很满意。像这类群众自办的陈列馆，只有用生动的文字、珍贵的遗物鲜明而全面地揭示出苏联劳动者的英雄业绩、他们崇高的道德和精神品质、我们社会主义生活方式的优越性，才能给人的思想和心灵以巨大的影响。当然，陈列品还要同现实有密切的联系，要直接面向参观者，要同他们的事业、他们的愿望、他们的理想和计划有关系。可以大胆地说，在辽阔村、在社会主义劳动英雄普拉斯科维娅·阿尼西莫芙娜·恰佐娃的房子里建立的这座陈列馆，正是根据这些重要准则建立的。不论本村、本州的人，不论外地来的客人，看了这些精心布置的陈列品都十分感动。这里的一切，十分生动地、有充分政治说服力地说明：养羊人在沙皇时代所受的苦难何等深重，他们现在又生活得何等美好。我完全赞成和拥护辽阔村这一值得仿效的创举。知识普及协会讲演人И·В·米诺欣-科洛科利采夫。

二

晚上我睡在大伯阿尼西姆·伊凡诺维奇家里。

床边有一个矮矮的床头柜，上面放着一盏灯。斜斜的微弱的灯光照在枕头上，照在我的脸上。干净的被窝使人十分爽快。我跑了一天，觉得十分劳累，两只眼睛都睁不开了，可是伯母叶列娜因为我突然来到，太高兴了，怎么都不肯离开这个房间。她在让我就着果酱喝茶的时候，在给我铺床，在把浆过后一直放着没用的床单弄得沙沙响的时候，在把鼓膨膨的枕芯装进枕套的时候，已经对我讲了很多。可是，显然她还要对我讲一点重要事情，还要同我谈一点什么，她像亲妈妈一样细心地给我掖了掖肩头的被角儿，在床边坐了下来。她那慈祥的、忧愁的眼睛在浓浓的黑影中隐约地闪着亮光。

“这是卡佳的床，是她过去睡的，”伯母说。“床还在这里，还在原地方，可是卡佳不在这里了。”她用手擦了擦腮上滚着的眼泪。“不听爸爸妈妈的话，跟了安得列，已经缠进孩子堆里出不来了，叫人看着都心疼，拖着一堆孩子，天天围着孩子转。不是这个哭，就是那个生病，要不然就是跑到危险地方去了。一个比一个小，她白天黑夜都陪着几个孩子折腾。”

“有孩子——这是好事情，”我希望表示我并不困，便搭腔说。“没有孩子，家庭就不会幸福。”

“要是从旁边来看，这是幸福的，”伯母叶列娜忧愁地说。“或者，要是有一个，至多两个，那也不错，可以解解闷儿。可是卡佳上个月生了第五个。安得列还鼓励、夸奖卡佳，当着人们的面喊她‘我的五分获得者’，就是说，优秀妻子。现在他们有三个女孩、两个男孩。”她深沉地、为难地叹了一口气。“卡佳年纪轻轻的，自己折腾坏了，叫人看着心疼。安得列有个亲姑姑，帮了她不少忙，我有时候也瞒着阿尼西姆，到她那里去呆一会儿，帮她做点事。有时洗洗尿片，有时做点别的事，做过了就走。我们到现在还没有和解。”

“你们怎么能这样呢？”我使劲把眼睁了睁，问道。“早该和解了……”

“要是依我，早就和解了，可是你大伯倔得很。像一匹倔强的马，站在那里不肯挪一步。”她咂了咂嘴，停了一会儿。“他心里有气。本来安得列把女儿抢去，已经够气的了，现在又有不痛快的事落到你大伯头上。”

“什么不痛快的事？”

“他的主任职务被撤掉了。难道你还不知道？”

“我知道。”

“女婿第一步把羊圈搞掉，搞得干干净净，”伯母叶列娜说。“如今那地方盖起了老大的养羊工厂。然后女婿就来收拾丈人。他派来一个新主任。这个叶夫盖尼·奥西波维奇年纪很轻，可能比安得列还年轻些。把我家阿尼西姆调到饲料间当杂工。原来是养羊人的头儿，是主任，现在当起杂工，——要经得住这样的事，不是很容易的。而且这样摆布他的不是别的什么人，是自己的女婿。”她在我脚边坐稳实些，可是我不能再望着她了，我的眼已经睁不开了。“安得列也不像苏霍德寥夫那样搞无记名投票。

他自己下命令，任命这一个，撤掉那一个，一点不啰嗦。我那阿尼西姆被撤职以后非常难过。糟的是，他从此抱住酒瓶不放了。一下班回到家里，就喝起来、唱起来。米沙，你最好听听他唱的是什么。那声音叫人听着害怕。说诉冤不像诉冤，像是有很伤心的事，好像不是在唱，是在哭。他天天上夜班，是他自己愿意的。夜里他在饲料间给羊做饲料，白天就喝酒、唱歌。他不到街上去，天天呆在家里。”

“也不出去串串门儿吗？”我克制着瞌睡问道。

“他不好意思在别人眼前露面，”伯母叶列娜回答说。“你说说看，米沙，这算什么样的日子？过去他是什么人，现在成了什么人？这公正吗？要是有人问他：阿尼西姆·伊凡诺维奇，你在综合场是干什么的？他为了拿出点儿派头，多少停一下子，接着就毫不含糊地回答说：我当操纵员，听懂了吧，操纵员。这个字眼儿是他自己想出来的，人们不了解内情，也就相信了他。他也高兴了。还说是操纵员呢，编得倒是不错！有一次我问他：阿尼西姆，干什么你要瞎编？干什么要骗人？你是杂工，哪里是什么操纵员？他很不高兴地嘿嘿一笑，说：这没有什么，这样说，要体面些。让他们相信去吧……”

她还讲了大伯的一些情况，几次又提到“操纵员”这个词儿，但是我已蒙眬睡去，什么都没有听清。等我清醒过来，我又听到：“当然，不用说，操纵员总要比杂工，尤其比夜班杂工要好些。米沙，你要注意，他要是也对你扯谎说自己是操纵员，你就装做相信他。就让他高兴高兴吧，权当卖个玩具哄哄小孩子。我是这样看的：他胡诌说自己是操纵员，这不会有什么坏处；可是这个操纵员从此抱起酒瓶不放，这就糟了。他一端起酒杯，要么就一股劲儿地唱，唱得撕心裂肺，要么就骂安得列的祖宗八代。”

“您该劝他们和好，”我睡意蒙眬地说。“您是个女的，可以给他们调解调解……”

“我同阿尼西姆谈过多少次了，”伯母叶列娜说。“我说：你看，咱们几个外孙都那么大了，几个孩子都不错嘛。不行。阿尼西姆听都不愿听。他直摇头，而且气得脸色铁青。不行的，看样子，他们是好不起来了。”她又沉重地、深深地叹了一口气。“米沙，你睡吧。看，你那眼睛都睁不开了，可是我还缠着你没完没了地讲哩。”

灯熄了。我仿佛跟床一起掉进了深渊，已经听不见伯母是什么时候从房里出去的。我睡得很浓，一直没有醒过，因为我是客人，没有人喊我，没有人惊动我，我很迟才起床，这时太阳已经钻进窗来，给房里洒满炎热的光芒。我穿好衣服，开了门，看到一个男子。他靠着一张桌子坐着，面前有一只棱状的玻璃杯和一瓶没有喝完的酒。这是怎么回事儿？自己的亲大伯我居然一下子没有认出来。他竟成了一个满头白发的庄稼汉，胡子没有刮，头发也没有梳。他瘦了，身子佝偻着，缩着肩膀，身上穿的衣服也不像样子。

“噢，米沙，你醒啦。”大伯用流露着痛苦的、无神的眼睛朝我望了望，“这么说，你又回来啦？这很好。我赞成。人这种玩意儿不能忘记自家人。不应该忘记！我也时常想到你，想知道你日子过得怎样，写一些什么。可是我不能去看你——太远啦。你爸爸可有什么消息？”

“他来信说,不久就要回来了,”我说。“可能就在今年冬天。”

“来吧,米沙,坐下,咱们来喝一杯,算是给你接风。”

伯母叶列娜跑了进来,从他手里夺过酒瓶,放到柜子里。

“够瞧的了!在米沙面前,你就要要脸吧……”

“这种玩意儿有什么丑的?我丢谁的人啦?我喝的是我自己的,不是偷来的,再说,现在我干这样的差事,也该喝酒庆贺庆贺。”大伯那张长满栗色硬毛的脸扮了一个不自然的笑脸。“我对那些傻瓜说,我女婿派我当操纵员。操纵员这种玩意儿是怎么一回事儿,很少有人知道,我也不给他们解释。他们都相信!他们还眼热哩!让他们相信去吧,我才不管呢。米沙,我不能对你扯谎,我要说真话:我是杂工,普普通通的杂工,夜班杂工,有什么活儿,就干什么活儿。正像大家说的:杂工是个要人,谁都可以指派他。我如今成了这样的人了……所以,米沙,我心里憋得慌。实在难以设想,谢罗什坦把我贬低到这等地步!这个可恨的东西,简直是往死里整我!连苏霍德寥夫都不忍心对我下手,没有给我搞无记名投票。可是他,还是女婿呢,一道命令就把我撤了。好狠啊!”

“米沙,给你条新手巾,”叶列娜伯母想要我离开大伯,便说。“洗脸去吧,洗过脸就吃早饭。我已经做好了。”

我在穿堂里洗脸。房门还留着一道缝儿,我在这里听得很清楚,我大伯唱了起来。说实话,这不像人的声音,有点儿像夜里的狗叫声,——有时候,一条狗在院子里,连主人也看不到,突然害怕起来,便嗥嗥直叫。

我吃罢早饭,叶列娜伯母收起桌上的碗碟,铺起亚麻桌布,便说要去担水，到穿堂里担起水桶，哐啷哐啷地从窗前走过。一直坐着没有动的阿尼西姆大伯马上站了起来，从柜子里拿出酒瓶，倒满一杯，像是对我解释似的，说：

“就喝一口。喉咙里干得难受。我想同你谈谈。心里有气，就是消不掉。”

他把酒瓶放回原地方，将柜子小门关好，坐到凳子上，问：

“米沙，你可看到，谢罗什坦在原来我的羊圈所在的地方，盖起了多么漂亮的砖瓦房？那样的房子，连水牛村都没有。”

“我还没有看到，”我回答说。“不过，我一定要看看。”

“我担保，村外那块地方你都认不出了，”阿尼西姆大伯皱着他那胡子拉碴的脸，继续说下去。“我那些羊圈，陪着我过了一辈子的，现在连影子都没有了，好像压根儿就没有过似的。现在村外是一座有砖烟囱的工厂，那些可怜的羊就住在里面，就像装在石头匣子里一样。叫人看着都心疼！”他那胡子拉碴的脸阴沉下来。“残酷！毒辣！我们这个新来的主任也同谢罗什坦一模一样，自充有学问，养羊全靠书本。败类！简直是拿牲畜寻开心！”

“阿尼西姆大伯，你为什么这样凶狠？”我问。“为什么一喝了酒就拼命骂人？我过去对你不理解，现在还是不能理解。”

“你不能理解？”阿尼西姆大伯反问道。“这很有意思，我倒是很想听听。我有什么地方叫你这个城里人不理解呢？是我的乡巴佬相？我的土气？还是我心里的苦楚？”

“大伯，你究竟怎样过日子？像只瞎了眼的田鼠，天天刨呀刨呀，可是朝哪里去，朝哪个方向刨，自己也不知道。”

“好吧，好吧，下文呢？就算我像田鼠一样刨。那又怎样？”

“你头发已经白了，在世界上活了不少年头了。难道你没有看到，在辽阔畜牧场，而且不只是在辽阔畜牧场，发生的许多变化，并不是你的女婿、你所痛恨的女婿异想天开的结果。至少这一点你应该懂。因为，你的气，气的不是没有得到父母祝福就出嫁的卡佳，也不是谢罗什坦，气的是辽阔村外你那些羊圈连同当年煊赫一时的阿尼西姆·恰佐夫一起不见了。这就是问题的实质。但是，这怪不得安得列·谢罗什坦，要怪生活本身。所以，你有什么可气的呢？该怪哪一个呢？怪生活？”

“你批评起你伯伯来啦？”阿尼西姆大伯没有抬他的白头，问道。“好吧，好吧，这种玩意儿，来吧，来吧，你也来批评吧。”

“我不是批评你，是说几句不见外的话：阿尼西姆大伯，你的不幸，不是你成了杂工，而是时代从你身边绕了过去，超过了你，你尽管懊恼，还是得跟着走下去。”

“你虽然上了那么多年的学，可是脑子里还是糊涂一团，这就是我的看法。”阿尼西姆大伯拿发红的眼睛气呼呼地朝我望了一眼。“有些人见我倒霉，就高兴得不得了。你也是这样的……时代，时代超过了我？这种玩意儿全是你瞎想出来的！为什么时代没有超过我的妈妈？难道她跑路比我快？还是比我年轻？她生前何等荣耀，如今，死后又是何等荣耀？大家把她抬上了天，如今站在村口，就像一尊女神。可是让我，让她的儿子，做起杂工。又在她的房子里展示她一生的事迹。可是把她的儿子，把我这个羊倌摆到哪里去了？这又是谁干的呢？是生活？不是的，不是生活，这是谢罗什坦干的。不是别的什么人。可是你还说，这是时代绕过了我，赶过了我。决不是的。要是说老实话，就连谢罗什坦也没有绕过我，没有赶过我，而是把我推倒了，又踏上一只脚……”

“大伯，你不要毫无根据地骂安得列，”我说。“他考虑的不是个人的利益。”

“他考虑谁的利益？”

“他考虑的是畜牧场的利益。他关心的是养羊事业。”

“米沙，别惹人发笑。”阿尼西姆大伯带着冷笑向我瞅了一眼。“我们的事，你懂什么？我很奇怪，有些人，这种玩意儿，特别是那些呆在城里的人，连羊群也只是远远地看过，养羊的事他们一窍不通，可是还要来教训我们，告诉我们，该怎样过日子，怎样为人做事。你也是这样的。你给报纸写文章，随你去写，想怎样写，就怎样写，可是你不要来管我们养羊人的事。我并没有管你们这些作家的事，没有教训你们，没有下指示要你们怎样写文章……米沙，你呀，你要是养羊的人，看看谢罗什坦这些新花样儿，不待我讲，就懂得，羊呆在里面究竟是啥滋味了。”

“羊呆在里面，究竟怎样？”

“要是从表面看，装装门面，那是不错的，”阿尼西姆大伯回答说。“甚至还相当漂亮哩。又干净，又讲究，很可以看一看。不仅从外面看很漂亮，到里面看，也很漂亮。看吧，到处都显得很舒服。”

“那还需要什么呢？”

“那就是，羊这种玩意儿不喜欢这样的舒服。羊需要羊的舒服，需要天然的舒服。像你那谢罗什坦一样的各种各样的聪明人应当知道，羊是最喜欢自由的东西。不能像关监牢似的将羊关起来，要让羊自由，不受拘束。”

“这一点，我已经听西兰季老爹讲过了。”

“听他讲过，这很好，”阿尼西姆大伯继续说下去。“西兰季老爹在养羊方面是最内行的，他从来不随便讲话。看，我们现在搞成了什么样子？真不像话！剥夺羊的自由，不让羊吃脚底下到处有的东西。羊只好由人摆布，羊是不会反抗的东西。拖拉机拖来什么，我们在厨房里给羊煮的什么，羊就吃什么。不会饿死就是了。不让羊在草原上自由自在地跑，羊就天天呆在栅栏里面，不是躺着，就是站着。可是你还要说：不要骂谢罗什坦！单凭他夺去了羊的生活自由，就应该骂他，全世界都来骂他！”

“好吧，我不是养羊人，不错，在养羊方面我也不是内行，”我说。“不过，尽管我不是养羊人，有一点我弄得清：现在辽阔畜牧场已经没有牧场了。说干脆些，已经没有地方放羊了，你和西兰季老爹津津乐道的那种羊的自由天地，已经没有了。那又怎么办呢？”

“以前是有的，那又是多么好的牧场！”

“牧场都开垦了，而且种上了小麦。这你是知道的。”

“我知道。开垦了，种上了小麦，”阿尼西姆大伯郁郁不乐地重复说。“问题就在这里。我要问：为什么要把羊的牧场全犁掉？想一把抓两只兔子：又要粮食，又要羊毛。结果又怎样呢？不错，小麦是有了，可是羊坐进了监牢，受罪，挨折腾。有些人，谢罗什坦这种玩意儿也在内，就没有想过，这些羊关在栅栏里，将来会怎样呢？这一点，我是想过的，我现在还在想。这些羊将来会怎样，我可是知道的。”“将来又会怎样呢？”我问。“能不能对我讲讲？”

“为了说明问题，我来举一个例子，你也可以懂，”阿尼西姆大伯继续说下去。“谁都知道，如今卖给妇女的绸缎，不是蚕茧里抽出的天然丝织成的，是用气体制成的。原来是气体，谁也看不见，变成绸缎，样子挺好看，完全像真的，可是只要一挨到身子，火花直迸。为什么会迸火花？因为这不是绸缎，这纯粹是化学品。小媳妇拿起连衣裙往身上一穿，对不起，连衣裙底下噼里啪啦直迸火花……米沙，羊也会这样的。羊会一年一年地退化，会变得像气体制成的绸缎一样：又像，又不像，又是真的，又不是真的。天然本性没有了。羊毛还是会长的，可是羊毛已经不是原来的羊毛了。肉也不是原来的肉了。所以为什么我要骂谢罗什坦，而且今后还要骂下去，因为他是这样瞎胡闹的罪魁祸首。再说，人又给搞得怎样了呢？如今在辽阔畜牧场，那些内行、那些忠心耿耿、那些最有本领照管羊群的真正的牧羊人已完全不见了。”

“这一点，我也听西兰季老爹讲过。”

“再听我讲一讲，也没有坏处，”阿尼西姆大伯继续说下去。“真正的牧羊人哪里去了呢？没有了。变掉了，变得和气体做的绸缎一样了：又像牧羊人，又不像牧羊人。本性没有了，他们生成的那种麻利劲儿不见了。他们已经忘记了羊鞭是怎样扛的，忘记了在羊群吃草的时候狗该呆在什么地方。为什么会忘记？因为不需要了。就拿我，拿你大伯来说吧。现在我是干什么的？是羊厨师。我过去放羊的那套本事哪里去了？一点用场也没有了。”他看到伯母挑着水进了院子，连忙像个贼一样地从柜子里拿出酒瓶，揣到怀里。“好啦，咱们就谈到这里吧。你现在想到哪里去？”

“想去求神镇。”

“噢！你要去看谢罗什坦？去吧。去吧，让他给你讲讲，他的丈人有多么坏……好吧，我要到棚子里去，干了一夜的活儿，我要睡一会儿。棚子里有床，有褥子，也有枕头。在棚子里没有人打搅我。好极了。”

叶列娜伯母走了进来，将水桶放在大板凳上，问：

“你们谈够了吧？”

阿尼西姆大伯没有回答，用胳膊肘将怀里的酒瓶紧紧地压住，鬼鬼祟祟地侧着身子走出门去。我告别了叶列娜伯母，从棚子旁边走过时，关着的棚子门里又传出阿尼西姆大伯那种可怕的、像狗叫似的嗥嗥的声音。

笔记摘抄

他是很不顺心的。他的不顺心是怎样来的呢？起因何在呢？大概是因为有人完全出自好心破坏了素有的、惯常的生活流程。就比如，把一条小河一堵，水却旋转起来，漫了出来。我大伯阿尼西姆的情形就和被堵截的小河有些相似。他那十分平常而又十分稳实的生活虽不是被堵截了，但好像被劈成了两半，分成了过去和现在。自古以来羊住的麦秸羊圈，羊圈虽然破旧，因为时间久了，已经变成了黑色，但是阿尼西姆大伯心里是安宁的。可是，如今在霉烂的羊圈的原地方，一下子用砖瓦给羊盖起了宫殿，大伯阿尼西姆的日子就很不好过了。想当年，牧人跟着羊群在草原上到处漫游，篷车咯吱咯吱地慢慢前进着，这一切突然不见了。羊倌变成了养羊师，主任成了杂工。有些人，像安得列·谢罗什坦那样的，觉得十分高兴，觉得前途无限美好；另外一些人，特别像我大伯阿尼西姆那样的，觉得无限痛苦，觉得到了穷途末路。因为痛苦，这位下台的主任就拼命喝酒，他觉得喝酒快活些；也是因为痛苦，他对我说出了他的远见，预言了羊将来的变化。他甚至想出了一个比喻——拿人造丝绸和天然丝绸相比。应该去问问谢罗什坦。他大概是知道的。大伯恼恨女婿的根源也就在这里。“我要骂谢罗什坦，而且今后还要骂下去，因为他是罪魁祸首。”这么说，安得列·谢罗什坦的罪过不是他不经卡佳父母同意带走了卡佳，而是他毁掉了过时的羊圈。假如安得列·谢罗什坦不是对羊实行圈养的发起人，他会成为东床快婿的。他盖起了综合场，这就击碎了岳父的生活。过去那个阿尼西姆·伊凡诺维奇如今不存在了。他像狗一样地嗥嗥直叫，不知为什么还要叫作唱歌，这又顶什么用呢？这又是什么样的歌子？还不如叫作哭，或者叫作呻吟……我已经到了求神镇，这种嗥嗥的叫声一直还在我耳朵里响着，叫我什么也不能想。

三

这一次我是坐班车到求神镇来的。这也是辽阔畜牧场一条醒目的新闻——以前村镇之间可没有这样方便的交通条件。

我看到的还是那座砖瓦结构的两层楼房，那些窗子还是像搽了粉似的均匀地蒙着一层灰尘，还是闷闷地、懒洋洋地望着广场。两扇宽宽的大门上的门扣还是叮当响着，门槛还是像过去那样，被脚踩得没有了棱角，而且沾满了干泥巴。我上楼走的还是那道陡陡的石头楼梯：走这样的楼梯上去很难，可是下来就更难。

来到二楼，我不假思索地就直奔我十分熟悉的宽敞的接待室。我发现这里有变化：过去苏霍德寥夫当场长的时候，靠墙放着许多椅子，现在除了椅子之外，增加了一张两屉的办公桌。我很想称之为美丽的叶列娜的那位农村美女就坐在桌边。她有一双蓝蓝的、精心修饰过的大眼睛，她的头发梳得高高的，好像戴了一顶高加索皮帽。蓝眼睛的美丽的叶列娜用一种安闲的、有点儿诧异的目光扫了我一下，用那种目光看人总是有用意的，那就是告诉你：你是白跑，昨天你见不到，今天还是见不到。我一看到这双精心修饰过的眼睛，不等开口就明白了：是的，还像过去来找苏霍德寥夫那样随随便便地进去找谢罗什坦是不行了，我于是站了下来。我站着寻思了一会儿，这才用祈求的口气说，我必须见场长。

"'必须见'——这是怎么一回事儿？"美丽的叶列娜官腔官调地笑着问。"年轻人，我不大明白您的意思。"

"这有什么不明白的？我想进场长室去见见场长。"

"请问，第一，您是哪里来的？"蓝眼睛美人儿还是官腔官调地笑着问。"第二，您是什么人？"

"我是一个镇上的公民，这个镇所以有名，是因为镇上有一个妇人当年生下……"

"请您别这样，不要念诗，"求神镇上这位笑盈盈的美人儿打断了我的话。"第三，您登过记没有？"

"登什么记？"

"您还要问：登什么记？很清楚嘛，您要见安得列·阿维利扬诺维奇，登过记没有？"

“没有登记。怎么,需要登记吗?”

“那您是来干什么的?”

“我有急事。”

“我们是每星期三接见。门上写的有。我可以给您登记在下个星期三。”

“今天是星期四。要等整整一个星期?”

“没关系,一会儿就等到了。时间过得快得很。”

“可是我的事情太紧急了!”我坚持自己的要求,一面不由地欣赏起美丽的叶列娜那修得很好看的眼睛。“比如说,要是畜牧场起了火,我要亲自报告场长,那又怎么办?要是登记排队,要是等到下个星期三,全场就要烧光了!”

“我也很喜欢开玩笑。”

“要是不开玩笑,说规矩话,我确实很需要马上见见安得列·阿维利扬诺维奇,”我坚持自己的要求。“非马上见他不可。请您按规定向他报告。”

“没有这样的规定。”

“请您到场长室里,就说:莫斯科来了一位同志。”

“又在开玩笑?”这时她那修过的眼睛第一次凝神注意起来。“当真是莫斯科来的?怎么从莫斯科来的?”

“昨天坐飞机来的,”我平静地回答说。“您就告诉场长:米哈伊尔·恰佐夫来了,从莫斯科来的。还可以说:他的妻子叶卡捷林娜·阿尼西莫芙娜的哥哥来了;或者说简单些:他的内兄来了。”

“当真是莫斯科来的?当真是场长的内兄?”美丽的叶列娜高兴得不知如何是好,好像站在她面前的不是我,而是一位神话中的王子。“您不是骗我吧？也许，您是汽车队来的吧？”

“难道我像搞汽车运输的？”

“不像……您不是骗我的？不是的吧？”她又问了一遍。她那蓝蓝的大眼睛显得更蓝了，也更大了。“当真是场长的内兄？当真是莫斯科来的？”

“我怎么敢骗您这样的美人儿呢？”

“哎哟，瞧您说的……干什么恭维起人来？这么说，当真是莫斯科来的了？当真是场长的内兄了？您为什么不早讲呢？”于是蓝眼睛、高头发、美丽的叶列娜不是站起，而是像小鸟一样轻盈地飞了起来，推开场长室的门。“请进！安得列·阿维利扬诺维奇一个人在里面。”

“早这样就好了，”我说过这话，便走进了场长室。

安得列怎么也没有想到会在这时候见到我，我们见了面都十分高兴，我们拥抱了起来。我们已经三年多没有见面了，我不知道，安得列是不是发现我有变化，又是什么样的变化，但是我已经发现了他的变化。他的脸饱满起来，显得更庄重、更有威仪了，肩膀更宽了，个儿也好像更高了，他的目光中也出现了一种纯粹长官式的泰然自若的神气——这种神气多数是那些安于自己的主人地位和自视高人一等的人才有的。他的服装不知为什么也和许多畜牧场场长和农庄主席一度普遍穿的服装一样：带有外贴口袋的薄薄的灰色制服上衣穿在身上显得松松的，掖在靴筒里的军便裤给他那堂堂的仪表增添了雍容大度的气概。

“你好啊，米沙！”他一面说，一面开怀地笑着。“你终于来了！可以多住些时候吗？”

“我们有一位驻此地的记者病了，我就是来代替他的。”

“你的住所选定在斯塔夫罗波尔，还是我们这里？”安得列用强壮的手臂抱住我的两个肩膀，将我搂得紧紧的。“我们哪里也不叫你去！你住在我们这里最好。我们给你一套设备齐全的房子。”

“我想，我还不需要住所，”我一面说，一面从他的怀抱中挣脱出来。“我要在各个区里跑跑。你要是将奥列格连同汽车暂时派给我，那就好了。行吗？”

“奥列格和汽车都不成问题，”安得列说。他那泰然自若的目光也在说：这还用问？我是场长嘛，什么都能做主。“到辽阔村去过吗？牧人陈列馆看到没有？”

“看到的，看到的，我全看了，”我回答说。“昨天一回来就去了，多年来走惯了的路，一抬脚就到了。”

“村口奶奶的像你看到了吧？”

“当然看到了！好极了！我还跪在奶奶眼前向她问候的。牧羊人妈妈高高地站在冈上，这太好了。人们永远能看得到。过往的人，都要望望她。”

“米沙，坐到这软椅上吧。你又回到我们这里，回到我们这茫茫原野上，我太高兴了！昨天你在哪里过夜的？”

“在我大伯阿尼西姆家。”

“噢……嗯，他怎么样？还一直在恼着我吧？骂我吧？”

“他是个不走时的人，”我回答说。“安得列，你也应该了解他。”

“了解是应该的，应该……”安得列沉思起来。“可是，怎么来了解呢？你要是有主意的话，就教教我。我不光是他的女婿，首先是场长。”

有关我大伯阿尼西姆的问题，我们谈不下去，我为了打破沉默的局面，便讲了女秘书接待我的情形。

我又补充说：“这位美人儿，这位美丽的叶列娜用好听的声音很客气地对我说，她可以给我登记安排在下星期三。”

安得列开心得哈哈大笑起来，笑得流出了眼，一面笑，一面问：

“当真要给你登记在下星期三？哈哈哈！”他笑得脸都红了。“真亏她想得出！你想见我，还要让你登记！还要排到下星期三！”他笑得想忍也忍不住。“好一个蓝眼睛的瓦莲季娜！好严格的制度！就是说，她说只能在星期三？早一天不行，晚一天也不行？有意思！”

“安得列，你可知道，这种做法有点儿什么味道？”

“我猜到了。你想说：有点官僚主义味道，是不是？是的，不错，是有一点这种味道，”安得列表示同意。“那是她，是你所说的美丽的叶列娜做得过火了。太过分了。可是，总的说，米沙，请你不要觉得奇怪。我是个负责人，我喜欢各方面，比如说，不仅各个综合场里，而且我的办公室里，都有条有理，喜欢各方面都有秩序。就因为这样，你所知道的、在苏霍德寥夫当场长时推行的那些新措施，就像我那固执的岳父的羊圈一样，被我扫得干干净净。现在辽阔畜牧场一切都按规矩办事，大家该咋办，我们就咋办。我就像一个士兵，走的步伐要同全连队一致，不想突出自己，不想超前。大家怎么样，我就怎么样。现在大家都有所谓有益的官僚主义。我也就有。为什么自己要突出呢？没有必要！”

“请允许我提个问题：你当初发起对羊实行圈养，那又怎么理解呢？”我问道。“那也可以叫作打破规矩，那也是超前。我记得，那时你走的步伐是同整个连队不一致的。”

“综合养羊场——这是另一回事儿，”安得列回答说。他那泰然自若的眼神却在说：这方面的事你一窍不通，干什么要谈这方面的事？你要是处在我的位子上，再来说话。“在生产业务方面，我现在还是常常打破框框，经常超到一些人前面，而且今后还要这样干。但是，在我们的生活中有些约定俗成的制度，——我说的不是官僚主义，我说的是制度！——这种制度我决不去破坏。至于阿尔焦姆·伊凡诺维奇·苏霍德寥夫，你是知道的，他极不赞成这种制度，他离了革新就不能过日子。我是能过的，我过得好好的。区里没有一个人对我有意见。”

“大家都像你这样吗？”

“差不多都是这样，只有一个人例外，”安得列愉快地笑着回答说。“我们这个区出了一个怪人。就是邻近的安东·奥夫恰尔尼科夫。这个人比苏霍德寥夫还出格得多。”

“是不是已故的季莫菲·西雷奇·奥夫恰尔尼科夫的儿子？”

“就是他，就是季莫菲·西雷奇的儿子。这个人的做法比苏霍德寥夫还妙。这样的创新者天下难找！”

“这位奥夫恰尔尼科夫的创新表现在哪些方面？”

“要是依我看，就表现在自我标榜方面，”安得列还是笑着回答说。“他想卖弄一番，想表现表现自己。大家都来瞧我吧，我与众不同，我是特殊人物，甚至和我爸爸都不一样。我可不是普通面团子烤成的饼,我是和了奶油的。他并不仿效苏霍德寥夫。没有搞无记名投票,仓库的锁没有摘下来,女秘书没有撤掉,出纳员照样在用。而且这位不平凡的主席也同我一样,规定了接待日,——是在每星期一。”

“那么,他究竟有什么特殊的?他究竟有什么地方使你觉得奇怪?”

“不光我觉得奇怪哟,大家都觉得奇怪,”安得列笑得眼睛又流出了泪水。“奥夫恰尔尼科夫在回别洛夫镇以前,在州农业局工作,担任重要职务。论专业,他是个学农业经济的。父亲死了以后,他表示愿意当农庄主席,就是说,愿意继承自己有名的父亲的事业。州里、区里都很高兴。儿子接老子的班,当然是叫人高兴的。传代嘛——这是很需要的!儿子马上就将老子的带石柱的房子无偿地交出来办幼儿园,——这很好,我赞成。他自己带老婆和一个儿子住在两间一套的公房里。这种做法也是对头的,因为他不再像过去奥夫恰尔尼科夫老头子那样处处显得与众不同。可是他一开始工作,马上就来了,马上就叫大家感到奇怪。这位小奥夫恰尔尼科夫第一次参加区积极分子大会,就在发言中说:一切到别洛夫镇检查、指导的人都对工作无益,反而影响工作,搅乱工作步骤。他当众宣布:要是让我当主席,让我全面负责,那就要给我充分的行动自由,不要对我实行监管,不要来妨碍我——他就是这样说的!——我一定能将我们农庄的生产搞好,一定能获得高产……有人当场插话说:‘安东·季莫菲耶维奇,你还是照你家老头子那样干吧。’他说:决不,我既不照我父亲那样工作,又不照我父亲那样过日子,我不愿意那样。他就是这样公开地、直截了当地宣布的。”

“后来又怎样呢?”

“后来就照他的要求做了。”

“他的目的怎样达到的呢?”

“他在斯塔夫罗波尔、在莫斯科有一些重要关系,”安得列说道。“他事先得到了一些头面人物的支持,于是我们的卡拉钦采夫就不再反对了。这个问题提到区常委会上讨论的时候,卡拉钦采夫说:好吧,就这样吧,我们尊重奥夫恰尔尼科夫的要求,不仅让他负责,而且给他行动的自由,期限是五年,就算是试验吧,到时候我们来看看,这样做究竟结果怎么样。我们来冒冒险吧……现在已经三年过去了。”

“这次险冒得如何?成功吗?”

“这个问题很难回答,”安得列用不大快活的声音回答说。“我没有亲自到过别洛夫镇。不过,根据报纸上报道的数字来看:就粮食产量、羊毛产量和肉类缴售量而论,他们早就走到前面去了,超过了很多集体农庄和国营农场……当然,我很想去看看奥夫恰尔尼科夫在别洛夫镇究竟是怎样搞的,报道毕竟是报道,还是眼见为实。但是别洛夫镇进不去。甚至卡拉钦采夫一直想去都去不成。有意思!多么好笑!”安得列并没有大笑,连微笑都没有。“我们辽阔畜牧场毫不限制。请吧,什么人都可以随便来,没关系,我们决不埋怨。米沙,你可以相信,我们这里没有哪一天不来检查组。就让他们来好了。我这里有条有理,他们来,我并不见怪。我理解:这是他们的工作,他们有他们的任务、他们的计划和进度,他们也要做出一点成绩。所以他们才不坐办公室,尽量跑到外面来，到田野上，到畜牧场来，进行检查、指导，给一些必要的指示。他们并不碍我的事。他们有他们的事，我有我的事。这有什么关系呢？我仔细地听听他们的指教和结论，他们也就走了，他们很满意，我也很满意，好啦，下一次再见。可是奥夫恰尔尼科夫就容不得任何检查组。他说：如果有必要，我们自己也可以检查、指导，也可以下指示。”

“你讲得我动了心，我真想到别洛夫镇去看看，”我说。“这么说，连我也不叫进去了？”

“你想不经允许就进去？”安得列惊愕得扬起了眉毛，问道。“休想！奥夫恰尔尼科夫这事儿干得非常牢靠。他们那里设置了牢实的路障，根本无法通过。”

“不过，他们还是叫记者进去的吧？你以为怎样？”

安得列还没有来得及回答，美丽的叶列娜迈着轻盈的步子走了进来，拿她那蓝眼睛朝安得列望了望，郑重其事地报告说：

“安得列·阿维利扬诺维奇，区农业局的检查组来了。”

“瞧见没有？”安得列苦笑着朝我望了一眼。“天天是这样的。”又向美丽的叶列娜问道：“来了几个人？”

“三个。一个戴眼镜的女的和两个男的：一个年轻的，一个有些年纪的，”女秘书还是用郑重的口气回答说。“介绍信我看过了。”

“他们是搞什么的？”

“搞畜牧工作的。那个女的是负责的。拿他们怎么办？”

“瓦莲季娜，这还用问？你真好意思！请他们进来，客气点儿。”安得列望了望正朝外走的瓦莲季娜的背影，叹了口气说：

“他们这些老兄来得才勤哩。来三个人。就是说,不会是呆一天就走。幸好其中有个女的……酒要喝得少些。你看,米沙:他们不到奥夫恰尔尼科夫那里去,就到我这里来。我没有盼他们来,没有请他们来,他们就像前年的雪,对我毫无用处。可是有什么办法?他们来了,因为他们需要出来跑跑,求神镇又在交通要道上。这是没有办法的事,欢迎不欢迎,都得接待……”

为了表示礼貌和欢迎之意,安得列走上前去迎接这几位不速之客,他十分愉快地笑着,非常亲热地同他们握手,好像盼他们已经盼了好久,今天终于盼到了。

“最衷心地欢迎你们到辽阔畜牧场来指导我们的工作,”他依然甜蜜地笑着说。“请坐,请坐。见到你们,我太高兴了。能在我们这里多呆些时候吗?”

“一个星期,”戴眼镜的女人说。“不能多呆。”

“干什么就呆这么几天?”安得列非常遗憾地问。“一个星期——那怎么行?那我们可是有意见。”

“我们没办法多呆,”戴眼镜的女人回答说。“我们觉得一个星期够了。我作为检查组的负责人,是这样打算的:一天跑两个分场,这样就完全够了。当然,如果到时候检查不完,还是可以多呆几天的。同志们,怎么样?”

“您说得很对!”上了年纪的男子表示赞同。

“多呆几天总是可以的,”有着运动员风度的小伙子表示同意。“您该记得,咱们有一次到曙光农庄去,本来准备呆一个星期,结果呆了十二天。也没有什么。”

我仔细端详着区农业局来的这几位畜牧工作者。他们都穿着旅行服装,那个女的穿的是夹克和男式长裤;他们的举止、神态都显得十分庄重,他们那严肃的、有事挂心的脸色好像在说,这个检查组到这里来不是没有事的,是来辽阔畜牧场干工作的,这工作格外重要、特别要紧。一个男子已经上了年纪,宽宽的嘴巴上留着剪得短短的小胡子,小胡子被香烟熏成了焦黄色;另外那个具有运动员风度的小伙子看样子是大学刚刚毕业的。两个男的一直很有礼貌地等到他们的领导人坐到靠近桌子的软椅上之后,才在一边坐了下来。

“车子我们自己有,”具有运动员风度的小伙子微微欠了欠身子,打破了沉默的局面。“车辆问题就不要烦神了。”

“斯塔尼斯拉夫,用不着谈车辆问题,”女领导人说。“咱们先得谈谈正事。”

“这我懂得,”斯塔尼斯拉夫红着脸说。“我只是顺便说一下,不用给我们派车了。”

“你们几位是想检查我们的哪一方面?”显然,安得列为了礼貌起见,带着和悦的笑容望着戴眼镜的女人这样问道。“诸位自己有车子,这很好。不过,我记得,不久前我们这里对畜牧工作有过一次综合检查。”

“是的,安得列·阿维利扬诺维奇,你说得不错,是进行过一次检查,”小胡子被香烟熏黄了的、上了年纪的男子赶快搭话说。“不过,那一次的事,维克多莉雅·萨莫伊洛芙娜不知道。那一次维克多莉雅·萨莫伊洛芙娜没有来。再说,那一次检查是春夏之间的,这一次是夏秋之间的。我们的一切都是按计划、按严格的日程进行的,所以您就别多虑了,”——他这最后两句,是一面用鼻孔吸气，好像在闻自己胡子上的烟味，一面骄傲地说的。“维克多莉雅·萨莫伊洛芙娜，我说的对吗？”

“完全正确，”维克多莉雅·萨莫伊洛芙娜勒了勒已经够紧的裤带，十分高兴地回答说。“我们的进度计划都及时地发到下面，大家都是知道的，当然，奥夫恰尔尼科夫是例外。”

“你们几位今天能不能到奥夫恰尔尼科夫那里去？”安得列笑着问道。“要是能冲过他的警戒线，那就妙极了！”

“冲不过去的，”有着运动员风度的小伙子说。“有一次我试过。毫无结果。”

“去他的吧，”维克多莉雅·萨莫伊洛芙娜一面说，一面用手帕擦起眼镜。“这不是人，是一个怪物。”

“这么说，你们的一切都是按计划、按日程准时完成的了？”安得列想改变话题，便问道。“这就太好了！我就赞成按严格的进度和周密的计划办事。”

“这样，安得列·阿维利扬诺维奇，您就能和我们很好地配合了，”维克多莉雅·萨莫伊洛芙娜将擦亮的眼镜戴到眼睛上。“畜牧场的总技师还要同我们一块儿下去，”她用严肃的语调补充说。“请您通知他一下。还有，安得列·阿维利扬诺维奇，请您给各分场发个相应的通知，就说我们就要到了。”

“好的，好的，这些事一定办到，”安得列马上回答说。因为他懂得，“给各分场发个相应的通知，就说我们就要到了”这句话翻译成人所共知的话是什么意思。“这一点请您放心。一切都不成问题。我们各分场的人都是懂情理的，所以甚至我不必下专门通知都行。不过，为慎重起见，我还是要提醒他们一下的。提醒一下总不是多余的。”

“这话很对。”女领导者表示赞同。

安得列按了一下按钮。美人儿瓦莲季娜走了进来。我发现，那位年纪轻轻的、有着运动员风度的畜牧工作者那火辣辣地发光的眼睛一直没有离开她。

“瓦莲季娜，你把检查组的几位同志带到总技师那里去，”安得列说。“你告诉佩特尔·佩特洛维奇……”

“佩特尔·佩特洛维奇到辽阔村去了，”熟悉情况的美人儿瓦莲季娜赶紧回答说。“要不要喊他回来？”

“不必了。”安得列又对维克多莉雅·萨莫伊洛芙娜说：“维克多莉雅·萨莫伊洛芙娜，您觉得怎样，是不是诸位可以先从辽阔村检查起？佩特尔·佩特洛维奇现在就在那里，我给他打个电话。我也通知辽阔村主任叶夫盖尼·奥西波维奇，就说诸位要到了。他会等候诸位的。现在诸位就可以到辽阔村去了。我劝诸位看看我们的牧人陈列馆。许多新的陈列品是不久前送去的。”

“牧人陈列馆我们已经去过了，”上了年纪的男子说。

“那就这样吧，”女领导人说。

“诸位可以在辽阔村过夜，”安得列说。“我们辽阔村有很漂亮的招待所，不久前才盖的。有彩色电视机，有台球，房子也不靠近大路。清静，幽雅。你们好好地休息休息。”

“那好吧，我们要抓紧宝贵的时间，”维克多莉雅·萨莫伊洛芙娜站起身来，郑重地说。“我们就从辽阔村开始。这样还方便些。这是最近的一个分场，又有牧人陈列馆，综合场又是新建的。好啦，谢谢您热情的接待，”维克多莉雅·萨莫伊洛芙娜向安得列伸过手去。“今天我们就开始工作。”

“别客气，请不要见外，”安得列一面说，一面从桌子跟前走了出来。“佩特尔·佩特洛维奇、叶夫盖尼·奥西波维奇都会等候诸位的。”

安得列将客人送到门口，亲切地笑着同他们握手，祝他们工作顺利，然后回到桌边，说：

“好啦，演完了。瞧，既简单，又漂亮。当然，这三个人到这里来，是毫无意思的。他们自己心里也十分清楚。可是，这话又对谁讲呢？谁又听你的呢？所以，就这方面来说，安东·季莫菲耶维奇·奥夫恰尔尼科夫倒是可以理解的。”

“奥夫恰尔尼科夫的不可理解之处又在哪里呢？”我问。

“米沙，依我来说，不可理解的是他的高傲，”安得列回答说。“不能自以为了不起。不能否定现有的一切。我们不是什么虚无主义者。就举一个很简单、很平常的例子：我们有区农业局，这是一个合法机构。在里面工作的是一些农业方面的专门人材。他们人数还不少。论职责他们不应坐办公室，应当经常到我们这里来，经常对我们进行检查。那就让他们来好了，让他们检查好了。说老实话，我对于这种事既不冷淡，又不热心。可是，那位古怪的农庄主席就不喜欢他们来。说他们搅乱工作步骤，影响工作。就因为这样，他对上面派来的人、对检查组、对检查一概不买账。”安得列走到窗前，就像当年苏霍德寥夫常常走到窗前那样；他想表示，有关奥夫恰尔尼科夫的话已经谈完了，他将制服上身的纽扣全部扣起。“检查组的车子开走了！街上扬起好一片灰尘！好，咱们也回家吧。该让卡佳看到你高兴高兴了。”他从上衣口袋里掏出手表一看,摇了摇头。"时间过得好快呀!我该到第六分场去了。只好让卡佳和她那一伙够热闹的孩子陪你了。六分场在开党员大会,我要去做重要报告,"他好像在表示歉意似的,补充说。"不过,傍晚我就能回来。离这里不远。"

"明天我想在区里跑跑,"我们顺着陡斜的石头楼梯下楼的时候,我说。"奥列格和车子问题怎么样?"

"等我回来,咱们就可以决定,"安得列十分笃定地回答说。"没有奥列格,没有车子,你是跑不成的。今天晚上你就在我这里歇。卡佳见到你才高兴哩!她一定会叫你看她的孩子。你要夸奖夸奖她这个多子女的妈妈。她经常想到你。她说,奶奶死后你简直不到我们这里来了。现在你终于来了!"

四

卡　佳

在我的潜意识中,不如说,在我的内心深处,一直有一种想法:想让卡佳和安得列·谢罗什坦成为我的小说中的人物,当然,要用假名和假姓。这几年我不由自主地一直在对他们进行衡量,横着量,竖着量,翻过来量,翻过去量,比着我的《蒿香》量。我觉得,毫无疑问,这个刚刚成立的新家庭应当在小说中占有相当的篇幅。但是不论我怎样想,怎样揣摩,我还弄不清,安得列、卡佳和他们的孩子们究竟该怎样进入小说,他们在情节方面将占有什么样的地位,而我之所以弄不清,主要是因为卡佳的缘故。总的来说，安得列我是能够理解的，我是清楚的，这样勤奋的年轻人到处都能遇到，我觉得，要写他，不会有多大的困难。不错，安得列当了畜牧场场长以后，他的性格中也出现了一些不可理解的特点，这些特点引起我困惑莫解。说实话，我不能理解，安得列怎么能像这样，一下子就变了。他同检查组几个人的谈话、他对小奥夫恰尔尼科夫的态度以及他对待他过去一向敬佩的苏霍德寥夫的革新措施的态度，都使我觉得奇怪。他身上出现和增长着一种虚假的、不真诚的东西。不过，写安得列——还是吓不倒我。他是什么样子，我就写成什么样子，读者会相信我的。可是，卡佳就是一个谜。这个谜怎样来猜，怎样来理解呢？问题就在于我还年轻，还没有遇到过像卡佳这样的、可以说是叫孩子迷了心窍的妈妈。

我也曾经想过，要写一个集合性的正在哺育婴儿的年轻母亲形象。可是，问题又出现了：怎样来写呢？要表现的不是一个卡佳，而是许许多多同她差不多的年轻母亲，可是我没有见过许多这样的年轻母亲。我懂得：对于一个集合性的形象来说，最有意义的不是外部特征，不是当年那个天真烂漫、活泼愉快的小姑娘卡佳，而是如今的叶卡捷林娜·阿尼西莫芙娜，这个一群孩子的妈妈。而对于读者来说，最重要的不是卡佳很早就出嫁和她连生几个孩子之后明显地发胖了，重要的是她在二十四岁的年纪已经胜任愉快地当起五个孩子的妈妈，重要的是她的内心世界是怎样变了的，是她为什么不愿意或者不能够想和谈任何别的事情，只是想、只是谈自己的孩子。

我同她呆了不到两个小时，孩子们的事我差不多全知道了。

两个孪生的大孩子的习惯:他们喜欢什么,不喜欢什么,——我全知道了。我也知道了:哪个孩子已经出过麻疹,出麻疹时的情形如何,哪个孩子还没有出过,孩子们接种过哪些疫苗,还没有接种过哪些疫苗,为什么还没有接种。卡佳还告诉我,济娜的性格多么倔强,奥莉雅又多么温柔和爱哭。我一点都不觉得奇怪:卡佳一句抱怨的话都没有,她再不像过去那样抱怨说自己苦闷无聊,抱怨安得列常常不回家,——看来,她连想这些事都没有时间了,因为她的全部心思都叫孩子占住了。

"米沙,你看看我这两个大的,"安得列拿起皮包,走出门去之后,卡佳说。"这是我的两个双生的孩子——克拉娃和小安得列。你还记得,上一次你来,他们多么小吗?现在你瞧瞧!"她将一个男孩和一个女孩领到我眼前。"克拉娃,安得列,来同米沙舅舅握握手。就这样,对了,能干!"她又问我:"这小厮和小丫头怎么样?多可爱,多讨人喜欢!哎呀,生他们的时候,我真吃了苦头。这是第一胎,又是双生。他们以后,又生了三胎,那就容易了,甚至可以说轻松愉快了。可是生第一胎那才够呛哩,我以为我要死了呢。现在这一切都过去了。瞧,这几个小东西都长得这么大了。再不注意,这五个孩子就要一个一个地上学了。就像楼梯一样,一个挨一个地往上长。"

"妈妈,这个舅舅是我们家的吗?"克拉娃问。

"是我们家的,是我们家的,"卡佳回答说。"都是我们一家的。"

"妈妈,舅舅住在我们家吗?"安得列像爸爸那样严肃地问。"是不是还要走?"

“住一阵子再走,”卡佳回答说,她又把一个女孩牵到我跟前,这个女孩比克拉娃矮一点,淡黄色的头发上扎着一个老大的白色花结。“这就是济娜！小丫头挺可爱,就是太犟,不怎么听话。一犟起来,谁的话都不听。”

“这倒是像妈妈,”我说。

“不如说,像爸爸呢。”卡佳又牵过一个女孩:“这个才像我哩——这是我最小的女儿奥莉雅。”奥莉雅头上的花结小一点儿,红红的,像一朵罂粟花。“奥莉雅很可爱,见人就爱笑。她总是第一个爬到爸爸的膝盖上,搂住爸爸就亲。米沙,你再到小床这里来看看。这是谢罗什坦家最新式的产品,这是我们的沃洛佳。前天他才满月。天天在睡觉,就爱睡觉。该给他喂奶了,可是一直睡着不醒。这孩子格外安生,这样安生的孩子以前还没有过呢。可惜他的小眼睛是闭着的。你要是能看到就好了,他的眼睛灰灰的,像爸爸的眼睛。你看那小嘴多好看！小嘴微微向上翘着,就像女孩的嘴。你说,是吗?”

“说实在话,在这方面,我的鉴赏能力一向很差,”我说。“卡佳,你还是给我讲讲,这么多孩子,你一个人是怎么带的?”

“不是我一个人,有人帮我,”卡佳回答说。她那钟爱的目光还不肯离开酣睡的沃洛佳。“多亏安得列的姑姑每天来帮我。”

沃洛佳睁开惺忪的小眼睛,卡佳将胸前的衣服解开,准备给儿子喂奶。

“好啦,我们醒了。我的小太阳！现在我们要吃东西了……没有人帮忙那是很困难的。我妈妈有时候也来。米沙,你想得太容易了！要是没有人帮忙,一个人服侍这一伙不安生的小东西,那我喊救命都来不及。简直像一座幼儿园！这个要洗脸，那个要洗脚，这个要洗澡，那个又要拉屎撒尿。这个沃洛佳还要抱在手上。”她抱起孩子，当着我的面也不怕羞，将奶头伸给孩子，一面望着孩子贪婪地吸奶的样子。“成堆的尿片、小褂、小裤。天天要洗、要熨。暂时这还只有五个。要是有六个、七个呢？那就够热闹的了！那就连转身都来不及了。”

“怎么，你们还想生第六个、第七个？”我问道。

“为什么不想？”卡佳快活而且充满信心地回答说。“理所当然的事嘛！”

我将这话记到了笔记本上：“要是有六个、七个呢？那就够热闹的了！”我在心中自己作了底注：这是一位女子实心实意地、充满信心地说的，这位女子认为她的预计完全是理所当然的事，认为自己有足够的潜力。我也相信卡佳能做到。一定会有第六个、第七个，甚至第八个小谢罗什坦出世。不过，我想，对于我的《蒿香》来说，这样的女主人公就可能是不典型的了。甚至即使写她有五个孩子，并且指出她还想生了又生，那也是没有人会相信的。会说我是胡诌、乱扯。因为大家都知道，在我们今天，多子女的家庭即使在农村通常也是罕见的。通常一个年轻女子生一胎，至多生两胎，便认为这已经尽到自己当妈妈的责任了。可是，卡佳一出手就是五个，而且前途还未可限量。谁会相信呢？谁也不信。我又不愿意像尼基福尔·佩特罗维奇所劝我的那样，把卡佳写成另外一个卡佳、一个虚构的卡佳，比如说，写成一个有一个孩子的卡佳。这就是说，必须试着将卡佳写成真实的，而不是虚构的卡佳，她是什么样，就写成什么样，而且要写得使人信服。所以，在我同卡佳呆在一起的时候，我就更用心地观察起我未来作品中的女主人公，时时记着，我面前不是我的堂妹，是一个多子女的年轻妈妈。我正是怀着这一目的，向她提出一个问题，这个问题有些一般化，也可以说是纯理论性的：

“卡佳，你讲讲当母亲的感情！”

“我不明白这种感情，”卡佳笑着回答说。“我也不想明白，因为这种感情我什么时候都是有的。”

“比如说，你关心自己的孩子，为什么就不像玛尔富莎、不像叶列娜外婆那样来关心，而是用一个亲生妈妈的心情来关心？”

“米沙，你真好笑。”卡佳一面笑着，一面吃惊地望着我。“这个道理能讲得出来吗？这种事只有亲身去经历、亲身去体会才行。”

“这样看，你是有事情干了？”我笑着问。

“瞧你说的，说我有事情干，这样说还不够，我干的是大事、特别重要的事，”卡佳一面说，一面到闪动着喜洋洋的眼睛，吻着奥莉雅。“就说安得列，现在还是像过去一样，很少在家里，我也不觉得像过去那样可怕和烦恼了。为什么？米沙，你可能要提出这种怪问题的！就因为，我对安得列的爱，当初使我离开父母私自投奔安得列的那种强烈的内心感情，如今体现在孩子身上了。我望着我的孩子们，总觉得他们身上就有安得列的影子，奥莉雅身上有，济娜身上有，两个大孩子身上有，连这个最小的身上也有。这样，哪里还有什么痛苦和愁闷呢？不论痛苦，不论忧愁、苦闷，那都是过去的事了；我的孩子——是我现在实有的，是我未来的希望。”

“有了孩子,还得养大哟!”

“谁都会把孩子养大,你也会把自己的伊凡养大。我和安得列也会把我们的孩子养大。”

“我和玛尔塔只有那么一个伊凡嘛。”

“依我看,养一个还要困难些,”卡佳深信不疑地说。“等到孩子成了群,成了堆,那就好了。他们有伴儿在一起玩,要热闹些;父母看着也自有特殊的乐趣。不错,毫无疑问,养一个孩子或几个孩子,比起生孩子要难得多。养孩子事情多着哩:要教育他们,使他们成为有用的人,要教他们长见识,要给他们穿衣服。就拿我们来说:要是买鞋子,一下子就要买五双,买裤子就要买五条,买褂子也要五件,尺寸各不相同。现在要买儿童服装和鞋子,特别在我们求神镇,不是那么容易的。有时安得列只好专门到斯塔夫罗波尔去买。不过,这些小小的麻烦都算不上什么,要紧的是你生出的苗儿在你眼前一天天长大。这是你的亲骨肉。米沙,养孩子固然难,可是,没有孩子日子更要难过得多。没有孩子,生活就是空的。我已经多次想过:要是不生这些孩子,那我又怎么过呢?我又干什么呢?我又做什么工作呢?米沙,真的,有了孩子——这是很大的幸福。”

安得列的姑姑来了,这是一个不算年轻的、庄重的农村妇人。孩子们高高兴兴地哄叫起来。玛尔富莎姑姑开始往桌上端饭菜,卡佳叫克拉娃、安得列和济娜自己去洗了手。她又把奥莉雅牵到浴室,帮她洗了手。我观察着卡佳的动作,觉得不能理解,我这个年纪轻轻的妹妹的这种成熟的母性、在照料孩子方面这种应付自如的本事是从哪里来的。我觉得,她就像在出嫁之前曾经以优异成绩毕业于育儿专科学校似的。我发现,她同孩子们在一起觉得轻松愉快,不觉得孩子是她的负担。玛尔富莎将雪白的大米稀饭盛到一个个的碗里,卡佳让四个孩子坐到桌旁,又俯下身子挨个儿地吻他们的脸,要他们慢慢吃,别着急。可是他们不听妈妈的话,狼吞虎咽地、争先恐后地吃了起来,甚至奥莉雅也不要别人去管,灵活地用起了汤匙,丝毫不肯落后,这时候,卡佳一点也不生气,只是会心地对我笑了笑,说:

“米沙,瞧,孩子们吃得多香！要是一个孩子吃饭,决不会吃得这么带劲儿。为什么呢？在一块儿热闹些,就连吃饭也香些。”

卡佳走到小床跟前,看到最小的一个已经不睡了,就更愉快地笑了起来。她极其老练、极其轻巧地将孩子抱了起来,只有经验丰富的妈妈才会有这样的动作。她解下湿尿片,将穿着短褂、光着下身、睡眼惺忪的小男孩抱在手上让我看,好像要让我知道她生的孩子有多么棒,她随即又很快用干净尿布将孩子包好,高兴地说,现在沃洛佳也要吃午饭了。

我要去看苔西雅。我说明我在傍晚、在安得列回来之前一定回来,便朝我的表姐家去。

五

苔西雅

我在我熟悉的荒草萋萋、秋色暗淡的小巷里走着,心里想着苔西雅·库切连科娃。我之所以想她,是因为,粗粗的辫子一盘在脑后、目光总是十分和善的苔西雅，也是我未来小说中的人物。我在构思情节时，想苔西雅比想别人更要多些，我想的不是我的表姐，想的是一个独身妈妈、一个命运很不寻常的年轻女子。说实话，苔西雅各方面都使我这个未来小说的作者感到满意：她外表不好看，心灵却异常美好，这诚然是——脸不美，心美；她瞒着镇上人、瞒着亲戚和家里人，爱上一个有妇之夫、一个有家有小的人，同他生了尤拉，而且觉得很幸福；她认为自己的爱情，——如她自己所说的，是“背着人的，因而是甜蜜的”爱情，——乃是真正的、实实在在的爱情，认为自己是世界上最幸福的女子——我觉得这一切都适于写小说。显然许多人觉得她这种幸福是幼稚、可笑的，虽然大家喊她独身妈妈，见面时对她鄙夷地笑笑，可是她对这一切全不在乎，依然是我行我素。

我心想，生活中这样的事情是有的，而且并不稀罕：有不少女子爱上有妇之夫，因而成为独身的妈妈，并且心中觉得高兴；所以，依我看，苔西雅的性格如果展现在小说中，会是真实、可信的，读者读了小说，会说：是的，生活中往往是这样的，这是真实的。苔西雅还有一点使我很喜欢，那就是，她对她的幸福、只有她一个人知道的幸福一直讳莫如深，甚至亲妈妈含着眼泪求她说出尤拉生父的名字，她都不肯。她还写了一份《一个爱得发了疯的女人的自白》，我一再地要求她拿出来给我看看，可是她怎么都不肯拿出来。总而言之，在我心目中的这位表姐最宜于写进小说，而且原封不动地写进去最好。既不需要对她的生活进行补充，又不需要添枝加叶，只要给她换个名字就行。

不过，过了一会儿我在忧伤的娜斯佳姑姑家里听到的一些话,使我改变了主意,不想把苔西雅的事纳入小说情节了。我从姑姑嘴里知道:不久前苔西雅的生活中发生了十分令人意外的事情,这种事情无论怎样去写,都会令人觉得是臆造,而读者——千万不要忘记读者!——可能要责备我,而且是振振有词地责备我,说我不懂人的心理,特别是涉及暧昧关系时人的心理。

姑姑对我讲的一些令人意外和奇怪的变化的实质就在于:原来,苔西雅对她那“背着人的,因而是甜蜜的”爱情,一点都不保密了。她已经同她的情夫、畜牧场会计主任谢苗·雅科夫列维奇·马丘申公开同居,就像正式夫妻一样;马丘申也没有同他的合法妻子齐奈达离婚,并且认尤拉作儿子,让他姓自己的姓,用自己的名字作他的父称。

“这算怎么一回事儿呀?”娜斯佳姑姑脸上流露着更加深重的忧伤神情,揩着眼泪问。“一个女的还没有离掉,就跟另一个过起来,就像夫妻一样,而且还有四个孩子。米沙,这种事哪一家都没有出过。米沙,我家家门出了这样的不幸,难道你还一点都没有听人说过?难道安得列和卡佳一点都没有给你讲?这么说,他们顾惜我家这个倔强的苔西雅。也许是觉得说起来太丑。这事儿全镇都知道的。”她拿干瘪的、黑黑的手掌捂住脸,哭了起来。“倒霉已经倒定了!顾惜苔西雅也好,不顾惜也好,事情已经是这样了。就有这样两个昏了头的糊涂女人,既不争风吃醋,又不吵嘴打架,两个人处得挺和睦、挺融洽。这还得了!米沙,这是多么见不得人的事啊!这种事咱们俄国人哪里有过的?什么时候有过的?女人要有女人的脸,她们的脸哪里去了?两个冤家对头怎么能处得平安无事呢?耻辱嘛!可是她们就能相处,而且平安无事，不吵不闹，两个人还挺合得来哩。这样的事我实在想不通！”

“马丘申住在哪里呢？”我问。

“就住在我们家里，”姑姑不快地说。“做起了上门女婿。那个家，他还常去走走。那边还有老婆和三个女儿。”

“那么，尤拉怎么办？”我不知还该向伤心的姑姑问点什么，便这样问道。“他这孩子已经懂事了。”

“尤拉怎样？他什么事都懂了，不过，孩子有孩子的想法，”娜斯佳姑姑回答说。“他觉得如今有了爸爸，高兴得都要疯了。他和那几个异母的姐姐很要好。孩子们玩得非常亲热。几个女孩子常到我们家里来，苔西雅弄饭给她们吃；尤拉也常去找她们，齐奈达对他也很心疼，待他就像自己的孩子一样。所以我觉得很稀奇……明天这四个孩子，都是姓马丘申的，就要上学去了。”姑姑眨巴着泪汪汪的眼睛，深深地叹了一口气。“尤拉才喜欢爸爸哩！天天缠住他不放，恋爸爸恋得不得了。搂着爸爸，爸爸长，爸爸短，总是亲不够。谢苗也十分喜欢尤拉。他俩天天在一起，扯也扯不开。尤拉常常到会计科去找他。谢苗不住嘴地唤他好儿子、传代人。他一直没有男孩，苔西雅生了一个儿子，谢苗就高兴死了。尤拉天天离不开爸爸。当然啦，都是男子汉嘛！男孩子跟爸爸在一起总比跟妈妈在一起自在些。尤拉同爸爸讲起话来也同跟妈妈、跟我讲话不一样，他什么都听爸爸的，对妈妈、对奶奶都不像那样听话。明天尤拉就要进一年级了。学生服、学生帽谁给他买的？书包、练习本、彩色铅笔是谁给他从斯塔夫罗波尔弄来的？是爸爸。尤拉高兴得都蹦了起来。”姑姑用手擦了擦眼泪，又深深地叹了一口气。“有了爸爸，倒也是好事。但是，两房的人处得这样和美,怎么像样子呢?全镇的人都在纷纷议论。这不是人过的日子,是活受罪。"她弯身向着窗子,掀了掀窗帘。"瞧,尤利·谢苗诺维奇来了。憋都憋不住了,把学生服都穿起来了。憋得难受,连明天都等不到了。这小厮太高兴了,高兴得要疯了。妈妈还跟在他后面哩。这么说,他们是到那一房里去的。离这里不远,过去两个巷口就是。常常是这样的:两个冤家在一个屋里会面。这样的事我实在想不通。"姑姑朝我探过身子,悄悄地小声说:"米沙,苔西雅的事我什么都没有对你讲,你从我嘴里什么也没有听到。记住了吗?"

我点了点头。这时候,苔西雅带儿子走了进来。她没有想到会在家里看到我,朝我奔了过来,抱住我,说:

"米沙!你从哪里来?什么风把你吹来的?哎呀,我早就盼着你啦!"她把尤拉牵到我跟前,显出十分高兴、十分幸福的样子,问道:"瞧,米沙,瞧瞧这条好汉子。还认识不?"

"我都认不出来啦,"我说。"这宇宙航行员长得太高了。"

"现在我已经不是宇宙航行员了,"尤拉像个大人一样严肃地说。"不能再喊我宇宙航行员了。"

站在我面前的是一个细条儿的小厮,就一个七岁的孩子来说,个儿也是很高的。上身穿一件硬领的新褂子,纽扣全扣得好好的,束着皮带,腰后束出一个个整整齐齐的小褶儿。他将学生帽拿在手里,用严肃的同年龄很不相称的目光望着我,随后又用手摸了摸剪得短短的学生平头。

"尤拉,为什么不能喊你宇宙航行员了?"我问。"以前都是这样喊你的嘛。"

“那是以前，”尤拉还是用孩子气的严肃腔调回答说。“现在我已经不是小孩子了。爸爸告诉我，先得成为一个宇宙航行员，然后才能叫作宇宙航行员。爸爸说话从来就没有错。”

“总是这样的，”苔西雅抑制不住喜悦的笑，说。“不论什么事，都是爸爸讲的。爸爸在尤拉眼里是最大的权威。爸爸说的话，就是法律。一年以前爸爸就说，要让尤拉学会拼音、写字和学会数一百以内的数字，他也就学会了。”

“我觉得这都不难，”尤拉得意地说。“妈妈，我要到阿寥沙家去。爸爸要我给他看看我的学生服，还看看他的学生服是什么样子。”

“好的，要是爸爸叫你去，你就去吧，”苔西雅还是带着愉快、幸福的笑容说。“明天你就要跟阿寥沙一块儿上学去了。”

尤拉戴上学生帽，将门一推，跑出门去。姑姑挑起水桶担水去了；家里就剩下我和苔西雅。我们一面朝我过去在里面度过了一个失眠之夜的她那个房间走，我一面在拼命思索，希望能理解我表姐这种奇怪的、令人吃惊的幸福。我们坐到我们那一次坐过的长沙发上，有好一阵子没有讲话。我们不知道该从哪里讲起，但是我们心里都清楚，话总是要讲的。我讲了我这次回来的目的，讲了我歇在大伯阿尼西姆家的情形，还说我到过卡佳家，看到了她那些孩子。我发现，有三年多我没有来的这个房间里，许多地方变了。小桌上摆着花瓶，花瓶里插着鲜花，窗台上栽着室内花草的花盆摆得更满了，花草映出的一片浓浓的绿荫投在窗玻璃上。原来放单人床的地方，如今是一张宽宽的双人床，床上蒙着花罩单，两个很大的羽绒枕头也蒙着带花边的枕罩。我心中不由得在想:坐在我身旁的这位年轻女子,就像她的房间一样,个人生活中发生了许多变化,只是有一点没变:过去把头抬得高高的,现在还是抬得高高的,好像是她那粗粗的辫子紧紧地盘到了脑后,脑后分量太重,压得头朝前低不下来。我表姐房间里最能说明问题的变化,是床头挂了一幅嵌在玻璃相框里的照片:这是一位像个运动员一样的很漂亮的男子,他很开朗地笑着,露出雪白的牙齿,小胡子显得又软又光滑,一头茂密的头发,毫无疑问,这就是谢苗·马丘申。不过,我还是拿眼睛瞄了瞄照片,问道:

“是他吗? 是谢苗·马丘申吗?”

“干什么你要问?”苔西雅垂着头,没有看我。“除了他,又能是哪一个? 米沙,妈妈大概全对你说了吧?”

“说了一些。”

“我生活中的变化和尤拉生活中的变化,那你是怎样看的?我希望你能完全理解。”

“差不多完全理解。”我停了一会儿,心想,苔西雅会抬头看看我的,可是她一直垂着头。“我不理解的只有一点,那就是,用政治思想报告里的话来说,这里面有一个道德问题。”

“什么道德不道德?”苔西雅抬起头来,很生气地、着急地问。“尤拉先前没有爸爸,现在他就有了! 这就是道德! 你的伊凡有爸爸吗? 有的。我儿子哪一点比你儿子差?”

“苔西雅,干什么要发急? 我决不是责备你。我只是想自己弄清楚……”

“还有什么弄不清楚的? 是什么? 道德问题,是吗?”她狠狠地望着我,猛地打断了我的话。“不要我们去弄,生活本身会把一切弄清楚的，会把一切弄个一清二楚。”

“有一个很简单的、很自然地产生的问题：你同齐奈达是什么关系？是情敌。这你要承认……”

“米沙，你也讲这种话？”苔西雅又气愤地打断了我的话。“米沙，你可以这样理解：这两个情敌所想的不是自己，是自己的孩子！孩子有四个——三女一男。要是尤拉长大了，问我：我的爸爸在哪里？我拿什么来回答他？可是你还要说，道德问题……哼，什么道德不道德？这种道德对谁有好处？每一个人，其中你也在内，对别人的苦难抱隔岸观火的态度，因而觉得好像这违背了道德。米沙，在实际生活中这一切都不是那么简单的。你还是看看孩子心里是怎么回事儿，也看看我心里是怎么回事儿吧。齐奈达和她的三个孩子的处境又是怎样的？道德问题——这样拿嘴说说是不费力的！就像你这样高明的人、这种维护道德的人士，在求神镇是不少的。都在叫：一夫多妻啦！道德沦丧啦！”

苔西雅没有再往下讲，举起两只丰满的手臂，一面望着笑吟吟的谢苗·马丘申，一面敏捷地盘起松了的辫子。

“苔西雅，你别发火，”我利用她没有讲话的当儿，说。“你要明白我的真正用意：我既不是非难你，又不是非难谢苗或齐奈达。我也决不是什么维护道德之士。不过我想弄懂、弄明白我不懂和我不明白的事：你们三个在一块儿怎样过的？”

“米沙，你也相信谣言？”苔西雅眼里涌出了泪水。“我们从来就没有三个在一起过，今后也不会这样。你没有看到这张床和这两个大枕头？谢苗同我在一起过，就同我一个。记住，就同我一个人。不过，他现在有四个孩子了——三个女儿，一个儿子。孩子们在一块儿玩得很好，很亲热。我和齐奈达也没有吵嘴打架，甚至还常常见面——这都是事实。这没有什么不好的。你觉得稀奇吗？不相信吗？不单是你一个，很多人对我们的事不仅感到稀奇，而且感到很恼火。就有那样一些人，既没有看到苔西雅和齐奈达互相揪辫子，又没有看到她们大打出手，总觉得不过瘾。他们也不能理解，为什么谢苗没有扔掉自己的三个女孩子。假如我和齐奈达能干几场架，让全镇的人饱饱眼福，假如我们的孩子们互相仇视，这样，有些人才会满意，会说：这样才对头，这样才像那么一回事儿。"

"苔西雅，不过我还是要问：你同齐奈达是什么关系？根据生活中由来已久的不成文法来说，你们是不共戴天的仇敌。可是，就像你自己说的，你们彼此并不仇视，你们的孩子彼此也处得很好。这又是怎么回事呢？"

"米沙，这就是说，你完全不了解齐奈达，对我的了解也很差，"苔西雅笑着回答说。"我们的关系超越了旧的不成文法和偏见。这又有什么不好呢？我真不懂。"

"那你就给我讲讲，你们是怎样做到这一步的，"我要求说。"不过，你千万别生气，平心静气地给我讲讲。你得承认，我们现在所谈的这种情况，就某些方面来说，是很特殊的，也可以说，是独一无二的。"

"唉，米沙呀，米沙，你要知道，这件事不仅已经平息，而且已有结局，我真不愿再提起。"苔西雅抬起头来，好像要让我看看她那盘得很漂亮的辫子似的，又用光彩奕奕的眼睛望了望谢苗·马丘申。"谁都知道，口袋里是藏不住锥子的，全求神镇很快地就知道了尤拉的爸爸是谁。又是非难,又是讥笑,各种各样的流言蜚语。谢苗就想扔下齐奈达和三个孩子,带着我和尤拉离开求神镇。我不愿意。你可知道,我为什么不愿意?我怜惜齐奈达。你不相信吧?”

“这种事是不怎么常见……”

“说真心话,我是怜惜她。”苔西雅笑着朝我望了望。“从你的眼睛,我看出来:你就不相信。大家都是这样的,都不相信。不论我对谁说,谁听了都笑,笑的意思就是:你不可能怜惜她。为什么我不可能?大家都不愿回答。反正不可能就是了。米沙,你要是这样来写:有两个女的,本是情敌,可是处得很和睦,从来不打架。就会有人说:全是胡扯,臆造!可是这是事实。这有什么不可信的呢?”苔西雅苦笑了一下。“就这样,我们之中的一个,也就是我,得到了谢苗。齐奈达也就安于自己的苦命,她是个通情达理的女人……就在镇上谣言四起的时候,谢苗对我说:‘咱们就公开同居吧,不要遮遮盖盖了。但是,这就要求你们两个女的有很高的自觉性。你去找找齐奈达,同她推心置腹地谈谈,同她和好。’”苔西雅用眼睛笑着望了望谢苗·马丘申。“我没有去。我第一次没有听谢苗的话。我怕。我觉得羞愧。我克制不住自己的感情,就是不肯去找齐奈达。因为是我夺走了她的丈夫。我怎样去同她和好呢?我怎样抬眼望她呢?对她说什么呢?”苔西雅又用眼睛对谢苗·马丘申笑了笑。“有一天傍晚,齐奈达到我家来了。是谢苗要她来的。她专门打扮了一下:系了漂亮的花头巾,穿了新连衣裙,还束了腰带,好像是过节似的。她的脸却是煞白煞白的,脸上还有泪痕。我们就坐在这间屋里,坐在沙发上,就像咱们现在这样坐着。”

“你们谈些什么呢?”

“米沙,你怎么又问起来了?”她板着脸扬了扬眉毛。“我已经不记得我们讲了一些什么话了。最好不要再提这些事。我们那一次谈话既无法用言语转述,又无法写在纸上。我只能说:我们当时讲话都很和气,讲的不多。不过,那一晚上我和齐奈达哭是哭够了。哭了个痛快,把我们心里的苦楚全哭了出来,哭过一场之后,我们就像亲姐妹一样了。我还可以告诉你:我们当时所讲的、所操心的不是我们之间的争风吃醋。我们所想的、所担心的是我们的孩子,要使孩子们有爸爸。这一点我们是做到了。米沙,你说,这又有什么不好的呢?明天尤拉就要第一次上学去了。你猜,他对我说什么?他说,让爸爸带我到学校去。我问:妈妈带你去,好不好?尤拉回答说:不行,还是让爸爸带我去。我也就答应说:那好吧,就让爸爸带你去。要是尤拉没有爸爸,那怎么办?我怎样回答他?我已经同谢苗讲好了,让他带自己的儿子到学校去。我真不懂,这有什么不好的?我和齐奈达有什么过错?”

“是的,没说的,你和齐奈达都是好样的,确实是好样的!”我特意用快活的语调称赞说。“你们有胆量,有决心!”

“吞得下痛苦,就有胆量了,”苔西雅用忧伤的语调回答说。

“听了你这些话,我想到一个问题,”我说。“孩子有了爸爸,是幸福的,不过,除此之外,妈妈也应当有幸福,”我胆怯地说。“应当有自己特别的、纯粹属于女子的幸福。你有这种幸福吗?”

“有的。”

“齐奈达呢?”

“不错,齐奈达没有这种幸福,”苔西雅回答说。“我们女人的命就是这样。为了孩子,一切在所不惜。”

“还有:谁都知道,夫妻之间的关系是格外亲密的,是特别贴心的,”我继续说下去。“这种关系不仅可以叫作私人关系,而且可以叫作神圣关系。所以民间流传着这样的话:第三者是多余的。你们同第三者又怎样呢?谢苗住在你这里,睡在这床上,可是,白天不是还经常去看齐奈达吗?”

“米沙,除了‘第三者是多余的’这句话,还有一句话:人有人的常情。”苔西雅的眼睛忽然湿润了。“谢苗不是去看齐奈达,是去看孩子。”

“不过,孩子在哪里,齐奈达也就在哪里,”我的话脱口而出。

“米沙,难道你也同我妈妈一样,同镇上人一样,相信那些谣言?”苔西雅问。她的眼泪顺着腮滚了下来。“你怎么,有意要气气我?”

“苔西雅,你说到哪里去了?我是自己想弄清楚……”

“这有什么不清楚的?要是生活就这样安排定了,我们又能怎么样?”苔西雅用手帕揩了揩流着泪的苍白面颊。“米沙,我真不懂,为什么人们都这样好奇?为什么就不相信别人正派?为什么非要散布谣言不可?”她不等我回答,便去打开书桌的抽屉,从里面拿出用线带捆在一起的四本练习簿,递给了我。“这就是那份《一个爱得发了疯的女人的自白》,你该记得,我对你讲过的。你拿去吧。现在,这日记我不需要了,也许,你会有用处的。你也很好奇嘛,”她笑着补上这一句。“再说,这已经不是秘密了,所以就让你窥视一下你这个乖僻的表姐的心灵吧。咱们这不愉快的谈话就到此结束吧……咱们吃晚饭去。听，妈妈已经在往桌上端菜了。”

我感谢她将日记给了我，吃过晚饭，我便前往安得列·谢罗什坦家去睡觉。外面已经黑了下来，秋日的草原风送来凉爽的气息。求神镇大街上那长长的两排路灯划破了沉沉的夜色。

六

苔西雅的日记

早在童年时候——那时我至多六岁——我看到过幻景，当时我觉得又高兴又害怕。

我记得，那是一个炎热的七月的早晨。没有风，天上没有一丝云。我从一片绿油油的高高的马铃薯丛中穿过，跳过我家菜园边的水沟，沟外便是连接着草原的草地。我在草地上跑了一会儿，突然站住了，因为我看到了腾腾的、晃晃不定的气浪：气浪好像就在眼前，好像在召唤我，召唤我前去。我甚至好像听到了声音：“来吧，来吧，小姑娘，别怕！”我便向前跑去，气浪却向后退去。我不住地跑，气浪就不住地向后退。“喂，别停住，快跑！”我跑了一会儿，回头一望，不禁愣住了：我被腾腾的、晃晃不定的气浪包围住了，整个求神镇，包括我家的菜园、我家的房子，全不见了。

我站在那里，不知该往哪里去，心里觉得又高兴又害怕。远处，仿佛从水里冒出一些歪歪斜斜的、晃晃不定的东西，很像一些高高的、斜斜的麦秸垛。我屏住气,朝这些东西跑去,这些东西退走了,我于是看到了我家的房子、我家的菜园和菜园里那一片高高的马铃薯。

我在实际生活中又一次体验到这种不平常的、意外的喜悦和这种奇怪的恐惧,那是在我爱上谢苗·马丘申的时候。正是在这种不可理解的、陌生的感情中,有一种东西很像那些诱人的、底部呈现着瓦蓝色的腾腾的气浪,使我喜悦,又使我害怕,招引着我,却又躲着我。

他是我的上级。我强制自己时时记住这一点,可是我控制不住自己,没有力量控制自己。我怕他、尊敬他,不是因为他是我的上级,而是因为他是我喜欢的男子。我一走进他的办公室,马上就忘记我是他的下级,于是周围的一切,就像那个出现幻景的草原早晨的情形一样,在眼前晃动起来,模糊起来。我一想到我所爱的人就在眼前,脸就红了,我不敢在近处朝他望一眼,不敢看他那栗色的胡子,我想对他笑笑,可是笑不出来。我虽然不望他,但通过我整个身和心的感觉,还是能看到他那亲切的目光、那特别和蔼的笑容、那又光又软的小胡子,看到他将卷宗递给我,听到他说:

"塔霞,你把这些表册拿去。里面有各分场的数字,要分别填到卡片上。"

看起来这些话都是很普通、很平常的,都是公事上的话,可是我觉得这都是使人十分高兴的话,是一些很不平常的、值得庆幸的话,这些话依我的理解就是这样的意思:"塔霞,把这些表册拿去，你要知道：我是特意叫你来的，特意叫你干这件事情，因为我很想看到你。”

我接过卷宗。我很想多少再站一会儿，可是我应该走了。于是，我为了多少再呆一会儿，好不容易地抬起头，对他说：

“谢苗·雅科夫列维奇，今天就这些事吗？”

“是的，今天做这些事就够了，”他回答说。

我对他微微一笑，我希望他这样来理解我的话：“谢苗，亲爱的，就是说，今天我再也不能看到你了吗？”显然，他正是这样理解我的笑的，而作为一个上级，他对我的笑是这样问答的：

“去吧，塔霞，你工作已经不少了。如果有事，我会叫你的。”

“去吧，塔霞……”不喊苔西雅，喊塔霞。会计科的同事们都是喊我苔西雅·库齐米尼奇娜，可是他喊我塔霞。不过，不是当着大家的面喊，只是在我们两个人在一起的时候。塔霞……是他自己想出这个又简化又亲热的名字，而且他的喊法也与众不同，因此“霞”又有点“莎”的味道，——在这当中，我也仿佛看到了晃晃不定的幻景，使我如此喜悦，又使我感到如此可怕。

我年龄已经不小了，可是我还没有爱过什么人，还不知道爱情是什么滋味。谢苗——谁知他为什么偏要来折腾我！——是我不仅爱上，而且衷心地崇拜的第一个男子。我觉得，没有他，我就活不下去。怎么会这样，我又是从什么时候变得这样的？我说不上来。我只记得我们这位年轻、英俊的新会计主任初来时的情形。我一看到他，立刻就对他产生了一种很不平常的感觉，这种感觉使我的心都停止了跳动。

第一天，他就把我请到办公室，同我谈工作，给我分配了任务，当我走出他的办公室的时候，我就明白了，我已经发疯似的爱上了这个人，而且这种爱就是那种奇怪的爱，它要么使人憔悴，使人慢慢死去，要么使人越过越年轻，使生命大放异彩。他爱我不爱呢？我不知道，我也不想知道。他找我去的次数越来越多。我们谈到做年终财政决算，谈到各分场的分类账来得不及时，在谈这些事的时候，他望着我，朝着我笑，他不是因为年终决算做得好而觉得高兴，而是因为看到我；我越来越相信，他也在想着我，就像我想着他一样。

几个月过去了，我们该说的话，彼此一个字都没有说。还需要说什么话呢？不需要说话，我们就全明白了。需要的不是话，而是行动，需要走出果敢的一步，我们可以在办公室以外会面。走这一步，那是后来、是夏天的事。在这段时间，我天天想着谢苗，心里离不了他，觉得我好像置身于又诱人又可怕的幻景中，既因为幸福而喜悦，又因为害怕而心悸。下一步该怎么办呢？我知道，他是有妻子的，他还有三个孩子——全是女孩。

可是，我常常忘记这一点，我总在盼着他喊我去办公室，就像盼望幸福似的，工作时间也总在想着他，天天就像在梦里似的。

草原上漆黑的夏夜。我从来没有见过这样浓、这样黑的夜色。只是在遥远的天际，有一道隐约可辨的、好像铅笔画出的灰线，那是天与地相接的地方。芳草萋萋的浅浅的凹地向远处伸去，不知伸向何处。我们在凹地上走了很久。谢苗搂着我，大概他是怕我跌倒，——我的腿都发软了，走不动了。我们坐在草地上，置身在草丛里，倾听夜晚的声息。附近有吱吱的叫声，显然，那是黄鼠在戏耍；身旁有一只鸟儿乎擦着地面忽地一声飞过，看样子，那是一只田野里的猫头鹰。我们头顶上是无数的星星，星星那么多，好像都想看看这芳草萋萋的凹地深处发生了什么事情。我们身子底下是青草，不如说，是厚厚的、散发着泥土气息和各种花草气息的绿绒褥子。要是一个人在这草原上，躺在这芳香的褥子上，那是可怕的；可是现在是两个人，况且是同谢苗在一起，只不过有点儿心慌，高兴得有点儿不习惯，觉得不寻常，而且我们觉得自己不是睡在青草与野花铺成的褥子上，是睡在天上。

我永远忘不了这个温暖的夏夜，忘不了我们这芳香的花草褥子和覆盖在我们身上的黑沉沉的、嵌满星星的被子。看来，每个人都必须体验体验我们这一夜体验到的幸福，哪怕一生中有一次也好，因为，如果没有这样的体验，人生就没有意思了。这一夜，我第一次身挨着身，而不是在一定距离之外，感受到我爱之甚于生命的那个人的吸引力；现在，就在这芳草萋萋的凹地里，过去可望而不可即的一切，全成了我的。有一只野兽，显然对我们神秘的出现感到大惑不解，几次走到我们跟前，爪子踩在草地上沙沙直响。最后一次它走来把我们闻了个遍，终于相信我们是躺着的，同它毫不相干，便跑开了，再也没有回来。

他不住地吻我，他那小胡子扎得我的嘴唇痒痒的，我的头晕乎乎的。就是这柔软的小胡子，过去我连看都怕看的。我故意说，他的胡子太扎人了。他笑起来，笑的声音很低，好像是怕这漆黑的草原上有什么活物听到，回答我说：

“扯谎，塔霞，扯谎是有罪的。”

他吻得更热烈了。

“喂，现在怎么样？”

我回答说：

“现在不扎人了。”

……曙光唤醒了我们，我们像醉汉一样地回到镇上。天际，在原来我们看到铅笔线条的地方，刚刚露出曙光。就在那个曙光初露的早晨，我已经怀着尤拉了。谢苗是一点不知道的，可是我知道，我高兴，而且，从那个难忘的早晨起，我明白了：谢苗是我的，任何力量从我手里夺不走了。

老天爷没有赋予我女性的美，这一点我是知道的。可是他说我很美，说我一切都是十分美的——眼睛也美，心灵也美，垂在背上的两条淡褐色辫子也很美。我虽然心里明白，不是这么一回事儿，不过我没有反驳他，因为我相信他是这样看的。我总想在他眼里成为特殊的女人，要同所有的女人不一样，我很想在他面前显示出我所有最美好的一切、我的习惯、我照料他的全部本领。我还想生个儿子，他会十分喜欢儿子的。等到尤拉生下来，我从产院回到家里，谢苗夜里偷偷地从开着的窗子里爬了进来，仅仅是为了要看看孩子。他将台灯拿到睡着的儿子的小脸眼前。望了又望，仔细地望了很久，连句话都不敢讲，而且好像还不相信这是他的儿子。过了半天，才抱住我，说：

“怎么样，塔霞？真的，好极了，这小厮好极了！这么说，咱们藏在草原凹地里度过那样一个夏夜，是有成绩的了？没说的，好漂亮的小厮！”

“你还没看到他的全貌哩！也没有抱在手上看看。”

“没关系，总有一天，我会看到全貌、会抱在手上的，这是毫无问题的。多谢你了，塔霞！”

我做妈妈了。全镇的人都在纷纷议论，各式各样的流言蜚语纷至沓来。人们竞相猜测，怎么都弄不清这孩子是我和谁生的。他们是很想弄清楚的。我走在大街上，常听到背后传来冷言冷语：

“天哪，谁又能迷上她啊？”

“看样子，是外来的野汉子。一定是出差路过这里的。”

“有时候丑女人也能讨人喜欢。”

“现在有些汉子都饥不择食了，不管同谁睡觉，只要能睡觉就行。”

好吧，就算外来的野汉子，就算有些汉子饥不择食，我不在乎。我觉得高兴的是，谁也没有想到谢苗身上去。谢苗是我心中的秘密，这秘密保留在我的心中，我时时记在心上，而且，保守这个秘密又是何等愉快的事啊！妈妈不在家的时候，谢苗就到我这里来，抱起长大了一些的尤拉，紧紧搂着，拼命地吻。

“塔霞，我们这样秘密来往，你觉得苦恼吗？”

“不，不苦恼，反而高兴。”

“我们公开同居，好不好？这日子不是人过的，简直是活受罪!”

“齐奈达和三个孩子怎么办?”

“离婚。咱们离开这里。”

“你怎么能这样?决不能这样!”

“要是咱们的秘密自动暴露出来,那又怎么办?”

“要是藏得深、藏得严实,怎么会暴露出来呢?”

不过,还是谢苗说对了。不到四年,我们的秘密就暴露了。但不是自动暴露的。秘密一暴露,我心中感到何等空虚!我时时想着的、心中一直珍藏着的东西丢了,我又是何等怅惘!

•

我喜欢他哪一点呢?不知道。看样子,他的一切我都喜欢。喜欢他那亲切的、有点像孩子那样微笑着的眼睛,喜欢他那柔软、光润的胡子,还喜欢他那种温柔的、不同寻常的味儿,我觉得,那是别的男子没有、也不可能有的,他的这一点带给我极大的愉快。我同他在一起就觉得轻松、愉快,想唱歌,想笑,想撒娇,他不论说什么,要我干什么,我马上就听从他,照他的意思去做。我们的秘密所以暴露,也正是因为这样。有一天他说,明天,也就是星期天,他要白天公开地到我家来。不再躲躲藏藏的了。我应该表示反对,应该不叫他来的。可是我没有讲话,没有表示反对。于是他来了。有一位女邻居看到他来到我家,便装做找我妈妈有事,跑了进来。这时谢苗正抱着尤拉在亲哩。好了,第二天全求神镇都知道尤拉的爸爸是谁了。就在那一天,谢苗对我说:

“塔霞,咱们别躲躲藏藏的了。咱们公开同居吧。我就搬到你这里来住，把房子和家里的一切留给齐奈达和三个孩子。你同意吗，塔霞？”

我本来不应当同意的，可是我欣然同意了。谢苗第一次在我面前讲起了齐奈达。谢苗夸奖她，说她善良、温柔体贴、尊重别人。我本应该嫉妒、应该生气的，可是我却对他笑笑，点点头，表示赞同。我只是问他：齐奈达也像我这样爱他吗？他回答说：

“不是的，不像你这样。”

“为什么不这样呢？”

“这个问题很难回答。”他望着我，就像成年人望着一个不懂事的孩子，又笑着补充说：“塔霞，她不会这样来爱我。没有学会。”

沉默很久之后，我还是问道：

“孩子们究竟怎样办？”

“我认尤拉作儿子，”他回答说。“四个孩子都是我的，都要姓马丘申。齐奈达和三个女孩的生活费用还由我来负担，我劝你也不要和齐奈达作对，她是不幸的，而且她没有任何过错。你不会不同意吧？”

“同意，同意，”我赶紧回答说。“只不过觉得奇怪，很不习惯。再说，人们又怎样讲呢？”

“塔霞，人们又算得什么？”谢苗回答说。“我们自己就是人，我们要过人过的日子。”

七

我乘着奥列格的车子出了求神镇。这是一个秋日的早晨。这时候天色尚早，夜晚的凉气还没有从大地上退走，太阳仿佛用惺忪的睡眼刚刚开始巡视辽阔无垠的大地。各村各镇上空，炊烟袅袅，没有一丝风，炊烟便像一根根上下一般粗的灰色柱子似的直指天空，烟柱顶部蘸满了阳光，泛出金碧辉煌的色彩。一团团白茫茫的晨雾偷偷地向谷地和低洼处溜去，悄悄地伏到草地上。

这一次我们乘的不是“莫斯科人”，而是“嘎斯”越野车。我们是到水牛村去，去看西兰季老爹。我对奥列格说，我们这次出游先从访问水牛村开始：决不能绕过西兰季·叶戈罗维奇·戈罗别茨，一定要看看这位有名的老牧人。说不定，这是最后一次了。

“为什么是最后一次？”奥列格一面继续凝神注视着陡然弯进洼地的土路，一面用郑重的语调问。“我可不是像你这样看的。你以为老头子很快就要死吗？才不是呢！他还结实着哩，准能活上一百岁。所以，你还能不止一次，也不止两次到他那里去做客，当然，还得看你愿不愿回来。”奥列格停了一会儿，想看看我同意不同意他的看法，他见我不表示意见，等我们的车子开上了一片坡地，又继续说：“不过我弄不懂，你为什么总想到水牛村去看这样一个昏聩的老头子？你能在他身上找到什么样的乐趣？我记得，你以前对几条猎狗很感兴趣。这当然是可以理解的。但是，那时候有三条，现在只剩一条了。那条最老的，我记得，那是领头的，已经死了。老头子才舍不得哩。就因为这样，老头子把它的皮剥下来，填上锯末，做成标本，放进了牧人陈列馆。将它永远保存下来。你看到了吧？”

“后来怎样呢？”

“后来他弄到一只小狗。怎样弄到的？又是什么样的狗呀？”奥列格的脸上浮出善意的微笑。“他跑到草原上，钻到乌荆子丛里，将狼妈妈的小崽子偷来了。狼崽子还没有睁眼呢。用什么招儿捉来的？这我一点说不上来，因为我不知道。有一点是肯定的：他就不怕狼妈妈。我无论如何都不敢到狼窝里去。他就去了，去把狼崽子偷了出来，带回家中。他对谁都不肯讲，这是从哪里弄来的，连对老伴儿都不肯讲。他对人都说，这小狗是从沃隆佐夫村一个羊倌朋友那里要来的。他对你也不会讲真话的，所以最好你别去问他，别去打听了。他不论对谁都说，他养的是一条特殊品种的草原猎狗，但是，看到过这只小崽子的人都觉得毫无疑问：这完全是一只狼崽子。凭模样就可以肯定。他拿奶嘴装了热牛奶喂它，把肉剁碎了给它吃。居然养活下来了。”奥列格沉默了一会儿，这时我们的车子越过公路，转到了去水牛村的土路上。“没有狗，他就没法过日子，没有谁同他讲话，就闷得要死。他那条老狗，背上的毛已经掉光了，所以他培养起接班的。总而言之，依我看，戈罗别茨是个古怪得出了格的老头子。你是知道的，以前他每个星期天都带着三条猎狗、扛着羊鞭到自己的像前去，跪在像前，对着自己的像说话。现在已经不再去了。别人问他：老爹，你为什么不到自己像前去啦？他回答说：那时候我是带三条猎狗去，那才像个羊倌的样子。现在要去，只能带一条狗，而且还是瘸的，太寒碜了。等到这条防狼猎狗长大了，——不是狼，倒成了防狼猎狗！——我就带它去。你记不记得，他那三条猎狗有一次在草原上跑，找到几头失群的羊并且给老头子赶回家的事？”

“当然记得。怎么样？”

“老头子曾经想把羊还给原主，可是找不到原主。”奥列格用快活的语调兴奋地说。“于是老头子请来一些像他本人那样已经退休的老羊倌。他们挑了一头去势的绵羊，带了羊走进草原。在草原上架起篝火，做起最地道的牧羊人的炖羊肉，又做了烤羊肉。当然，酒也是少不了的。他们坐在篝火旁聊天，回想年青时代。傍晚时候他们才醉醺醺地唱着歌子回到村里。就这样，老头子把几头走失的羊全拿来做炖羊肉、烤羊肉，招待自己的老羊倌朋友了。六头羊——那是值不少钱的。可是，谁都知道，西兰季老爹从来就不心疼钱，他总是和鸟儿一样，今天有食儿今天吃，决不攒着。他是个喜欢交游的汉子，非常好客。对待朋友，他可以把家底子都端出来。就是我们现在去，他肯定也不会马上放我们走的。这是我事先就知道的。”

“咱们偏偏不能在西兰季老爹那里多呆，没有时间，”我说。“见见面，略谈几句，咱们就走。”

“咱们下面往哪里去？”奥列格问。“安得列·阿维利扬诺维奇指示我：你去给米沙开车，他要往哪里去，就往哪里去。你往哪里去呢？我不知道。能不能把咱们要去的一些地方告诉我？”

“有一处可以讲，”我说。“我非常想到肯克斯村去。”

“哪里有这样的地方？”

“有这样一个村子。”

“没听说过。”

“我们一定要找到肯克斯村，”我说。我眼前立时出现了菲玛那亲切的、笑盈盈的眼睛。“说不准是在哪里，反正是有这样一个村子。”

“我真不懂。”奥列格耸了耸肩膀。“我们区里反正没有这样一个村子。我敢保证。”

“咱们怎样来找这个村子呢？”

“咱们来问有阅历的人，”奥列格一如平时那样信心十足地回答说。“嘴巴是干什么用的？最好还是问司机。他们到过的地方多，他们会告诉我们，肯克斯村在哪里。”

“可是你为什么就不知道？”

“我不是开‘莫斯科人’，就是开‘嘎斯’，从来不跑远程。我们得问卡车司机。他们把所有的路都跑遍了。”奥列格看到低洼处出现了一个个屋顶。“别致的水牛村到了！名字真怪，我总觉得很稀奇。要说‘水’，——是可以理解的，村子就在洼地里，在潮湿的地方，旁边就有几股泉水。可是为什么要叫‘水牛村’呢？”

“恐怕是过去有水牛在那些水泉里喝过水。”

“可能是这样。”奥列格赞同我的说法。这时我们的车子已经轻快地行驶在水牛村的大街上。“现在咱们往哪里去？直接到西兰季老爹家里去？还是到村办公所去？”

我点了点头说，直接去吧，不到村办公所去了。

西兰季老爹的房子在院子深处。从院门到台阶有一条青砖铺成的小路，多年来已经被脚踩得坑坑洼洼的了。装了玻璃的门廊和三级的台阶老远就对我们微笑。几个小小的窗子笑逐颜开地隔着篱笆望着大街。啊，老相识呀，老相识，何等亲切的牧人房舍！这还是西兰季·戈罗别茨的曾祖父亲手打的墙，是在泥土地上，用泥土打成的。缓缓倾斜的房顶也是泥巴糊的，上面盖的不是瓦片，也不是石板瓦，而是像我奶奶的房子那样，是从草原上挖来的草根土块。草根落了户，将根扎得非常深，于是这房顶就既不怕风，又不怕暴雨加冰雹。在晴和的日子，特别是春天里，屋顶上花红草绿，宛如一片草地。但是这样的土房子已经越来越少，显然，它们已经过时了，它们已经在炎热的南方天空底下呆够了。走进这种古老的、有着低低的顶棚、小小的窗子的房子里，眼前就会出现草原人那种简朴的生活场面。就好像从现实生活进入了遥远的过去，进入了渐渐远去、永远成为历史的时代。房子里有一种很特别的气味，这种气味暖烘烘的，很匀和、很亲切，对了，刚刚出炉的新鲜面包散发着的就是这种气味。跃入眼帘的是一些手工织的本色的毛巾，上面还巧妙地绣了雄赳赳的大公鸡，但由于时间过久，这些毛巾已变成褐色。这种毛巾很多，到处都是：在两个窗子之间的墙壁上挂了一些相片，有带框的，有不带框的，有蒙着玻璃的，有没蒙着玻璃的，全都以毛巾作衬边；供圣像的地方也有两条毛巾，这两条毛巾在唯一的圣像上方，好像在拥抱着圣像的面容。这圣像画在普通的木板上，不知何年何月出自何人之手。苍蝇很不恭敬地在圣容上拉了许多屎，圣容显得郁郁不乐，很有些意见，一双眼睛已经模糊不清了，这双眼睛已经牢牢地落上了时光的痕迹和灰尘。无论西兰季老爹本人，无论他那闲不住的、干活还很麻利的老伴儿菲克卢莎，都早已忘记怎样在额头上画十字，可是圣像还一直挂着，上面已经烂掉了不止一条绣有高唱的雄鸡的毛巾，可是圣像还是不能去掉，因为，没有圣像，这房子里那种特有的、习惯的气氛就没有了。

有一回，一个同西兰季老爹有多年交情的邻居说：

“西兰季大哥，你把圣像去掉，换上你自己那挂勋章的相片吧。你现在有两枚金星勋章，还有不少别的勋章和奖章。你比任何神灵都气派!”

“大哥，我是人，用不着当神供起来，”西兰季老爹说。“就让圣像呆在那里吧，它呆它的，不碍别人的事。要是给我排位子的话，应该把我放到草原上，同羊群在一起。那是我本来的地方。供神的地方——就让神灵老爷呆去吧。”

房里的东西，即所谓家具陈设，也是主人亲手做成的。靠墙摆的不是长沙发，而是一张刨得很光的长板凳。桌子、圆凳、小椅子——也是自己做的，都很粗糙。在两个窗子之间，在高唱的雄鸡包围之中，保留着戈罗别茨家族别具一格的、直观的历史，这家族史还是从摄影师第一次进入这偏僻乡村的时候开始建立的。在墙上若有所思地望着我的，有几位长胡子大叔——有戴便帽的，有戴毛茸茸的羊皮高帽的，——有几位圆脸的少妇，眼睛里流露出惊讶的神情；有几位小伙子，那晒褪了色的淡白色头发翘在帽子外面；有几位姑娘，都系了头巾，那面孔都十分朴实，有点儿怕羞；还有几个抱在父母手上的小孩子。有一张发了黄的旧照片嵌在相框里，还用玻璃罩着。上面是一位敦实的男子，留着像吉卜赛人那样的弯弯的胡子，皱起眉头朝前望着，一只手握着羊鞭，就像一个手执长矛的顿河哥萨克；另一只沉甸甸的大手放在一位还很年轻的女子的肩膀上,那瘦瘦的肩膀都被压歪了。

“这是我亡故的双亲,”西兰季老爹带着一条猎狗一面朝我跟前走,一面解释说。“我的爹叶戈里·安东诺维奇是个顶呱呱的羊倌,睡梦里都离不开羊鞭。同他在一起的是我妈妈达莉雅·基莉尔洛芙娜。是一个很和善的、热心肠的女人。我爹就生在这座房子里,死也死在这里。这座房子还是我曾祖父盖的。是自己做土坯自己垒的,可是,过了这么多年,还牢实得像堡垒一样。”

我发现,挂在墙上的这些照片有一个突出的特点:除了人之外,还摄入了他们的住所、羊鞭、牧人篷车、各种姿态和各种模样的狗、篝火和架在篝火上的砂罐,当然,还有草原和羊群。照片上的西兰季·戈罗别茨十分英俊,个儿高高的,蓄着一抹漂亮的、黑黑的小胡子,翘在帽子外面的头发也是漆黑漆黑的,那样子同现在的样子完全不同。他的背景是一丛羽茅草,他手里抱着一头卷毛的羊羔,就像抱着一个小孩子似的。另外一张照片上也是西兰季·戈罗别茨。那是西兰季用羊鞭钩住了一头一岁母羊的后腿,摄影师恰好成功地抓住了这个难得的瞬间。又一张照片上,他的胡子已经很长,身披溜肩的、一直垂到脚后跟的毡斗篷,头戴高高的白色皮帽,站在土冈上,就一位大元帅站在观察点上,他的眼底下是正在吃草的羊群。还有一个西兰季·戈罗别茨:坐在房前的台阶上,扎着我们所熟悉的、已经变白的大胡子,胸前是两枚金星勋章。在他的脚边,神态自如地躺着三条猎狗——莫罗勘、半人马和“教士”,菲克卢莎同他坐在一起,她将自己的白头歪向丈夫一边。

“我家这种宝贝很多,过去来的许多记者把什么都照下来了,”西兰季老爹用手捋着硬扎扎的胡子,用眼望着照片说。“他们自己带走了一些,孩子们又拿去了许多,这是剩下来的,留在家里的。有时候闷了,随便看看,就能想起当年各种各样的事情。上面这些人实际上早就不是这样了。抱在手上的小孩子,如今已经长大了,离开了水牛村;我们当时还年轻,现在老了。还有一些早已不在人世了。还留个纪念在墙上。”他朝紧紧跟随着他的猎狗弯下身子,亲热地拍了拍它的颈子。“我的‘教士’也很喜欢瞧瞧过去过的日子。它们三个也全部给照下来了,那时候它们还在羊群里干事呢。瞧,它们三个一齐望着我们哩。多么年轻、多么漂亮的狗啊!‘教士’,你喜欢瞧你自己和你那两个伙伴吗?嘿,点头哩!它这就是说,它非常喜欢瞧过去过的日子。因为它也老了,两个伙伴也不在了。”

“教士”盘起后腿坐着,它那泪水直流的昏花的老眼并没有去望照片,而是望着自己的主人,至于它对主人说什么,心里又是怎样想的,那是很难说的。

“为什么你的眼睛老是这样流泪?为什么总是在哭?”西兰季老爹像对人一样,对“教士”问道。“唉,可怜啊!我的‘教士’孤单了。莫罗勘一死,半人马当天就不见了。不知是因为伤心,还是因为害怕,就跑走了,一去就没有影子。‘教士’没有跑。可是它难过得不得了,可怜巴巴的,一下子就老了很多。背上的毛就开始掉落。瞧,背上的毛都掉光了,背上疤疤癞癞的,叫人看着都难受。为什么?因为狗老了。我带‘教士’去找过兽医,想弄点药膏,医生不给。他说,治老病的药,特别是给狗治老病的药,是没有的。”

这时西兰季老爹好像猛然想起了一件特殊的、格外要紧的事情，迈着轻快、矫健的步子走出房去。“教士”无精打采地跟着走了出去，它那光秃秃的脊背白得非常难看。

“瞧吧，大概我家老头子今天又要夸夸他新弄来的狗了，”菲克卢莎一面用手帕擦嘴，一面高兴地望着我说。“老头子就喜欢瞎吹。只要有人到我家来，他马上就把小崽子弄出来给人看看。他希望村里人都相信那不是狼崽子，是狗崽子。可是，我们这里的人都不是傻瓜，都认得清狗是什么样子，心里都明白；只是出于对老年人的尊敬，都说这就是狗。米沙，你也要信他的，不要说这是狼，”她又叮嘱说。“就让老头子高兴高兴好啦。”

这时，西兰季老爹回来了。他手上抱着一只黑灰色的小崽子，脑袋大大的，小眼睛锐利逼人。他用羊倌独有的那种特殊本领将小崽子抱在手上，同时他的脸上流露着十分得意的神情，好像他抱来的不是一只小崽子，而是一件无价之宝。

“来，米沙，瞧瞧我这点盼头。”他眼睛里放出光彩，将小崽子的嘴贴到自己的耳朵上。“怎么样？你说说看，这小东西好不好？它的名字也很不简单——防护大力士！”

“是的，这名字是有点儿不寻常，”我说。“甚至还不好懂，为什么叫防护大力士？”

“给它取这个名字非常合适，”西兰季老爹对我说。“它长大了，一定会成为真正的呱呱叫的防护狗。我已经在它身上看出了种种苗头。会成为一条呱呱叫的猎狗，靠得住的防护狗。”

“它将来保护哪一个呢？”我问。“不要保护羊群了吧？”

“保护我，保护我西兰季·戈罗别茨，”西兰季老爹不假思索地回答说。“再说,也可以陪我度过晚年。对‘教士’已经不能指望了,看样子,过不多久就得同它告别了。没有狗,我是不能过的。现在我这条狗,这条防护大力士,可真是一条了不起的狗!这样的狗谁也没养过,谁也不会养。来,你来抱抱看。抱抱嘛,抱抱嘛。乖得很哩。”

说实话,我真不想抱这只狼崽子。

“我不会抱,”我说。“我还从来没抱过哩……”

“这还有什么会不会?”西兰季老爹惊奇地说。“大胆抱就是了!就像我这样抱。去吧,去吧,防护大力士,让别人抱抱,叫城里人开开心。”

我还是不得不抱起狼崽子。我觉得这狼崽子很肥,格外地重,比一只大猫要重得多。身上的毛不仅又短又密实,而且就像老狼的毛那样硬,四条腿干细干细的,结实而有力。防护大力士大概明白它落入了生人之手,四条腿乱蹬乱踹,拼命挣扎,我于是赶紧交还西兰季老爹,我说:

“是的,真是一条呱呱叫的狗。不过它不愿意让我抱。”

“这是因为,它还没有喜欢上你。”西兰季老爹扒开小崽子的嘴。“你瞧这张嘴!瞧这一口牙!一个挨一个!长牙很快就要长出来了。你再瞧瞧这爪子——黑乎乎的,紧绷绷的,结实得很!一只两个月的崽子,有这样的牙齿、这样结实、这样厉害的爪子,我敢担保,你到哪里都找不到。这是我们草原上纯种的猎狗。你再看看这嘴脸。真够漂亮!再看这鼻子,你拿腮试试看,这鼻子总是凉凉的。凉鼻子不是每条狗都有的,就连良种狗也不是每一条都有的。”

“我看狗鼻子是外行，”我为了避免把腮贴到小崽子鼻子上，赶紧承认自己不行。“不过，我能看出来，这是一条很特别的狗。西兰季·叶戈罗维奇，这个小崽子您是从哪里弄到的？”

“是我弄到的，是我搞来的。”

“究竟是从哪里？”

“是沃隆佐夫村一个羊倌朋友送我的，”西兰季老爹不打奔儿地回答说。“如今良种狗实在难找。那些真正的猎狗，都因为没有用场，慢慢退化变种了。多谢这位朋友送我一条。”

“西兰季，你就高兴高兴吧，米沙也信你的了，”菲克卢莎奶奶害怕地眨巴着眼睛，望着丈夫，插嘴说。“西兰季，你就别当着客人的面说谎了。对他说实话吧。”

“我说的就是实话。菲克卢莎，你不要多嘴！”

“什么实话？不光你心里明白，大家都能看出来，这完全是狼，”菲克卢莎奶奶大胆地说。“你还是给米沙讲讲，这野兽你是从哪里弄来的，怎样弄来的。”

“菲克卢莎，你这老婆子干什么这样讨人嫌？干什么要管起我的狗的事？”西兰季老爹偷偷地冷冷一笑。“你还是去给我们弄饭吃吧，要不然，客人就要饿坏了。可别忘了拿出窖子里盐渍的番茄。”他又转身对我说：“米沙，我叫你和奥列格来尝尝我们自家渍的番茄。渍得非常好，不亚于山珍海味！少不了的下酒菜。”他用严厉的目光将老伴儿送走。“把老婆子打发走好些，天啊，什么事都瞒不了她，骗不了她。她什么事都知道，眼睛能入地三尺。养狗也很内行。”他坐到一张小椅子上，骨瘦如柴的膝盖抬得高高的；他给我拉过一张凳子。“米沙，咱们坐一会儿。你说说看,我的防护大力士怎么样?你喜欢吗?"

"我已经说过了。将来一定是条好狗。"

"说它好——这是不够的,"西兰季老爹表示不满意。他将小崽子放到地上。"去吧,去吧,溜溜去。瞧,米沙,它走得多轻快!简直不像走,像一个贼偷偷地溜!鬼东西爪子放得多轻!真好看!你快瞧,快瞧,走起来真够漂亮。抬爪子抬得真好看!"

防护大力士朝门槛走去,它慢慢地走着,还有点摇摇摆摆,不论从它走路的样子,还是从它抬爪子的样子,我一点都没有发现其中有什么了不起的地方。它走到门口,对着门槛闻了起来。

"鬼东西鼻子又尖,闻得又准,"西兰季老爹嘴里在说话,眼睛没有离开小崽子。"你把一块肉随便放到哪里,随便怎样藏,它拿鼻子一闻,准能找得到。"

"西兰季·叶戈罗维奇,请您告诉我,这小崽子是狗还是狼?"

"你也问起这个来啦?你要问这干什么?"

"我就是想问问。它有点像狼。"

"你得告诉我:你能保密吗?"

"我能。"

"是这么回事儿,"西兰季老爹用不愉快的语调说道。"我不想让村里人知道防护大力士的实情。我对自己的老婆子、对万事通的菲克卢莎都没有说实话。我不希望惹麻烦。不过我可以对你说说,但是你要保密,一个字也不要露,连对奥列格也不能讲……要不然,会怎样呢?村里人一下子就会知道,天天钉着问长问短,见了防护大力士也要大惊小怪的。"

"我保证对谁都一字不提。"

“好，就这样吧，你听我说，”西兰季老爹用手捋了捋硬扎扎的胡子，正经八百地开言说。“为什么很多人说，防护大力士好像不是狗崽子，是狼崽子呢？就因为它的样子有些像狼，而且，确实不假，这里面也有本身的原因：它是杂交生的。所以，有一半，也许比一半还稍微多些，它就是狼，这是不错的；另外一半它又是狗。它的妈妈是普普通通的猎狗，是我们的草原猎狗，就和我那莫罗勘、半人马和‘教士’一样。以前它在谁的羊群里，给谁护过羊，那我不知道。等到处处竖起了栅栏，这条母狗就谁也不要了。它可怜巴巴的，有什么办法呢？于是跑进了草原。在草原上凑合着过日子，自己打食儿，渐渐地就变野了，怕见人了。不知怎地它同狼打起了交道，后来就同公狼结婚了，天性嘛。这么着，这位好汉就出世了。”老头子亲切地望了望一直还在闻着门槛的防护大力士。“它又是怎样到我手里的呢？大家都喜欢问这个问题。你是第一个得到我的秘密的。事情是这样的。我老早就留心这条无家可归、差不多完全变野了的母狗，想把它弄回家重新养起来。我弄不回来。它不肯来。有一次我看到它在草原上同一只公狼在一块儿。后来它肚子大起来，身子却渐渐瘦下来，天天在乌荆子丛里转悠——那地方离水牛村不远。它就在乌荆子丛里自己安了个很隐蔽的窝儿，就在里面生了小崽子。有一天，我瞅到它不在窝里——看样子，它是打食儿去了，——于是我就钻进了又密又扎人的乌荆子丛里。”

“您不怕吗？”

“有什么怕的？再说，我还带了双筒猎枪，防备万一，”西兰季老爹接着说下去。“就这样，我好不容易才钻了进去。我已经这么大年纪,只好不顾老迈,爬着钻了进去。我钻进去,看到的是什么？一个狗窝儿,窝里仅有一个小崽子。就是这个防护大力士。它当时还没有睁开眼睛,一丁点儿,可怜巴巴的,站都站不起来。我用破布把它包起来,往怀里一揣,赶紧回到村里。我像喂小宝宝一样,用奶嘴装了牛奶喂它。可是现在,你瞧瞧吧,它已经是个挺棒的小伙子了！瞧,它多么肯动脑筋,什么都要看看,什么都要亲自闻闻。要是仔细瞧瞧它,是能看出它的样子有点儿像狼。大概,还是狼的血占了上风。不过,它在我手里长大了一定不是狼,一定是一条狗,是我的年轻伙伴。它会陪我度过我的晚年。”

“谢谢您了,西兰季·叶戈罗维奇,这个小崽子的来历这一下我就清楚了,”我说。“防护大力士在您手里不会长成一只狼,会长成一条很好的狗,会成为人的好伙伴,对于这一点,我也觉得没有问题了。”

“那你究竟还有什么问题?”老人家问。“你就问吧,我什么事都不想瞒你。”

“我还想知道的不是防护大力士的事。”

“那又是什么事呢?”

“西兰季·叶戈罗维奇,请您讲讲,您现在对综合场是怎样看的？您承认综合场有好处吗?”

“不承认,而且,大概我今后也不会承认。”

“为什么这样呢?”

“感情不允许。我糟就糟在这里。我的脑子觉得:应该承认新东西,完全应该,可是感情无论如何不接受。对感情是不能制服的,不能强迫接受。要自觉自愿才行。”

“现在你们的主任是新的啦。听说很年轻,很有学识。”

“是的,是新的,很年轻,比谢罗什坦还年轻,也很有学问,不过他搞的还是那一套。完全按谢罗什坦的办法搞。我可是不喜欢把羊关到棚子里。这不是这些喜欢自由自在的牲畜过的日子,这是叫它们蹲监狱。虽然很漂亮,虽然是砖砌的,可是总归是监狱。我这个老羊倌怎么能赞成呢?”

“人们会说:一个鼎鼎大名的老牧人,一个两次英雄称号获得者,反对起新事物来了。”

“我并没有碍他们年轻人的事,而是说服不了自己,”西兰季老爹垂着白头说。“看样子,我这么多年养成的东西,我喜欢的东西,我全得带进棺材。米沙,等你活到我这样大年纪,那时候你就懂得,甩掉自己习惯了的东西,甩掉在自己心里呆了多年的东西,是多么痛苦的事。”

“听说,您已经不到站在村子中央的那位西兰季·叶戈罗维奇那里去啦?”

“是的,我没有再去了。”老人家用手握着胡子,没有抬头,嘿嘿一笑。“我同他友好地商量定了:我看羊已经看了五十多年,现在就让他看看吧,让他时时注意那圈羊的栏杆。他的脸恰好对着谢罗什坦的栅栏。就让他看看那套新玩意儿吧。我将来还是要去看他的。现在‘教士’疤疤癞癞的,样子太不神气,带它去有点儿寒碜。等防护大力士长大了,我一定去。”他将防护大力士唤到跟前,将它抱了起来。“这是我现在的乐趣。我俩在一块就不觉得苦闷。它天天恋着我,听从我,我也一心一意地疼它。”

动作麻利的菲克卢莎奶奶走了进来,说:

“怎么样,你们扯够了吗?请你们吃饭吧。鲜红的番茄放在大碗里,等你们去吃哩。”

“啧,啧,菲克卢莎,好吧,咱们吃!”西兰季老爹“啧,啧”两声,将小崽子放到地上,站了起来。“得喊一喊奥列格。”

我们来到隔壁房间里,鲜红的盐渍的番茄已经在等着我们。防护大力士也连忙跟在我们后面摇摇摆摆地走了进来。

八

吃罢早饭,尝过了鲜红的番茄,我们便告别了两位殷勤好客的老人家,出了水牛村,来到草原上……

再见了,西兰季·叶戈罗维奇·戈罗别茨老爹!说不定咱们今后不再见面了。但是,你是什么样的人呢?我还一直没有认清你啊!你回答我吧,简短地回答,用一个词儿回答:你是什么人?你会说:要是用一个词儿来回答,那我是“牧人”。那我不同意,决不同意。牧人——这是职称。你并不光是牧人。我不知道,究竟怎样才能把你从头到脚全部认识清楚?究竟从哪个角度来看你,才能看到在你身上呆了多年的东西?你的性格中确实有一点草原味道,有一种别人学也学不来的味道,可以说,这种味道是你戈罗别茨独有的,村里别的人都没有,也不可能有。那遥远的、与“教士”和它那将掉光了毛的弓背、那老得总在流泪的眼睛有些相似的过去,同如此年轻、如此充满希望、与小崽子防护大力士惊人地相像的东西,竟极其巧妙地结合到了一个人身上。

我心中一直在想着这位老牧人,不觉我们的车子已经沿着乡间土路穿行在冬小麦的海洋中。那麦苗儿像一根根淡绿色的针，刚刚钻出地面。小麦田不停地向前伸去，我们离水牛村越来越远。我望着浅绿色的冬小麦，心中不仅在同水牛村道别，而且也在同西兰季·叶戈罗维奇·戈罗别茨、同菲克卢莎奶奶告别，已经不指望将来再同他们见面。我一直在想，要将这样一个本色的、与别人不同的牧人写得真实、写得有血有肉，显然我是不能胜任的。我无论如何摆脱不掉这样的想法：我要是写起《蒿香》，那我决不能不写这个十分独特的人物。在哪里写，怎样来写，我还说不清，但是，他要进入小说结构，这是肯定的，因为我现在已经看出：我不写西兰季老爹是不行的。可是，他究竟该在什么地方进入《蒿香》呢？怎样进入呢？将在小说中占有什么地位呢？这些问题都是要好好想一想的。我觉得，有一点是很清楚、是没有疑问的，那就是：要用特殊的尺度来衡量西兰季·叶戈罗维奇·戈罗别茨的生活。不仅要把老人家写成一个有着地道的牧羊人习惯、喜欢猎狗的老羊倌，更要把他写成一个聪明人，一个见多识广、炖羊肉本领甚为高超、深谙野草性能、一片好心待人的人。

我懂得：他的性格的动人之处，恰恰不在于他那扎得颇有风度的胡子，不在于他那又高又瘦、佝偻的身材，而在于他怎样度过他的一生，怎样勤劳，当他还是孩子的时候，就拿起羊鞭跟父亲去放羊，既不想荣华，又不想富贵，就这样，迈着不慌不忙的步子走遍了草原，陪着羊群度过了半个多世纪。还有，如今他已经是两次英雄称号获得者，却还常常跪在自己的铜像前，就像自言自语似的，对着另一个西兰季·戈罗别茨说话，而且他俩友好地商定：当初，第一个西兰季·戈罗别茨寸步不离地看羊看了五十多年，如今就让另一个西兰季·戈罗别茨时时注意那圈羊的栅栏，——所有这一切，并不是这位一生历尽风霜、尝尽甘苦的老人的古怪，而恰恰是如此吸引着我的他那不寻常的性格的突出特点。不知为什么他为人十分单纯，格外地无私，这也和大家不一样；他对待狗的态度也与人不同，他会同狗讲话，就像同人讲话一样，他离了狗就活不下去。他不顾自己老迈，仍然下决心爬着钻进乌荆子丛，只是为了要到里面逮一只也许是狼、也许是狗的小崽子，还要给它取个奇怪的名字——防护大力士，——这都包括在他的性格之中。因此，凡是他身上有的东西，使我和别人都觉得不平常、不足信、以致不可思议的东西，都要完好地保存起来，都要照他的灵魂中早已形成的样子表现出来。要是改变一点什么，要是减去一点什么，再给他、给这个活生生的人物增加一点什么，——那就不是西兰季老爹了，我如此喜欢和使我如此惊奇的这位老人家就不存在了……我埋下头，更深沉地思考起来。

“米沙，为什么这样不开心？”奥列格问。“为什么把头垂得那样低？是不是想睡觉？”

“我在想……”

“想什么？能不能讲给我听听？”

“我在想西兰季老爹。”

“当真？”奥列格叫起来。“这就有意思了！我也在想着这个西兰季·叶戈罗维奇。为什么要想呢？因为我怎么都吃不透这位古怪的老人家。我觉得，他是个不可理解的人物。”

“有意思，他哪一点你不能理解？”

“多着呢。比如说，他很古怪，和村里其他人完全不同，”奥列格回答说，这时“嘎斯”来到茂草丛生的土路上。“依我看，这位老人家和一切其他的人都不一样。”

“他和其他人不一样，这才好呢。”

“奇怪，这有什么好的？你瞧瞧他吧：不知是装糊涂，还是耍滑头，什么事都摆在心里。嘿，真够滑的！什么事都要留一手。”

“不是这样，奥列格，我不同意你的看法，”我反驳说。“西兰季老爹是个胸无城府的人。”

“你不同意？比如说，他有没有把他那狼崽子的事告诉你？”奥列格问。“他有没有讲真话？”

我想起了我对西兰季·叶戈罗维奇所作的保证，便支支吾吾地回答说：

“没谈起这个问题。”

“瞧吧，没谈起，那就是说，老头子不肯谈，”奥列格注视着大路，说。“瞒着盖着哩。他为什么要瞒着盖着？因为他有他的心思，有他不可告人的东西。你再看他那些牢骚、不满。他觉得，这也不是，那也不是。又说搞综合场没有好处，又说谢罗什坦搞不出什么名堂。”

这时，我们走的路分成了两条。一条很宽，被车轮碾得很光滑，向右伸去，是去椋鸟镇的；另一条很窄，车辙埋在草丛里，向左转弯，向草原伸去。奥列格刹住车子，用询问的目光朝我望了望。

“米沙，咱们现在究竟往哪里去？”奥列格问。“咱们底下的路该怎么走？”

“往别洛夫镇去，”我不假思索、胸有成竹地回答说。“向左转,直奔别洛夫镇。”

“哪里去?哪里去?”奥列格带着冷笑问道。“我听不大明白。咱们要往哪一个别洛夫镇去?”

“你该记得,咱们过去到别洛夫镇去过,去找过老奥夫恰尔尼科夫的,”我说。“现在咱们去看看小奥夫恰尔尼科夫,看看安东·季莫菲耶维奇去。”

“你怎么啦,不是精神失常吧?”奥列格将帽子推到脑后,大笑起来,“往别洛夫镇去——你这是什么时候想起的?”

“今天,咱们出水牛村的时候。怎样?”

“你还要问‘怎样’?真有意思!进别洛夫镇的许可证你有吗?”

“没关系,想想办法,能进得去。”

“可是,我要说:想办法也好,不想办法也好,进不去,”奥列格很有把握地说。他动也不动。“趁早别打这个主意。要去,就要有通行证,可是咱们没有。你记住,米沙,小奥夫恰尔尼科夫在他们镇上实行了一种混蛋办法,没有特许的通行证,就连天王老子也进不了别洛夫镇。”

“为什么说是混蛋办法?”我问。

“他实行那种办法又有什么道理呢?”奥列格反问道。他还是不肯向左转。“别洛夫镇所有的入口处都设有岗哨,到处都有人严密把守,你根本别想通过。我听说有这样一件很有意思的事。有一次卡拉钦采夫亲自到别洛夫镇去,没有许可证——忘记带了。你猜怎样?把守的人不放卡拉钦采夫进去!怎么都不让进去。求爹爹,告奶奶,怎么都不行!可是,你还要想办法进去呢。比如说,去看看戈罗别茨老爹当然很容易啦。谁也不会拦住你。”

“你还是朝那边开,咱们就去一下吧,”我说。“总不能老是停在草原上。咱们碰碰运气去。”

奥列格一声不吭,无可奈何地开动了车子,向左拐去。

我们离别洛夫镇越来越近。来到一处坡地上,老远就看到一个漆了鲜明的红白两色条纹的小亭子和一根同样打扮的拦路杆。我们的车子驶近了漆有条纹的小亭子,看到右边出现了一切司机都十分熟悉的“红砖”也就是嵌在黄色圆圈中间的红长方块,遇到这种玩意儿,任何汽车都是要规规矩矩地停下来的。奥列格,不用说,也按了闸,车子吱嘎一响,猛然停了下来,就像来到深渊跟前似的,奥列格带点儿讥讽口吻地说:

“唷!……好了!下车吧,咱们到了!”

这时,漆了红白条纹的小亭子里走出一个上了年纪的看守,看样子,他脸上的胡子有一个星期没刮了。他将手掌遮在额头上,懒懒地向我们望了一眼,便扭过脸去。完全不难看出,这位胡子拉碴、头发蓬乱、睡眼惺忪的看守根本就不想走来迎我们。于是我不由得想起流行在高加索一带的一句俗话:山是不会来朝拜主的,只有主亲自去朝山。我只好作一个新出世的主,大胆地、规规矩矩地走到山跟前,就是说,走到胡子拉碴的看守面前,尽量和颜悦色地向他问候,十分委婉地对他说,我是莫斯科的记者,是来各村各镇搜集先进人物的材料的。

“不行,”这位看守冷冷地说。“不准许。”

“什么不行?”我率真地望着这位看守问。“不准许什么?”

“不准进去,”看守依然冷冷地回答说。“看到拦路杆没有?”

“看到的，”我恭恭敬敬地回答说。“不过，拦路杆不是拦所有的人的。”

这座胡子拉碴的大山很不和悦地望着我，他那阴沉的眉头不仅没有流露出任何的善意或好心，甚至连一丝一毫好颜色都没有。为了不让我们的沉默时间过长，我称赞起小亭子，说小亭子油漆得很好，又夸奖拦路杆的机械化装置很巧妙——只要一按电钮，红白杆就会自动竖起或者自动横在路上。同时，我特别指出，不论亭子，不论拦路杆，油漆颜色都配得非常合适，还说斜斜的红白条画得非常有学问，在三公里、甚至四公里以外都能看得见，我甚至强拉硬扯地说，这小亭子加上这横跨大路的彩杆，使别洛夫镇外凄清的秋景生色不少。看守一声不响，他好像突然聋了、哑了。于是我便问他的名字和父称。

“你问这干什么？”看守厉声问。

“您这样魁伟，仪表堂堂，可以说，您是一个奇特的男子汉，据我推测，您的名字和父称一定也很不寻常，”我用明显的奉承口吻说。“所以请您告诉我，您的大名和父称是什么？”

“好吧，就算这样，我叫西多尔·索弗罗诺维奇，”看守说话的口气已经不那么严厉了。“这又怎样呢？”

“这就是说，敬爱的西多尔·索弗罗诺维奇，我的推测一点没有错，”我声容俱动地说。“您的名字和父称真是奇特！十分难得！现在到处都是瓦列里啦，尤拉啦。可是您叫西多尔，父称又是索弗罗诺维奇！妙极了！西多尔·索弗罗诺维奇，我可以完全公开地、诚心诚意地告诉您，您这名字和父称是当代稀有的，请您允许我记到本子上吧！”

“记到本子上干什么?”看守问话的口气已经差不多是和悦的了。“完全用不着吧?”

“您这样说,这是您的谦虚,”我说。“可是,我认为一定要记下来。您还是答应我吧。”

“你还是告诉我:为什么要记?”

“因为难得遇到,也可以说,因为我个人十分喜欢,”我不假思索地回答说。“这名字和父称太漂亮了!这样的名字和父称我还从来没有遇到过哩。喊起来又是多么好听啊!像音乐一样!西多尔·索弗罗诺维奇,不瞒您说:我经常走村串镇,因为好奇,我总是把所有稀罕的事、有意思的事、新奇的事全记到本子上,可是,这样的名字和父称我还没有遇到过呢。为什么我要记呢?我可以秘密地告诉您:就为了我将来的创作——我想,可能会用得着的。所以,您的名字和父称,对于我来说,是一大发现!凭想象无论如何是想不出来的,百想不如一闻!再看看镇口这红白彩条的小亭子!哪里又能看到这类东西呢?哪里都看不到!也请您允许我记到本子上吧,我相信,会有用的,而且会大有用处!所以,敬爱的西多尔·索弗罗诺维奇,对我们当记者的万勿见怪,就请您答应我在这里当着您的面做一些必要的记录。”

“我答应。”他的回答是简短的,但是已经不是声色俱厉的了。“要是对大家有好处的话,你可以记下来……还有,我爹索弗罗的父称是克谢诺方托维奇。怎么样,嗯?也可以记下来吗?索弗罗·克谢诺方托维奇……”

“一定要记下来!”我连忙从口袋里掏出笔记本和铅笔。“就是说,您的爸爸是索弗罗·克谢诺方托维奇了?这就更了不起了!

不过，还是西多尔·索弗罗诺维奇——更好听些，我也更喜欢些。假如有哪位作家要写一个当代农村的正面人物，将这样的名字和父称拿去就是。用不着去苦思冥想，用不着去伤脑筋了。现成的！再说，西多尔·索弗罗诺维奇，您的样子，不如说，这种未来正面人物的外貌——真够标准，用不着再美化了。照着您写写就行。您要是让画家或者雕塑家看到，那就更不得了了。无论画家，无论雕塑家，看到这样健美的模特儿，一定会高兴得跳起来。这一点，我完全敢担保。”

这时候，按照我们生活中不成文的法则应当发生的事情，果然就丝毫不爽的发生了：奉承起作用了！这座“山”笑了起来，高兴起来。我不由得想起这样的日子：本来乌云沉沉，突然之间乌云一下子散开，消失得无影无踪，欢快的阳光立刻就从蔚蓝的天空洒向大地。我面前这位西多尔·索弗罗诺维奇就是这样的。他的样子完全变了。好像有一位魔术师抓走了原来的西多尔·索弗罗诺维奇，换来了另一个西多尔·索弗罗诺维奇。他那很久没有刮过的脸马上亮了起来，年轻起来，好像穿过乌云的明媚的阳光照到了他的脸上。奉承在我们的日常生活中具有何等的威力啊！我们到处需要奉承，没有奉承就过不得日子，就连些微的奉承都能创造奇迹，笃定能产生应有的效果。奉承想要人怎样，就能怎样。不论是至高无上的君主，不论是大权在握的国务活动家，不论是平凡而又平凡的常人，都喜欢奉承。有人说过：奉承——是所有的人都喜欢痛饮的饮料。我又一次抬眼看了看高高兴兴、好像换了一个人的看守，看了看他那胡子拉碴、但是如今已是十分和悦、笑颜逐开的脸，我心里就有数了，我相信这彩条的拦路杆必然会迎着我们的“嘎斯”竖起来的，我一定能见到难以接近的小奥夫恰尔尼科夫的。

“那你把我的姓也记上吧，”看守用十分亲热的语气说。我敢担保，最亲密的朋友说话都没有这样亲热。“我姓卡普什金。西多尔·索弗罗诺维奇·卡普什金。”

“哎呀呀，西多尔·索弗罗诺维奇！您为什么不早讲？”我抱怨说。“您谦虚，是吗？完全用不着！谦虚有时候会误事的……卡普什金！这是正面人物最典型的姓氏。配在一起又是多么响亮动听啊！听听吧：西多尔·索弗罗诺维奇·卡普什金！这比任何音乐都要好些！凭想象是无论如何想不出来的。谢谢您了，西多尔·索弗罗诺维奇，谢谢您的馈赠！是的，确实是很好的馈赠！我高兴极了，多亏这彩条拦路杆拦住我的去路，使我能够同您认识，现在就可以心甘情愿地掉转车头，继续赶路了。我对您表示衷心的感谢！”

“你往哪里去？”

“可以往别处走走，要去的地方很多。”

“你不去看看我们的安东·季莫菲耶维奇吗？”看守问。从他那恋恋不舍的眼睛，我看出，他是无论如何不想让我走了。“安东·季奥菲耶维奇是个像样的男子，为人、做事都十分认真。这样的人，你哪里都碰不到。他爹就不是这样的。你是不是去看看安东·季莫菲耶维奇？”

“有幸能见见安东·季莫菲耶维奇，那是很好的，不过，怎么能见他呢？”我拿眼睛瞄了瞄横在路上的拦路杆。“车轮子蹦不过去啊。”

“要是给车轮子帮点小忙呢?”看守快活地眨眨眼睛,问道。“动一下手,车轮就用不着蹦了。”

“西多尔·索弗罗诺维奇,这手怎样来动呢?”

“这我西多尔·索弗罗诺维奇知道怎样搞,怎样动,”看守很干脆地说,“把你的证件给我。”他打开我递给他的记者证,看了很久。“噢,米哈伊尔·阿纳托利耶维奇·恰佐夫。好吧,试试看吧,俗话说,试试并不吃亏。我看,能行!”

西多尔·索弗罗诺维奇那胡子拉碴的脸上依然带着微笑,转身走进了漆了彩条的小亭子,进门时稍微弯了弯腰。门开着,他对着话筒讲的话我听得很清楚。

“安东·季莫菲耶维奇,请您相信我的话,”看守说。“是个规矩人。莫斯科来的。是的,是的!搜集正面人物的材料。证件我看过了。恰佐夫·米哈伊尔·阿纳托利耶维奇。是的,是的,报社来的。是到各村镇采访的。怎么样,安东·季莫菲耶维奇?让这位作家进去,就这样啦?好的,照办!”

西多尔·索弗罗诺维奇走出小亭子,高兴得满面发着红光,说:

“这会儿这漂亮的玩意儿就要自己竖起来了,车轮子就用不着蹦了。”他按了一下电钮,小小的电动机愉快地响了起来,拦路杆缓缓升起。“好!路开了!可以通过了。”

我同看守握手道别,又朝奥列格招了招手,让他把车子开过来。

“你没有记错吧?”高高兴兴的看守问道。“我是:西多尔·索弗罗诺维奇·卡普什金!我爹是:索弗罗·克谢诺方托维奇·卡普什金!”

“一点没有记错,”我一面往开到跟前的汽车里钻,一面对心花怒放的看守说。“谢谢您了,西多尔·索弗罗诺维奇!您真是一个了不起的人,您的心肠真好!”

我们的车子行驶在出奇地干净的大街上。大街两旁栽满了幼小的白杨树,路面铺了柏油。家家门前有清浅的流水,鹅鸭在水里嬉戏。镇里十分宁静,行人稀少。我们的车子从我们熟悉的老奥夫恰尔尼科夫带石柱的房子前面经过。那宽敞的院子里,以前我们看到的是高高的枯草,如今孩子们正在里面玩着,又热闹,又快活。奥列格一声不响地朝幼儿园望了望。我看到他那毫无笑意的脸,就明白了:他一直还不相信我们竟如此顺利地闯过了把守严密的岗哨。

“米沙!你真有两下子!”他终于开口说。“我真觉得稀奇,你是怎样叫拦路杆竖起来的?”

“竖起来就是了,”我回答说。“大家都知道,天底下到处都有好人。这位看守恰好就是这样一位好人。我同他推心置腹地谈了谈,他思想就通了。”

“那么,现在咱们往哪里去?”

“这还用问,到农庄管理处去。小奥夫恰尔尼科夫正在那里等着我呢,”我回答说。“咱们就去瞧瞧,究竟是怎么一回事儿。”

九

笔记摘抄

我回到椋鸟镇以后，才来记叙我同安东·季莫菲耶维奇·奥夫恰尔尼科夫见面的情形。深夜，坐在区招待所的一个房间里，我在笔记本上记下别洛夫镇这位独行其是的人给我的印象，当然不是所有的印象，而只是记一记我不愿忘记的一些东西。首先得记一记小奥夫恰尔尼科夫——安东·季莫菲耶维奇的外貌。说实话，他的外貌有些出乎我的意外，因为我原是想看到一点不平常的惊人之处的。可是一点不平常之处、一点惊人之处都没有看到。小奥夫恰尔尼科夫是个平平常常的男子。他已经四十出头，不过看样子他像一个三十岁的汉子。他的脸从腮到额头全都晒黑了，看样子，炙人的阳光和灼热的里海干热风整个夏天对他进行了充分的眷顾。他的眼白嵌在黑黝黝的脸上，就像黑人的眼白一样，显得出奇地白，眼睛也显得分外地大。不论朝哪里看——从他那擦得锃亮的黄皮鞋、那穿在他粗壮的身子上显得非常漂亮的上装，到扎着大领结的时髦的白衣领和梳得很光溜的头发，——都好像在说，这个挺拔的年轻男子是在城市里长大和受教育的，他是偶然到别洛夫镇来呆几天的。他是一个有知识、有教养的人，对人彬彬有礼，论外表不像一个农庄主席，倒像一位刚脱掉了白大褂子的外科医生，或者像一位从实验室回来不久的科学家。

在他那宽敞的办公室里,从门口到办公桌之间铺了一条宽地毯。小奥夫恰尔尼科夫走上前来迎接我,那股热情殷勤劲儿是很明显的,是盖也盖不住的,那笑容是真诚的、是十分亲切的,使我简直无法设想,这位笑容可掬的男子会遗世而独立,会在别洛夫镇所有入口处建立红白条纹的岗亭,设置看守和拦路的彩杆。他同我谈起来也是兴致勃勃,非常有劲儿,甚至使人觉得,安东·季莫菲耶维奇十分欢迎我的来访。我听着他在讲话,心里一直在想着:要这样一个人过隐士生活,不同世人来往,不理睬到镇上来的人,是不可能的。

不过,最使我感到大惑不解的,是小奥夫恰尔尼科夫完全不像老奥夫恰尔尼科夫。这种不像不只是表现在小奥夫恰尔尼科夫比老奥夫恰尔尼科夫个儿矮些,肩膀宽些。这种不像渗透到小奥夫恰尔尼斜夫气质的深处,因而鲜明地表现在他的性格、习惯中,表现在举止和谈话的神态中。至于他们的文化水平,他们的素养,那就甭比了,——在这方面老子比儿子是望尘莫及,是有天壤之别的。又比如,据我所知,老奥夫恰尔尼科夫十分傲慢自大,刚愎自用,他比任何人都喜欢自夸,不论有机会、没机会,都要拼命吹嘘自己的成绩,喜欢大言不惭地、没完没了地说自己的好处,喜欢挂起勋章,叫人瞧瞧,自己有多么了不起!他常常毫不客气地、公开地对下属显示自己的长官威风,如果一时高兴,还可以施加一点长官的恩典。小奥夫恰尔尼科夫则恰恰相反,这一套他一点都不会,我觉得,他好像天生就是这样的。他对下属总是平等相待,既不加威,又不施恩,而是讲公正、讲原则。他既不傲慢自大,又不自吹自擂。他极端谦虚,无论在谁面前,他都不会,也不愿表示自己高人一等。他总是平易近人，从不声色俱厉地讲话，对人不是发号施令，总是请求。他去参加隆重的大会，总是穿着十分雅致的黑色服装，上装的小口袋露出白手帕尖尖的角儿，如此而已：因为他还没有勋章。

小奥夫恰尔尼科夫很简单、很不情愿地给我讲了“列宁路线”农庄近几年在生产上取得的成就。经我一再要求，他才讲了每年谷物、肉类、奶类、羊毛的生产和出售数字。我心里一直憋不住，总想问：所以取得这样的成就，是不是因为现在进别洛夫镇，不像过去季莫菲·西雷奇当主席时那样容易了？还有一个问题在我的舌头尖上直转：究竟是谁，究竟怎样会想起在镇口设立岗哨的？总而言之，我很希望谈一谈我最感兴趣的事情。小奥夫恰尔尼科夫好像看透了我的心思，朝我和悦地笑了笑，用信任的语气问道：

“也许，您不但想知道我们在生产上的成就，更想知道，我们对进入到别洛夫镇为什么控制得那样严？”

“是的，安东·季莫菲耶维奇，您猜到了，”我红着脸招认说。“不过，请您理解我的真正用意：我不是出于单纯的好奇。”

“我已经习惯了。许多人都在问这个问题。”

“这也是可以理解的。因为，恐怕您也知道，区里人都在议论您，而且还不只是在区里。”

“究竟怎样议论我？”他依然十分和悦地笑着问。“这倒很有意思。”

“各种议论都有。有的人表示不理解，有的说坏，有的说好。”

“难道还有说好的？”

“不多就是了。大多数人不能理解年轻的奥夫恰尔尼科夫。”

“不过，我已经不年轻了……他们还讲什么来的？”

“主要是说，季莫菲·西雷奇的儿子完全不走老子的路。”

“这就说对了！我同意这种说法。”

“还有，他们认为您行为怪僻，目无领导。”

“有些什么样的事实和根据？”

“有的，比如说，特别是有一次，你们的岗哨都不准卡拉钦采夫进别洛夫镇。”

“谁都知道，凡是喜欢制造耸人听闻的新闻的人都是编造和夸张的能手，”安东·季莫菲耶维奇依然十分和悦地笑着，很平静地说。“有人瞎说我怪僻，说我目无领导，这纯粹是夸张。至于说我们不准卡拉钦采夫进镇，这纯粹是捏造，而且是恶意的捏造。不论安得列·安得列耶维奇·卡拉钦采夫，不论区里别的领导人，还是和过去一样，都可以在任何时候随便到别洛夫镇来，只不过他们现在来得不像过去我父亲在世时那样勤了。”他靠到椅背上，他的脸和梳得很光溜的头发落到阴暗处，因而显得更黑了。“至于我们严格控制进镇的这种岗哨，仅仅是为那样一些来访者而设的，他们往往妨碍我们的庄员正常进行劳动，搅乱我们的步骤。不过，这种措施是不得已而采取的，是暂时的。现在已经渐渐失去存在的意义，因为它的任务已经全部完成了。我们不久就要拆除拦路杆，撤掉岗哨。因为不需要了。”

“不过我还是不懂，你们为什么要采取这种措施？”我问。

“我已经说过了：仅仅为了利于工作，”安东·季莫菲耶维奇依然亲切地笑着，雍容地问答说。“我们要通过实践，要在工作过程中,就是说,要试验试验,拿出个样子来,来证明,‘列宁路线’农庄主席,就是在下奥夫恰尔尼科夫,还有我们的不少技术人员,还有我们的工作队长,一句话,所有我们别洛夫镇的人,——都不是草包,工资不是白拿的。我们完全可以不要外来的推动和监督,独立自主地管理自己的事情,而且还能管得很好,——如今这一点已经通过实践得到了证明。因为,我们很多地方是没有外来监督的,而且到现在还是没有。外来的监督者当然说是来帮助我们的,这种来意是再好不过的。不过,他们实在不是帮忙,而是妨害,他们让领导人不干事来陪他们,这已经是妨碍工作了。还有这样一些外来的人,他们拼命包办代替,拼命教训人,拼命发号施令。他们这样干,就使主席、队长丧失主动性、独立性,甚至可以说,丧失进行正常工作的勇气。比如说,把我们这些人摆在别洛夫镇,是为了什么?我这个主席,我们的农业技术人员,畜牧技术人员,包括主任技师和普通技术员,我们的财会人员,工程师,机务人员——所有我们在别洛夫镇的人,都是为了一个目的呆在这里的,那就是要使‘列宁路线’农庄在经济上取得成就。不过,要是我们离了别人的帮助就领导不好生产,要是我们还需要别人来推动和监督,那就不如把我们撤掉,换上别的更有能力、更有干劲的人,换上真正能够独当一面的人。”他从桌边走出来,在地毯上踱了起来,他那宽肩的、矮壮的身影来回晃动着。“您要是希望知道的话,我可以简略地讲一讲别洛夫镇设置岗哨的经过。不过,这段经过太简单、太平常了,没有什么稀奇或者不可思议的地方。”

我表示希望听听,别洛夫镇这种严防进镇的岗哨究竟是怎样和为什么建立起来的。安东·季莫菲耶维奇仍然缓步在地毯上踱着,对我讲了他过去在州农业局工作的情形。他对自己的职务和条件都感到十分满意,从来就没有想过要调到别洛夫镇来。可是生活本身给他作出的安排,同他原来所希望的很不一样。

那是在刚刚殡葬过季莫菲·西雷奇·奥夫恰尔尼科夫之后。卡拉钦采夫将安东·季莫菲耶维奇请到已经没有了主席的主席办公室,将父亲的遗嘱念给他听。

“这遗嘱就是在这里,在这张办公桌上写的,”卡拉钦采夫最后说。“这遗嘱就涉及你这个当儿子的。”

季莫菲·西雷奇在遗嘱中要求区党委和州党委在他死后选派他的儿子当主席。“这是我最后的愿望:就让儿子继承父业,而且等安东的儿子,也就是我的孙子,将来长大了,让这一事业继续成为奥夫恰尔尼科夫家家传的事业。”这是遗嘱最后的一句话。

安东·季莫菲耶维奇拒绝执行。他说,这“列宁路线”农庄并非父亲的世袭领地,他这个当儿子的似乎成为某种继承人,是很不好的,是不妥当的。于是卡拉钦采夫只好举了一些实例,说明父亲死后,儿子担任父亲生前担任的社会工作,这种情形是不稀罕的。可安东怎么能离开家小,一个人到别洛夫镇来呢?但是,卡拉钦采夫还是坚持自己的意见,说,儿子一定要实现父亲的遗愿。事情弄到了州里。州里领导人也对他说,一个人生在别洛夫镇,死在别洛夫镇,为家乡付出了那么多的精力和心血,他的最后要求,应当得到满足。于是安东·季莫菲耶维奇就同意到别洛夫镇来了。

在全体庄员大会上,大家一致鼓掌通过,选举小奥夫恰尔尼科夫为"列宁路线"农庄主席。只过了一个月,安东·季莫菲耶维奇就感觉到自己无能为力,说得确切一点,感觉到自己无权,他觉得这很可怕,觉得很苦恼。原来,他没有一点主动性,不能按照自己的意图去干、去决定任何事情。比如说,他认为必须扩大多年生牧草种植面积,以便保证牲畜有足够的多汁饲料。他做了相应的核计,也提交管委会通过了,可是不能执行,因为没有得到区农业局同意。他一再说明,他在当地,更了解实际情况;可是他们对他说,往往上面更了解情况,往往旁观者清,并且告诉他,他的亡父就很明白这个道理,一向听从区里下的指示。为了节省饲料,到冬天他必须卖出两百多条牛。就这个问题,他同本农庄的畜牧技术人员、同农庄管委会成员取得了一致意见,可是没有得到区里许可。区里又告诉他,季莫菲·西雷奇冬天从来没有卖出过这么多牛。于是他懂了:他必须单一地执行区里口头来的、电话传来的或者以书面通知形式传来的命令和指示,而且一切事情只能照他亡父当年那种做法去做。他算了一下:在两个月的时间内,农庄来过四个检查组,检查了牲畜喂养情况,检查了饲料的储存和保管、种子储备、经济核算,检查之后,做了详尽的记录,做了评定,给了指示,然后才走。这段时间里,到别洛夫镇来过八个区农业局和其他主管部门的指导员,来过十几个各种各样的人员——区教育局的、区卫生局的、联合工厂的、区交通局的、区社会保障局的等等。所有到别洛夫镇来的人,必然都要求给予关照,要旅馆,要吃的,要汽车,而且认为自己有责任给主席下相应的指示,有责任教导他,告诉他,什么该办,什么不该办,该怎样办,不应该怎样办。

“于是我火了，自己对自己说，我要是继续呆在别洛夫镇，除非有一个条件：要让我照自己的办法搞，决不能照父亲的办法搞，”安东·季莫菲耶维奇继续说下去。“我抱定了这个主意去找卡拉钦采夫。我对他讲了这许多事实和来的人数，要求能让我独立自主地工作，不要任何人来指挥，用不着任何人答应或者不答应，也用不着拿我父亲当样子。很多人爱拿他给我做样子，说季莫菲·西雷奇执行指示一向毫无二话。但那是那一个奥夫恰尔尼科夫，现在完全是另一个奥夫恰尔尼科夫了。我一直认为，靠别人的头脑过日子，是最坏的事情。此外，我还不习惯、也不善于奉行别人的吩咐。我对卡拉钦采夫说，要是我不能独当一面地工作，那我就分文不值，就应该把我撤掉，也就用不着谈什么家庭传统不传统了。我要求给予我这样的权力：不经我同意，任何人不得进入别洛夫镇。而且我提出在各个入口处设置岗哨，以防人们随便进入镇内。卡拉钦采夫觉得我的要求非常奇怪、非常出格。他惊愕得耸了耸肩膀，笑了笑，把头直摇，没有答应我的要求。于是我只好在区积极分子大会上提出了这个建议。会场上有人支持我，在我以后发言的同志们也支持我。第二天，卡拉钦采夫到别洛夫镇来找我。我想，这一下子他要狠狠克我一顿了。谁知没有，安得列·安得列耶维奇是个有头脑、有胆量、肯思考的人。他又一次仔细地听我陈说了我的理由，理解了我的焦虑、我的愿望，支持了我……好了，其余的情况您已经了解了。”

我毫不拘谨地说，我要了解的事还多着呢。比如说，我还一点不了解，一个主席在现代条件下应该起什么样的作用。主席是干什么的？一个主席应该怎么样？实际上现在又是怎么样？什么事他能办？什么事不能办？

安东·季莫菲耶维奇听了我提的问题，坐到自己的位子上，用手细心地梳弄着他那柔软的、松脂色的头发，很久没有说话。随后他带着微笑亲切地朝我望了一眼，好像是表示惊奇：我竟对此一无所知。他请我允许，向我提了几个好像是反问的问题。

“您这位记者，能不能回答，为什么我们的农业每况愈下，一年不如一年？”安东·季莫菲耶维奇问道。“我们的集体农庄、国营农场，虽然拥有一流的技术条件，虽然无时无刻不受到国家关怀，可是就是不能为国家提供足够的粮食、肉类、奶类和其他产品？”

我耸了耸肩膀，说，大概这有其客观原因，有一些不以人的意志为转移的因素，比如说，十分不利的气候条件。

“问题的实质不在于不利的气候条件。”安东·季莫菲耶维奇更细心地梳弄起他那油光光的黑发，他的脸也由亲切变成了严肃，笑容消失了，好像压根儿不曾笑过似的。“据我理解，我们的农业上不去的原因就在于，那些论权限、论职务应当对农业的飞速发展，对提高农业的所谓经济潜力负有全责的人，没有责任可负了。”

“奇怪，”我不由得说。“这‘没有’——该怎样来理解？”

“是怎样说的，您就怎样理解，”安东·季莫菲耶维奇说。“我们这就谈到问题上来了，就是说：主席是干什么的？是跑腿的小学徒，还是国家重要的工作人员？实际上是怎样，又应该怎样？而且不仅主席自己，那些同他在一起手携手工作的专家们又应该是怎样的呢？我们今天经常看到的情形又是怎样的呢？一个主席，根据农业劳动组合章程规定，有召开全体庄员大会的全权。

好极了！这正是十分需要的。可是，如果没有别人的示意、别人的指示，照自己的主意、自己的领会来履行自己这种最高的权力，事实上是不可能的。”

“为什么呢？”

“我想，这是因为，有很多主席，特别是我们椋鸟区的主席，被教会窥视区里的眼色，专等区里的指示。”安东·季莫菲耶维奇沉思了一会儿，又习惯地抚摸起他那光油油的黑发。“这种窥视成了一种很独特的习惯，渐渐使主席完全丧失一个领导人的个人责任心，也可以说，丧失个人在经营上的钻劲儿，而更主要的是，丧失了独立决断各种事情的能力和愿望。虽然每个主席都有自己的办公室，就像我这样的，论面积，和部长办公室差不多，虽然电话机占去了半个桌子，接待室里天天有秘书值班，门口有专用汽车伺候着，——这一切只能算是当家作主的外壳。看外表，确实很像样子，好像是那么一回事儿。但也只是外表罢了。事实上呢——天天瞅着椋鸟镇。区里又是怎样讲呢？区里一直称赞我爸爸，而且到现在还在称赞，就因为他会看区里的眼色。他们也要求我天天瞅着椋鸟镇，而且常常拿我的亡父给我做样子，说：他才是个好主席，要他干什么，他就干什么。当儿子的，就该学学父亲。可是我不愿学父亲。当然，我不是说我父亲怎么怎么不好。他为农庄出过不少力，他从小就热爱土地，懂得土地，他爱得与别人不同，他有他的理解，他爱得深，理解得深，和我完全不一样。可是，鼎鼎大名的季莫菲·西雷奇却好像被拴到了椋鸟镇上。他是一个唯命是从的好下属，又是一个一无用处的当家人。这不是他的罪过，而是我们共同的悲哀。我的鼎鼎大名的父亲去世之后，别洛夫镇有许多事情不得不加以纠正和重新做起。说来惭愧，一个先进的、富裕的农庄，竟没有一个像样的幼儿园。可是父亲自己却盖起了十分宽敞的房子，如今幼儿园设在里面还显得绰绰有余。为什么没有建立幼儿园呢？您以为是父亲吝啬，不舍得拿出农庄的钱盖幼儿园吧？父亲并不心疼钱，农庄也是有钱的。不幸就在于，区里没有下指示。后来才知道，没有下指示，只是因为忘记了。”

我从上衣口袋里掏出铅笔和小本子，想记一点什么。安东·季莫菲耶维奇发现了这一点，又跨到地毯上，踱了起来，说：

“请记吧，全记上，不必客气。”

他指了指摆在小桌上的一副棋子，说主席好比王后，是最重要的一个子。他又把主席比作整块石头做成的柱子，房屋有整块石头做的柱子支撑才牢固，农庄的经济有了好的主席才能日臻繁荣，他凭他多年的见闻可以断言，一个主席要是不聪明，没有头脑，缺乏主动性，天天瞅着区里，产量往往很低，大田里往往十分混乱，畜牧业总是不兴旺。一个主席要是很聪明，很有头脑，能脚踏实地，能够看到和正确地估计明天，产量总是很高，养畜业一年比一年兴旺，大田里有条有理，到处井然有序。

“我这个小奥夫恰尔尼科夫接替了自己的父亲之后，在镇口设置了岗哨，这一点也不能解决根本的、主要的问题。”安东·季莫菲耶维奇依然缓步在地毯上踱着。“要办好事情，并不能靠拦路杆，靠看守；要办好事情，当主席的手里得有广泛的权力，同时还要负起自己个人的责任，这种责任本来就是交给我的。最好下一道专门的命令，永远禁止主席瞅着区里，不准主席像在海上看天气一样等候区里的指示。必须在这道命令中说明：老兄，不要指望任何人，要自己干，自己当家，你是拥有全权的当家人，你负有全责，好的、坏的，你都要负责。你就别等待了：谁也不会告诉你，播种什么，在哪里播种，怎样增加畜产品，怎样储备饲料，今后一切事情都由自己决定，问自己的管委会和自己的专家们一起决定，到秋后要向授权给你当主席的全体庄员大会报告工作。你要是不能用自己的工作赢得继续信任，你就不能继续得到信任。只有这样，主席才能成为真正的王后，才能成为名副其实的主席。”

“这样搞下去会怎样呢？”我停笔问道。“自己搞自己的，谁的也不听，农庄主席不就成了农场主了？”

“自己搞自己的——是的，但不是农场主，”安东·季莫菲耶维奇笑着朝我望了望。“众所周知，农场主是私有主，其主要目的、根本目的是自己赚钱。农庄主席则是受集体委托的当家人，其主要目的、根本目的不是自己赚钱，而是繁荣社会经济，提高人民生活水平。主席有主席的特殊职责，我要把它称之为人民交给他的职责。因此用不着给他蒙了眼睛牵着走路，用不着对他说：你干这个，别干那个，能干这件事，那一件不能干。让他自己去考虑吧，他知道什么该办，什么不该办，什么对农庄有益，能获利，什么无益，不能获利。一个农庄主席不仅要有职，而且要有权，能够当家作主。”

十

小奥夫恰尔尼科夫谈话摘录

“现在咱们再来谈谈人们对我的议论。说我这样不好,那样不好,说我错就错在不走父亲当年走的道路,说我改变了别洛夫镇多年的传统,总而言之,我罪该万死。如果不拐弯抹角,爽快地回答这些责难,那应该说:这些责难毫无根据。这些责难是一些人有意制造的,他们一心想让我变成季莫菲·西雷奇·奥夫恰尔尼科夫的复制品。椋鸟镇有些人经常称赞某一种传统,这种传统据说是在别洛夫镇创立的。说实在话:别洛夫镇根本什么传统也没有。这里有的只是一种东西,这种东西叫停滞不前。我们可以拿流水和池塘里的水做例子。别洛夫镇就像一个池塘,里面的水多年没有变化,长满了浮萍。不光我的父亲,而且区里很多领导人都看惯了长满浮萍的池塘。别洛夫镇一向十分平静。既没有风波,又不见浪花。”

“所谓我父亲走的道路又是怎么回事儿呢?说起来,这种道路也是不存在的。即使这种道路有的话,那我也不去走。我到别洛夫镇来,是附有条件的,那就是,我不走我著名的父亲的道路。别洛夫镇的生活本身不肯停止。有些人有意地硬让生活停止,我的亡父在这方面也是花了不少力气的。我这个新的领导人又该怎么办呢？也来个驻足不前，因为安宁和平静而沾沾自喜，还是继续往前走，走自己的、还没有人走过的道路呢？”

“说我不要监督。这个问题不简单，不过很可笑。我逃避不了监督，因为我的工作大家都能看得见，那些天天同我在一起、天天同我共事的人，就是我的最严格的监督人。我相信，假如像我父亲所想的那样，别洛夫镇将来实行起主席传代，我的儿子决不会驻足于我不得已而驻足的地方，而是要走得比我更远，不会满足于我已满足的东西，我的儿子的儿子也一定会照此办理的。”

“在经营方面的钻劲儿又是怎样一回事儿呢？依我看，这是一个人的伟大天赋。如果一个农庄主席，或者农场场长，有这种钻劲儿，那就可以说是在这方面有天才。做歌手要有好嗓子，做音乐家要有灵敏的听觉，做画家要有特殊的视觉，做作家要有敏锐的语感，当主席就要在经营方面有钻劲儿。没有这种钻劲儿，就不成其为家人，就不可能是真正的、勤勉的当家人，就是说，这个人就不会将一个卢布变成两个卢布，不会像珍惜自己的血汗一样珍惜社会的财富，不懂得珍惜时间和金钱。在经营方面有了钻劲儿，就总感到担心、焦虑、不安、不满足。正是因为有了这种钻劲儿，才会鸡鸣即起，而就寝时半夜已过。这种钻劲儿，要是能借助X光来观察，那该多好啊！那样的话，选举主席就不会选错人了。在开大会前夕，在提候选人之前，就可以用特殊的射线将未来的主席透视一番。要是发现他身上有这种钻劲儿，好的，大胆选他，不会错的；要是看不到这种钻劲儿，不行，不能选这样的人。可是，非常遗憾，这种特殊的射线至今还没有发明出来……在别洛夫镇工作这么长时间，我看清了，在我们当主席的人当中，谁要是生来就有这样的钻劲儿，谁就能在生产上、在发展经济方面、在其他工作中取得很大的成绩；谁要是没有这种钻劲儿，就总是不行。”

“我已经将主席在农庄里的作用和意义同王后在棋盘上的作用和意义作了比较。这个棋子的威力是大家都知道的。王后靠自己高度的机动性和行动的自由就能创造奇迹。它可以走无数的步子，它一定能够从所有可能走的、所有好的步子当中选择最好的步子来走。主席也会这样干，也一定要这样干的。不妨设想，其他一些棋子指挥起王后，指挥它往哪里走，怎样走。比如说，象也来指挥，车也来指挥，马也来指挥。结果会怎样呢？一点好结果都没有。我们当主席的，要是不能靠自己的头脑，而是靠别人的指挥来过日子，来干事情，也会是这样的。”

“可以听到这样一些话：这是在搞无政府主义！小奥夫恰尔尼科夫想成为太上皇！想把别洛夫镇搞成独立王国！还说我想怎样干就怎样干！这些话对不对呢？当然不对。说这种话的人，一点都不了解一个主席在农庄中、或者一个场长在农场中所担负的巨大使命，也可以说是别人不能代替的使命。我们的生产是有计划的，计划是我们最神圣的东西，怎么能说这是搞无政府主义呢？为什么'小奥夫恰尔尼科夫想成为太上皇'呢？小奥夫恰尔尼科夫不仅听从全体庄员大会的决定，还听管委会的，作为一个党员，还听党委会的，听区党委的。为什么'想怎么干就怎么干'？谁都知道，衡量一个主席行动的效果，不是用他的保证，不是用他的漂亮话，而是用谷物收成的担数、用畜产品出售计划完成的情况来衡量。所以，我所干的，就不是我随便想的，而是发展生产所必需的。"

卡拉钦采夫谈话摘录

"我不止一次发现，记者们和作家们对于区委书记往往有一种很不正确的概念。必须说明：区委书记并不是整形机，不是计算机，而是一个有血有肉的活人，并且，非常遗憾，他不是什么都懂，什么都能做到。有些事情，他是无能为力的。我这些话也适于说明我对小奥夫恰尔尼科夫的态度。安东·季莫菲耶维奇的某些地方，也可能是最重要、最本质的地方，我是理解的，所以我赞同他、支持他。但是他的某些地方我还不能理解、不能赞同，而且他的一些古怪的地方，我也和您一样，还是摸不透的。"

"安得列·安得列耶维奇，在别洛夫镇入口处设置这种可笑的、红白条纹的岗亭，您是表示同意的呀，"我说。"您本来可以不同意、不准许的。"

"是的，本来可以不同意的，但是我同意了，本来可以不准许的，但是准许了。就是说，我们区委有意地迁就小奥夫恰尔尼科夫的愿望，使他能够充分地发挥他的主动性、发挥他的组织才能，以便用事实证明，一个主席不需要天天监护，更用不着保姆，他不仅能够、而且有责任独立地做出正确的战役决策，自己来执行，自己对此负责。”

“怎么样，他证明了吗？”

“证明了。才过了三年，‘列宁路线’农庄论各项生产指标，都已成为全椋鸟区最先进的单位。而且，可能还不只是椋鸟区的先进单位。这是具有重要意义的事实。至于使人觉得奇怪、觉得好笑的岗亭、岗亭里的看守、路上的拦路杆，这只是皮壳，皮壳会飞掉，会消失，会被人忘掉的，有关主席权威的一种新精神，却会永远保存下来。事情会是这样的。试想，要是所有的农庄主席和农场场长都像小奥夫恰尔尼科夫现在这样干，不要外来人员、不要检查组、不需要教训和指挥，那样的话，单是在我们椋鸟区，就能省出多少专门人才，我们的畜牧场和大田里正缺乏这样的专门人才。我可以同您推心置腹地谈一谈。您手里还有铅笔哩——这一点还是请您别记吧。我算过一笔账：在我们椋鸟区，每一个主席或者场长，有七个官儿来管他，这些官儿高踞于他们之上，经常到他们那里去，给他们下指示，指挥他们，教训他们，用外来的话来说，监护他们。不能不十分遗憾地说，一个主席或场长有这样多的监护人，那是太多了。要想把事情办好，必须多少去掉一点儿。要不然就会像有名的童话开场白中所说的：一人掌犁做工，七人拿匙吃饭。我们已经习惯了这一切，认为需要这样，认为离了拿匙的就不行。别洛夫镇的事实就证明了：行的，而且这样只会有好处。必须着实地精简管理机关，我们的管理机关太庞大了。编制太庞大,不能创造任何物质财富、大量消费的人却太多了。小奥夫恰尔尼科夫的功劳恰恰就在于,他不仅指出了,而且通过实践证明了,用什么样的办法可以减少拿匙的、也就是不生产、光消费的人的数目,增加掌犁的、也就是能创造物质财富的人的数目。小奥夫恰尔尼科夫的经验告诉我们,必须大胆地将许多专门人材调出办公室,调到大田里和畜牧场里。”

“您有没有想过,为什么围绕着小奥夫恰尔尼科夫有那么多各式各样的议论、责难和闲话?甚至给他编造了别有用心的笑话。有人居然会散布谣言,说有一个十分顶真的看守不准我进别洛夫镇,这个谣言在区里到处流传着。尽管我在大会上,在同别人谈话中,到处在解释,说明这纯粹是无中生有,可是人们还是不相信。如果细心观察一下的话,那么,人们之所以不相信,是因为问题的实质不在于小奥夫恰尔尼科夫建立了岗亭,设置了严密的岗哨,不准不相干的人进镇。问题的实质,主要是小奥夫恰尔尼科夫居然敢于破坏人人奉行的准则,没有把那套定型的做法放在眼里,那套做法在他父亲生前就实行了,大家都习惯了,因为大家都很喜欢。一块石头扔进了水里,泛起一个个的水圈儿。或者说,小奥夫恰尔尼科夫没有再走父亲的老路,他勇敢地逆流而动。他的父亲季莫菲·西雷奇是顺潮流走的,受到大家尊敬,大家都喜欢他,敬重他。儿子却逆潮流而动,很多人就不尊敬他了,有些人不仅不喜欢他,不敬重他,喊他无政府主义者,而且还有点怕他。他决不是无政府主义者!他从来不反对区委的领导,勤勉可靠，奉公守法。不过，他好像用自己的事实给我们开了眼界，在日常的活动方面，对一个主席应该怎样领导，不应该怎样领导。在今天，这个问题并不是小奥夫恰尔尼科夫提出来的，而是生活本身提出来的，只不过事情发生在别洛夫镇，在小奥夫恰尔尼科夫来了之后罢了。虽然生活本身首先只是在别洛夫镇提出了这个问题，可是这个问题已经扩散到全区。比如说，我们有个区农业局。谁都知道，区农业局就是要领导集体农庄和国营农场的。应该领导，而不应包办代替。指导，建议，而不应指挥。小奥夫恰尔尼科夫通过实践恰恰证明了这一点，所以，他不仅有了对头，也有了朋友、模仿者、坚定不移的追随者。这就是说：在我们区里，我深信不疑，将不是一个小奥夫恰尔尼科夫，渐渐地会出现许多小奥夫恰尔尼科夫，到那时候，我们的区级机关，首先是区农业局，将不得不学会用新的方式来工作，来领导，少花力气，又能多见成效。肯定将来会这样的。可是目前小奥夫恰尔尼科夫暂时还是一只白老鸹，区里有些人还觉得他好像是在搞无政府主义、出风头，觉得他古怪。实际上他完全不是这样。”

“小奥夫恰尔尼科夫当然也和我们大家一样，不是十全十美的。他有不少缺点。他刚刚当主席，因为年轻，因为没有经验，有时候像一匹不驯顺的快马，不听驾驭，会跑到一边去。我已经说过，他在这方面同他的父亲无法相比。季莫菲·西雷奇在世时是一位明哲的老人，是一匹循规蹈矩的可靠的好马。不论上套，不论加鞍，他走得同样地好，所有的人都对他很满意。可是他的儿子就像一匹烈性的、还没有驯服的大走马,又会撩蹄子,又会咬嚼子。不用说,这种不听话的、任性的马是不会有多少人喜欢的。不过,小奥夫恰尔尼科夫聪明,知识渊博,对大田作业、对养畜业都很内行,积极主动,大胆泼辣,不肯安于现状。依我看,这对于一个农庄主席来说,已经很够了。”

十一

亲爱的读者,我的朋友!我不知道,你这一辈子有没有住过往往称作招待所的普通乡村旅馆。我这个外勤特派记者,因为工作关系,曾经住过各种各样的乡村旅馆,因此我认为有必要哪怕简短地说明一下,为出门在外、渴望得到安身之处的人而设的这种住所是什么样子。这种旅馆的房子通常都是两层的,墙是砖砌的,或者混凝土块砌的,房顶是石板瓦盖的。通向二楼的楼梯是木头的,人走在上面,发出咯吱咯吱的声音。房间都有固定的规格,都是四个床位的。房间里没有任何卫生设备,连个洗脸池都没有,——大小便或者跑到一楼,或者跑到房后菜园地里。每个房间有两个窗子,窗玻璃上积了厚厚的灰尘,看起来就像毛玻璃。不过,每座房子都有一个单人房间,小小的,只有一个窗子,窗玻璃上也是厚厚的灰尘。这种房间是为那些需要特别照顾的旅客而设的。我在椋鸟镇就得到一个这样的房间。

床都是单人床,矮矮的,床架子是铁的,床垫都十分破旧,硬邦邦的弹簧到夜里硌得人十分难受,就好像有一位痴心的恋人用她那骨瘦如柴的胳膊紧紧抱住你。臭虫自然也是少不了的,没有臭虫就不配套了。这样的旅馆通常都在区所在的镇中心，正门对着广场或者大街。院子围了绿篱，木板大门永远是开着的，木工将它安在那里的时候是开着的，后来就一直开着。便门歪歪扭扭的，挂在一个铰链上，就像一只断了翅膀的鸟儿。

使我觉得稀奇的，往往不是到夜里床垫上的弹簧硌得人难受，不是大小便常要下到一楼或者跑到菜园里，甚至也不是没有出差证明就不能进旅馆的大门。使我觉得稀奇的是旅馆的院子。无论是院子，无论是院门口，都长满了茂密的杂草，其中有滨藜、牛蒡草、燕麦草、羽茅、山芥菜、大戟、蒲公英，如果在春天来到旅馆里，老远就能看到芳草萋萋，花红草绿，二层楼的旅馆就好像坐落在牧场上。要是像我这一次一样，有机会在秋天来到旅馆里，这时候院子里的杂草长了一个夏天早已长得齐腰深了，早已堵塞了大门和便门，如今不仅枯了、黄了，而且茎上和蔫了的叶子上结了一层牢实的灰尘，就连绵绵的秋雨也冲不掉了。

早晨，招待所就像夏季里采花正忙时候的蜂房。一片嗡嗡声、嘈杂声，一楼和二楼不论多少房门，都是不停地开了又关，关了又开，拼命吱嘎吱嘎地叫着，啪啪地响着，那声音就像鼓掌似的，——这是这些出门在外的人准备开始一天的活动了。一个个健壮的男子匆匆忙忙地从房里走出来，有的手里还拿着毛巾，急忙去洗脸，有的已经夹起皮包，穿了大衣，系了领带，正迈着稳健的步子向闹哄哄的楼梯走去。不过，蜂房很快就会安静下来的，于是这里就一片宁静，静得出奇，可以说，哑了，聋了，这样的宁静只有在这里才能真正享受受到，这种宁静会延续一整天，一直到傍晚。天一黑，这招待所里又是人声嘈杂，房门不停地啪啪直响，到半夜才得安静。如果你能够像我在别洛夫镇这样走运，你的房间的窗子不是对着广场，也不是对着车如流水的大街，而是对着一方普普通通的菜园，你可以看到旅馆服务员在里面种的各种各样自食的蔬菜——番茄、大葱、黄瓜、马铃薯和白菜，就是这一球一球的大白菜，每当用小车推回家的时候，一路上发出分外清脆悦耳的白菜碎裂声，——面对此情此景，可以毫不夸张地说：恬静得令人心醉。而在这样的夜晚时分，住在招待所里的人还可以享受到无比美妙的夜的气息，似乎这种气息生怕美妙的恬静还不能把人醉倒。就如这会儿，钻进我的半开着的小窗子的，有干枯的马铃薯茎叶那种浓烈的、带点儿辛辣味道的香气，有那种特殊的泥土香气，看样子，昨天刚刚从这土里挖起了肥大、鲜嫩的洋葱头，刚刚从地上砍掉了拿在手里都发出碎裂声的大白菜；再就是还有我十分熟悉的野蒿香气，这香气到了秋天已经十分浓烈，而且似乎还带点酸涩味道。

我不止一次发现：在乡村旅馆里，特别在这样宁静的夜晚，最宜于思索，思想也最容易飞驰。我的小桌就在窗前，台灯的光照在打开的笔记本上。一页还没有写完，今天我已经不想再写了。我望着窗外，窗外黑沉沉的。清新的秋风吹得窗帘摇来摆去，吹得未写完的一页纸翻起又落下，好像同纸在戏耍，我觉得，我的思路没有头，也没有尾。一切都浮上心头，需要想的，不需要想的，令人高兴的，使人苦恼的，关于人的，关于事的，全漏不掉。我的思路这一夜特别敏捷，它好像张开了翅膀，轻快地载着我从小奥夫恰尔尼科夫处飞到安得列·谢罗什坦处，又从安得列·谢罗什坦处飞到表姐苔西雅处，从苔西雅处飞到卡佳处，然后又飞到西兰季老爹处，又想到他那秃了背的老狗“教士”和小崽子防护大力士。我闭上眼睛，本来想领略一下夜的静寂，却一会儿看到凶狠、怪僻的阿尼西姆大伯，听到他嗥嗥地唱着他的歌子，一会儿眼前又出现了剪毛所、躺在台子上的羊，听到剪毛工手里的剪毛器发出的嗡嗡叫声，看到一片片的羊毛往台子上直翻，菲玛穿着工作服站在那里，那小麦色的发卷儿在鬓边晃动着。或者我在奶奶的房子里，躺在自己房里的床上，听到了隔壁轻轻的、细碎的脚步声，又看到了菲玛。

所以，关键性的问题是：肯克斯村究竟在哪里？当时我没有问菲玛。如今，怎样才能找到这个村子，能够再一次，说不定也许是最后一次，同菲玛见见面呢？自从我在奶奶出殡时，看到菲玛，听她说她生了孩子之后，我一直在很不放心地揣测：这个女孩子不是我的吗？我拿起铅笔，计算了日期，进行了比较、推算。算来算去，得出的结论是：是的，是我的孩子。可见，菲玛说到“我们的女儿”几个字时，语调有点儿特别，并不是偶然的，她好像是想通过说话的语调让我知道，这孩子不是她和萨沙的，是我们的，也就是说，是她和我的。我是这样理解她的话的，所以这个念头一直搅得我心神不宁。

我沉思了一会儿，自己对自己说：我一定要找到菲玛，一定要看到小巴莎。为什么？就为了弄清楚，我是不是这个孩子的爸爸。那又怎样呢？找到了，弄清楚了，下一步又怎样呢？打听到去肯克斯的路，看到了菲玛，弄清小巴莎是我的女儿，也许菲玛不会隐瞒，将真情告诉我。然后又怎样呢？此时此刻，我不知道，说实话，也不愿知道下一步怎样，然后怎样。我只是非常想到肯克斯村去,非常想看到菲玛和三岁的巴莎,不去简直就不行。况且这会儿正是一个极好的机会,这样的机会休想有第二次。我有汽车,有奥列格,公路、土路他都了如指掌,全斯塔夫罗波尔州他横地竖地都跑遍了,这样的司机一定会将我送到肯克斯村去的。我只要朝菲玛和巴莎的眼睛望一望,单从她们的目光我就能看得出,这个女孩子是谁的,是我的还是萨沙的。

可是,肯克斯村在哪里呢?它跑到哪块天地去了呢?怎样才能找到呢?我不论问谁,谁都不知道这个村庄。也许,地球上根本就没有个肯克斯村?也许,肯克斯——是菲玛虚构的?反正不论地球上有没有肯克斯村,菲玛还是一定要找到。菲玛总是生活在某个地方,菲玛不是虚构的,是实有的。就算没有这样一个村子,可是菲玛总是有的。但是,怎样才能找到她呢?她的情形,我现在一点都不知道:她同丈夫住在哪个区里呢?我甚至都不知道她的丈夫萨沙姓什么。

有人小心翼翼地敲门。原来是奥列格。他的脸皱皱巴巴的,睡意未消,眼睛有点肿胀,无精打采的。他坐到桌子跟前,朝我望了一眼,说:

"你的门没有关严。我一看——有灯光。我心想,米沙为什么不睡?"

"你不是也没有睡吗?"

"嘿,不得了!"他将手一挥,重重地叹了一口气。"我是说我不得了,不是说你。我已经睡呆了。在别洛夫镇,你同小奥夫恰尔尼科夫谈话的时候,我就一直在睡,到现在还想睡。下午你去找卡拉钦采夫的时候,我也在睡。你在卡拉钦采夫那里呆了多久,什么时候回来的,我都不知道。我一直在睡,睡得好死啊！说真话,真像死人一样！好不容易醒了过来,睁眼一看,黑黑的。打开灯,看看表——夜里一点半了。所以我这会儿昏头昏脑的,睡过了头,都睡出毛病来了。头沉得很,头两边直跳,就像喝醉了酒一样,睡过了头,心里总是烦得很。这样看来,人的身体容不得一点多余的东西——吃饭,喝酒,甚至睡觉都不能过量。什么东西过了量,对人都有害处。为什么我不喜欢干司机？就因为常常会睡呆。就像今天送你一样,我常常送某一位到各处去。我送的人就像你一样,下车就去办自己的事情,去找人,同人讲话,我就把车子开到树荫里,躺到后座上,呼呼大睡。所以,这样一股劲儿地死睡,自然而然地渐渐叫人厌烦了。米沙,咱们能不能出去跑跑？夜里开车出去才有味道哩！溜溜去吧,嗯？"

"往哪里去呢？"

"随便往哪里去。跑到哪里,算哪里。"

"明天咱们再跑吧。"

"那明天以前我干什么呢？"

"还是睡觉去吧。"

"我已经睡够了,睡到顶了,没办法再睡了。"

"奥列格,我还有一件要紧的事,请你帮帮忙。"

"没有问题。什么事？"

我朝奥列格跟前坐了坐,将一只手搭直到他的肩膀上。

"我讲的还是肯克斯村。明天咱们一定要到这个村子去。行吗？"

"为什么不行？当然行,"奥列格还是用嘶哑的、带有睡意的声音回答说。“不过,这个村子究竟在哪里呢?”

“问题就在于我不知道在哪里。你帮我打听打听吧。我请你帮忙,就是请你帮我打听。”

“肯克斯嘛……”奥列格沉思起来,吧嗒了几下嘴唇。“我已经说过,这种怪名字我还从来没有听说过哩。怎样去打听呢?得好好想一想,动动脑筋。”

“我有一个想法。明天上午我到苏霍德寥夫那里去。应该去看看他。你趁这个时间到区执委会去一下。他们恐怕知道肯克斯村在哪里。应该知道的。”

“是的,应该知道,”奥列格说。“可是,万一不知道呢?比如说,万一肯克斯村不在本区呢?”

“那你就向他们借一下本州的地图,自己好好地看一看地图。”

“米沙,咱们不去肯克斯村不行吗?”奥列格用两只手搓了搓尚有睡意的脸,问道。“就从这个名字也能看出来,这个村子一定很不像样子。为什么要去?”

“奥列格,你要知道,我一定得去肯克斯村。”

“报社派你的?”

“不是,不是报社派我。需要去就是了。是私事。”

“肯克斯村有什么使你挂心的?我真奇怪。”

“有一种力量吸引我去。”

“这又是一种什么力量呢?不能把这种力量摆脱掉吗?”

“摆脱不掉。我问你,奥列格,你信不信预感?”

“我不信这类玩意儿。怎么啦?”

“我却相信。我觉得,我好像预感到,我到肯克斯村会出什么事情的,可是不去又不行。会出什么事情呢?我不知道。等我去看苏霍德寥夫,还是请你打听一下这个村子在哪里吧。也许就在附近什么地方。”

“打听总是可以的,为什么不可以打听,”奥列格一面用带有睡意的、不快活的语调说,一面站起来准备走。“甚至不要去执委会,不要看地图都行。我已经说过:谁也没有开卡车的司机熟悉当地的村镇。谁都知道,当司机的到的地方多,见的事情广。所有的道路和所有的居民点司机都清清楚楚。不过,这个村名把我难住了。肯克斯——究竟是怎么回事儿?你为什么一定要去呢?”

“要去,要去,”我很快地回答说。“一定要去。”

“好吧,就这样啦,明天咱们一定可以到肯克斯村。”奥列格拉开房门。“我走啦,我去数星星数到天亮。我是不想睡了。肯克斯——是吗?真是个古怪的名字。不过明天咱们一定开第四档飞到肯克斯去。”

奥列格走了。

十二

我发现,生活中往往会有这样的情形:你怀着激动的心情去看一个你所尊敬的、你认为是自己的朋友的人,你脑子里已经在想着将要同他谈的一番推心置腹的、亲热的话,可是等到同他见了面,不由得就后悔起来,觉得不该来看他,自己对自己说:是的，不应该到这里来。非常遗憾的是，等我来到苏霍德寥夫这里，就是这样想的。

如我所料，我是在教育馆见到他的。在这个明亮的方形的大房子里，四壁从上到下都是书。苏霍德寥夫坐的桌子上，散放着一摞一摞的书。沙发上、几张椅子上也都是书，所以我简直不知道该往哪里坐。我同这位当年的辽阔畜牧场场长打过招呼，握住他那软弱无力的手，凝眸朝他一望，觉得这完全不是那个人了。他也愣愣地望着我，似乎是第一次看到，而从我们不愉快的脸色可以断定，我们分别三年之后的这次重逢，不仅没有给我们带来愉快，而且不论我、不论他，都觉得是奇怪的和不必要的。这首先是因为，站在我面前的完全是另外一个苏霍德寥夫了。他的外貌大变了：胖了，发福了，蓄起了棕黄色的胡子。他穿的是深褐色的上装，套着黑色的半截套袖，套袖在桌子上磨得起了毛，靠近胳膊肘的地方，磨得特别厉害。他的内心面貌也大变了，最使我吃惊的是这一点。这已经不是那个爽朗愉快的人了，已经不是我很了解、我很喜欢的那个朝气勃勃、精力充沛的辽阔畜牧场场长了。不论他那深棕色的眼睛里，不论他那蓄了胡子的脸上，都没有出现过我所熟悉的那种聪慧的、诡秘的微笑。他说话很少，说的句子都很简短，不知为什么总爱说："我没有抓住问题。"他在谈话的时候，不停地翻书，好像希望从中找出现在正需要摘引的句子，可是怎么都找不到。

我的到来一点都没有使苏霍德寥夫感到惊讶和高兴。他看到我，只是将书放了一会儿，而且他那若有所思的眼睛好像在说："来啦？唉，你来得真不是时候，我的事情正多着哩。"

他请我坐下，可是并没有问我，为什么到椋鸟镇来了，歇在哪里，什么时候来的，打算往哪里去。为了腾出坐的地方，我只得将一张椅子上的一些灰尘气味很重的旧书搬到桌子上。我知道，不能光坐着不讲话，应当找点话讲讲，于是我问他：在新的岗位上工作还顺手吗？在教育馆工作，满意不满意？他没有望我，一面不停地在翻一本大部头的书，一面回答说：

"我没有抓住问题。"

"你该记得，卡拉钦采夫说过，"我提起了往事，"你不适合干经济工作，现在在这里，在教育领域……"

他不等我说完，就说：

"是的，安得列·安得列耶维奇说得完全正确。他从来就没有错过。"

"这么说，你很满意现在的工作了？"

"我的使命是：严格执行交给我的一切任务。"

"你现在在干些什么？"

"我没有抓住问题。"

"就是说，你的日常工作是什么？"

"看，这一切，周围这一切，都是我的工作。"他用眼睛瞄了瞄装满书的许多高高的书架，又用苍白无力的手指习惯地摸了摸胡子。"这还不是我的全部工作。我家里还有这么多书，只多不少。所以事情够我干的。宣传教育方面的事，我们全包着。一个小时之后，我就要去宣传员讲习班做报告。"

"你有什么个人计划？"

"我没有抓住问题。"

“我记得，你在辽阔畜牧场的时候，写过讨论列宁的文章，”我只好又提起往事。“我很想知道……”

“你想知道，干什么？”他打断我的话。“你要报道吗？那我可不讲，我不讲。”

“干什么要报道？我只是想问问……”

“只是想问问——是不可能的，人的思想不是无缘无故产生的，思想产生于环境，往往是由不得我们的，”他用手摸了摸胡子，气派十足地说。“不过，如果当真不是要报道，而是个人要问问，那是可以的。我可以回答你的问题，不过，请你把笔记本收起来。不能记。”他翻书翻了很久，看样子，是在寻找需要引用的句子。“事情是这样的。我的论列宁的文章发展成了巨著，我给这一著作取名为《列宁主义问题与生活问题》。应当大胆地、大声疾呼地谈生活问题，我就是这样做的，因为生活问题到处在发生，每天都在发生，如果用形象化的话来说，那就是，列宁主义的阳光已经照亮了生活问题。简单地说，这就是我的主要论题。”

出现了难堪的沉默。我为了打破这种局面，讲起了辽阔畜牧场的一些事，希望能挑起他的某些愉快的回忆。我还说，我见到过安得列·谢罗什坦，又好像很随便地提到畜牧场里的变化：场长办公室门口早就坐上了女秘书，第四分场的仓库门上又照样挂上了锁，食堂里又用起了出纳。苏霍德寥夫一声不响，他好像在想着自己的事情，没有听我的话。我问他：

“阿尔焦姆·伊凡诺维奇，你觉得怎样，谢罗什坦该不该这样迫不及待地恢复老样子？”

“我没有抓住问题。”

“我是说,谢罗什坦是不是应该等一段时间,是不是他太性急了一点儿?你觉得怎样?”

“个人问题,这是个人问题,”苏霍德寥夫将他那严肃而聪慧的眼睛从书上移开,朝我望了望,气派十足地说。

苏霍德寥夫突然不讲了,用手握住胡子,好像在回忆什么事,然后又拼命翻起书来,好像希望无论如何既要在书上找到“高等实体”,又要找到“个人思维”。于是我终于完全明白:我们是无法好好地谈一谈了。为了不闷坐着,我便问他,知道不知道肯克斯村在哪里,我又听到他回答:

“我没有抓住……”

“是有这样一个村子,名字是有点儿奇怪——肯克斯,”我又重复了一遍。“我要到这个村子去,可是,究竟在哪里,我不知道。你也许知道吧?”

“在我们负责进行政治教育工作的椋鸟区各村镇名册中,没有肯克斯村这个名字,”苏霍德寥夫爽快地、很有把握地回答说。“这是可以肯定的,真的,没有。”

接着,他就忘记了我和肯克斯村的存在,从书架上拿下几本书,装到皮包里,看了看手表,说:

“时间到了!对不起,我要到讲习班去做报告。”

我们就分手了。

我怅惘地、闷闷不乐地回到了旅馆。现在我已经没有别的事可干,只有等奥列格回来,然后离开椋鸟镇,去找肯克斯村。我坐在窗前,望着空旷、寂寥、早已没有了蔬菜、洒满了不再灼人的秋日斜阳的菜园。到处是干枯的、土灰色的马铃薯茎叶,干瘪的、好像打湿了的洋葱叶子粘在地上。我望着收净了蔬菜的菜园,心里一直在想着苏霍德寥夫。他使我难过,使我伤心,不仅因为他的外貌变了,更因为他的内心变了,他变的原因我还不明白,我还不能解释。他总是说"我没有抓住问题",拼命地翻书——这一切都是怎么一回事呢?他十分古怪,不过问书架和他的大房间四壁以外的一切现实。还有,他若干年来一直在写《列宁主义问题和生活问题》,他说他是在同斯大林进行论战,可是他又怕我万一在报纸上披露出来,——这都使我吃惊,使我觉得奇怪和不解。

我一面望着洒满了阳光的空空的菜园,一面伤起脑筋来:我该拿苏霍德寥夫怎么办呢?按照我的构思,阿尔焦姆·伊凡诺维奇·苏霍德寥夫在《蒿香》的情节中已经牢牢地占据了应有的地位,构思中的苏霍德寥夫还是他在畜牧场时的样子。可是突然就出现了这样叫人伤脑筋的事。伤脑筋的是,我所熟悉的那个面向现实的阿尔焦姆·伊凡诺维奇·苏霍德寥夫不见了,跑出来代替他的是一个奇怪的同姓者,完全是另一个苏霍德寥夫,是一个脱离现实、不务实际、一味啃书本子的人。如果我把这两个完全不同的同姓者当作一个人物来写,谁肯相信我呢?没有苏霍德寥夫,我的《蒿香》是写不成的。怎么办呢?怎么来处理呢?于是我想:也许正是在这种情况下,我应该采纳尼基福尔·佩特罗维奇的意见,虚构出另外一个苏霍德寥夫,丢开我今天看到的那个完全变了的、啃书本子的苏霍德寥夫。我必须把苏霍德寥夫写成我原来希望在这里、在教育馆里看到的样子,写成像他当年在畜牧场里的样子,而不是三年之后变了的样子。

我沉思了很久。假设,写我们在教育馆会面,完全不照实际情形来写，而是按我所希望的那样来写，行不行呢？毫无问题是行的。房里当时只有我们两个人，没有见证者，即使有吧，谁又来核对，来调查事实真相呢？谁也不会干这种事。比如说，写我们见面，但不写他那滑稽可笑的胡子，不写他一股劲儿地翻书，不写他常常说“我没有抓住问题”，不提苏霍德寥夫在同斯大林论战的事，更不能写他怕披露他在写论列宁的著作的消息。或者就这样写：就在这里，在书堆里，我仍然可以看出，苏霍德寥夫依然是一个面向现实、脚踏实地、朝气勃勃、大胆敢闯的创新者，他那诙谐的眼睛里依然闪现着诡秘的笑意。是的，是可以这样写。不过，这样就完全违背了事实。于是，一个比一个更难的问题朝我涌来。是什么更要紧、更需要呢？是纯粹的、丝毫没有改变的事实，还是在艺术上往往比丝毫没有改变的纯粹事实更有说服力、更为可信的那种作者的推想？是纯粹的自然主义，就是说，是只写实有的事，再不写别的，还是艺术家概括的眼光？光是我们所能看到的、能够用手摸到的东西，还是作者自己对世界的观察？单是事实、事实呢，还是要表现出作者自己对生活中的事实的态度？

问题非常之多，我为了要找到我所需要的答案，想得出了神，以至于没有听到，奥列格已经进了屋。他的脸色是阴沉的，我立刻就明白了：他没有打听到去肯克斯的路。他坐到椅子上，耷拉下头，说：

“大概只有鬼才知道肯克斯村在哪里。”

“执委会也不知道吗？”我问。

“我向他们打听肯克斯村，他们都感到很稀奇。他们都没有听说过这样一个村子。”

“看过地图吗?”

“当然看过。”奥列格的头垂得更低了。“整个州的地图我也看过了,也同司机们谈过了。地图上没有这样一个村子。各种各样的村子都有,就是没有肯克斯。”

“司机们怎样说的?”

“说法是各种各样的,总的来说,都没有拿得准的,”奥列格回答说。他还是没有抬头。“司机们认为,肯克斯——是一个鞑靼名字。”

“这一点,用不着他们说。”

“所以,他们劝咱们到加尔梅克亚附近几个区里去找肯克斯。”奥列格用歉疚的目光怏怏不乐地朝我望了望。“怎么样?咱们就到加尔梅克人那里去,好吗?”

我表示同意。我们很快地就收拾好,上了车,出了椋鸟镇,上了斯塔夫罗波尔干线,这条路是通向阿巴纳辛科夫斯基的,再往前去,就是艾里斯达。

我们还是没有丧失信心,相信一定会在哪里找到这个倒霉的肯克斯村。

十三

泛着油光的宽宽的柏油公路不断地向前伸去,公路两旁是换了暗淡秋装的辽阔无垠的原野。我原知道,我们是要路过辽阔村的,不过,当我在村口突然看到肩荷羊鞭站在冈上的牧羊人妈妈时,我还是分外高兴。我请奥列格放慢车速。我们的车子缓缓地

从冈前驶过,我觉得,奶奶仿佛朝我们转过身子,仿佛微微举了举羊鞭向我们致意,并且说:

——米沙,你咋的,又来辽阔村看看啦?

——不是的,奶奶,我现在要往远处去,到草原上去找肯克斯村。

——你要找那个肯克斯村干啥?

——菲玛住在肯克斯村,菲玛有一个叫巴莎的女儿。我要去看着她。

——好吧,好孩子,祝你一路平安。

——再见了,奶奶,再见……

"米沙,你在嘟哝什么?"奥列格问道。"是不是在祷告?"

"没什么,是我把心里想的说出声来了,"我回答说。我心里却在想,我以后再也看不到这土冈了,再也看不到站在冈上的这位很像我奶奶、很像皮斯卡寥夫墓地上的雕像的女人了。"好了,现在开快些吧。"

奥列格巴不得这样。车子飞快地从村中驰过,但见上了漆的台阶从两旁擦过,下部叶子已经枯黄的白杨拼命地向后跑去。不论是土冈和站在冈上的牧羊人妈妈,不论是辽阔村,都转眼就不见了。我们来到茫茫的原野上,不论朝哪里望,眼界都非常开阔,好像这原野既没有头,又没有尾。迎面而来的是一大片洒满阳光的刚刚出土的冬小麦苗,宛如一幅颜色娇嫩的绿绒布从天空披了下来。冬小麦过去以后又是耕地,耕地伸向四面八方,——是刚刚用犁翻起、用耙耙过的新耕地。新耕的土地泛着黑色的光泽,群鸦在上面盘旋,时而飞起,时而落下,寻找可吃的食物。时常看到村庄和市镇，这些村镇同辽阔村和求神镇又像又不像，——同样有土房，房顶上也长满了草，也有花花绿绿的台阶，也有矗指天空的白杨，村边或镇边也有场房，坐在车上就不难看出，有的是养羊场，有的是奶牛场，有的是养禽场。我目送着这些陌生的村落，心想：说不定肯克斯村就在这些草原村落之中，万一我们不知道，错过去呢？于是我要求奥列格到每个村或镇都停下来，向居民打听一下肯克斯村。遗憾的是，谁也不知道这个村子。

我们来到一个大镇，在一家门前停了下来。我们喊住了一个年轻的媳妇。她生得十分匀称、十分健壮，挑着满满的两桶水，步子轻飘飘的，好像是要让我们看看，挑两桶水在她来说，根本不在话下。

"漂亮的大嫂，请问，去肯克斯村怎样走？"奥列格很有礼貌地问。"据说，这个村子就在附近。"

"漂亮大哥，这个村子我还没有听说过哩，"小媳妇调皮地笑着回答说。她挺了挺强壮的肩膀，让我们看看，这担水她挑着多么容易、多么轻松。"你们别在这里找了，在我们这里找不到肯克斯村。"她嫣然一笑，说："再说，这个村的名字也真够可笑。"

就在这个镇上，奥列格又将车子开到另一家门前。有一个没戴帽子的白头发、白胡子老汉走出门来迎我们，一声不响地听完了奥列格的问话，拿泪汪汪的昏花的老眼望着我们，说：

"孩子们，你们不该朝那边走。应该转回头，朝相反的方向走。"

"老爹爹，究竟朝哪里走？"奥列格问道。"究竟朝哪个方向？"

"要到库尔沙瓦和纳古特去，"老汉回答说。"到那边能找到这个村子。”

“老爹爹，您为什么这样想？”奥列格又问道。“为什么我们要转回头，为什么要到库尔沙瓦和纳古特去？”

“那是很多年以前的事了，那时候我还是孩子，我同妈妈在纳古特住过，我记得那里好像有一个肯克斯村……好像是在那一带，靠近纳古特，又好像是靠近库尔沙瓦，有一个这样的村子。我记性不好了，人老了。反正我们这一带没有、也不会有肯克斯村。”

我们没有向后转，没有朝库尔沙瓦和纳古特的方向去。

“老人家老糊涂了，自己都记不清是怎么回事儿了，”奥列格说。“咱们还是应该照直走，到加尔梅克人那里去。”

“咱们要是能找到，很好；要是找不到，也没有关系，那就算了，”我说，“你不必安慰我。我不着急。”

“我不是安慰你，我是在做正确的预断，”奥列格老气横秋地说；来到上坡处，他加大了油门。“因为现在天眼看要黑下来了，等到天黑下来，你是知道的，找一个村子是很困难的，很可能错过去。咱们就这样办：到前面不论碰到哪个村子，咱们就停下来过夜。咱们也该休息休息，也得吃一点东西。你去睡觉，我就趁这个时候到各家去走走，好好打听打听。不可能没有一个人知道肯克斯村在哪里。这个村子一定跑不掉的，如果不是今天，那就是明天，咱们一定会找到。我的意见你同意吗？”

我点了点头，表示同意。这时候，太阳已经落到一道矮矮的土冈后面，临别闪了一阵红光，就消失了。先是暮霭像一层灰毡一样在大地上铺展开去。后来，南方之夜的沉沉黑幕就张了开来。我们在沉沉的夜色中,约莫又走了十几公里,远远地看到了灯火。我们的车子很快就进了一个大镇,来到闪烁着灯光的柏油路面的大街上。奥列格看到人行道上有一个男子,便将车子朝他跟前一弯,停了下来,问道:

“大哥,这是什么镇?”

“黑熊镇。”

“你们这里有旅馆吗?”

“当然有,”这人回答说。“你们往镇中心去。旅馆就在镇中心。”

“镇中心离这里远吗?”奥列格问。

“不近。”

等那人走开后,奥列格转过头来对我说:

“米沙,咱们不到镇中心去了。干什么一定要去住旅馆?咱们就找一户人家歇歇好啦。住人家比住旅馆好。现在我把车子朝哪一家院子一转,马上就能找到过夜的地方。你赞成我的主意吗?”

我表示赞成。

我们来到一座不大的、刚盖起不久的房子里过夜。这座房子有院子,有高高的石头房基。我们登上在脚下吱嘎吱嘎响着的新的木头台阶,进了装有玻璃和电灯的外廊。如我后来知道的,这座房子的主人是尼古拉·克雷奇科夫,是农村的机务人员,就是说,是拖拉机手和收割机手。他的妻子叫纽拉,她很漂亮,身材很好,两道细细的眉毛非常秀美。她在养禽场当饲养员。他们的女儿叫瓦莉雅,有五岁上下,她那好奇的眼睛一会儿望望奥列格,一会儿望望我。我还了解到,这个年轻的家庭和父母分开不久,就在今年春天。

“我们像椋鸟一样,自己造起了窝儿,不照别的什么样式,照城市房屋的样式,”尼古拉甩了甩垂在眼上的柔软的淡褐色头发,夸口说。“您该看到,是装了暖气设备的。我自己设计,自己装暖气管、气包,自己安装锅炉。这玩意儿舒服极了!既暖和,又没有烟气。我们有煤气炉、有自来水和一切其他的生活设备。不比城里人差。连厕所里都装了暖气设备,该有的,都有了。”

“尼古拉,你讲这些干什么?”纽拉红着脸说。“这些话可以不讲。”

“为什么不讲?事实就是事实,没有什么不可以讲的,”尼古拉快活地笑着回答说。“谁都知道,镇上别人家的厕所都是什么样子的。有的人家在菜园里弄个茅厕棚,有的干脆就在房后挖个坑。我家的厕所却和城里的一样。为什么呢?就因为我家的房子不是生根在土里的那种房子,那样的房子在镇上还是不少的,我家的房子是真正的房子。这房子住着舒服。”

“像我们这样的房子,镇上已经不少了,”纽拉又说,她的脸更红了。“所以我和尼古拉在这件事情上并不是带头的。我们的邻居扎夫戈罗得尼家里还有热水龙头哩,出来的水就像开水一样。”

“我们也会有热水的,”尼古拉很有把握地说。“纽拉,你要给我一段时间。现在很难搞到水管子。等水管子一到手,咱们就有热水了。”

“瓦莉雅,你该睡了,要不然,明天早上去幼儿园,你就起不来了。"纽拉搂住女儿说。"瞧,见了生人,小眼睛瞪得多么大!我家女儿真好奇。好啦,瓦莉雅,咱们睡去。"纽拉将女儿牵进旁边一个房间,她很快就走了出来,推开另一个房间的门,说:"请你们两位睡在这里。"

"大嫂,您别为我操心,"奥列格连忙说。"我喜欢睡在车子里。习惯啦。"

"那你就拿一条被子和枕头去,"纽拉说。"天要亮的时候,已经很冷了。"

"好吧,枕头和被子我可以要,"奥列格说。"这个房间恰好可以给米哈伊尔·阿纳托利耶维奇住。"

我们的房东非常善良,非常殷勤好客,他们还请我们吃晚饭。我们没有拒绝。在吃饭的时候,又谈起了这个刚刚独立成家的新家庭的收入,尼古拉说:

"我们的收入不算差。我和纽拉的收入不是一成不变的,而是要看我们的劳动成果怎样。她的收入要看禽类出售情况,我要看收成。我们的收入不少。不过,我们有一样不顺心:钱是有的,可是,要把钱花得正当,花得有益,却花不出去。在我们镇上,真正需要的货物太少了。"

随后,尼古拉又问我们是干什么工作的,从哪里来,到哪里去。我们讲了我们自己,我也就很自然地问起了肯克斯村。尼古拉和纽拉惊奇地对看了一眼,耸了耸肩膀,几乎异口同声地说:

"还没有听说过哩。"

"这个村子是不是在别的什么区里?"

"反正我们区里没有这样的村子,"尼古拉又甩了甩头发,很有把握地说。“我敢担保。”

有什么办法呢？他说得那样有把握，还敢担保。只好挨过这一夜，明天早晨继续赶路了。

在我睡的房间里，有一张单人床、一张不大的沙发、一张带台灯的书桌。我坐在桌前，开了台灯，打开笔记本，觉得高兴的是，就在这里，趁夜静时候，我可以记一点需要记的东西了。奥列格走了进来，一声不响地把钱放在桌上，这钱是我交给他，让他付给房主人住宿费和饭钱的。

“这两个人真奇怪，真不可理解，”他的声音几乎低到听不见的程度。“坚决不要钱。不肯收。无论如何都不肯收。女房东都扬起她那细细的眉毛，生我的气了。‘年轻人，您怎么这样见外啊？您这位年轻人，把我们当成什么人了？人对人应当讲良心。我们对你们诚心相待，可是你们对我们讲起钱来了。真好意思！’她倒讲起话来了！而且很不高兴，眼泪都流出来了。这有什么可气的呢？钱所以是钱，就是拿来会账的。不是这样吗？男房东也生气了，讲起了大道理。他说，咱们可以说是自己人，都是苏维埃人，是有觉悟的人，咱们搞的不是资本主义，等等，咱们干什么要讲起卢布？听吧，全是大道理！所以，米沙，咱们吃饭和住宿都不要花钱了，可以说，白吃白住了，”他扑哧一笑说。“好啦，我各家跑跑去。我去找有阅历的人打听打听去肯克斯的路。这个肯克斯究竟在哪里呢？咱们怎样才能找到呢？”

奥列格在门口碰上纽拉，朝她望了一眼，就匆匆走了。

“我给您把床理一理，”纽拉说着，走到床前，揭去罩单。“您可以睡了。要是您想在睡觉前洗洗脸或者刷刷牙，洗脸盆就在这里。”

“谢谢，”我说。“等一会儿，等我要睡的时候再洗吧。我还想坐一会儿，写点东西。”

“好的，您坐一会儿吧，您写好啦。这里挺不错。我来把窗子打开。”纽拉推开窗子。“让新鲜空气进来，要不然房里有点闷人。这房子朝南，晒了一天，房里太热了。您什么时候想关上，就关上。您可以安安静静地在这里写。我们这里很清静。窗外是小花园，这会儿是看不清了。里面的花木都还很小，是去年才栽的。我们的一切都是新的，都很年轻，就像我们自己一样，”她红着脸说。“我还要讲讲钱的事。请告诉您的司机，别让他给钱了。他那样很不好，尼古拉和我都很不高兴。尼古拉心里很不痛快。我当然明白，司机是个年轻小伙子，看样子还一点不通情理，所以他硬要给钱……您要给他讲讲。”

“好的，我一定给他讲讲，”我答应说。

“这就好了。好啦，晚安。”

纽拉走了。

十四

又像在椋鸟镇那样：静夜，我一个人在房里。窗外也是黑沉沉的。全镇也是笼罩着夜的静谧。只不过在这黑熊镇上，夜的沉默好像被一阵阵单调的狗叫声扯断了，撕碎了。“汪汪汪”——然后又安静一会儿。“汪汪汪”——又是一片静寂。我不由得听起了这条孤单的小狗的尖细的叫声，望着打开的笔记本，不知该往上面写什么。我越是望笔记本,越是听狗的叫声,越是不知道这条小狗在哪里,它为什么这样惶惶不安,我也就越是明白,这黑暗中传来的尖叫声不仅扯断了夜的沉默,而且也扰乱着我的思路。

不过我还是在想着自己的事情:如何安排我酝酿已久的《蒿香》的章节,如何将情节写到纸上?我还想到,现在我要写我的英雄奶奶,不仅要写她住在土坯房里的情形,要写她在草原上放羊的情形,而且还要写她站在辽阔村村口土冈上的情形;写西兰季·叶戈罗维奇·戈罗别茨,也一定要写他对猎狗的感情。写这位老人家,不写猎狗是不行的。写我的大伯阿尼西姆,也应该写我最后见到他的那种样子,写他那种十分苦闷的嗥嗥叫声。我在这黑熊镇的静夜里,越来越深切地感觉到,苔西雅·库切连科娃以及她那"背着人的"幸福应当在《蒿香》中占有相当的地位。许多人物像串珠似地一个一个地来到我的面前:有安得列·谢罗什坦和能生会养的卡佳,有奥夫恰尔尼科夫父子,有完全变了样子的苏霍德寥夫……出现了不知多少次的问题又出现了:如何来写这些人物呢?是只写事实,不加夸张,就是说,是把人物写成实有的样子呢?还是尽可能广泛地运用作者的推想,就是说,尽可能利用我虽然清楚、虽然取自生活,但没有确切的出处,因而并不是现实的、有据可查的生活的那些东西?

我也在想尼古拉·克雷奇科夫和他的妻子纽拉,想着他们的房子、他们的女儿瓦莉雅,想着他们过的日子。我笑了,自己对自己说:糊涂虫,何必多想呢?他们就在跟前,就是《蒿香》中的人物。还需要什么呢?拖拉机手和饲养员,物质财富的生产者,劳动者,而且又年轻,又健美,刚刚开始独立生活。纽拉又是多么自豪地说:“我们的一切都是新的,都很年轻,就像我们自己一样。”她说的完全是事实。还需要给这样的事实增加什么呢?米沙呀,米沙,你就写写这两个又新又年轻、又健美又勤劳的人吧,要告诉读者,这两只“椋鸟”怎样造起了他们的窝儿,这窝儿为什么同城市住房完全一样,——其不同之处仅仅是窗外这种非同寻常的宁静和这种时断时续的狗叫声。这两个“又新又年轻”的人又是怎样生活的,怎样劳动的?他们是那样生奥列格的气!又是为什么生气?仅仅是因为奥列格怀着一片好心付给他们饭钱和住宿费,“……咱们可以说是自己人,都是苏维埃人,是有觉悟的人,咱们搞的不是资本主义……”这也是事实,是不容争辩的事实。我想着这一对年轻夫妻,就想为我们的报纸写一篇关于他们的特写,不要虚构,只简单明了地写一写这位拖拉机手和这位饲养员、这对夫妻在黑熊镇是怎样生活和怎样工作的。这特写就不是虚构的,而是有确切出处的。不相信吗?那就请到黑熊镇来一趟,看看这里生活中的一切,是不是同我在特写中所写的一样。或者写封信问问克雷奇科夫夫妇也行。

我刚刚想到这一点,猛然间,我的所有的问题完全出乎意外地一下子得到了答案。是唯一的答案。苦思冥想,反复探索,谁知却在这黑熊镇上找到了,而给予我启迪,帮助我找到答案的竟是尼古拉·克雷奇科夫和他的妻子纽拉。当然,他们是不知道自己帮助了我的,而且今后也不会知道。但是,正是他们,正是尼古拉和纽拉,好像在对我说:这种不带虚构的、真实的、有着确切出处的关于我们的特写,对于报纸来说是很好的,而对于《蒿香》来说就毫无用处了。我得到这一启迪,高兴得差点儿要蹦起来。原来如此呀！对于报纸来说是好的，对于小说来说是不好的。问题的全部实质就在这里啊！谢谢你们了，尼古拉和纽拉，是你们启发了我！就是说，只有在写你们的同时，也写进你们的同龄人的生活，比如说，也写进像你们的邻居扎夫戈罗得尼夫妇那样的、同你们有些相像、又有些不像的一些年轻夫妻的生活，只有在这种情况下，读者才能在我的小说中看到你们的本来面目。没有一个艺术家能离开概括、想象和推想。我也离不了。多亏我有机会来到黑熊镇，碰巧在这“椋鸟窝儿”里过夜，遇上这一对又和蔼、又善良、看似十分平常的年轻夫妻。在这茫茫原野上，像尼古拉这样的拖拉机手，像纽拉这样的饲养员，是数也数不清的！天天都能看到他们。而且，在这茫茫原野上，像克雷奇科夫家这种装有暖气设备的房子，也已经造起了很多，可是，现在使我如此高兴的这种想法，却不知为什么以前从来没有进入过我的头脑。而且，多亏了寻找菲玛和寻找肯克斯村。要不是菲玛，要不是肯克斯村，我无论何时都不会来到黑熊镇，也就遇不到尼古拉·克雷奇科夫和他的妻子纽拉。

我在静夜里在这房间里出乎意料地为我一直在苦苦思索的问题找到了答案，这使我精神振奋起来，我决定不再延搁我的创作。因为在克雷奇科夫夫妇家里突然形成了上述的看法，我也就终于认识到，即使写像西兰季老爹那样独特、那样自成一格的人，也不能单单写他一个，不能分毫不差地将他写成生活中实有的样子。在写他的同时，还必须写进别的一些牧羊人，恰似补西兰季老爹的不足，剔除他身上一些多余的东西。同样，写我的英雄奶奶，必须同时写进一些差不多的老奶奶，尽管她们不是女羊倌，尽管没有金星勋章，尽管没有穿挂勋章和奖章的女褂，但她们都是和她一样的一些土生土长的草原人。就在这黑熊镇上，我终于彻底明白了大家早已清楚的道理，那就是：不论写安得列·谢罗什坦，不论写老奥夫恰尔尼科夫、小奥夫恰尔尼科夫，写苏霍德寥夫，都不能单单写一个人，而是必须使他们性格中的某些特点来自其他人。所以，没有作者的推想，无论如何是不行的。原来，道理竟是如此简单。比如说，写我大伯阿尼西姆·伊凡诺维奇，不能单写他一个人，而是需要写进像他那样的十来个人，将这十来个人各自的某些不寻常、有特色之处集中到阿尼西姆·伊凡诺维奇一个人身上，这就不是虚构，而是真实，不知为什么我这么长时间一直不敢去接近这种真实……菲玛呢？她的女儿巴莎呢？我寻找神秘的肯克斯村这件事呢？在这方面，问题就复杂些了。很难从别人身上选取某些特点，放到菲玛身上。这是因为，在这无边无际的茫茫原野上，未必能找到一个像这位剪毛姑娘的姑娘。也没有第二个肯克斯村、第二个巴莎……

我俯在笔记本上，写了起来。我写得很快，脑子里想到什么，全写上。时间不知不觉地过去，至少已过了两个小时。我认为需要记的，全记上了，然后我又靠在椅背上坐着，望着窗外黑沉沉的夜色，听着汪汪的狗叫声。心中又在想：我能不能找到肯克斯村呢？能不能同菲玛见面呢？能不能看到巴莎呢？

这时候，房前枯草地上响起了脚步声，喜笑颜开的奥列格很快地就从黑暗中钻了出来，出现在窗口。他两只手扶住窗台，说：

“米沙！你还没有睡，好极了！”

“我还坐在这里听狗叫呢。你为什么也没有睡？”

“我串门儿的。跑了四家。”

“怎么样？结果怎样？”

“好极了！你跳吧，米沙！我来报告一项重要新闻！”

“什么样的新闻？”

“肯克斯村终于找到了！嘿！我的话没有说错吧？”

“当真？”

“一点不假！我跑到第四家，见到一个病歪歪的老奶奶，她全给我讲了。我刚刚从她那里来。你猜，为什么谁也不知道肯克斯村在哪里？”

“究竟为什么？”

“原因很简单，”奥列格还是十分快活地回答。“原来，现在肯克斯村已经不叫肯克斯村了，叫太阳新村，老奶奶说，肯克斯村早就改名字了。现在那里是国营五一良种羊养殖场第四分场。”

“离这里远吗？”

“小意思！十到十五公里，”奥列格说。他两手一用劲，轻轻地上了窗台，上半身探进窗来。“而且，这个太阳新村我早就知道。甚至我还去过。我曾经和苏霍德寥夫去买过良种羊。那是一个很不错的村子，有一所十年制学校，有综合商店、幼儿园、文化宫。不过那时候我可没想到这就是肯克斯村。”

“怎么个走法呢？你知道路吗？”

“当然知道！”奥列格大声说。“咱们从这里去卡留什镇，再从卡留什镇往右拐。可以说，肯克斯村就到了。我说，我能找到肯克斯村，就找到了。”

“那咱们现在就走！”

“夜里走？”奥列格吃惊地问：“你怎么，疯啦？咱们为什么要半夜里跑到那里去？这里两位好人让我们住了，给我们吃了，连钱都不要，我们就这样溜掉？这样不好。咱们还是好好地睡一觉，明天一早，咱们就直奔肯克斯村，噢，应该说，直奔太阳新村。”

“这会儿还睡什么觉啊？走吧！”

“米沙，别这样着急。咱们还是该休息休息！再说，为什么要这样着急呢？反正这一下子肯克斯村跑不掉了。”

“好吧，你睡去，”我说。“可是我告诉你：天一亮我就喊你。”

奥列格没有说话。他快活地眨了眨眼睛，就消失在夜色中。

笔记摘抄
（最后的笔记）

好啦，看样子，有结局了，俗话说，结局是事情的花冠。我马上就要到肯克斯村去了。就要看到菲玛和巴莎了。奥列格真有两下子，终于找到了这个村子。到明天早晨，说得确切一点儿，到天亮，还有三个钟头。不过，还可以在破晓之前，提早一个钟头出发。奥列格大概已经睡熟了，在做梦了。我今天是睡不着的。我心中出现了一种不可理解的、从来不曾有过的感触。它使我不安，勾起我的回忆，使我兴奋，使我害怕。为什么使我害怕？我同时感到又高兴，又害怕，又烦恼。为什么呢？我明白：高兴的是，我就要同菲玛和巴莎见面了。为什么害怕？为什么烦恼呢？也许，怕的是，我不知道，也不能设想，我们这次见面将是怎样的？我的脑子里想着各种各样的见面方案。我想到的方案很多，就像棋子在棋盘上的走法一样，一个和一个不同。我心里想象着：我来到菲玛家里，她的丈夫也在家里，我们没办法单独谈谈。或者我碰上菲玛一个人在家，连巴莎都不在家里，她到幼儿园去了。我们又惊又怕，一声不响地对面互相望了一阵子。我听到了她的声音，在心里同她讲起话来。

“米沙，你为什么要来？”她严肃地问道。“谁要你来的？我没有要你来。”

“为什么来？我自己也不知道。我想你，就一下子跑来了。”

“你怎样找到这个村子的？”

“多亏奥列格帮我找到的。而且，总而言之，只要真正有心，就没有找不到的。在奶奶出殡的时候，你说你住在肯克斯村。现在这已经是太阳新村了。你为什么故意不讲？为什么不说清楚？不愿说，是吗？”

“为什么要说呢？我们这样见面不仅是可笑的，而且是谁也不需要的，对你、对我都没有必要。”

“为什么谁也不需要？巴莎也不需要吗？”

“她也不需要。不如说，她尤其不需要这样的见面。自从你离开辽阔村，扔下我一个人之后，咱们这种见面就是多余的了。”

“菲玛，我找你，是想问问你。你告诉我：巴莎是我的女儿吗？你要说说实情。”

“你要知道实情干什么？”

“这么说，是我的女儿了？”

“我什么都没有说。即使说了，又能有什么改变呢？什么都不会改变的。我们的痛苦就在这里……”

是的，一点不假，菲玛说得对：什么都不会改变的，我们的痛苦就在这里。不过我非常想知道有关巴莎的实情。她是不是我的女儿呢？现在，当我在黑熊镇等候天亮的时候，我开始越来越清楚地意识到，我一直爱着这个鬓边晃动着小麦色发卷儿的可爱的剪毛姑娘，并且至今还爱着她，而且这种爱与通常的爱有点儿不同。不妨仔细想想，不妨问问自己：当真，我去肯克斯村干什么呢？为什么我要去看菲玛，尤其为什么要去看她的女儿巴莎呢？大概这是因为，在我的潜意识中隐隐地有一个想法：当时不该离开辽阔村的。这会儿，当神秘的肯克斯村已在眼前，我马上就要看到菲玛和她的女儿巴莎的时候，我不知为什么越来越觉得当初该听菲玛的话，不该去莫斯科的。我觉得无限惆怅，因为我又听到了她的声音：

“米沙，你丢下我一个人在这里，舍得吗？”

我回答说：

“我要是说‘舍得’呢？”

“那就是说，你扯谎，”她回答说。“我知道，你爱我，你舍不得我，舍不得这草原村庄。我相信：你会回来的。你最要紧的事就在这里。你还会回到这里来的。”

我果然回来了。

但是，还在那时候，我听着菲玛在说话，心里就明白：虽然她说的是辽阔村，虽然说我离了这个村庄就不能过日子，可是她实际上指的不是辽阔村，而是她自己。果然如此，菲玛说对了：是的，不论她，不论我的一切，都在这里，在这茫茫原野上。但是，难道我当时能不去莫斯科吗？莫斯科有玛尔塔，有伊凡……要是我来补救过去的缺憾，现在就留在这里呢？不是说，留在茫茫原野上，而是留在肯克斯村，也就是太阳新村。就在这个村里写《蒿香》。怎样呢？可是，现在留下，已经完全不可能了。我已娶妻，她已嫁人。我们的生活变了，复杂化了。那我又为什么要迫不及待地到肯克斯村——太阳新村去呢？比如说，我马上就来到这个村子。比如说，我就见到菲玛。我对她说什么呢？对她没有什么好说的。只能像当年在辽阔村那样对菲玛笑笑，抱一抱巴莎，马上就离开，永不回头。那么，究竟为什么，我一想到几个钟头之后就要到肯克斯村——太阳新村，就有些怕呢？难道我怕看到巴莎？还是我同菲玛的相会，——这种过时的、如今谁也不再需要的相会，——使我觉得可怕？也许，既非前者，又非后者，而是另有原因？那这另外的原因又是什么呢？是命运！是预感！为什么？我不知道。但是，我的心里有一种奇怪的、惶惶不安的东西隐藏着、等待着。我会出一点什么事的。什么事呢？我也不知道……时间在前进，一看表，已经三点半了。东方已经隐隐约约地露出白色。很快就要开始亮了。该动身了！我喊奥列格去。我知道，他会不高兴的。但是，有什么办法呢？该去了，该去了……我不能不去啊！

奥列格的信

亲爱的玛尔塔•尼古拉耶芙娜！您的来信我已收到。您要我仔细写写您的丈夫、我的朋友米沙•恰佐夫生前最后时刻的情形。怎么办呢？我实在写不出啊。我无法用文字表达出我看到的、我感受到的一切，无法确切地表达出实有的情形。我表达不出，不仅因为我的文笔实在太差，更因为我心中那种巨大的悲痛还没有平息……

我按顺序来写吧。您已经知道，米沙要找肯克斯村。我虽然反复地想过，可是我至今都弄不清：他要找肯克斯村干什么？我在路上问过他：你找肯克斯村干什么？他说，我要去肯克斯村，一定要去。我一直躺在医院里，伤势渐渐在好转。许多天来，我什么没想过啊？！也许，是一种预感促使米沙到肯克斯村去？有一次，他同我谈起过预感，问我相信不相信预感。也许，怪只怪黎明时那场意外的火灾？因为我一无所知，我说不出肯定的原因。但是，我是一个司机，又是当地人，我就帮米沙寻找这个肯克斯村。这个村子却早已改名为太阳新村了。当我终于在黑熊镇打听到这一点并且深夜去告诉米沙，说我知道去肯克斯村的路的时候，他的脸都白了，好像有点怕了起来。那一夜他都没有合眼，所以天还没有亮，他就喊我起来了。

没有办法，只好上了车子。我们告别了房东，就直奔肯克斯村，也就是现在的太阳新村。走在路上，天开始放亮。我借着曙光朝米沙一望，益发吃惊了：他的脸不仅发白，而且发黄了，蜡黄蜡黄的，眼睛却光闪闪的，就像在发高烧。

“米沙，你是不是病了？”我问。

“我没有病，你才有病哩，”他回答说。“你不是在开车子，你是在路上爬。怎么，咱们是坐汽车，还是骑老牛？”

我只好加大了油门。我因为熟悉地形，便转上一条便道。我们的车子径直在原野上飞奔着。不久,在一处高地上出现了一个大村子,这就是肯克斯村了。我们进了村,就看到一座房子顶上冒着一团团黑烟。是幼儿园失火了。一场可怕的大祸就在眼前。我刹住车子,我们慌忙冲进着火的房子里。我们把睡得糊里糊涂、吓得要死的孩子们往外抱。那情形才吓人哩!想起来都有些害怕。保姆们一片叫声,孩子们一片哭声……米沙每一趟从火里抱出三个孩子,有时一趟抱出四个。有一次他用床单包起四个女孩子,抱出来放到地上,他弯下身子,大声问道:

“你们当中哪一个是巴莎?快说,哪一个是巴莎?”

吓慌了的几个女孩子都没有作声,随后就大声哭了起来。米沙又跑进火势正旺的房子里。他又抱出几个孩子,我又听到他在问:

“你们当中有没有一个巴莎?哪一个是巴莎?哪一个?”

米沙又抱起一个裹在被子里的孩子,紧跟着我从燃烧的房子里走了出来。他倒在孩子身边,已经浑身无力,脸也烧得不成样子了,他一面呻吟一面问:

“孩子,快说,也许,你是巴莎?你是巴莎吗?嗯?”

一个男孩子哭着回答:

“叔叔,我不是巴莎,我是瓦夏……我要找妈妈!”

米沙跳起来,又跑进了火势正猛的房子里。我跟在他身后喊,告诉他,房子里已经没有孩子了,全抱出来了。可是,米沙不知是没有听到我的喊声,还是不愿意转回来。

他很快地出现在烈火腾腾的门口，手上没有孩子，身上的衣服在熊熊燃烧，头发也着了火。

“奥列格！”他喊道。“巴莎究竟在哪里呀？没看到巴莎……”

这时候，燃烧着的门框断了，塌在米沙的头上。我朝他跑去。他满脸、满头都是血。我好不容易把他拖到安全的地方。但是他已经死了。这时候，村里人、妈妈们一齐跑来了，他们哭着、喊着寻找自己的孩子，把孩子们一个个带走了。随后来了救火车，开始灭火。我坐在米沙身边大哭。虽然我也满身是伤——两肩、两只手臂、颈子、脸全烧伤了，可是当时我没有觉得疼……

我在医院里已经躺了一个多月了，我的烧伤渐渐痊愈，腮上已经出现了两道新的伤痕，这是肯克斯村留给我的纪念。这些天来我一直在想着：米沙要找的那个小女孩巴莎又是怎么一回事儿呢？我记得，我们在田野上奔驰，寻找肯克斯村的时候，他从来没有谈起过巴莎这个小女孩。为什么偏偏到了肯克斯村他就讲起她呢？这件事可是真够人猜的。不过，这会儿已经无法知道了。我还在想：我看到他抢救孩子、他牺牲的那种气概，真不能相信，米沙今后再也不能坐车子到辽阔村去了。不过，他如今已不必坐我的车子去了，因为他已经同奶奶在一起，永远长眠在辽阔村的墓地上。使人震惊、使人遗憾的是：他那样年轻就告别了人生！他有许多计划，记了许多笔记。他还什么都没有来得及完成啊。也许因为我住在医院里，没有给他送葬，所以我总觉得，仿佛米沙还活着，仿佛没有到过什么肯克斯村，没有找过什么巴莎，仿佛他还会走到我跟前，还会像过去那样与众不同地、特别亲热地对我笑，对我说：

“好啦，奥列格，咱们走!”

可是，我们哪里也不能去了。对于我来说，这不是很平常的，是极其沉痛的。